Sprache im Umbruch

Sprache
Politik
Öffentlichkeit

Herausgegeben von
Armin Burkhardt · Walther Dieckmann
K. Peter Fritzsche · Ralf Rytlewski

Band 1

Walter de Gruyter · Berlin · New York
1992

Sprache im Umbruch

Politischer Sprachwandel im Zeichen von „Wende“ und „Vereinigung“

Herausgegeben von
Armin Burkhardt · K. Peter Fritzsche

Walter de Gruyter · Berlin · New York
1992

♾ Gedruckt auf säurefreiem Papier,
das die US-ANSI-Norm über Haltbarkeit erfüllt

Die Deutsche Bibliothek – CIP-Einheitsaufnahme

Sprache im Umbruch: politischer Sprachwandel im Zeichen von „Wende" und „Vereinigung" / hrsg. von Armin Burkhardt ; K. Peter Fritzsche. – Berlin ; New York : de Gruyter, 1992
(Sprache, Politik, Öffentlichkeit ; Bd. 1)
ISBN 3-11-013613-9
NE: Burkhardt, Armin; GT

Druck: Werner Hildebrand, Berlin
Buchbinderische Verarbeitung: Lüderitz & Bauer-GmbH, Berlin

Inhaltsverzeichnis

Vorwort der Herausgeber

Mit diesem Band werden - erweitert um eine Ausnahme - die Beiträge der Tagung "Sprache im Umbruch. Sprachwandel in der DDR" vorgelegt, die vom 3. bis zum 5. Dezember 1990 in Braunschweig stattgefunden hat und vom Bundesministerium für Innerdeutsche Beziehungen gefördert worden ist. Auch wenn die Behörde des damaligen Geldgebers inzwischen aufgelöst wurde, möchten wir doch an dieser Stelle das gebührende Dankeswort nicht versäumen. Auch der Technischen Universität Braunschweig, die uns bei der Tagungsvorbereitung und -durchführung materiell und räumlich unterstützt hat, gilt unser Dank. Michael Mowe (Vlotho/Weser) danken wir dafür, daß er das Scannen einiger Beiträge für uns übernommen hat.

Beim Dortmunder Arbeitstreffen der *AG Sprache in der Politik* vom Juni 1989 - also gleichsam am Vorabend von Ereignissen, deren Eintreten und deren Ablauf damals noch niemand ahnen konnte - war der Linguist unter den beiden Herausgebern beauftragt worden, Kontakt zum Arbeitskreis *Politische Sprache* in der *Deutschen Vereinigung für Politische Wissenschaft* herzustellen. Der übernommenen Pflicht eingedenk schrieb er an Prof. Dr. Hans-Gerd Schumann, der ihm aus seiner Darmstädter Zeit als einer der wenigen Politologen bekannt war, die sich mit dem Themenbereich 'Sprache in der Politik' beschäftigten, und bat ihn um Auskunft. Vielleicht kann sich der Leser die Überraschung vorstellen, als besagter Linguist im Antwortbrief aus Darmstadt lesen mußte, daß der zuständige Koordinator K. Peter Fritzsche heißt und am Georg-Eckert-Institut für Internationale Schulbuchforschung in Braunschweig tätig ist, also in unmittelbarer Nähe! Zu dem Zeitpunkt bestand beim Arbeitskreis *Politische Sprache* bereits der Plan, im Herbst 1990 eine Tagung durchzuführen. Die beiden Braunschweiger, der Politologe und der Linguist, fanden sich mühelos zusammen und faßten ziemlich bald den Entschluß, die geplante Tagung gemeinsam zu organisieren. Und es war von Anfang an klar, daß es eine politologisch-linguistische Tagung werden sollte, mit Teilnehmern und Referenten aus der DDR und der BRD (oder, wie sich dann später herausstellte, aus Ost- und Westdeutschland).

Das Thema diktierten dann die politischen Ereignisse der Herbst- und Wintermonate 1989/90: Schon Ende November/Anfang Dezember legten wir uns auf das Thema "Sprache im Umbruch" fest. Damals wollten wir nur wortspielerisch die Doppeldeutigkeit des Titels nutzen und ahnten noch nicht, daß es auch im kleineren der beiden deutschen Staaten zu revolutionären Veränderungen wieder einmal nicht reichen würde. Aber ein Umbruch waren die Ereignisse natürlich doch, denn schließlich ist es keine Kleinigkeit, wenn sich fast die gesamte politische Geographie eines Kontinents in wenigen Monaten ändert. Der (halb anachronistische) Untertitel der Tagung: "Sprachwandel in der DDR" spiegelte diese nicht nur lexikalische Schnellebigkeit noch wider. Aber da die meisten der Wandlungen, die untersucht und diskutiert werden sollten, tatsächlich noch in dem stattfanden, was als DDR zu bezeichnen man sich gewöhnt hatte (und bis heute nicht vollständig entwöhnt hat), glaubten wir damals an diesem Untertitel festhalten zu können.

Im Januar 1990 wurde über das Veranstaltungsdatum und eine vorläufige Referenten- und Referateliste entschieden. Danach wirkte sich die Dynamik des Wandels auch auf die Tagungsplanung aus, die in unvorhersehbarer Weise innerhalb weniger Monate mehrmals von den Ereignissen überholt wurde - man denke nur an die innerdeutschen Stichworte: *Erneuerung des Sozialismus, Konföderation, Staatenbund, Bundesstaat, Vertragsgemeinschaft, Währungs-, Wirtschafts- und Sozialunion, Einigung, Anschluß, Beitritt nach Art. 23, Deutsche Einheit.* Nach 40 Jahren der Diskussion um die "Wiedervereinigung" war gerade die Benutzung dieses Wortes in der Umbruch-Zeit tabu, zunächst, weil sich die Frage nicht gleich stellte, dann, weil offenbar erst jetzt in den Blick trat, daß die beiden deutschen Staaten niemals vorher in der jetzigen und damals geplanten Weise vereinigt gewesen waren. Auch das Wort *Einheit*, das später den Ereignissen den Namen gab, die am 3. Oktober 1990 ihren Abschluß fanden, wagte zu Beginn der Entwicklung kaum jemand öffentlich auszusprechen, nicht einmal der Bundeskanzler. Dabei hätte *Einigung* die adäquate Bezeichnung für diesen Vorgang werden können, weil die Einigung das - in der Hast des ersehnten Sprunges in die Geschichtsbücher zu einem Großteil leider versäumte - diskursive Sich-Einigen gleichberechtigter Partner voraussetzt. (Statt einer filigransemantischen Betrachtung hier nur die retrospektive Bemerkung: Ein Beitritt ist keine Einigung, aber auch noch lange kein Anschluß - nur das Resultat ist in allen drei Fällen dasselbe: die Einheit. Und die faktische Einheit bedeutet eben nicht, daß der Einigungsprozeß bereits abgeschlossen wäre.)

Die damalige Umbruch-Situation als solche verdankt ihr Zustandekommen zu einem nicht geringen Teil der - durch Massenflucht und widersinnige Reaktionen und Verlautbarungen der politischen Führung - in der DDR entstandenen Verunsicherung, die ihrerseits in den von den Bürgern erzwungenen, jedoch zunächst diffusen politischen Wandel einmündete. Wenn aber "politische und soziale Veränderungen in einer hochdifferenzierten Gesellschaft keine gemeinsame Richtung mehr haben, also sich gegenseitig bremsen, durchdringen und querschieben, wird die Verunsicherung allgemein." Gehlen beschreibt eine derartige Situation des weiteren so:

> Auch entstehen mehrere öffentliche Meinungen, in deren Sog schlechterdings alles geraten kann, weil unter dieser Konstellation jede Aussage als eine mögliche Handlung erscheint - in völliger Verkennung der Tatsache, daß jetzt das überlastete Bewußtsein, die Sprache und Meinung das öffentliche Handeln zum großen Teil ersetzen müssen. Die Sensibilisierung gegenüber Gedrucktem und Gesagtem kann hohe Grade erreichen, jeder hat die Taschen voll mit Reagenzgläsern für die Worte der Anderen.[1]

Das in anthropologischer Hinsicht "fundamentale Bedürfnis nach Grundsätzlichem und Stabilem"[2] brachte in der sich schrittweise auflösenden und dadurch institutionell destabilisierten "Noch-DDR" recht bald den Wunsch nach der Geborgenheit durch Dauer und Regelhaftigkeit versprechende Institutionen hervor. Dies mag der tiefere Grund für die außerordentlich früh entstandene, irrational-überhastete Beitrittseuphorie gewesen sein, die eben nicht "vom Bewußtsein her" zu erklären ist.

Fast drei Jahre sind seit den uns alle bewegenden Ereignissen vom Oktober/November 1989 ins Land gestrichen, und zwar vor allem: in unseres. Was ist seit diesen denkwürdigen Tagen zwischen Maas und Oder nicht alles passiert? Ein Staat ist von der europäischen Landkarte verschwunden. Die DDR-Flagge wurde eingeholt und an ihrer Stelle die bundesdeutsche gehißt. Grenzen und Bonzen verloren ihre Macht über die Menschen. Grenzsteine wurden weit nach Osten verrückt. Neue Grenzen und alte Bonzen drohen (wieder) zu erstehen. Eine Nationalhymne wird zum Programmschluß nicht mehr gespielt. Ein Parlament tagt nicht mehr. Vom Ährenkranz mit Hammer und Sichel ist am verwaisten, angeblich asbestverseuchten Palast der Republik - auch so ein Name aus "Doppeldenk"-Zeiten - nur noch die Aufhängung zu sehen. Die früheren DDR-Ministerien wurden zu Bonner Außenstellen. Eine Verwaltungsstruktur gilt nicht mehr. Gesetze sind außer Kraft, die neuen waren den ihrem Geltungsbereich Beigetretenen zunächst fremd oder unbekannt. Am Gebäude des Zentralkomitees, an dem ein schattenhafter Schmutzadruck noch schwach an das SED-Emblem erinnert, wurde gleich nach dem Vereinigungstag ein Schild angebracht mit der Aufschrift: "Deut-

---

[1] Arnold Gehlen, *Urmensch und Spätkultur*. Frankfurt/Main 1975, 3., verb. Aufl., 44.

[2] Ebd, 44, vgl. auch 45.

scher Bundestag - Abwicklungsstelle Volkskammer". Eine Konkursmasse, ein Nachlaß wurde und wird verwaltet, geschäftsmäßig abgewickelt. "Evaluierungskommissionen" durchstreiften die wissenschaftlichen Einrichtungen der Ex-DDR und prüften, was und wer in die wissenschaftliche Landschaft der neuen Bundesrepublik übernommen werden kann. Heute sind "Struktur- und Planungskommissionen" am Werk. Das dem deutschen Verwaltungswortschatz entnommene Wort *Abwickeln*, das im Kontext von Massenentlassungen euphemistische Züge annahm, wurde inzwischen von der Treuhand - zeitgemäß über den Umweg eines Preisausschreibens - offiziell durch das nicht weniger euphemistische *Rekonstruktion* ersetzt.[3]

Der Verfall eines politischen Systems erzeugte am Ende auch den Zusammenbruch eines politischen Zeichensystems, ein politisch-linguistisches Vakuum, das die Bürgerbewegung der DDR eine Zeitlang mit ihren Spruchbändern und Sprechchören, mit Witz, Kreativität und einem gehörigen Fünkchen Sarkasmus auszufüllen vermochte, bevor die Mehrheit dann dafür eintrat, das alte System und die alten Identifikationssymbole durch diejenigen der Bundesrepublik zu ersetzen. Politische Identität ist aber nicht zuletzt Anhänglichkeit an das Vertraute. Mit dem Beitritt zur Bundesrepublik wurde den DDR-Bürgern ihre alte Identität auch dann genommen, wenn diese wenig geliebt oder sogar verhaßt gewesen sein mag. Die Abschaffung aller alten Identifikationssymbole und deren einfache Ersetzung durch die der Bundesrepublik mußte den (uns gegenüber öfters geäußerten) Eindruck bewirken, in die Bundesrepublik gleichsam "hineingesogen" zu werden. Besser wäre es vielleicht gewesen, statt der westdeutschen Symbole die Zeichen des Hauses Europa zu setzen. Auch in sprachlicher Hinsicht erwies sich die deutsche Vereinigung als ein ziemlich einseitiger Prozeß. Niemand kann von unseren ostdeutschen Landsleuten, den Einwohnern der östlichen oder neuen Bundesländer, den Bürgern der ehemaligen DDR oder, wie es im Einigungsvertrag heißt, den "Bewohnern des Beitrittsgebiets" erwarten, daß sie

[3] Vgl. dazu den Artikel in der *Berliner Zeitung*, Nr. 18., vom 22. Januar 1992, 1. Dieter E. Zimmer hat auf die Herkunft des Wortes aus dem Handelsrecht hingewiesen, wo unter *Abwicklung* alles das verstanden werde, "was zwischen der 'Auflösung' und der 'Vollbeendigung' einer Gesellschaft geschieht" (*Die Zeit*, Nr. 5, vom 24.1.92, 74). Zu *abwickeln* vgl. auch Bernd Ulrich Biere, "Sprachliche Verwicklungen." In: *Mitteilungen des Deutschen Germanistenverbandes* 2/1991, 66 f. sowie Horst Dieter Schlosser: "Die Unwörter des Jahres 1991." In: *Der Sprachdienst* 36, 49-61, ebd., 57 f. Schlosser gibt den Hinweis, daß der Ausdruck *Abwicklung* "bereits nach dem 1. Weltkrieg bei der Regelung von Vermögens- und Eigentumsverhältnissen in den wieder Frankreich angeschlossenen ehemaligen Reichsländern Elsaß und Lothringen verwendet wurde".

einfach in eine West-Identität schlüpfen. Identifikationsprozesse vollziehen sich nicht von heute auf morgen. Und durch das extreme Wirtschaftsgefälle zwischen den "alten" und den "neuen" Bundesländern werden sie nicht erleichtert. Die Deutschen in Ost und West sprechen dieselbe Sprache und sind sich doch immer noch erstaunlich fremd: Zuweilen begegnen sie sich wie Ausländer im eigenen Land.

Ein semiotisches System hat seine Gültigkeit verloren, und zwar sowohl in "Ideologie-" und "Institutionssprache" als auch in der "Fachsprache des verwalteten Sachgebietes", um Dieckmanns Dreiteilung des politischen Wortschatzes an dieser Stelle aufzunehmen. Horst Grünert, einer der wenigen Linguisten, die sich der Geschichte der politischen Sprache gewidmet haben, machte - mit Blick auf das Jahr 1918 - eine Aussage, die für Umbrüche generelle Geltung zu haben scheint:

> Wenn neue Herrschaft das regulative Sprachspiel übernimmt, hat das sprachliche Konsequenzen: Das Zeichen- und Symbolsystem der alten Herrschaft wird beseitigt bzw. semantisch umstrukturiert. Herrschaftwechsel ist mit Symbolwechsel verbunden.[4]

Das neue System nimmt semiotische Rache an der Vergangenheit: Die Namen von Straßen, U- und S-Bahnhöfen werden geändert, Städte machen alte Zwangsumbenennungen rückgängig, Denkmäler werden geschleift. - Ein Revierverhaltenstrieb, der offenbar Politikern zu allen Zeiten eigen gewesen ist.

Was wir derzeit immer noch erleben, ist die babylonische Verwirrung der Formen der Referenz auf Land und Bewohner der ehemaligen oder bisherigen DDR und der bisherigen oder ehemaligen Bundesrepublik. Bei Bundestagsdebatten und Fernsehdiskussionen im Rahmen von Wahlkampfsendungen fiel auf, daß die meisten West-Politiker dieselben Referenzprobleme haben wie die Bürger, die sie repräsentieren: Auch nach dem Vereinigungstag redeten sie lange Zeit (und z.T. heute noch), zumeist ohne spezifizierende Attribute, von der DDR und Bundesrepublik. Die Menschen in den östlichen Bundesländern waren da etwas sensibler.

Inzwischen scheint sich die neutrale, geographisch motivierte Unterscheidung zwischen *West-* und *Ostdeutschland* durchzusetzen, die noch dazu den

---

4 Horst Grünert: "Politische Geschichte und Sprachgeschichte. Überlegungen zum Zusammenhang von Politik und Sprachgebrauch in Geschichte und Gegenwart." In: *Sprache und Literatur in Wissenschaft und Unterricht* 14.1983, Heft 52, 43-58, ebd., 53.

Vorteil hat, auch ganz Berlin zu umgreifen. Auch den Juroren der Gesellschaft für deutsche Sprache, die sich für *die fünf neuen Bundesländer* entschieden haben, scheint entgangen zu sein, daß Ostberlin durch diese Bezeichnung ausgeklammert wird. Im Zuge abnehmender "Neuheit" wird dieser Name für die historisch doch recht alten Länder jenseits der Elbe zum Aussterben verurteilt sein.

Die Geschichte der Gebiete, die heute die neuen Bundesländer und der Ostteil Berlins sind, in der relativ kurzen Zeitspanne vom Oktober '89 bis heute ist eine Geschichte von Identitätsfindung und Identitätsverlust. Die Referate und Diskussionen der Braunschweiger Tagung machten deutlich, daß die DDR-Identität im Oktober/November '89 vorübergehend gefunden, einen geschichtlichen Augenblick lang festgehalten wurde und dann, wohl für immer, verlorenging. Es gibt derzeit den Zustand der Identitätskrise, der einerseits durch den (vom Westen z.T. mitverursachten) Zusammenbruch der DDR-Wirtschaft und des SED-Staats, durch Kurzarbeit und Arbeitslosigkeit begründet ist, andererseits jedoch auch durch den Verlust der Identifikationssymbole. Es ging uns darum, die sprachliche Seite der Zeit dieser Spannung zwischen vorübergehender Identitätsfindung, dem Verlust der Identifikationssymbole nach dem 3. Oktober und der gegenwärtigen Identitätssuche zu beschreiben, den Weg von der DDR über die neue DDR und die Noch-DDR zur Ex-DDR.[5]

Schon die Braunschweiger Tagung war daher von drei Themen bestimmt, die die historische Entwicklung selber vorgeschrieben hatte: die lange stalinistische Vergangenheit, die kurze "Wende"-Zeit und die sich ständig verkürzende Phase der Selbstabwicklung der DDR zwischen den Märzwahlen und dem Vereinigungstag. Insofern lag eine Dreiteilung unseres Bandes nahe.

Das Kapitel "DDR-Retrospektive" wird durch **Ralf Rytlewskis** (Berlin) Beitrag "Politische Kultur in der DDR vor und nach der Wende" eröffnet. Der Autor skizziert in seinem einleitenden Abschnitt, welche Kenntnisse die westdeutsche Sozialwissenschaft, insbesondere die politische Kulturforschung, über die Homogenität und die Pluralisierungstendenzen in der ehemaligen DDR hatte. Er unterscheidet drei politische Kulturen: die marxistisch-leninistische Zielkultur, die durch die SED-Praxis aber ständig diskreditiert wurde, die tradtionelle Kultur, in der Werte der Vorkriegszeit wie

[5] Zu den gängigen Bezeichnungen der jetzigen Bundesrepublik und ihrer Teile vgl. Helmut Glück, "Kleines Glossar zum Thema Deutschland." In: *Der Sprachdienst* 35.1991, Heft 1, 6-14.

Staatspaternalismus und Untertanengeist überdauerten und auch einer gewissen Akzeptanz der Zielkultur zuarbeiteten, und schließlich eine ökologische und reformsozialistische Alternativkultur, über deren Rückhalt in der Bevölkerung bis zur Wende aber nur Mutmaßungen möglich waren. Quer zu dieser Dreiteilung liegt das Konzept der Nischengesellschaft, das auf entpolitisierte Rückzugsräume der DDR-Gesellschaft verweist. Rytlewski vertritt die These, daß, vor allem nach den Ausführungen des Hallenser Psychotherapeuten Joachim Maaz über die niemanden verschonenden Deformationen der DDR-Repression, die These von der Nischengesellschaft revidiert werden müsse.

Nobert Kapferer (Berlin) zeigt beispielhaft an der mit der Person Georg Klaus' eng verknüpften Reglementierung des philosophischen Diskurses, welche Anstrengungen das SED-Regime unternahm, eine totalitäre Sprache durchzusetzen. Damit die "Sprache der Macht" auch die "Macht der Sprache" entfalten konnte, damit die Wahrheit auch wirksam formuliert werden konnte, wurde eine wissenschaftlich fundierte Propaganda entwickelt. Am Beispiel des *Philosophischen Wörterbuchs*, das bei der Zensurbehörde als Richtschnur immer auf dem Tisch gelegen haben soll, demonstriert Kapferer die Versuche, Begriffe wie *Freiheit*, *Demokratie* und *Fortschritt* im marxistisch-leninistischen Sinne zu besetzen.

Am Beginn des Kapitels über die "Sprache der 'Wende'-Zeit" steht eine linguistische Analyse der Demosprüche des Herbstes 1989, die **Ruth Reiher** (Berlin) vorgelegt hat. Die von der Autorin untersuchten "Losungen" (so die alte DDR-Bezeichnung etwa für die im *Neuen Deutschland* jährlich zum Gebrauch bei den Kundgebungen zum 1. Mai abgedruckten Parolen) oder Slogans (so der entsprechende bundesrepublikanische Anglizismus) der Demonstration für Pressefreiheit am 4. November 1989 auf dem Berliner Alexanderplatz sind Kennzeichen des revolutionären Rollentauschs zwischen Volk und Regierung, wie er sich in der Losung: "Ein Vorschlag für den 1. Mai: Die Führung zieht am Volk vorbei", nicht zuletzt aber auch im Kern-Slogan der Sprechchöre des Oktober/November geltend macht: "Wir sind das Volk!". Am Beispiel solcher verbalen "Konzentrate", in denen das lexikalische Morphem *frei* naturgemäß die Hauptrolle spielt ("Visafrei bis Hawaii", "Neue Parteien - freie Wahlen"), wird der Beitrag von Sprache beim Umsturz eines ganzen Gesellschaftssystems deutlich. Doch während 1989 noch die Sprechchöre von hunderttausend Demonstranten "Wir sind das Volk" skandierten, kamen ein Jahr später nur noch 5000 und schrieben Sätze wie "Wir war'n das Volk" oder "Wir sind ein blödes Volk" auf ihre Transparente.

Johannes Volmert (Essen) untersucht und vergleicht in seinem Beitrag "Auf der Suche nach einer neuen Rhetorik" die Reden auf der Leipziger "Montags-Demo" vom 6. und der Berliner Großdemonstration vom 4. November 1989. Bedienen sich die größtenteils unprofessionellen Redner der Leipziger Demo bei der überwiegend spontanen Formulierung ihrer Forderungen, die auf Naheliegendes wie Reisefreiheit, Bestrafung der Schuldigen und Herausgabe der eingenommenen Devisen verkürzt waren, weitgehend der unpathetisch-schlichten Rhetorik des "unpolitischen" Alltags, so handelt es sich bei den auf dem Alexanderplatz vorgetragenen Texten von Stefan Heym, Christoph Hein, Friedrich Schorlemmer und Christa Wolf um die sorgfältig durchkonstruierten Reden prominenter und routinierter Sprecher, "deren Betroffenheit und Engagement sich in schlichten und doch 'wortgewaltigen' Sätzen artikuliert." Auf der anderen Seite steht einem aktiven, demonstrationserprobten, sich in vielfältigen Sprechchören artikulierenden Leipziger ein eher rezeptiv-akklamatorisches Berliner Kundgebungspublikum gegenüber. Die linguistische Analyse erhellt das Zustandekommen der revolutionären 'Wucht' des Zusammenspiels von Rednern und Versammlungszuhörerschaft. Von besonderem dokumentarischen Wert ist dabei das von Volmert erstellte Tonband-Transkript der Leipziger Demonstration, das sich, ebenso wie die Texte der analysierten Reden der Berliner Veranstaltung, im Anhang zu seinem Aufsatz abgedruckt findet.

In seinem "Christa Wolfs Streit mit dem 'großen Bruder'" betitelten Aufsatz beschreibt **Reinhard Hopfer** (Berlin) die Ereignisse vom Herbst 1989 in sprachlicher Hinsicht als kollektive Auflehnung gegen den bis dato in der DDR gültigen "Orwellschen" Gesamtdiskurs. Ausgehend von einigen kommunikationstheoretischen Überlegungen zum Diskursbegriff kann Hopfer zeigen, wie in der DDR der Umbruchzeit schrittweise neue "kollektive Redesubjekte" entstanden und damit ein "interdiskursives" Textgeflecht, das zur "Entmachtung des alten hegemonialen Diskurses" und dessen Ersetzung durch einen "neuen (demokratischen) Typ von Diskurskonstellation" führte. Die im theoretischen Teil ermittelten charakteristischen Diskursmerkmale und -elemente: "Diskursinstrumentarium", "Öffentlichkeit", "Mehrfachadressiertheit", "Intradiskursive Struktur", "Diskursprofil", "Interdiskursivität" und "Diskurskonstellation" werden in Hopfers Mikroanalyse der Rede Christa Wolfs auf dem Alexanderplatz - die übrigens im Titel eine subtile Anspielung auf eine kleine Schrift Lenins enthält[6] und (in mehrfacher Bedeutung) gegen ihren Verfasser wendet - detailliert an zahlreichen sprachlichen Einzelphäno-

[6] Wladimir Iljitsch Lenin: "Was tun?" In: ders.: *Agitation und Propaganda. Ein Sammelband.* Wien-Berlin 1929, 25 ff.

menen nachgewiesen und diskutiert. Bis in die skeptische Reserve selbst gegen die für den damaligen Umbruch so zentralen Begriffe *Wende* und *Dialog* hinein, die eben doch nur die ultima ratio der "hegemonialen" Diskurskonkurrenz verbalisierten, manifestiert sich der eingetretene Wandel sprachlich sowohl im Rückbezug auf den bisher herrschenden Diskurs - der letztlich nichts anderes als der unilaterale Diskurs der Herrschaft selber war - als auch in der Betonung des grundsätzlichen Kontrasts. In der Welt der Massenmedien wird Revolution zur 'Diskursrevolte'.

Insofern ihr Sinn im Erzielen kommunikativer Äquivalenz zu suchen ist, können Übersetzungen nicht bloße Überführungen des Wortlauts von Texten in andere Sprachen mit anderen Syntaxen und Semantiken sein, sondern beinhalten zugleich die Transposition dieser Ausgangstexte in andere Kulturen und damit in neue Kontexte. Gerade im Falle politischer Texte wird daher für die sprachliche Umsetzung ein umfassendes "enzyklopädisches" Hintergrundwissen erforderlich, das nicht nur in die Übersetzung einfließen, sondern ihr zuweilen sogar ausdrücklich hinzugefügt werden muß. Auf der anderen Seite liegt im Mangel an solchem Hintergrundwissen die Gefahr lexikalischer Mißgriffe begründet. Im Lichte solcher Überlegungen kann **Christina Schäffner** (Leipzig) in ihrem Beitrag spezifische Probleme der englischen Übersetzung von Christa Wolfs Rede auf dem Alexanderplatz verdeutlichen, wie sie besonders im Bereich der Wortspiele und Metaphern oder etwa beim Schlüsselwort *(Ver-)Einigung* auftreten. Während der fremdkulturelle Kontext den Übersetzer einerseits zu zusätzlichen Hintergrundserläuterungen zwingt, führt andererseits der Mangel an relevantem enzyklopädischen Wissen zu krassen Übersetzungsfehlern wie z.B. der Übertragung der Losung "Rechtssicherheit spart Staatssicherheit" durch "Legal security means state security savings". Der Verfasserin gelingt zugleich die Rekonstruktion der kurzen, aber bewegten Umbruch-Geschichte der Begriffe *Wende* und *Dialog*, deren DDR-Konnotate sich als unübersetzbar erwiesen.

Die Sprache der Volkskammer ist Gegenstand des Beitrags von **Armin Burkhardt** (Braunschweig). Schon die konstituierende Sitzung der Provisorischen Volkskammer, in der Abgeordnete kurz vor der Verabschiedung der Gründungsgesetze der DDR per Zwischenruf mehrfach das Fehlen der entsprechenden Drucksachen monierten und in der der Präsident etwa ablehnungs- oder enthaltungswilligen Abgeordneten lediglich die Möglichkeit einräumte, sich "bemerkbar" zu machen, läßt keinen Zweifel daran zu, daß hier ein Verfassungsorgan geboren wurde, dessen einzige Aufgabe bis zum Herbst 1989 darin bestand, kollektiv zu applaudieren und zu akklamieren. Bis in das Zwischenrufverhalten hinein zeigen sich Sprache des Kalten

Kriegers und Huldigungszwang; sowohl in Reden als auch in Zwischenrufen (von denen nicht wenige von der Regierung selber stammen) bleibt eventuelle und nur in den ersten Wahlperioden zu findende Kritik auf den Bereich organisatorischer Mißstände innerhalb der Planwirtschaft eingeschränkt. War der erste Teil jener denkwürdigen Volkskammer-Sitzung vom 13. November 1989 von Schuldzuweisungen an die entmachtete Führung, von Bekenntnissen eigener Schuld und von der Suche nach DDR-Identität geprägt, so mündete der Schlußteil der Debatte, in der die Abgeordneten mit ihrer Sprache auch ihre Dignität wiedergewannen, in eine Art öffentliches Verhör der Mitglieder der alten Regierung ein. War in der November-Tagung noch vom *DDR-Patriotismus* und der DDR als *Vaterland* die Rede gewesen, wurde die Wiedervereinigung noch einmütig abgelehnt und die "Erneuerung des Sozialismus" beschworen, so stand die neue Volkskammer nach den Märzwahlen von Beginn an eindeutig - auch sprachlich - ganz im Zeichen der Einheit und der sozialen Marktwirtschaft. Auch wenn ihre - erstaunlich konfliktarmen - Debatten etwas mehr Raum für spontane Beiträge ließen, hat die sich selbst abwickelnde Volkskammer aufgrund ihrer deutlichen Orientierung an Bonner Mustern die Chance auf Eigenständigkeit, auch in der Sprache, weitgehend verspielt.

K. Peter Fritzsche (Braunschweig) skizziert das Ende der alten Feindbildrhetorik der Rahmenlehrpläne und Schulbücher für Staatsbürgerkunde und die Einführung einer Freundbildrhetorik in den Rahmenplänen für das neubenannte Fach Gesellschaftskunde nach der "Wende". Die früheren DDR-Rahmenlehrpläne hatten noch als Unterrichtsziel vorgesehen, "den Abscheu und Haß gegenüber dem Imperialismus zu vertiefen". Und im Lehrplan für die Klasse 9 hatte es geheißen, der Imperalismus scheue sich, sein System mit dem richtigen Namen zu nennen, und bediene sich vielmehr schönfärberischer Bezeichnungen wie etwa "freie Welt". Nach der "Wende" hingegen war im neuen Rahmenplan für Gesellschaftskunde das Wort *Sozialismus* nicht mehr aufgetaucht. Das Feindbild *Kapitalismus* war durch das Freundbild *soziale Marktwirtschaft* ersetzt worden. Fritzsche diskutiert die Fragen, ob der rasanten sprachlichen Anpassung auch eine vergleichbare mentale Angleichung entspreche und welche Chancen für die Bürger der damaligen DDR bestünden, die eigene Perspektive in den neuen Schulbüchern zur Sprache zu bringen.

Das letzte Kapitel des Bandes trägt den Titel "Politische Sprache zwischen 'Wende' und 'Vereinigung'" und bezieht sich auf den politischen Gesamtdiskurs des Jahres 1990. Eröffnet wird es von **Dietmar Schirmer** (Berlin), der in seinem Beitrag demonstriert, wie sehr das von Gorbatschow in Umlauf gebrachte Symbol des "gemeinsamen europäischen Hauses" die Überwindung der Blockspaltung und die Hoffnung auf gemeinsame Gefahrenabwehr in einer Wendezeit zum Ausdruck bringt. Der Verfasser zeigt dann, wie das *Haus*-Symbol den Diskurs über Europa prägt und wie die Bau- und Gebäudesymbolik voll ausschöpft wird, wenn von den *Fundamenten*, den *Grundfesten*, *Pfeilern*, *Ecksteinen* und sogar vom *Mörtel* des "gemeinsamen europäischen Hauses" die Rede ist. Schirmer entwickelt abschließend die These, daß dem Europahaus-Symbol in seiner diskursprägenden Kraft aber auch bornierende Wirkung zukomme, insofern es eine ausschließende Wirkung gegenüber denjenigen entfalte, die nicht Mieter oder Bewohner dieses gemeinsamen Hauses seien.

Nach dem Territorialprinzip gilt in England oder Frankreich jeder, der auf dem jeweiligen Staatsgebiet geboren ist, als Engländer bzw. Franzose. In Deutschland dagegen dominiert sowohl in Gesetzgebung und Rechtsprechung als auch im öffentlichen Bewußtsein weithin das Abstammungsprinzip. **Wolfgang Teubert** (Mannheim) weist auf die inneren Widersprüche der Verwendung des Adjektivs *deutsch* in Deutschland hin und kann, ausgehend vom Urteil des Bundesverfassungsgerichts zum kommunalen Ausländerwahlrecht, zeigen, daß hierzulande die Entscheidung darüber, wer Deutscher ist, manchmal nach dem Territorialprinzip getroffen wird (insofern sind die Sorben auf dem Gebiet der Ex-DDR Deutsche, nicht aber z.B. die Österreicher), meistens hingegen nach dem Abstammungsprinzip (danach sind die exterritorialen Wolgadeutschen oder die Nordschleswiger Deutsche, in Deutschland geborene und aufgewachsene Ausländer dagegen nicht ohne weiteres). Teubert kommt zu dem Schluß, daß "das Konzept der Nation, wie es hierzulande verwendet wird, rational nur schwer konsistent zu begründen ist": Mangels klarer Bestimmungsprinzipien ist ein Deutscher immer noch eben derjenige, den die Deutschen für einen Deutschen halten.

Von ihren bundesrepublikanischen Brüdern und Schwestern im Verlauf der staatlichen Trennung immer mehr als "marginale Deutsche" betrachtet und durch DDR-interne Sprachregelung seit den siebziger Jahren am offiziellen Rekurs auf die Begriffe *deutsch* und *Deutschland* gehindert definieren sich die damaligen DDR-Bürger im Zuge der Ereignisse des Winters 1989/90 zu Deutschen um. Schon an dem Slogan "Wir sind ein Volk!" und der Übernahme westdeutscher Staatssymbole wird das neue Selbstverständnis sinnfällig. Anhand eines Wahlplakats führt **Fritz Hermanns** (Heidelberg) des weiteren vor, wie die CDU in der nationalen Hochstimmung des Jahres 1990 an ihre alte "semantische Hegemonie" über den Deutschlandbegriff anknüpfen konnte, der auf Wahlplakaten gleichsam als ein "Heilsbegriff" erschienen sei und sich dort in seine trinitarischen Synonyme "Freiheit, Wohlstand, Sicherheit" entfaltet habe. Darüber hinaus vertritt Hermanns die These, daß im November 1989 der alte und typisch deutsche Traum vom Paradox einer friedlichen Revolution - die doch in den Wörterbüchern als 'gewaltsamer Umsturz' bestimmt wird - in Erfüllung gegangen sei. Indem er von Gorbatschow seinen eigentlichen Anstoß erfahren habe, sei der Umbruch in der DDR zur "Revolution im Geiste des Gehorsams" und damit zur idealen deutschen Revolution geworden.

Einen "hermeneutisch-pragmatischen" Streifzug durch die Welt der Wahlplakate und Wahlkampfbroschüren der ersten gesamtdeutschen Bundestagswahl unternimmt **Paul-Hermann Gruner** (Darmstadt). In seinem nach "Kontinuität oder Innovation" fragenden Beitrag geht der Verfasser vor allem auf die Präsentation der Spitzenkandidaten, den Umgang mit dem Deutschland-Begriff sowie die werberische Selbstdarstellung der Parteien im Bereich der Wirtschafts- und Finanz- sowie der Familien- und Sozialpolitik (hier besonders: die Darstellung der Geschlechterrollen) ein. In einem insgesamt relativ langweiligen Wahlkampf fielen die aggressive Verwendung des Wortes *links* durch die PDS: "Links ist lebendig. PDS. Das andere Deutschland" und die kritischen Töne der GRÜNEN: "Vereinigung im Schweinsgalopp" besonders auf. Das Schlüsselwort des 1990er Wahlkampfes ist für Gruner *Deutschland.* Während der CDU die Besetzung dieses Schlüsselbegriffes beinahe mühelos gelang, sei der Versuch der SPD, die CDU/CSU gerade an ihrem stärksten Punkt anzugreifen und ihr den durch die Kosten der Vereinigung entstandenen "Schuldenberg" und die "Steuerlüge" vorzuwerfen, sich selbst dagegen eine "solide Haushalts- und Sozialpolitik" zuzuschreiben, offensichtlich gescheitert.

Christ'l de Landtsheer (Amsterdam) präsentiert und diskutiert einen Ansatz Politischer Semantik, um die politische Sprache der Vereinigung analysieren zu können. Aufbauend auf ihrer Langzeit-Fallstudie politischen Sprachwandels in Flandern entwickelt sie Forschungsthesen zum Verhältnis von ökonomisch-gesellschaftlicher Krise und Metaphernentwicklung in Ostdeutschland. Ihre am Funktionalismus orientierte These ist, daß zu erwartende Krisen in Ostdeutschland ein Anwachsen der Unsicherheit und Realitätsflucht hervorbringen und deshalb zu einem Anwachsen von Krankheits- und Todesmetaphern führen.

Drei Jahre liegen hinter uns, in denen die Ereignisse die Prognosen immer sehr schnell überholt haben. Und dieses Überholtwerden ging nach der Tagung bis zur Drucklegung weiter: Die Sowjetunion existiert nicht mehr, der Warschauer Pakt ist zerfallen, die KPdSU verboten, Gorbatschow zum Privatier geworden, im ehemaligen Jugoslawien und in Teilen der ehemaligen Sowjetunion herrscht Bürgerkrieg, die CSFR steht kurz vor der

Spaltung. Jedem der diese wenigen Jahre erlebt hat, muß es so gehen, wie es Klaus von Dohnanyi von sich selbst berichtet hat:

> Vor einigen Tagen fiel mein Blick auf ein Photo aus dem Sommer 1990. Mitten in einer Gruppe hochdekorierter Offiziere stand ein kleiner Zivilist mit Mütze, die wir seit Helmut Schmidt als Prinz-Heinrich-Mütze erkennen: Rainer Eppelmann im Kreise seiner Kollegen Verteidigungsminister des Warschauer Paktes. Zwei Jahre ist es her, und das Photo mutet schon an wie eine Morsenachricht vor dem Untergang der *Titanic*. Ein Bild aus einer versunkenen Welt.
>
> Man empfindet kaum anders, sieht man heute noch einmal die zuversichtlichen Leipziger Demonstrationen aus dem Herbst 1989; oder jene vor Freude verweinten Gesichter, als die Berliner in der Nacht des 9. November 1989, trunken von Freiheit, durch die schmalen Mauerspalten in den Westen taumelten. Oder, die begeisterten Wahlversammlungen mit Bundeskanzler Helmut Kohl in der DDR im Frühjahr 1990. Oder, jene seligen Augen, als nach dem 1. Juli 1990 "Alu-Chips" in die so sehnsüchtig erwartete D-Mark getauscht wurden: Obwohl doch gerade in *diesem* Glück schon die heutigen Probleme verborgen waren.[7]

All das ist - gerade erst passiert - schon Vergangenheit, aber es wirkt fort.

Die Tagung sollte die Frage nach Kontinuität und Wandel der politischen Kultur und Mentalität aufwerfen. Da Sprache sowohl ein Ausdrucksmittel als auch ein Tarnungsmittel sein kann, sollte der Frage nachgegangen werden, inwieweit der rasanten sprachlichen Angleichung zwischen West- und Ostdeutschland auch eine Anpassung der politischen Mentalität entspricht, oder ob die sprachliche Homogenisierung nicht Differenzen der politischen Kulturen und Kontinuitäten der politischen Mentalität verdeckt.

Seither ist der sprachliche Angleichungsprozeß weiter vorangeschritten, aber auf der Ebene politischer Einstellungen und politischer Mentalität scheint sich eher ein gegenläufiger Entfremdungsprozeß durchzusetzen. "Vereint und doch getrennt" lautet lakonisch die aktuelle Zustandsbeschreibung, wobei hier noch nicht einmal die heutzutage oft spürbare Vertiefung der Trennung zur Sprache kommt. Die Mauer ist gefallen, neue Mauern sind entstanden. Die sprachlichen Neuschöpfungen unserer Tage gehören nun nicht mehr zum Bereich des politischen Aufbruchs selbstbewußter ostdeutscher Bürger, sondern eher zum Abbruchunternehmen "Ex-DDR", das zielbewußte westdeutsche Funktionäre in Regie genommen haben. Die Begriffe der *Abwicklung* und der *Warteschleife* bringen mit euphemistischer Verstellung dies zur Sprache. Auch das "Wort des Jahres 1991", der *Besserwessi*, zielt

---

[7] Klaus von Dohnanyi: "Der Notplan Ost." In: *Die Zeit*, Nr. 28, vom 3. Juli 1992, 11-12, ebd., 11.

auf diese Ungleichheit zwischen de jure Gleichen. Allerdings gewinnt in diesem Begriff doch ostdeutsches Selbstbewußtsein Boden zurück, Auflehnung wird hörbar gegen etwas, was man so nicht gewollt hat. Aber es ist nicht nur der Übergang vom Auf- zum Abbruch, der die Gemüter bewegt, sondern es ist auch der Übergang vom Aufbruch in eine demokratische Zukunft zur Aufarbeitung der Vergangenheit. *Seilschaft*, *Informant* und *Tribunal* sind hier die Stich-Worte der öffentlichen Diskussion.

Die Tagung über den "Sprachwandel in der DDR" war ursprünglich geplant worden mit dem Ziel der Bewältigung der Gegenwart; was nun tatsächlich bleibt, ist die Aufarbeitung des Vergangenen. Nicht wenig also. Indem sie sich - linguistisch und politologisch - mit einem Stück deutscher Geschichte beschäftigen, helfen sie vielleicht auch, der Frage näher zu kommen, was Deutschland eigentlich sei. Vielleicht kann es dann jeder für sich auf der inneren Landkarte lokalisieren. W i r wissen nicht, wo es liegt. Der Dichter der Deutschen, Goethe, schrieb in den *Xenien*:

> Deutschland ? Aber wo liegt es? Ich weiß das Land nicht zu finden,
> Wo das gelehrte beginnt, hört das politische auf.[8]

Deutschland gab es nie, gibt es nicht und kann es nie geben. Deutschland ist ein unmögliches Land, eine Ansammlung unterschiedlicher Deutschlandbegriffe und konteragierender Realitäten, eine Utopie, und niemand weiß, ob es eine gute oder eine schlechte ist. Es gibt aber die Bundesrepublik. Was kann ein gute Bundesrepublik Deutschland im Idealfall werden? - Ein ganz normales Land in Europa. Ein solches Land sollte Flagge zeigen, und zwar die europäische. Das würde ganz dem Ratschlag entsprechen, den Goethe den Deutschen gab:

> Zur Nation euch zu bilden, ihr hoffet es, Deutsche, vergebens;
> Bildet, ihr könnt es, dafür freier zu Menschen euch aus.[9]

Der Sinn der Tagung lag darin, eine erste Bilanz der politischen Sprachentwicklungen vom SED-Regime bis in die Gegenwart zu ziehen und zugleich eine engere Kooperation zwischen Sprach- und Politikwissenschaftlern herbeizuführen. Auf dem Weg zu beiden Zielen wurden viele Schritte getan. Weitere müssen jedoch folgen. Ein solcher Schritt soll das Vorlegen dieses Buches sein, dessen Sinn in Analyse und Dokumentation zu sehen ist.

---

[8] *Goethes Werke*. Herausgegeben im Auftrage der Großherzogin Sophie von Sachsen. I. Abtheilung. Goethes Werke. 5. Band. Erste Abtheilung. Weimar 1893, 218.

[9] Ebd.

Es soll dazu beitragen, denjenigen, die sich später mit den Ereignissen dieser Jahre beschäftigen wollen, ein paar Erklärungen aus der Sicht der Heutigen zu geben, aus der Fast-noch-Gegenwart der Umbruch-Situation.

Das Tempo der Wissenschaft bleibt hinter dem der Ereignisse zurück. Vielleicht ist das sogar gut so. Das Buch kann daher nur der "Nachbereitung" der Ereignisse dienen. Es kommt vielleicht spät, aber es kommt sicherlich nicht zu spät, denn die Probleme von "Wende", "Vereinigung" und "Vergangenheitsbewältigung" werden die Menschen in Deutschland noch eine Weile beschäftigen. Und für die Nachgeborenen wird es nützlich sein, Informationen, Dokumentationen und Interpretationen aus der Hand derjenigen zu bekommen, die zwar nicht unmittelbar an den Ereignissen beteiligt, doch - irgendwie - in sie verwoben waren.

Prof. Dr. Hans Gerd Schumann hat zum Gelingen der Braunschweiger Tagung wesentlich beigetragen. Wir gedenken seiner mit Trauer und Respekt.

Braunschweig, im Juli 1992 Armin Burkhardt K. Peter Fritzsche

1. DDR-Retrospektive

Politische Kultur in der DDR vor und nach der Wende

Ralf Rytlewski (Berlin)

1. Einleitung

Allenthalben wird in der deutschen Öffentlichkeit ein Wohlstandsgefälle zwischen Ost und West, wird eine Wohlstandsgrenze entlang der ehemaligen innerdeutschen Demarkationslinie konstatiert. Das Wohlstandsgefälle kommt nicht überraschend, denn die Differenzen in der Wirtschaftsleistung und ihr Konsumniveau zwischen Ost und West waren bekannt (vgl. Materialien 1971; 1974; 1987) und sind zudem einer der offenbaren Gründe für das Scheitern der realsozialistischen Länder. Weniger geläufig ist demgegenüber der irritierende Umstand, daß die von den Kriegsalliierten 1945 festgelegte Demarkationslinie inzwischen auch zu einer mentalen und sozial-moralischen Grenze zwischen den Deutschen heranwuchs, von der die politischen Kulturen der beiden deutschen Staaten beredtes Zeugnis ablegen.

2. Gemengelage dreier politischer Kulturen

Die politische Kultur des einen Landes haben wir bis zum Umbruch im Winter 1989/1990 in drei Strömungen der Orientierungen und Einstellungen der Bevölkerung identifiziert, die sich auch aus gegenwärtiger Sicht noch als gut begründet erweisen. Danach haben wir für die DDR zu unterscheiden zwischen
(1) der offiziellen politischen Kultur,
(2) ihrer traditionellen Variante und
(3) den Ansätzen zu einer alternativen politischen Kultur.

2.1. Die offizielle politische Kultur

Die *offizielle politische Kultur* enthielt als Elemente einer durch die Parteiführungen prognostizierten kommunistischen Zielkultur die zentralen Zielwerte *Freiheit*, *Gleichheit* und *soziale Gerechtigkeit* und stand insofern im Wertehorizont der durch die französische und amerikanische Revolution eröffneten Moderne. Diese Zielwerte wurden ergänzt um die mehr instrumentellen Werte *Emanzipation* und *Führungsanspruch der kommunistischen Partei* sowie die allgemeingültigen Verhaltensvorgaben *Optimismus*, *Solidarität* und *Lernbereitschaft*. Für die politisch-praktische Ebene wurden aus der kommunistischen Zielkultur eine ganze Reihe wichtiger Regulative abgeleitet:
- die Geltung des Marxismus-Leninismus als weltanschauliche und zugleich fachwissenschaftliche Grundlage des politischen Lebens, als Wahrnehmungsmuster und als Sprache des öffentlichen und allen beruflichen Lebens;
- die Anerkennung der Arbeitsleistung als zentrale Wertkategorie;
- den Vorrang gesellschaftlicher und kollektiver Ziele und Verhaltensweisen vor privaten und individualistischen Haltungen;
- die Allzuständigkeit des Staates in allen Fragen von systemischem Belang, eingeschränkt nur durch den Führungs- und Kontrollanspruch der SED und ihres Sicherheitsapparates (Ministerium für Staatssicherheit).

Das sich daraus ergebende Grundmuster der offiziellen politischen Kultur war einerseits epochenübergreifend-normativ angelegt, andererseits deskriptiv auf die Gegenwart bezogen. Zu den Eigentümlichkeiten dieser Strömung der politischen Kultur gehörte der normativ-empirische Doppelcharakter ihrer Termini. Vergangenheit, Gegenwart und Zukunft sollten in ihnen aufgehoben sein. Aufgrund der dürftigen Informationslage war bis zur Wende 1989/90 schwer zu unterscheiden, in welchem Maße das Denken, Empfinden und das praktische Handeln der Bevölkerungsgruppen von den hier angesprochenen Einstellungen und Orientierungen tatsächlich geprägt war. Herrschaftstechnisch konsequent wurden nur affirmationstaugliche empirische Befunde über Politik und Gesellschaft publiziert. Für viele Bewohner der DDR war im täglichen Leben gut wahrnehmbar, wie gründlich die kommunistische Zielkultur durch die Herrschaftspraxis der Parteiführung der SED diskreditiert wurde. Diskreditierung ergab sich vor allem aus dem Widerspruch zwischen dem humanistisch-idealistischen Anspruch und der Ratio und den praktischen Formen der leninistisch-stalinistischen Gewaltherrschaft. Der in der russisch-sowjetischen Revolution propagierte *Vorrang der Gewalt* vor anderen politischen Mitteln wurde nicht revidiert. Insbesondere in den Produktionsbetrieben, den Zentren der gesellschaftlichen Wertschöpfung, offenbarte sich die Diskrepanz zwischen Norm und Realität.

Trotzdem konnte mit der Akzeptanz bestimmter sozialistischer Wertaspekte gerechnet werden. Die Akzeptanz bezog sich vor allem auf
(1) die *gleichmacherisch* angelegte kollektive Arbeitsorganisation,
(2) eine Form des Familienlebens, für die *kollektive Erziehung* der Kinder durch Eltern, Kindertagesstätten und Schulen sowie die weibliche Erwerbstätigkeit konstitutiv waren, sowie
(3) den deutlichen Vorrang staatlich-politischer Regelungen vor privaten Lösungen in Fragen wie denen der Schulbildung und Berufsausbildung, der Erwerbstätigkeit, des Konsums und der sozialen Sicherheit.

2.2. Die traditionelle politische Kultur

Der Ausgangspunkt für die traditionelle politische Kultur als der zweiten Strömung liegt in der Vorkriegszeit. Der *common sense* der Aufbaugesellschaft der DDR hatte wichtige Themen mit den 30er Jahren in Deutschland gemeinsam: die Faszination des schnellen wirtschaftlichen und politischen Aufschwungs, des deutschen "Wirtschaftswunders" und der damit zusammenhängenden massenhaften Ausbreitung von Tourismus, Konsum und sozialer Sicherung. Auch in politischer Hinsicht hatte die politische Kultur vieles mit den 30er Jahren gemein: Intoleranz gegenüber dem und den Fremden, ein antiquiertes Geschlechterverhältnis, Autoritätserwartungen in Politik und Gesellschaft sowie ein nicht geringes Ordnungsbewußtsein. Vieles spricht für die Vermutung, hier handelte es sich um Reflexe eines Einstellungssyndroms, das sich im Kaiserreich und im nationalsozialistischen Regime formte (Dahrendorf 1965, 448 ff.; Reichel 1981). Es meint die Bereitschaft, das individuelle und soziale Leben undemokratisch zu organisieren und das autoritär-paternalistische Verhalten der Obrigkeit zu unterstützen - bei gleichzeitiger politischer Passivität der einzelnen.

Daraus ergaben sich Konturen und Referenzen einer traditionell-politischen Orientierung, für die zentral war:

- die im Verlauf der Industrialisierung - und militärischen Modernisierung - Deutschlands ausgeformten Tugenden der Ordnung, des Fleißes, der Pünktlichkeit, der Sauberkeit und Treue, in der DDR akzentuiert durch Gebote der Friedlichkeit und der arbeitsbezogenen Solidarität;
- der Vorrang der auf soziale Gleichheit und Sicherheit bezogenen Normen vor der Freiheitsnorm, etwa im Falle eines Konflikts zwischen verschiedenen Werten;
- ein geringes Vertrauen in politische Lösungen durch Konfliktverhalten und spontanes politisches Engagement, durch Streitgespräch und Opposition;
- der weitgehende Mangel an interkulturellen und europabezogenen Einstellungen, mit Ausnahme solcher Erwartungen an einen *dritten Weg*, der aus der additiven Kombination der praktischen Vorzüge des kapitalistischen und des sozialistischen Weges in Europa hervorgehen sollte.

Das sich daraus ergebende Grundmuster hat das *wirtschaftliche und soziale Wohlergehen* zum zentralen Identifikationsthema der Menschen in ihren Beziehungen untereinander und zur Politik werden lassen. Für die traditionell orientierte Bevölkerung war deshalb die politische Herrschaft der SED am ehesten dann akzeptabel, wenn der Staat ausreichenden wirtschaftlichen Fortschritt, soziale Sicherheit und öffentliche Ordnung gewährte. Auf diese Orientierung versuchte sich die Führung der SED mit der seit den 70er Jahren geltenden Formel "Einheit von Wirtschafts- und Sozialpolitik" positiv zu beziehen. Die zweite Strömung schloß ein, sich der Traditionen des Deutschen Reiches und seiner feudalgeschichtlichen Relikte nicht nur negativ zu erinnern. Ihre traditionelle Haltung übertrugen in den letzten beiden Jahrzehnten breitere Bevölkerungskreise in eine gelegentlich recht forcierte Hinwendung zur Kultur und Geschichte einzelner Ortschaften und Kreise der ehemaligen, 1952 aufgelösten ostdeutschen Länder.

2.3. Ansätze einer alternativen politischen Kultur

Offizielle und traditionelle politische Kultur sind keinesfalls frei von Überlappungen gewesen. Dies ist historisch in der gemeinsamen Abkunft aus den Erfahrungen Deutschlands in der ersten Hälfte des 20. Jahrhunderts begründet. Auch die Führungsgruppen der KPD bzw. der SED bis hin zur Generation um Erich Honecker entwickelten ihr Gesellschafts- und Sozialismusmodell teilweise sehr konkret aus den wirtschafts-, kultur- und sozialpolitischen Vorstellungen der deutschen Arbeiterbewegung und ihrer sozialen Lage in der Zwischenkriegszeit. Eine neue, davon abweichende Sozialismustheorie hat es in der DDR nicht gegeben. Wo in den Nachbarländern Tschechoslowakei, Ungarn und Polen abweichende sozialistische Wege versucht wurden, mußten die Reformversuche unter großen Verlusten der Führungs- und Bündnisraison geopfert werden.

Vor diesem Hintergrund sind die in den 70er Jahren in der DDR einsetzenden gesellschaftskritischen Anstöße zu einer alternativen politischen Kultur zu sehen. Sie richteten sich gegen die vorherrschende technische Vernunft, gegen die Militarisierung und politische Disziplinierung der Gesellschaft sowie die Naturzerstörung durch einen ungebremsten Industrialismus. Sie resultierten aus einer veränderten Wahrnehmung und Interpretation der Realität durch die Generation der Jugendlichen. Jugendliche in Umweltgruppen und in der autonomen Friedensbewegung innerhalb der Evangelischen Kirche versuchten praktisch zu leben, was sie öffentlich an ökologischem und pädagogisch-kulturellem Wandel einforderten. Ausreisewillige trugen Protest in die Öffentlichkeit, durch den staatsbürgerliche und verfassungsrechtliche Grundfragen erstmals öffentlich thematisiert wurden. Gemeinsam war den Protesthaltungen der verschiedenen Gruppen die Forderung an die politische bzw. staatliche Seite, öffentliche Diskussionen und unabhängige Informationsquellen zuzulassen Bei allen thematischen und räumlichen Differenzen der Gruppen ergaben sich Spezifika, die es erlauben, von einer ansatzweisen alternativen politischen Kultur zu sprechen:

- Die Protestierenden verhielten sich nicht als politische Opposition, die für ein nicht-sozialistisches Gesellschaftsmodell eintritt, sondern eher als Radikal-Liberale und Radikal-Demokraten.
- Im Konflikt zwischen orthodoxer Beharrung und Weiterentwicklung des sozialistischen Systems ging es ihnen um eine Öffnung und Demokratisierung des Sozialismus.
- Die informellen Gruppen suchten die Öffentlichkeit, ihr Engagement war individuell, aber nicht privat, in der Form basisdemokratisch in einem breiten Sinne.

Die meist jugendlichen Streitenden der 80er Jahre bildeten eine *Konfliktkultur* des öffentlichen Debattierens, Streitens und Demonstrierens aus, mit der sie sich sowohl gegen die systemfügsame politische *Anpassungskultur* der herrschenden Aufbaugeneration als auch gegen die Rückzüge in politische Passivität, Nörgelei und kompensatorischen Konsum wandten.

3. Homogenität und Pluralität als Ergebnis widersprüchlicher Entwicklungen

Bei der offiziellen, traditionellen und alternativen Form von politischer Kultur handelte es sich um drei Strömungen, die eine schwer zu bestimmende Gemengelage abgaben. Bis zur friedlichen Revolution im Herbst 1989 verhinderte die politische Führung jede seriöse politische Kulturforschung. So fehlen bisher sozial- und mentalitätshistorische Studien und empirische sozialwissenschaftliche Untersuchungen, die die Entwicklung der politischen Kulturen und ihrer Zusammenhänge mit der Herrschaftspraxis und der sozialen Schichtung der Bevölkerung genauer beschreiben. In der alten Bundesrepublik veröffentlichte Materialien und erste ostdeutsche, empirisch belangvolle Darstellungen seit dem Zusammenbruch der SED-Herrschaft lassen immerhin zu, zwei längerfristige Vorgänge in der Gesellschaft genauer zu konturieren. Es handelt sich dabei um den Widerspruch zweier Entwicklungen, von denen die eine zur sozialen Uniformität und die andere zur gesellschaftlichen Pluralität führte, um den Widerspruch zwischen einerseits Homogenisierung und Nivellierung und andererseits Pluralisierung.

3.1. Uniformität nach dem Bilde der Parteiführung

Homogenisierung und Nivellierung resultierten aus verschiedenen gesellschaftlichen und politischen Vorgängen, die sich entweder historisch zufällig ergaben, wie die protestantische Dominanz nach der Abtrennung der SBZ vom katholisch dominierten Westen Deutschlands und seinen früheren Ostgebieten, oder aber von der politischen Führung intendiert waren. Homogenisierung und Nivellierung waren für die neue politische Führung Ziel und Weg zugleich. Wichtige Aspekte dieser Entwicklung waren:

- Der Sozialstruktur der DDR fehlten nach den revolutionären Umwälzungen, die sich in Enteignungen, Deklassierung der alten Oberschicht und Massenflucht äußerten, die extremen Spitzen einerseits der besitzenden Oberschicht und andererseits der Einkommenslosen unterhalb des Existenzminimums. Großer Reichtum und große Armut waren Anfang der 60er Jahre einer um das *untere Mittelfeld* konzentrierten sozialen Schichtung gewichen. Dazu trug die staatliche Einkommens- und Verteilungspolitik entscheidend bei, da sie auf die Proletarisierung der Massen abstellte. Der Staatsangestellte als der *sozialistische Kleinbürger*, der sich in der Arbeitswelt proletarisch und in der Freizeit kleinbürgerlich gab, stellte den neuen durchschnittlichen Sozialtypus dar. Entsprechend nivellierten sich die Differenzen der Einkommensstruktur, deren sehr breites Mittelfeld nunmehr auf der Einkommenshöhe von Facharbeitern und mittlerem Leitungspersonal lag. Davon ausgenommen waren lediglich die politischen Führungskader, das Führungspersonal der Staatssicherheit und Gruppen der neuen Funktionseliten in Kultur und Wissenschaft.

- Die starke Angleichung auch der *Lebenspraxen* der Menschen wurde entscheidend durch die zentral geplante Produktions- und Dienstleistungsstandardisierung der Lebensbedingungen erzielt. Immer mehr Menschen wohnten bald in einem der landesweit verbreiteten wenigen Wohnungstypen, ernährten sich mit den Lebensmitteln aus den Programmen von Monopolbetrieben (Kombinaten), fuhren entweder in der Einheitsstraßenbahn aus der CSFR oder dem Einheitsautobus aus Ungarn oder in den schlichten Serienfahrzeugen "Trabant" oder "Wartburg", gestalteten ihre Ferien nach den Bedingungen und in den Orten des Feriendienstes der Einheitsgewerkschaft oder gemäß den Auflagen des Verbandes der Kleingärtner, Siedler und Kleintierzüchter als der Massenorganisation der Lauben- und Gartenenthusiasten. Bei alledem folgten die Menschen der DDR den gesellschaftspolitischen und ästhetischen Präferenzstrukturen der engeren politischen Führungsgruppe der SED. Sie formte den zivilisatorischen und massenkulturellen Zuschnitt der Gesellschaft nach ihrem Bilde. Das zeigte sich in der herrschaftlichen Manie der Führungsgruppe, beispielsweise auch die farblichen Details der Serienwohnungen festzulegen. Es zeigte sich vor allem im politisch bestimmten Preissystem für Verbrauchsgüter und Dienstleistungen. Sehr niedrigen Preisen für Grundnahrungsmittel und sehr niedrigen Miet-, Verkehrs-, Kultur- und Ferientarifen standen hohe Preise für jene Produkte und Dienste gegenüber, die erst nach der Sozialisationsphase der Führungsgeneration der KPD/SED in den 20er und 30er Jahren in die Produktion gingen oder importiert wurden, beispielsweise technische Geräte der Haushaltswirtschaft, der Massenkommunikation oder aber Südfrüchte.
- Auf der Ebene der Kognitionen und Mentalitäten sahen sich die vom Deutschen Idealismus beeinflußten Bildungs- und Kulturstandards der deutschen Arbeiterbewegung als Programm und pädagogische, massenkulturelle und künstlerische Praxis konkurrenzlos privilegiert. Gerade hier wurden starke Anleihen bei der Sozialdemokratie der Zwischenkriegszeit genommen, was die landesweite Ausbreitung der Ideen von der einheitlichen Volksbildung, des Kultur- und Sozialstaats stark beförderte.
- Hinzu kam im Zeichen der marxistisch-leninistischen "Diktatur des Proletariats" eine außergewöhnliche politische *Homogenisierung* und *Entdifferenzierung*. Alle modernen subjektbezogenen politischen Aktionsmöglichkeiten, die verfassungsrechtlich z.B. durch Vereinigungs- und Demonstra-

tionsfreiheiten zu gewährleisten sind, wurden durch den Verhaltenskanon des Leninschen Prinzips des "demokratischen Zentralismus" ersetzt. Dessen Bezugspunkt waren von oben formulierte politische Führungsnotwendigkeiten. Der demokratische Zentralismus galt als allfällige Verhaltens- und Organisationsnorm in Staat und Gesellschaft. Lediglich die Kirchen konnten ihren eigenen, kirchenrechtlich geregelten gesellschaftlichen Binnenraum behaupten.

Ob die Tendenz der Homogenisierung und Nivellierung jemals zu einem Gesellschaftszustand hoher sozialer Eintracht führte, kann mit guten Gründen bezweifelt werden. Wiederholt schon sah die Führung der SED die große soziale Eintracht als den sozialistischen Vorboten der kommunistischen Gesellschaft heraufziehen, sei es als alle Gruppen umfassende *sozial-moralische Einheit* der Bevölkerung, sei es als neuartige "sozialistische Menschengemeinschaft" jenseits einer in Klassen und Schichten differenzierten Gesellschaft. Nur ihre programm- und sozialisationsbedingte starre selektive Wahrnehmung ließ die Parteiführung die gesellschaftliche Realität der DDR so einseitig und irrig sehen. Bei einem flexibleren Wahrnehmungsmuster wäre der Führung spätestens seit den 70er Jahren ein gegenläufiger Prozeß in den Blick gelangt, der die ansteigende soziale und kulturelle Pluralisierung der Gesellschaft anzeigte. Die sich abzeichnende Pluralität - nicht Pluralismus - hatte verschiedene Gründe und Ausdrucksweisen:

- Sie war ökonomisch bewirkt, insofern die Eigentumsordnung zu einem Nebeneinander von staatssozialistischen, genossenschaftlichen und privatwirtschaftlichen Sektoren geführt hatte, woraus sich unterschiedliche *Eigentümerrollen* ergaben. Ähnlich gravierend wirkte sich aus, daß die Verfügungsrechte über die jeweiligen Produktionsmittel zwischen den Leitungen und den Arbeitenden ganz unterschiedlich verteilt waren.
- Damit einher ging eine *sozialstrukturelle* Pluralisierung. Sie zeigte sich als soziale Differenzen zwischen Berufsgruppen und deren unterschiedliche Art *sozialistischer Lebensweise*, so daß heute aus soziologischer Sicht die DDR ex post auch als ständische sozialistische Gesellschaft erscheint.
- Indem nach der Übernahme der Parteiführung durch Erich Honecker zwar deklamatorisch am Stilkanon des Sozialistischen Realismus festgehalten wurde, dieser faktisch jedoch von den Künstlern um nahezu alle Stilmittel der Moderne erweitert wurde, war die *künstlerische* Pluralisierung Ende der 80er Jahre außergewöhnlich weit fortgeschritten.
- Dennoch ist die neue soziale und kulturelle Pluralität wohl noch stärker *massenkulturell* ausgelöst worden. Hier sind einerseits die Adaption der westlich-amerikanischen Massenkultur, andererseits die heimat- und regionalgeschichtlichen Interessen und Aktivitäten der gebildeten Laien und eini-

ger Fachwissenschaftler zu nennen. Auch in diesen Kontext gehört die sich in den 80er Jahren massenhaft ausbreitende Neigung breiterer Bevölkerungsgruppen zur Inszenierung von örtlicher Fest- und Feierfolklore.

- Die neue Heterogenität ergab sich schließlich aus mehr oder weniger stillen *weltanschaulichen* Kontroversen und Differenzierungen. Die marxistisch-leninistische Ideologie als die offizielle Staats- und Parteidoktrin sah sich häufiger mit abweichenden bzw. alternativen Sinnofferten konfrontiert. Sie wurden vor allem innerhalb der Evangelischen Kirchen, von jugendlichen Protestgruppen und vereinzelt auch als Reformanstöße innerhalb der SED formuliert.

Die Pluralisierung erfaßte mithin den Gesamtzusammenhang der gesellschaftlichen Reproduktion und drang dennoch nur unbedeutend in das politische System ein.

4. Reaktionen auf die Wende 1989/1990

Die Volkskammerwahl am 18.3.1990 beendete mit dem starken Votum für das CDU-geführte Wahlbündnis "Allianz für Deutschland" (48 v.H. der Wählerstimmen) den "Schwebezustand der DDR" (Musiolek/Wuttke 1991). Bis dahin schien der Entwicklungsweg noch offen zu sein. Mit der Konstituierung einer parlamentarischen Repräsentation und eines pluralistischen Parteien- und Bewegungssystems verflüchtigte sich die Hoffnung der Revolutionäre auf eine DDR als "Experimentierfeld des Neuen" (Neubert). Nach der Wahl galt es, sich individuell und kollektiv auf die *Kosten der Vereinigung* einzustellen, was in der politischen Öffentlichkeit über einen längeren Zeitraum hieß, exklusiv materielle Kosten zu diskutieren. Warum sollten auch bei einem derartig überzeugenden Vertrauensbeweis der Wähler für die Politik der Bundesrepublik sozialmoralische und mentale Komplikationen zu erwarten sein? Die Vereinigung nach Art. 23 des GG eröffnete doch die Chance, Neues nicht anstreben zu müssen, sondern einer bewährten politischen Ordnung beitreten zu können. Im Frühjahr und Sommer 1990 fragte niemand ernstlich, ob und in welchem Maße der Beitritt der DDR auf Selbstverleugnung und autoritätsgewohnter Unterwürfigkeit der Bevölkerung ruhte. Im Herbst 1990 trat die Instabilität der sozialpsychischen Situation dann ganz deutlich hervor. Als Belege führe ich nur einige öffentliche Äußerungen aus der Presse eines kurzen Zeitraums im Herbst 1990 an. Es äußerten sich:

- Konrad Weiß (MdB): "Ernüchternd sei nach dem 18. März die Erkenntnis gewesen, 'daß das Volk nie hinter uns gestanden hat. Das war ja der Irrtum des Herbstes, daß wir gedacht haben, die paar hundert Leute aus den Bürgerbewegungen und oppositionellen Gruppen hätten es geschafft, wirklich das ganze Volk hinter sich bringen zu können'" (*Der Tagesspiegel*, 2.8.1990).

- Kerstin Schön (Mitglied eines Runden Tisches): "Denn der lange Weg der psychischen Verarbeitung des Scheiterns neuer Wege sei noch längst nicht zurückgelegt: 'Ich benötige das Feindbild BRD, um in der DDR bleiben zu können. Und ich weigere mich noch heute, eilfertig ein guter Wessi zu werden'" (*Die Tageszeitung*, 19.11.1990).
- Fritz-Heinz Himmelreich (Hauptgeschäftsführer der Arbeitgeberverbände): Es "wird in Ostdeutschland die Möglichkeit, sich beruflich auf einen neuen Wissensstand weiterzubilden, nicht angenommen, weil mit dem Qualifizierungsangebot nicht gleich auch ein neuer Arbeitsplatz garantiert wird. Es bedarf also einer zähen, mühseligen Aufklärung der lange unmündig gehaltenen Menschen, daß zum großen Teil jeder selbst seines Glückes Schmied ist" (*Der Tagespiegel*, 23.11.1990).
- Carl-Christian Hesse (Stellvertretender Landrat) zur Frage, warum den LPG-Bauern die Rückkehr auf die eigene Scholle schwerfällt: "'Die meisten haben Angst vor der Selbständigkeit', so heißt es in Wusterhausen. Noch größer aber als die Angst ist die Wut auf die Nomenklatura der alten LPG- und Parteiführungsschicht" (*Frankfurter Allgemeine Zeitung*, 22.9.1990).
- Richard Schröder (MdB): "'Wie lange brauchen die Ostländer, um den moralischen Verfall und den Verfall der Arbeitsmoral wieder wettzumachen?' Wir brauchen keine Reedukation. Arbeiten können die Deutschen-Ost genauso wie die Deutschen-West, wenn die Arbeitsbedingungen stimmen ... Was die Moral betrifft: Es hat sich doch bei uns nicht die Überzeugung breitgemacht, Lügen und Betrügen und Bespitzeln seien gut. Viel mehr war unser Übel der zu hohe Preis für Aufrichtigkeit. Im Nebel der Ideologie war der Orientierungssinn vieler überfordert" (*Die Zeit*, 23.11.1990).

Die Reihe der Hinweise darauf, daß von der Bevölkerung vor allen materiellen Belastungen hohe *mentale* und *moralische* Kosten der Vereinigung zu tragen sind, ließe sich leicht fortsetzen.

5. Willkürstaat oder Nischengesellschaft?

Günter Gaus hat sich 1983 gegen die Ansicht gewandt, in der DDR einen Ort zu sehen, "an dem es nur Schergen und Opfer gibt", bewohnt von entprivatisierten Menschen in einem "allgegenwärtigen, allgewaltigen Willkürstaat" (Gaus 1986, 116). Er reklamierte statt dessen als Lebensform der Mehrheit der Bevölkerung die *Nische*, in der die Menschen "Politiker, Planer, Propagandisten, das Kollektiv, das große Ziel, das kulturelle Erbe - an dem sie das alles einen guten Mann sein lassen" (ebd., 117). Mit der These von der "Nischengesellschaft" verband sich in der Folge für viele westliche Beobachter die Vorstellung, die Bevölkerung der DDR hätte einen eigenen Modus des Rückzugs aus der Politik gefunden.[1] Dessen wichtigste Bedingung sei eine expandierende, um Kleingärten, Lauben und das Privatauto gelagerte Massenkultur (Rytlewski 1988, 639-643). Gaus bezog sich indirekt auf die ältere These der Entpolitisierung bzw. Entideologisierung in modernen Industriegesellschaften. Er reformulierte, was Ernst Richert 1966 und Hermann Rudolph 1972 als Grundfrage schon aufgegeben hatten. Sie argumentierten, das politische System der DDR sei als "politische Kultur eigenen Maßstabs zu nehmen" (Rudolph 1972, 32), die geprägt sei nicht von den Imperativen einer "proletarischen Revolutionsgesellschaft", sondern von Arrangements der politischen Führung mit den Gruppen einer nivellierten, um den industriell tätigen Kern kristallisierten Gesellschaft (Richert 1966, 162 ff., 229 ff.). Über dem Zusammenhang von Politik und Gesellschaft lag mithin das Air von *zugleich Politisierung und Entpolitisierung*. Betrachtet man es unter dem Aspekt der Beanspruchung der Gesellschaft durch die politische Führung, "so erscheint es als nachgerade vollständige Politisierung", sieht man es unter dem Gesichtspunkt einer kalkulierbaren Einflußnahme der Bevölkerung auf politische Entscheidungen, dann "handelt es sich um einen weitestgehend entpolitisierten Betrieb, eine in sich selbst kreisende Leerlauf-Veranstaltung" (Rudolph 1972, 31). Dieser Zwiespalt, diese Doppelgesichtigkeit des Politischen machen es heutzutage schwer, zwischen Opfern und Tätern unterscheiden zu können.

Das Zwiespältige des Politischen kann jedoch nicht die Grundstruktur einer *autoritären Herrschaft* mit ihrem sehr hohen *Konformitätsdruck* überdecken. Autoritäre Herrschaft meinte zweierlei. Als *Herrschaft über Sachen* konstituierte sie sich in der Nachkriegszeit durch Enteignungen und durch kontinuierlich laufende ökonomische und soziale Umverteilungen zugunsten des politischen Machtzentrums. Sie ließ den Staat und die SED zu einem Machtkoloß anwachsen, während die in verstaatlichten und genossenschaftlichen Betrieben arbeitenden Bürger zu Untertanen bar jeglicher

[1] Reinhart Koch hat dagegen einer Interpretation Plausibilität verschafft, die die Veränderungen im Umgang mit Politik als deren Rückzug aus den Nischen darstellt. (Vgl. 1989, 99 ff.)

förmlichen und konkreten Eigentumstitel verkümmerten. Ausgenommen waren kleinbürgerliche Besitztitel, etwa am privaten Auto und eine Art von Quasi-Besitz an Wohnungen und Gartenlauben. Autoritäre Herrschaft meinte sodann *Herrschaft über Personen*, die sich der Gewalt, im günstigen Fall der legitimen Gewalt, bediente. Unter der "Diktatur des Proletariats" war die DDR nicht nur mit allen Formen der direkten Gewalt hochgerüstet - Inhaftierung, Folter, Schießbefehl, Ausbürgerung -, sondern auch mit den nicht minder wirkungsvollen Formen der indirekten Gewalt: Rechtsunsicherheit, Nötigung, Einschüchterung und Indoktrination.

Wie die Bevölkerung auf die alltägliche Repression und auf das Angebot einer Existenzweise zwischen Sicherheitsapparaten und einem Konditionierungssystem von Prämierungen und Strafen reagierte, ist heute ein ernstes Thema all derjenigen, die eine Annäherung zweier gesellschaftlich produzierter *Lebenshaltungen* nicht in einigen Jahren erwarten wollen. Aus psychologischer und psychotherapeutischer Sicht wird die wichtigste Reaktion der Herrschaftsunterworfenen darin erkannt, äußeren Zwang in innere Unterdrückung zu verwandeln. "Das System hat jeden einzelnen so lange bearbeitet, bis der psychologische Mechanismus der Selbstversklavung und Selbstzerstörung gesichert war" (Maaz 1991, 13). Dieser Prozeß ist insofern bitter, als der Einzelne seine reale Lage nicht mehr zureichend wahrnehmen kann und zu bestimmten Rationalisierungen seines Handelns und Verhaltens greift. Gemäß solcher Begründungen, die auch nach der Wende virulent bleiben, arbeitet man dann im Dienste großer Menschheitsideen, für den Frieden, für das Wohl des Volkes, für den Erhalt der Familie, für den Patriotismus des kleinen Mannes etc.

"Die errichtete Diktatur war der politische Ausdruck der seelischen Störung der neuen Machthaber" (Maaz 1991, 16). Ohne Anpassungsleistungen, die weit über das Anpassungsmaß in liberal-demokratischen Systemen hinausgingen, ließ es sich in diesem Lande nicht leben. Der Konformitätsdruck stieg naturgemäß bei den mittleren Berufspositionen an, noch stärker bei den höheren Positionen, da ihnen die Leitung der staatlichen, parteilichen und gesellschaftlichen Apparate oblag. In dem Zusammenspiel der Anforderungen mit den vorhandenen Charakterstrukturen identifizierte Hans-Joachim Maaz sechs soziale Rollen, die die psychosoziale Situation vor der Wende charakterisierten:

(1) Machthaber,
(2) Karrieristen,
(3) Mitläufer,
(4) Oppositionelle,
(5) Ausreisende und Flüchtlinge,

(6) Utopisten (Maaz 1990, 104 ff.).
Die Rollen waren aufeinander bezogen, bedingten sich und waren Teil eines sozialen Ganzen, einer tragisch inszenierten *sozialistischen Lebensweise.*

Sie verweisen auf ein Einstellungs- und Verhaltensmuster in der Bevölkerung, das eine soziologische Untersuchung der Akteure des revolutionären Umbruchs in Leipzig ähnlich klassifizierte (Koch/Matthes 1992). Bezogen auf die beiden Variablen "System" und "Administration" der DDR werden die Haltungen von sechs sozialen Akteursgruppen unterschieden:
(1) system- und administrationskonform,
(2) systemkonform aber administrationsreformerisch,
(3) systemreformerisch und administrationsablehnend,
(4) systemablehnend und administrationsreformerisch,
(5) individuell-situativ,
(6) system- und administrationsablehnend.
Damit sind Haltungen bezeichnet, die sich aus unterschiedlichen Grundüberzeugungen gegenüber einerseits dem Sozialismus als Gesellschaftssystem und andererseits der herrschenden Politiklinie ergeben, also unter weltanschaulich-politischem sowie politikstrategischem Aspekt. Sie drücken Arten und Weisen aus, wie im autoritären System das Ansinnen der politischen Führung individuell und kollektiv verarbeitet wird, oder in sozialpsychologischer Sprache: wie soziale Rollen gewählt und ausgefüllt werden, die geeignet erscheinen, unbefriedigte Bedürfnisse, innere und äußere Mangelzustände und einen daraus resultierenden "Gefühlsstau" (Maaz) kompensieren zu können.

Wenn weite Kreise der bundesrepublikanischen DDR-Forschung und Öffentlichkeit in den 80er Jahren der These einer Nischengesellschaft und einer Rückzugslinie in eine politikfreiere Privatsphäre zuneigte, dann bedarf diese Tendenz der Wende. Ein Generalist der DDR-Forschung wie Richert wußte noch, daß der ökonomisch wichtigste Juniorpartner der Sowjetunion zugleich der moralisch schwächste war. So wenig es heute möglich ist, einfach eine Grenze zwischen Opfern und Tätern zu ziehen, so wenig ist es möglich, zwi-schen verschiedenen Bevölkerungsgruppen, die sich zur offiziellen, traditionellen oder alternativen politischen Kultur bekennen, unterscheiden zu können. Alle Schritte im Stück "Deutsche Einheit", das im Osten wie im Westen Deutschlands "nahezu ohne Drehbuch" (Bruns) abläuft, sind davon überschattet, daß eine *psychische* Revolution nur sehr langsam in Gang kommt.

6. Literatur

Dahrendorf, Ralf (1965): *Gesellschaft und Demokratie in Deutschland.* München.

Feist, Ursula (1991): "Zur politischen Akkulturation der vereinigten Deutschen. Eine Analyse aus Anlaß der ersten gesamtdeutschen Bundestagswahl." In: *Aus Politik und Zeitgeschichte,* B 11-12, S. 21-32.

Gaus, Günter (1983, 1986): *Wo Deutschland liegt. Eine Ortsbestimmung.* München.

Kitschelt, Herbert (1991): "The 1990 German federal election and the national unification: A watershed in German electoral history?" In: *West European Politics*, Vol. 14, No. 4 (Oct. 1991), S. 121-148.

Koch, Reinhart (1989): "Alltagswissen versus Ideologie? Theoretische und empirische Beiträge zu einer Alltagsphänomenologie der DDR." In: Rytlewski, Ralf (Hrsg.): *Politik und Gesellschaft in sozialistischen Ländern. Ergebnisse und Probleme der Sozialistische Länder-Forschung.* Opladen, S. 99-120 (PVS-Sonderheft 20).

Koch, Willy/Matthes, Uwe (1992): "Die Funktion unterschiedlicher Typen von politischer Kultur für die Systemtransformation in der DDR." In: Bergschlosser, Dieter/ Rytlewski, Ralf (Hrsg.): *Political Culture in Germany.* London.

Korte, Karl Rudolf (1990): "Die Folgen der Einheit. Zur politisch-kulturellen Lage der Nation." In: *Aus Politik und Zeitgeschichte,* B 27, S. 29-38.

Maaz, Hans-Joachim (1990): *Der Gefühlsstau. Ein Psychogramm der DDR.* Berlin.

Materialien 1971 = Bundesministerium für innerdeutsche Beziehungen (Hrsg.): *Materialien zum Bericht zur Lage der Nation 1971.* Bonn.

Materialien 1974 = Bundesministerium für innerdeutsche Beziehungen (Hrsg.): *Materialien zum Bericht zur Lage der Nation 1974.* Bonn.

Materialien 1987 = Bundesministerium für innerdeutsche Beziehungen (Hrsg.): *Materialien zum Bericht zur Lage der Nation 1987.* Bonn.

Musiolek, Berndt/Wuttke, Carola (Hrsg.) (1991): *Parteien und politische Bewegungen im letzten Jahr der DDR.* Berlin.

Neubert, Ehrhart (1990): *Eine protestantische Revolution.* Osnabrück.

Reichel, Peter (1981): *Politische Kultur der Bundesrepublik*. Opladen.

Richert, Ernst (1966): *Das zweite Deutschland. Ein Staat, der nicht sein darf*. Frankfurt/Main-Hamburg.

Rohe, Karl (1993): "The state-tradition in Germany." In: Bergschlosser, Dieter/ Rytlewski, Ralf (Hrsg.): *Political Culture in Germany*. London.

Rudolph, Hermann (1972): *Die Gesellschaft der DDR - eine deutsche Möglichkeit? Anmerkungen zum Leben im anderen Deutschland*. München.

Rytlewski, Ralf (1989): "Führt die Perestrojka auch zur Umgestaltung der Sozialistische Länderforschung? Plädoyer für mehr politische Kulturforschung." In: ders. (Hrsg.): *Politik und Gesellschaft in sozialistischen Ländern. Ergebnisse und Probleme der Sozialistische Länder-Forschung*. Opladen, S. 15-36 (PVS-Sonderheft 20).

Rytlewski, Ralf (1988): "Kommunismus ante portas? Zur Entwicklung von Massenkultur und Massenkonsum." In: Glaeßner, G.J. (Hrsg.): *Die DDR in der Ära Honecker*. Opladen, S. 633-643.

Schorlemmer, Friedrich (1990): *Wächst zusammen, was zusammen gehört?* (Ms-Serie der Friedrich-Erbert-Stiftung). Bonn.

Von der 'Macht des Wortes' zur 'Sprache der Macht' zur Ohn-Macht der Vernunft

Über die Enteignung der Sprache im real existierenden Sozialismus durch die marxistisch-leninistische Philosophie

Norbert Kapferer (Berlin)

1. Einleitung

Als im Spätherbst des Jahres 1989, nach drei Jahrzehnten des erzwungenen Schweigens in der DDR-Öffentlichkeit wieder Stimmen der Opposition zu Wort kamen, da war viel die Rede von "Überwindung der Sprachlosigkeit" und der "Sprachverarmung", von "Rückgewinnung unseres Artikulationsvermögens". "Wir sind wieder dabei, unsere Sprache zu erlernen" hieß es nicht nur bei Schriftstellern, Kunst- und Kulturschaffenden, sondern allerorten wurde bekundet, nun endlich den "Untertanenjargon", die "Sklavensprache", die "Doppelsprachlichkeit", in einem Wort, die "Unmündigkeit" abzuwerfen.

In der Tat hatte die politische Wende im anderen Teil Deutschlands einen deutlich hörbaren Sprachwandel eingeleitet: Die Nachrichtenmedien lösten sich allmählich aus ihrer verbalen Erstarrung. Wo noch kurz zuvor die monotone Sprachregelung der SED vorherrschte, die Polit-Phrasologien, Titulaturketten abgespult wurden, die Schönfärber-Durchhalte- und Kampfparolen erklangen (Heym 1977; Otto 1979; Riedel 1983), hörte man nun Sätze mit Informationswert und Aussagekraft (Hauschild 1990). Die Aufhebung der Zensur machte Zeitungen und Zeitschriften - zumal für den durchschnittlichen Leser aus dem Westen - rezipierbar und entband den DDR-

Abonnenten der Mühe, in der einstmals staatlich geprüften Textur nach, vielleicht verklausulierten Mitteilungen oder Botschaften zu suchen. Die im Honecker-Staat hochstehende Kunst, mit viel Worten nichts zu sagen (Heym 1977), verlor über Nacht an Bedeutung. Das Procedere der symbolischen Bekenntnisse und Gelöbnisse (Rytlewski/Sauer/Treziak 1987) verschwand mit der "Vorsicht, Stasi hört mit"-Haltung aus den alltäglichen Umgangsformen. Gleichwohl erinnert der Sprachduktus so mancher ehemaliger DDR-Bürger auch noch nach einem Jahr an eingeübte Sprachrituale wie an das "Kaderwelsch".

2. Die enteignete Sprache - ein Phänomen 40jähriger Entmündigung

Die Enteignung der Sprache in der DDR muß als das Produkt einer über vierzigjährigen Reglementierung und Überwachung des Sprachverhaltens bzw. einer permanenten und gezielten Einübung von Sprachmustern- und Schablonen durch Sozialisationsinstanzen wie staatliche Kindergärten, Schulen, Junge-Pioniere und FDJ-Organisationen, Betriebsschulungen, Fort- und Weiterbildungen, Nationale Volksarmee und Volkspolizei bis hin zu universitären Kaderschmieden (Hellwig 1988; Waterkamp 1989) einschließlich einer Dauerberieselung durch die Massenmedien (Geißler 1987) angesehen werden. Dieser hermetischen Sprachschulung konnte sich auf Dauer wohl kaum jemand entziehen, so daß im Westen schon die Frage aufgeworfen wurde, ob nun auch das "einigende Band" der Sprache zu reißen beginne (Oschlies 1989).

Die politische Spracherziehung zielte dabei sowohl auf "Sprachhygiene", d.h. auf Tilgung von Wörtern, Begriffen, Symbolen und Metaphern aus dem Sprachschatz des sogenannten "Klassenfeindes", der Bundesrepublik Deutschland, bei Einführung von Neologismen, die auf marxistisch-leninistischer Terminologie basierten.

Den SED Machthabern dürfte frühzeitig klar gewesen sein, daß sie mit einer entsprechenden Zurichtung der Sprache massiven Einfluß auf das Denk- und Erkenntnisvermögen ihrer Bürger, wie auf die kommunikative Kompetenz nehmen und damit zentrale Lern-und-Orientierungsvorgänge in ihrem Sinne steuern könnten. Um die erwünschte Weltanschauung, das parteiliche Denken in schwarz/weiß-, Freund/Feind-Schablonen sprachlich verankern zu können, wurden große Anstrengungen unternommen. Besonders bei der Rekrutierung künftiger Eliten, der Ausbildung von Funktionärskadern, der wissenschaftlich-technischen Intelligenz wie des pädagogischen

Personals legte man größten Wert auf die Vernetzung von Alltagssprache, Fachterminologie und marxistisch-leninistischem Vokabular.

In der Bundesrepublik begann man schon zu Beginn der sechziger Jahre auf den sich in der DDR abzeichnenden Sprachwandel aufmerksam zu werden und das Vordringen der Sprache des Marxismus-Leninismus zu beobachten. Ernst Topitsch analysierte die Verwendung marxistisch-leninistischer Termini in der politischen Sprache und prägte dabei den Begriff der "Leerformel", wonach Aussagen innerhalb eines bestimmten Bezugsrahmens "mit jedem beliebigen Sachverhalt vereinbar" (1960, 256) seien. Mit dieser Beliebigkeit, so Topitsch, ließen sich alle möglichen Sachverhalte beschreiben und im Sinne bestimmter politischer Zielsetzungen interpretieren.

Den in der Linguistik wie in der Sprachphilosophie erkannten Umstand nutzend, daß Leerformeln, Metaphern, Symbole, stereotypisierte Fremd- und Eigenbilder die Ausübung politischer Macht selbst tangieren, konnte Hermann Lübbe (1966) zeigen, wie mittels der Verbindung von tradierten marxschen bzw. marxistischen Metaphern mit neuen und alten Leerformeln und mit Freund/Feind-Stereotypen sowohl Legitimations-, als auch Aktionseffekte erzielt werden. Die Sprache des Marxismus-Leninismus könne nämlich nicht nur als Text im Kontext, sondern darüber hinausgehend auch als Text im aktuellen und potentiellen Handlungskontext gelesen und verstanden werden. (Vgl. ebd., 354)

Seit Ende der sechziger Jahre wurden weitergehende Analysen zur politischen Instrumentalisierung der Sprache, zum Wortschatz und zur Wortwahl des offiziellen Sprachgebrauchs wie zur Funktion der Sprache des Marxismus-Leninismus in der DDR vorgelegt, u.a. von Hans H. Reich (1968), Walther Dieckmann (1969), Jean Paul Picaper (1976), Heide Riedel (1977) und Peter Christian Ludz (1980).

Ludz war seinerzeit ebenfalls von der Beobachtung ausgegangen, "daß die DDR-Gesellschaft seit ihrem Bestehen von wahren Wort-, Sprach- und Symbolmassen wieder und wieder fast zugeschüttet worden ist" (Ludz 1980, 9), wobei sich im Laufe der Zeit ein spezifisches Sprachprofil des Marxismus-Leninismus herauskristallisierte, dessen Funktion vor allem in der Integration des gesellschaftlich verfügbaren Wissens zum Zwecke der ideologischen Kontrolle bestanden habe (vgl. ebd., 129 ff.).

Obwohl die genannten Autoren von einer mehr oder weniger gelungenen politischen Instrumentalisierung der Sprache durch den Marxismus-Leninismus ausgegangen waren, vermochten sie von ihrem historischen Blickpunkt aus das ganze Ausmaß der Sprachverstümmelung und Sprachenteignung noch nicht zu überschauen. Immerhin hatte Ludz schon darauf hingewiesen, daß die marxistisch-leninistisch reglementierte Sprache Wahrnehmungs- und

Informationsdefizite nach sich zieht, was tendenziell sogar auf Verhinderung von gesellschaftlich notwendigen Innovationsprozessen hinausliefe (vgl. ebd., 157).[1]

Die Wirkungsmächtigkeit des marxistisch-leninistischen Herrschaftsdiskurses bis in die Alltagssprache hinein legt den Begriff einer totälitären Sprache nahe, einer Sprache, deren Terminologie sich gegen Kritik immunisiert bis zur Verkehrung ins Gegenteil, zum Paradox des "Orwellschen Diskurses", und die in alle gesellschaftlichen Sprachräume eindringt, vorzugsweise die Sprache der Politik, der Wissenschaften, der Künste, der Information und öffentlichen Kommunikation okkupiert und dauerhaft besetzt hält, totalitär der Intention nach, sich des gesamten Sprachgeschehens zu bemächtigen.

Produzent und Lieferant dieser totalitären Sprache wurde die marxistisch-leninistische Philosophie, die seit 1948/49 die klassenfeindliche "bürgerliche Philosophie" vom Boden der SBZ/DDR zu verdrängen begann und, als dies erreicht war, nicht-parteikonforme marxistische Ansätze ausschaltete, was gegen Ende der fünfziger Jahre gelang.[2] Nunmehr übernahm eine gleich-

---

[1] Ludz erwähnte hierbei Beobachtungen bei geflüchteten Studenten, die im Hauptfach einen der Unterbereiche des Marxismus-Leninismus an den Universitäten und Hochschulen der DDR belegt hatten: "Die Befragten konnten nach einiger Zeit die wahrgenommene oder erinnerte Realität nicht mehr im Denk- und Sprachsystem des Marxismus-Leninismus erfassen." (Ludz 1980, 158 f.) "Da Sprachbilder aber stets auch Denkbilder sind", heißt es bei Ludz weiter, "können der von den Sprachmanipulatoren der DDR selbst herbeigeführte Informationsentzug und die Informationsverarmung, die auch mit einer tendenziell jedenfalls rigiden Kontrolle von Interaktion und Transaktion jeglichen Wissens verbunden sind, bestenfalls zu einer statischen Machtsicherung des bestehenden politischen Systems, nicht jedoch zu einer dynamischen Machtakkumulation qua Wissens- und Informationsakkumulation führen." (Ebd., 159 f.)

[2] Die Ausschaltung nichtkonformer, marxistischer Ansätze vollzog sich etappenweise. Sie begann schon im Jahre 1948/49 (Fall: Kofler), setzte sich im Jahre 1954 (Rüge an die Adresse der Redaktion der *Deutschen Zeitschrift für Philosophie* wegen ideologischer Unzuverlässigkeit und Abweichung) fort und erreichte 1956/1957 ihren Höhepunkt mit der Verurteilung Harichs, Blochs, Lukacs' als Revisionisten und der Rüge Kuczynskis, Behrens' und Bernarys wie Havemanns. Letzterer wurde dann 1964 von der Partei durch Berufsverbot und Hausarrest aus dem Verkehr gezogen. Eigenständige Denker wie Peter Ruben, Wolfgang Heise, Horst Wessel, Lothar Kreiser, Camilla Warnke u.a. erhielten zeitweise Publikationsverbot oder wurden zwangsversetzt. (Vgl. zu alledem Kapferer 1990)

geschaltete Kaderphilosophie[3] die Pflege der Texte und Schriften der marxistischen Kirchenväter, ausgestattet mit einem Rede-Diskussions-Interpretations- und Publikationsmonopol, ein Umstand, der die als notwendig anerkannte Vereinheitlichung der Grundbegriffe enorm beschleunigte.

3. Die "Macht des Wortes" und die "Wahrheit" im Dienste der Partei

Unter der Leitung des Sprachphilosophen Georg Klaus erschien im Jahre 1964 das nach Grundbegriffen gegliederte *Wörterbuch der Philosophie* auf marxistisch-leninistischer Grundlage. Das "erste seiner Art", wie die beiden Herausgeber Georg KLaus und Manfred Buhr betonten, das der systematischen Vereinheitlichung wie der Verbreitung "neuer operativer Denkweisen" dienlich sein sollte und das nach "Anlage, Aufbau und Darstellungsweise" sich bewußt gegen einen "Pluralismus des Marxismus" wendet (vgl. Klaus/ Buhr 1972, 6).

Von Haus aus war Klaus Mathematiker, Logiker, Informatiker. Er machte in den fünfziger Jahren gegen die Widerstände der stalinistischen Orthodoxie die formale Logik, die Logistik und schließlich zu Beginn der sechziger Jahre die Kybernetik und die Systemtheorie in der DDR hoffähig und wurde im Zuge des Modernisierungsschubes der Jahre 1963 bis 1967 zum führenden Kaderphilosophen.

Es ging Klaus seinerzeit darum, verschiedene als bürgerlich abgelehnte Formaldisziplinen in den Marxismus-Leninismus einzuführen, was ihm im Westen wie in der DDR den unverdienten Ruf des Neuerers bzw. des Reformers (auch bei Ludz 1980, 70) eintrug. Tatsächlich war Klaus an politischen Reformen überhaupt nicht interessiert. Vielmehr lag ihm daran, die SED-Herrschaft und deren Ideologie durch Modernisierung zu effektivieren und zu stabilisieren. Er hatte frühzeitig begriffen, daß dies nur mittels der Einführung westlicher Methoden- und Techniken erreicht werden konnte. Sein Konzept: Bei Wahrung eines Minimums an unverzichtbarer Dogmatik

---

[3] Ab einem bestimmten Zeitpunkt war es in der DDR ganz selbstverständlich, die Philosophie als ein Instrument der Partei zu begreifen und dies auch ungeniert als die eigentliche Wesensbestimmung der Philosophie auszugeben. Außerhalb und unabhängig von der SED gab es dann auch keinen "Freund der Weisheit" mehr. Der marxistisch-leninistische Philosoph verstand sich als Parteiarbeiter. Die Art und Weise der parteilichen Rekrutierung, Ausbildung und Funktionsbestimmung berechtigt dazu, einen Begriff aus der politischen Sprache der DDR zu entleihen, um ihn auf diese spezifische Form parteiorganisierten Denkens anzuwenden: "Kaderphilosophie".

und Scholastik den Marxismus-Leninismus bzw. den DDR-Sozialismus mit den modernsten wissenschaftlichen Methoden auszustatten. Die Freiheit der Wissenschaften sollte bis dahin gehen dürfen, wo sie die Grenzen des Herrschaftssystems der Partei tangierte (vgl. Klaus 1964).

Andererseits war Klaus Marxist genug um einzusehen, daß die übernahme "bürgerlicher Methoden" nicht ohne entsprechende weltanschauliche Verkleidung geschehen könne. Mindestens mußte der Anschein gewahrt werden, daß Logistik, Kybernetik, Semiotik, Systemtheorie etc. noch etwas mit Materialismus, Dialektik, Klassenkampf, "Standpunkt des Proletariats", "Historische Mission der Arbeiterklasse" etc. zu tun hatten.

Um dies stalinistischen Gemütern nahezubringen, erklärte er in einem Aufsatz Marx selbst zum Kybernetiker (vgl. Klaus 1960; 1961; 1962). In seinem ebenfalls 1964 erschienenen (und innerhalb von acht Jahren sechsmal unverändert wieder aufgelegten) Buch *Die Macht des Wortes* stellte er sich dann die Aufgabe, marxistische Dogmen mit modernen Wissenschaftsmethoden in Einklang zu bringen bzw. die sich daraus ergebenden Paradoxien sprachanalytisch und sprachpragmatisch zu interpretieren und damit aufzulösen.

Die genauere Betrachtung dieses Textes lohnt insofern schon, als Klaus hier seine theoretischen Grundlagen ausbreitet, mittels derer er (1) die Dogmatiker und Altstalinisten in der Partei für seine sprachpragmatische Offensive gewinnen wollte und durch die er (2) die Sprache des Marxismus-Leninismus mit ihrer zum Teil aus dem 19. und frühen 20. Jahrhundert stammenden Symbolik und Metaphorik erneuern und zu einem machtvollen Herrschaftsinstrument schmieden wollte.

Klaus war sich darüber im klaren, daß nur mittels einer ideologischen Durchdringung aller Sprachräume die politische Herrschaft der SED weltanschaulich auf Dauer abzusichern war. Wie eine Beschwörung dessen klingt daher in seiner Vorbemerkung aus dem Jahre 1968 der Satz: "Die Sprache - mag es sich um die Umgangs-, Fach- oder Kunstsprache handeln - ist ein gesellschaftliches Phänomen von zentraler Bedeutung." (Klaus 1972, 9) Sämtliche Funktionen der Sprache, angefangen von der Symbolfunktion über die Symptomfunktion bis zur Signalfunktion, wurden von ihm als politisch bedeutsam und von daher als politisch besetz- und manipulierbar gefaßt. (Siehe hierzu auch die Einschätzung von Ludz 1980, 71 ff.)

Keine Frage, mit Klaus erreichte die philosophische Reflexion über die Bedingungen und Möglichkeiten einer politischen Instrumentalisierung der Sprache in der DDR ihren Höhe- und Endpunkt. Auch wenn Klaus' kybernetischer Marxismus sich in der DDR ideologisch nicht durchsetzen konnte, darf seine Bedeutung für die Erziehung zweier Philosophengenerationen nicht unterschätzt werden. Von Belang waren hierbei in erster Linie die von ihm herausgegebenen Wörterbücher und Lexika, vor allem das eingangs erwähnte *Philosophische Wörterbuch*, das in den meisten seiner Beiträge den von Klaus entwickelten agitatorischen und propagandistischen Richtlinien folgt.

Wenngleich es auch zutrifft, daß der in der DDR betriebene Marxismus-Leninismus kein in sich geschlossenes, monolithisches Gebilde war, und es auch nach 1956/1957 philosophische Differenenzen da gab, bzw. geben konnte, wo größere Interpretationsspielräume keinen politischen Flurschaden anrichteten, spielte dies außerhalb des engeren philosophischen Bezugsrahmens keine Rolle bei der Verbreitung weltanschaulicher Grundmuster. Hier hatte die Einheitlichkeit und Geschlossenheit des Sprach- und Weltbildes der marxistisch-leninistischen Philosophie den Vorrang vor der Differenziertheit.

Klaus beginnt seine Ausführungen mit dem Hinweis auf die machtvolle Wirkung von Wörtern, Sätzen, Reden und Texten über die der Marxist-Leninist Bescheid wissen sollte, ehe er ans agitatorische und propagandistische Werk gehe. Bei den in der Sprache liegenden Möglichkeiten sei vor allem der pragmatische Aspekt zu betrachten. In Anlehnung an den Sprachphilosophen und Semiotiker Charles Morris beschreibt Klaus vier Texttypen, 1. den wissenschaftlichen Text, 2. den technologischen Text, 3. den politischen und 4. den propagandistischen Text. (Vgl. Klaus 1972, 76) Ein fünfter Texttyp, bleibt im Hintergrund, wird nur gelegentlich und dann zwecks Abgrenzung erwähnt: der religiöse Text, der, laut Klaus, ein nicht-rationaler doch gleichwohl pragmatischer Text ist, der an den religiösen Glauben appelliere bzw. vom religiös Gläubigen "blinden Gehorsam gegenüber biblischen Aussagen" fordere. Als "Heilige Schrift" biete der religiöse Text, so Klaus, gleichwohl eine ausgezeichnete Veranschaulichung über die machtvolle Wirkung des Wortes (vgl. ebd., 192). Den religiösen Text meint Klaus jedoch hier vernachlässigen zu können, da er in schroffem Gegensatz zu den vier anderen Texttypen stehe: Nur unter "bürgerlichen Klassenverhältnissen" könne es zu einer Verwischung der Textgrenzen kommen, nicht aber im Sozialismus, der von einer unaufhebbaren Differenz ausgehe.

Was Klaus stattdessen zu einer machtvollen Textur zusammenfügen wollte, waren die 4 anderen Texttypen, im Zentrum der politische und der wissenschaftliche, flankiert vom propagandistischen und technologischen Text. Doch bei genauerer Betrachtung zeigt sich, daß der scheinbar suspendlerte religiöse Text in säkularisierter Form in dem politischen, wissenschaftlichen und agitatorischen Text wiederkehrt, und zwar im ontischen, ontologischen und im pragmatischen Sinne. Ontisch in einer säkularisierten Heilsgewißheit, d.h. in Klaus' prognostischer Aussage über den objektiv-gesetzmäßigen, zielgerichteten Geschichtsverlauf und die daraus abgeleitete historische Mission der Arbeiterklasse und ihrer Partei; ontologisch in den Texten der Autoritäten Marx, Engels, Lenin, die die Wahrheit dieser säkularisierten Heilsgewißheit bezeugen und verbürgen und somit den Status heiliger Texte einnehmen; pragmatisch im nicht-religiösen, sondern rational begründeten Glauben an die Wahrheit von Aussagen der marxistischen Klassiker, an die wahrheitsverbürgende Macht ihrer Worte.

Wohlgemerkt: Es ging Klaus um einen erkenntnistheoretischen Begründungszusammenhang, nämlich um eine wissenschaftstheoretisch zureichende Rechtfertigung bzw. Interpretation bestimmter marxistischer Dogmen wie Einheit von Wahrheit und Parteilichkeit, Einheit von Wissenschaftlichkeit und Klassenstandpunkt, Einheit von Parteilichkeit und gesellschaftlichem Fortschritt, die nicht zuletzt den propagandistischen Wert der SED-Ideologie steigern sollte:

> Heutzutage haben von allen politischen Parteien allein die marxistisch-leninistischen Parteien ein Interesse an der Erkenntnis und Durchsetzung aller Wahrheiten, besonders natürlich der gesellschaftlichen. (Klaus 1972, 98)

Die abverlangte "logische Korrektheit" verbiete zum Beispiel metaphorische Redeweisen wie *Die Wahrheit ist parteilich* oder *Wahrheit und Parteilichkeit fallen zusammen*, weil sie eine Relativierung des wissenschaftlichen Wahrheitsbegriffs implizieren und propagandistisch eher Schaden anrichten als nützen. Wahrheit ist Klaus zufolge "objektiv", "Jeder wahren Aussage entspricht ein Sachverhalt, der unabhängig von der Aussage und der Person existiert."(Ebd., 102) Gleichwohl sei die so verstandene "Objektive Wahrheit" kein Gegenstand, Zustand Ereignis etc., sondern ein abstrakter Begriff, genauer die Eigenschaft eines Urteils (ebd., 101), weswegen sie dem Bereich der Semantik angehöre. "Parteilichkeit" müsse hingegen als eine pragmatische Kategorie angesehen werden, die als solche keinen Platz im semantischen Beziehungsgefüge habe:

> Parteilichkeit ist die Bewertung [...] von Ereignissen, Aussagen und Theorien vom Standpunkt einer bestimmten Klasse. Natürlich werden Ereignisse, Aussagen und Theorien von verschiedenen Klassen verschieden bewertet, und zwar in Abhängigkeit davon, welche Interessen und Ziele diese Klassen verfolgen. Daher gibt es verschiedene Arten von Parteilichkeit, und es gibt heute vor allem zwei Arten, die sich einander gegenüberstehen: einmal die bewußte und offene Parteinahme für die Interessen und Ziele der Arbeiterklasse und zum anderen für die offene oder verdeckte Parteinahme für die Interessen und Ziele der Kapitalistenklasse. Jede Bewertung setzt nun ihrerseits einen Bewertungsmaßstab voraus, und dieser wiederum

> kann willkürlich und subjektivistisch sein. Dem objektiven Bewertungsmaßstab liegen vom Menschen erkannte objektive Gesetzmäßigkeiten zugrunde. Der objektive Verlauf der geschichtlichen Prozesse entspricht den Interessen der Arbeiterklasse, und daraus abgeleitet ergibt sich die historische Mission und das Ziel der Arbeiterklasse [...]. (Ebd., 103)

Die vom semantischen Wahrheitsbegriff nunmehr zu unterscheidende pragmatische "objektive Wahrheit" läßt die Aussage zu, "daß die untergehenden Klassen den Wahrheiten der aufsteigenden Klassen andere, von diesen verschiedene und ihnen widersprechende Wahrheiten entgegenzusetzen versuchen, etwa in Form von Theorien aus den verschiedensten Bereichen der Gesellschaftswissenschaft." (Ebd., 104)

Klaus zufolge kann man der Wahrheit aber nur Falschheit entgegensetzen. Zwar kann diese "Falschheit als Wahrheit ausgegeben werden, aber damit verwandelt sie sich nicht in eine Wahrheit" (ebd., 104). Grundsätzlich gelte, daß "reaktionäre Ideologien" häufig die "Lüge" benutzten, die dem Bereich der Pragmatik zuzurechnen sei. Dagegen gehöre der "Irrtum" in das semantische Bezugsfeld. Während die Ideologen des Feudalismus in erster Linie logen, sei der Hauptmangel der bürgerlichen Ideologie darin zu sehen, "daß hier historisch unvermeidliche Irrtümer" begangen werden.

> Die heutige weltgeschichtliche Situation verleitet das Bürgertum gesetzmäßig zum Irrtum und damit zur klassenmäßigen Begrenztheit und Borniertheit. (Ebd., 105)

Für die postulierte Einheit von Wahrheit und Parteilichkeit heißt das: Der Marxismus-Leninismus kann ein pragmatisches Wahrheitsmonopol geltend machen durch seinen exklusiven Bezug zur semantischen, d.h. "objektiven Wahrheit", die gekennzeichnet ist durch das als "objektiv fortschrittlich" definierte Klasseninteresse des Proletariats, welches er vertritt.

Der grundlegende Unterschied zwischen parteilichem und etwa bürgerlich-objektivistischem Herangehen oder Bewerten von wahren Theorien oder Aussagen bestehe darin, daß der Marxismus-Leninismus das Prinzip der "Objektivität" konsequenter anwende:

> Die Alternative: Marxistische Parteilichkeit oder Objektivismus?, kann im Grunde nur bedeuten: entweder volle Aufdeckung und Durchsetzung der Wahrheit oder Verschleierung der Wahrheit. Wenn die Interessen der Arbeiterklasse mit dem gesellschaftlichen Fortschritt, mit den historischen Gesetzmäßigkeiten übereinstimmen, so muß jeder Versuch, diesen Interessen der fortschrittlichsten und revolutionärsten Klasse der modernen Gesellschaft nicht zu berücksichtigen, zu einer Entstellung der objektiven Wahrheit führen. Objektivismus in der Wissenschaft bedeu-

> tet, auf die Bewertung der gesellschaftlichen Rolle der Theorien usw. von einem bestimmten Klassenstandpunkt aus bewußt zu verzichten. (Ebd., 109)

Für die politische Agitation ist die pragmatistisch begründete Einheit von Parteilichkeit und "objektiver Wahrheit" eine notwendige, aber noch keine hinreichende Bedingung. Zu klären sei nämlich noch die Frage der Nützlichkeit und Wirksamkeit von Wahrheit, wobei die pragmatische wie die semantische Differenzierungsebene wiederum entscheidende Orientierungshilfe geben.

Der marxistisch-leninistische Propagandist kann natürlich den Nützlichkeits- und Wirsamkeitsaspekt von Wahrheit im Sinne der Partei nur dann erfolgreich handhaben wenn er davon überzeugt ist, im Einklange mit der "objektiven Wahrheit" zu handeln. Beim Verhältnis von Wahrheit und Parteilichkeit gehe es nämlich nicht nur um wahren Aussagen, sondern auch um deren Nützlichkeit für die Partei:

> Jede gesellschaftliche Kraft, jede Gesellschaftsklasse ergreift nur für solche Aussagen und Theorien Partei, die in der Konsequenz dieser Klasse nützen. Das ist das subjektive Moment der Kategorie der Nützlichkeit. Die Kategorie der Nützlichkeit steht aber auch in einer gewissen Relation zur Kategorie der Wahrheit. Das ist ihr objektives Moment. Die Vermittlung zwischen diesem subjektiven und diesem objektiven Moment der Nützlichkeit vollzieht sich im historischen Prozeß. Was gesellschaftlich nützlich ist, hängt ab von den konkreten historischen Bedingungen einer Gesellschaftsordnung. Ein und diesselbe Aussage, ein und dasselbe System von Aussagen kann in einem bestimmten Zeitraum fortschrittlich und damit nützlich sein, aber durch den weiteren Gang der Geschichte kann diese Aussage bzw. das Aussagesystem reaktionär und damit unnütz werden. (Ebd., 130)

Anders gesagt: Nicht jede "objektive Wahrheit" ist für den proletarischen Klassenkampf bzw. für das Machtstreben der Partei immer nützlich, so daß es pragmatisch geboten ist, "wahre Aussagen, die nicht in unsere Theorie passen und die geeignet sind, unsere politischen, moralischen etc Ansichten infrage zu stellen", als Störfalle auszusondern, ehe sie, ohne Schaden anzurichten, ins Gesamtsystem integriert werden (vgl. ebd., 134).

Zeigt es sich dann aber, daß solche wissenschaftlichen Theorien für die marxistisch-leninistische Ideologie nützlich sind, "so gewinnen ihre Aussagen und Begriffe Macht über uns. Sie werden zu Normen des Denkens auf dem betreffenden Gebiet. Sie gehen als feste Bestandteile in unsere Weltanschauung ein." (Ebd., 135 f.) Der politisch-agitatorische Text, auf den es nun ankommt, hat den Nützlichkeits- und Wirksamkeitsaspekt in den Vordergrund zu rücken:

> Für die Agitation ist die Wahrheit nur das in letzter Instanz entscheidende. Agitationsthesen, die semantisch gesehen falsch sind, werden auf die Dauer [...] unwirksam sein. Aber das gilt eben nur in letzter Instanz und bedeutet keine Entschuldigung für schlechte und deshalb unwirksame Formen der Agitation. Man darf sich nicht darauf berufen, daß es doch nur auf die Wahrheit ankäme, aber nicht auf raffinierte psychologische Formulierung der Aussagesätze, in denen diese Wahrheit verbreitet wird. Wenn es gilt Wahrheiten durchzusetzen, so ist das nur möglich, wenn diese Wahrheiten [...] die Massen ergreifen. Für die Agitation ist die Wahrheit von Aussagen zwar eine notwendige, aber nicht hinreichende Voraussetzung. Für die wahren Aussagen müssen solche sprachlichen Formulierungen gewählt werden, die maximal wirksam sind. Es muß empirisch-soziologisch erforscht werden, mit welchen Empfindungen [...] die Menschen, denen man auf dem Wege über die Agitation irgendwelche wahren Aussagen nahebringt, auf bestimmte sprachliche Formulierungen reagieren. (Ebd., 128)

Der propagandistische Text sollte sprachlich so beschaffen sein, daß die ausgewählten Formulierungen sowohl an den Wissensvorrat der Menschen, als auch an ihre Emotionen anknüpfen. Hier dachte Klaus wohl an aufrüttelnde moralische Appelle wie an Kampfparolen und an das Ausmalen von Feindbildern.

Wo in der Agitation aber "Positives" aufgebaut wird, dürfe nichts enthalten sein, was Assoziationen an solche Thesen, Meinungen oder Sachverhalte wachrufe, mit denen die angesprochene Menschengruppe in der Praxis schlechte Erfahrungen gemacht habe (Ebd., 133). Entsprechend seien die Aussagen über die Leistungen des Sozialismus zu konzipieren. Ausdrücklich empfiehlt Klaus den Gebrauch von Schlagwörtern und Schlüsselwörtern, überhaupt von normierten Ausdrücken:

> Normierte sprachliche Ausdrücke müssen bei allen Formen der Agitation und Propaganda Verwendung finden, und es ist wesentlich, durch sprachsoziologische und sprachpsychologische Untersuchungen festzustellen, welche normierten Ausdrücke die größte Wirksamkeit besitzen. Normierte Ausdrücke, deren Verwendung sich als nützlich erwiesen hat, gewinnen für uns oft große Autorität und behalten diese Autorität häufig auch dann noch, wenn die Verhältnisse, unter denen sie nützlich waren, sich geändert haben und der Nutzen dieser Normierung möglicherweise in einen Nachteil umgeschlagen ist. (Ebd., 155)

Wenn es darum gehe Wirkung zu erzielen, überkommene Denkschemata durch neue zu ersetzen, dürfe der Propagandist auch vor der Ausnutzung des Glaubens-Phänomens nicht zurückschrecken. Der Glaube spielt für das

Denken wie für das praktische Verhalten eine außerordentlich große Rolle: Glaube und Glaubwürdigkeit sind keinesfalls auf religiöse Aussagen eingeschränkt. Es gibt auch einen rational begründeten Glauben an die Wahrheit von Aussagen, an die Wahrheit von Theorien." Eng mit dieser Form des "rational begründeten Glaubens" hänge nämlich der "Autoritätsbeweis" zusammen, "die Ableitung von Aussagen aus anderen Aussagen, die von Autoritäten formuliert wurden." (Ebd., 143)

Auf Glauben an Autoritäten wie Marx, Engels, Lenin bzw. an das "Fürwahrhalten" ihrer Aussagen, ohne daß ein aktueller Beweis vorliegt, muß laut Klaus jede "wissenschaftlich betriebene Agitation und Propaganda" setzen. Natürlich werde der

> Kampf um die Änderung des Bewußtseins der Volksmassen [...] primär durch die objektiv-realen ökonomischen und politischen Tatsachen bestimmt. Aber die Art und Weise wie diese Tatsachen wirken und sich durchsetzen, hängt sehr wesentlich mit den Momenten zusammen, die wir hier skizzenhaft dargestellt haben. (Ebd., 148)

4. Die Sprache der Macht und der Orwellsche Diskurs

Ob das von Klaus und Buhr herausgegebene *Philosophische Wörterbuch* nun den erwünschten propagandistischen Effekt, die "Änderung des Bewußtseins der Volksmassen" zeitigte, mag bezweifelt werden, zumal dann, wenn ein emphatischer Bewußtseinsbegriff vertreten und die Wirkung von Agitation und Propaganda am kognitiven Maßstab der "Überzeugung" abgelesen wird. In einer relativ geschlossenen Gesellschaft wie der DDR sind indessen andere Rezeptionsweisen und Verinnerlichungsvorgänge zu unterstellen, da hier die Präsentation des "richtigen Bewußtseins" abverlangt bzw. prämiert wird.

Was nun das *Philosophische Wörterbuch* anbelangt, steht fest, daß es maßgeblich zur Vereinheitlichung, sprich: Stereotypisierung, Schablonisierung und Kanonisierung marxistischer Begriffe, Lehrsätze, Redewendungen beigetragen hat. Die "Macht des Wortes", auf die Klaus baute, verdichtete sich hier zu einer Sprache der Macht, aus welcher der herrschende Diskurs sich dann speiste, der ein Diskurs der Herrschenden war.

An der sprachlichen Formulierung, Überarbeitung und stichwortartigen Ausweitung dieses Lexikons waren zwei Generationen führender Kaderphilosophen beteiligt.[4] Innerhalb von 25 Jahren brachte es dieses Werk auf 14 Auflagen. Es diente sämtlichen anderen, auch den von Peter Ludz (1980) untersuchten[5] also auch nicht-philosophischen Wörterbüchern und Lexika in der DDR als Grundlage. Wer DDR-Schul- oder Lehrbücher durchblättert, stößt auf daraus entnommene Grundbegriffe samt Definitionen. Kaum ein Artikel in Zeitungen, Zeitschriften und anderen Periodika mit politisch-philosophischer Thematik, angefangen von den Parteiorganen bis zur Tagespresse und zu Unterhaltungsmagazinen, der sich in Sachen Sprachregelung nicht am *Philosophischen Wörterbuch* orientiert hätte.[6] Schon gar keine Fachliteratur, keine Habilitationsschrift, Doktor- oder Magisterarbeit, die, weltanschauliche Fragestellungen betreffend, an den dort niedergelegten Wahrheiten hätte vor-beigehen können.[7]

Die Beherrschung der hier fixierten Sprach- und Denkmuster war überhaupt die Voraussetzung für die Partizipation am wissenschaftlichen Leben, speziell dem der ideologiegebundenen oder ideologienahen Sozialwissenschaften.[8] Wie erst jetzt, nach der politischen Wende bekannt wurde, lag bei

---

[4] Genannt seien hier die Namen: Wolfgang P. Eichhorn, Günther Heyden, Hans Hiebsch, Hubert Horstmann, Walter Jopke, Mathäus Klein, Alfred Kosing, Günther Kröber, Heinz Liebscher, Wolfgang Schubardt u.a.

[5] Ludz untersuchte das Lehrbuch *Grundlagen des historischen Materialismus* (erschienen 1976); das *Wörterbuch der Soziologie* (erschienen 1969, in zweiter Auflage 1977); ferner: *Wissenschaftlich-technischer Fortschritt, Arbeiterklasse, Schöpfertum* (erschienen 1975); *Der sozialwissenschaftliche Forschungsprozeß. Zur Methodologie, Methodik und Organisation der marxistisch-leninistischen Sozialforschung* (erschienen 1975); sowie *Grundlagen der marxistisch-leninistischen Soziologie* (erschienen 1977). Wie Ludz ausführt, geben diese fünf Arbeiten "einen hinreichenden Einblick in das gegenwärtig gebräuchliche Sprach- und Argumentationssystem des Marxismus-Leninimus" (Ludz 1980, 122).

[6] Die Sprache der DDR-Medien, besonders der Nachrichtensendungen, war durchtränkt vom Vokabular der marxistisch-leninistischen Philosophie. Vgl. hierzu auch das *Wörterbuch der sozialistischen Journalistik* (Leipzig 1981). Zu Publizistik und Journalismus in der DDR vgl. Geserick/Knutsch (1988).

[7] In meiner Studie zum *Feindbild der marxistisch-leninistischen Philosophie* (Kapferer 1990) konnte ich aufzeigen, wie bei dutzenden von DDR-Philosophen in Zeitungsaufsätzen, Broschüren und Büchern immer wieder diese vorgestanzten Formulierungen auftreten, ja daß oftmals ganze Artikel aus nichts anderem bestanden als aus Aneinanderreihungen von Zitaten aus dem *Philosophischen Wörterbuch*.

[8] Wie weit sich dies auf die in der DDR betriebene Psychologie auswirkte, habe ich in zwei Studien niedergelegt (vgl. Kapferer 1987 und 1989).

den Zensoren dieses Wörterbuch auf dem Tisch und diente bei der "Korrektur" von Textstellen als Nachschlagewerk.

Unzweifelhaft hatte dieses Wörterbuch auch einen Informationsgehalt und selbst für den nicht-marxistischen Leser einen Gebrauchswert. So manche der sachlich gehaltenen Beiträge hätten auch in westdeutschen Wörterbüchern stehen können. Dennoch: Wo dieses Wörterbuch zur Pflichtlektüre wurde und streckenweise auswendig gelernt werden mußte, wie marxistisch-leninistische Ideologie sich der Begriffe bemächtigt, ihren Sinn entstellt oder immergleiche Bekenntnisformeln über sie ergießt, da mußte es zu einem geistigen Folterinstrument werden, der Austreibung des Denkens und der Enteignung der Sprache dienen. Die vorgegebenen Sprachmuster, wurden sie pflichtgemäß angewandt, brachten das lebendige philosophische Gespräch zum Erliegen, eine Erfahrung, die so mancher Besucher aus Diskussionen mit Funktionären, Philosophen, Studenten, FDJ-lern, Schülern mit in den Westen nahm. Schließlich entzogen sie auch noch dem nichtkonformen Denken die Grundlage: Wer nämlich von Wahrheit, Freiheit, Gerechtigkeit, Moral, Frieden, Humanismus, Selbstverwirklichung, Vernunft, Fortschritt, Menschenrechte u.a.m. sprach und damit gegen den Staat DDR etwas einklagen oder anklagen wollte, der redete bereits in der Sprache des "Großen Bruders".

Wie Klaus es schon am Beispiel der Wahrheit vorexerziert hatte - Wahrheit sei das, was der Partei nützt -, wurden Wörter, Ideen, Begriffe ihres potentiell kritischen Inhalts beraubt und als leere Begriffshülsen der sprachlichen Verfügungsgewalt der SED übergeben:

> Zum Stichwort *Ästhetik* schrieb Walter Girnus, daß sich erst in der sozialistischen Gesellschaft die ästhetische Aktivität des Menschen "gesetzmäßig" und "planmäßig" verwirklichen könne. Während in der kapitalistischen Welt nur sporadisch ästhetische Prinzipien zum Zuge kämen, dann nämlich, wenn sie mit Profitinteressen übereinstimmten, gehöre zum "Wesen" des Sozialismus "die Gestaltung aller Lebenssphären nach den Gesetzen der Schönheit", wie es der Ministerrat der DDR am 30.11.1976 auch beschlossen habe. (Vgl. Klaus/Buhr 1972, 121)

> Nach Günther Heyden ist *Demokratie* unter bürgerlichen Vorzeichen schon dem Begriff nach ein Widerspruch in sich. Wahrhaftige Demokratie sei nur unter sozialistischen Produktionsverhältnissen, wenn die Arbeiterklasse ihre Diktatur errichtet habe, möglich. In der Diktatur der Partei der Arbeiterklasse zeige sich gerade das "Wesen" einer echten Demokratie, weil hier die Mehrheit eines Volkes über eine Minderheit herrsche. (Vgl. ebd., 225)

Dogmatismus, besonders "marxistischer Dogmatismus", wird von Mathäus Klein und Werner Schuffenhauer als "ultralinke Abweichung" in der Arbeiterbewegung definiert, die der Marxismus-Leninismus immer schon bekämpft habe. (Vgl. ebd., 256)

Den Begriff *Entfremdung* auf sozialistische Verhältnisse übertragen zu wollen, würde nach Manfred Buhr bedeuten, "ihn in eine abstrakte unhistorische Kategorie zu verwandeln". Entfremdung sei einzig dem Kapitalismus "wesenseigen". Nur Antikommunisten und Revisionisten redeten von Entfremdung im Sozialismus und verleugneten damit den unversöhnlichen Gegensatz zum Kapitalismus. (Vgl. ebd., 296)

Ethik und Moral werden laut Mathäus Klein in der bürgerlichen Gesellschaft durch Klasseninteressen bestimmt. Erst im Sozialismus, in den sozialistischen Staaten, der DDR und ihren Bruderländern, könne sich - unter Anleitung der Partei - ihre wahrhaft humane Qualität entfalten. (Vgl. ebd., 327 ff.)

Fortschritt im gesellschaftlichen, wirtschaftlichen, wissenschaftlichen, technischen und kulturellen Sinn wird, Wolfgang P. Eichhorn zufolge, erst dann möglich, "wenn die Arbeiterklasse die Macht erobert und unter ihrer Führung das werktätige Volk die Entwicklung der Produktivkräfte und der Gesellschaft planmäßig gestaltet. (Vgl. ebd., 372 ff.)

Freiheit ist, Alfred Kosings Wissen nach, in der Menschheitsgeschichte erstmals durch den Sozialismus, nach Abschaffung der bürgerlichen Produktionsverhältnisse erreicht worden. Die "Grundrechte" haben dank der qualitativ höheren Entwicklungsstufe der sozialistischen Staaten im Vergleich zu den bürgerlichen Grundrechten im Kapitalismus eine neue Qualitätsstufe erreicht. "Sozialistische Grundrechte sind weder eine Schranke zwischen Individuum und Gemeinschaft, noch negieren sie die Individualität des einzelnen [...]. Daher ist die Grundrechtsverwirklichung weder Privatangelegenheit des einzelnen noch ein Gnadenakt des Staates." (Ebd., 463)

Humanismus: Der "sozialistische Humanismus" ist nach M. Klein und M. Buhr der konsequenteste Humanismus, und er wird in den sozialistischen Staaten verwirklicht. (Vgl. ebd., 482 ff.)

Kritik und Selbstkritik erreichen im Sozialismus ein völlig neues Niveau. Dadurch daß die Partei der Arbeiterklasse den Werktätigen die Einsicht in die gesellschaftlichen Entwicklungsgesetze vermittelt, wird es erst möglich, daß die kritische und selbstkritische Methode in der gesamten Gesellschaft konstruktiv angewandt und zur Vervollkommnung der sozialistischen Lebensweise eingesetzt wird. (Vgl. ebd., 62)

Reformismus ist eine"Erscheinungsform bürgerlicher Ideologie", welche die Illusion verbreitet, die kapitalistische Ausbeutergesellschaft könne durch Reformen verändert werden. Der Marxismus-Leninismus habe nichts gegen Reformen im Kapitalismus, wenn diese die Lage der Werktätigen und des Volkes verbesserten. Wo die revolutionäre Arbeiterklasse aber die Macht übernommen habe, spiele die Dialektik von Reform und Revolution nur noch beim Übergang vom Kapitalismus zum Sozialismus eine Rolle, wobei aber die Revolution das übergreifende Moment sei. (Vgl. ebd., 926)

Die *Vernunft* sei von der klassischen bürgerlichen Philosophie entwickelt und vom Bürgertum in seiner revolutionären Phase noch gegen den Feudalismus eingeklagt worden. Seit die bürgerliche Klasse die Macht errungen und eine neue Ausbeuterordnung errichtet habe, diene diese Vernunft der bürgerlichen Ideologie nur noch zur Rechtfertigung ihrer Herrschaft, und als das revolutionäre Proletariat mit seiner Ideologie, dem Marxismus, auf den Plan getreten sei und die bürgerlichen Vernunftpostulate beim Wort genommen habe, habe die bürgerliche Philosophie begonnen, der Vernunft abzuschwören. "Insofern ist der von der klassischen bürgerlichen Philosophie formulierte Anspruch der Vernunft mit dem Eintritt der Arbeiterklasse in die Geschichte in die welthistorische Rolle des Proletariats eingegangen und sind die aus ihm resultierenden kritischen Tendenzen als aufgehobene Momente der Philosophie der Arbeiterklasse, des dialektischen und historischen Materialismus zu begreifen." (Ebd., 1125; vgl. dazu auch Buhr/Irrlitz 1968)

Die Liste dieser Begriffsdefinitionen ließe sich seitenlang fortsetzen und mit derjenigen vergleichen, auf welcher die stigmatisierten, verschwiegenen oder ganz verbannten bzw. aus dem Verkehr gezogenen zu notieren wären. Negativ konnotiert war vonvornherein das "Bürgerliche", das "nur Subjektive", das "Individuelle", das "Existenzielle", das "Private", das "Religiöse" , das "Exotische", das "Utopische". Zum Begriff *Spontanität* notierte Wolfgang P. Eichhorn: "Spontanität darf nicht mit Selbsttätigkeit, Eigeninitiative usw. verwechselt werden. Selbsttätigkeit und Eigeninitiative des sozialistischen Menschen hohen Niveaus ist nur auf der Grundlage sozialistischer Bewußtheit möglich. Die Spontanität ist ein Wesensmerkmal aller vorsozialistischen Gesellschaftsformationen." (Klaus/Buhr 1972, 1033)

Der Terminus *Kosmopolitismus* war in der DDR seit je schon ein handfestes Schimpfwort und löste zu Zeiten regelrechte Kampagnen aus, vergleichbar denen gegen "Modernismus", "Formalismus", "Revisionismus", "Objektivismus", "Positivismus", "Idealismus", "Pragmatismus". Begriffe aus der

Wissenschaftssprache wie "Pragmatik", "Kybernetik", "Systemtheorie" waren als bürgerlich abgestempelt, bis sie Georg Klaus zeitweise rehabilitieren konnte. Mit Klaus' "Fall" fielen auch sie Anfang der Siebziger Jahre wieder einer Relativierung anheim.[9]

Zu den gemiedenen, suspendierten oder höchstens mit spitzen Fingern angepackten, mit dicken Anführungszeichen oder Dementis versehenen Wörtern und Begriffen gehörten alle diejenigen, die etwas über den inneren Zustand dieser Gesellschaft hätten verraten können, über den Gesundheits- bzw. Krankheitszustand seiner Bürger, über Zivilisations- und Umweltschäden, über Alkoholismus- und Drogenkonsum, über Selbstmord- und Kriminalitätsraten, über Jugendprobleme, Ausländerhaß und schließlich über soziale und politische Unzufriedenheit im real existierenden Sozialismus.

Lange Zeit behalf man sich mit Begriffen, die vom eigentlichen Sachverhalt ablenkten, sprach von "imperialistischer Sabotage", "Diversion", "Rowdytum", "westlichen Propagadaeinflüssen", "staatsfeindlicher Hetze", "antikommunistischer Verleumdung", ehe vorsichtige verbale Zugeständnisse gemacht wurden, und Wörter wie "Alkoholmißbrauch" und "Kriminalität" keine Fremdwörter im Sinne von 'Wörter aus der Fremde' mehr waren.[10]

---

[9] Noch in der Endphase der Ära Ulbricht kam es zu einer - von der Parteiführung lancierten - Kritik an technokratischen Tendenzen in Wissenschaft, Philosophie und Gesellschaft. Klaus geriet ins Sperrfeuer dieser Kritik, und sein Stern begann zu sinken. Kritik am "Kybernetischen Marxismus" wurde laut. Man warf Klaus vor, er wolle den Marxismus der Kybernetik unterordnen. Der stets parteiergebene Klaus wurde fallengelassen bzw. zu einer demütigenden Selbstkritik gezwungen, eines jener typischen Demütigungsrituale. Er starb sozusagen in Ungnade und wurde erst nach seinem Tode rehabilitiert.

[10] Unter dem Stichwort *Kriminalität* heißt es im *Kleinen politischen Wörterbuch* aus dem Jahre 1986: "Im Kapitalismus und im Sozialismus unterscheidet sich die Kriminalität in ihrem Wesen, in ihren Ursachen, in ihrer Struktur und ihrer tendenziellen Bewegung. Die sozialökonomischen Hauptursachen der Kriminalität im Kapitalismus sind die auf dem Privateigentum an den Produktionsmitteln beruhende Ausbeutung des Menschen durch den Menschen [...]. Im Sozialismus sind mit der Errichtung und Entfaltung sozialistischer Macht- und Produktionsverhältnisse diese sozialökonomischen Hauptursachen der Kriminalität im wesentlichen beseitigt und es entwickelt sich ein neues Verhältnis von Individuum und Gesellschaft, das auf prinzipieller Interessenübereinstimmung beruht und zunehmend in Beziehungen der kameradschaftlichen Zusammenarbeit, der gegenseitigen Achtung, Hilfe und Verantwortung zum Ausdruck kommt. Als Ursachen der allgemeinen Kriminalität im Sozialismus wirken daher vor allem aus der Ausbeutergesellschaft überlieferte alte Denk- und Verhaltensweisen, die rudimentär

Noch bis Mitte der achtziger Jahre waren Begriffe der Ökologie aus der offiziellen Sprache verbannt. Ein Kommentator des Berliner Rundfunks erklärte 1983, daß das Wort *Smog* deswegen in der DDR nicht gebräuchlich sei, weil damit ein spezifisch kapitalistisches Phänomen beschrieben werde. - Vorsichtige Versuche, das Thema "Umweltprobleme" in der *Deutschen Zeitschrift für Philosophie* anzusprechen, stießen auf den empörten Widerstand der Kaderphilosophie.[11] Erst in der sechsten Auflage des *Kleinen Politischen Wörterbuchs* aus dem Jahre 1986 wurde das Wort *Umweltschutz* aufgenommen:

> Der Umweltschutz ist ein bedeutender Teil der sozialistischen Landeskultur und in deren einheitliche, komplexe staatliche Leitung integriert [...]. Die planmäßige Nutzbarmachung der fortgeschrittensten Erkenntnisse von Wissenschaft und Technik für die Gewährleistung und Vervollkommnung des Umweltschutzes ist Bestandteil der sozialistischen ökonomischen Integration [...]. Unter kapitalistschen Bedingungen wird der Umweltschutz nur bedingt wirksam; das Privateigentum an Produktionsmitteln verhindert seine planmäßige, staatlich geleitete Verwirklichung. (Ebd., 958)

Die marxistisch-leninistische Philosophie hatte es immer schon vermieden, Dinge zur Sprache zu bringen oder zu problematisieren, die den offiziell verordneten Optimismus hätten infrage stellen oder unglaubwürdig machen können. Das fing an mit der Weigerung, sich philosophisch ernsthaft auf Themen wie Angst, Verzweiflung, Einsamkeit, Krankheit, Tod, Sinn des Lebens, das Unbewußte etc. einzulassen, und endete in der Paradoxie der Realitätsverleugnung: Bestimmte Fakten durfte es eben in der DDR bzw. im Sozialismus nicht geben, weil sie "logisch" dem Begriff *Sozialismus* widersprachen, d.h. mit dem ideologischen Selbstbildnis nicht in Einklang zu bringen waren. Insofern bildete diese Philosophie ein schier unerschöpfli-

über eine längere Zeit fortwirken, vom imperialistischen System ständig genährt werden, aber auch in den empirischen Lebensumständen noch sozial vererbt und reproduziert werden können [...]. Während in den imperialistischen Staaten (z.B. in den USA und der BRD) die Kriminalität eine rapid ansteigende Tendenz aufweist, ist für die sozialistische Gesellschaft die historische Tendenz der schrittweisen Zurückdrängung der Kriminalität charakteristisch." (Ebd., 529 f.)

[11] In den siebziger Jahren beurteilten die Kaderphilosophen der DDR die internationale Ökologiebewegung wie die Greenpeace-Organisation noch als fünfte Kolonne des Imperialismus. Wie wenig Verständnis man für das Thema Ökologie noch in den achtziger Jahren aufbrachte, zeigt der Artikel von Hörz/Banse: "Wissenschaftlich-technische Revolution-Schöpfertum-Verantwortung" (1984).

ches Reservoir, eine ontologische Stütze für alle Schönfärberei, Konfliktverdrängung, Harmonisierung, Verleugnung alles Negativen bis hin zur Verkehrung des Problematischen in sein Gegenteil.

Wenn Hans Joachim Maaz in seinem Buch *Gefühlstau* ausführt, daß die am häufigsten gebrauchten Adjektive in den öffentlichen Verlautbarungen und Schriften "Vokabeln der Superlative, des Erfolgs und der Harmonie" waren wie: "erfolgreich, siegreich, ewig, unverbrüchlich, großartig, übererfüllt, zuversichtlich, in voller Übereinstimmung, unschätzbar, bewegend, unbeirrbar, planmäßig, leidenschaftlich, überwältigend, unablässig, eindeutig" (1990, 106), dann genügt ein flüchtiger Blick in Klaus/Buhrs Ratgeber für propagandistische Fragen, um die Quelle ausfindig zu machen.

Obwohl die offizielle Ideologie unter Friedensfahnen- und Parolen segelte und nicht müde wurde, dies bei jeder sich nur bietenden Gelegenheit in den Vordergrund zu rücken, strotzte das marxistisch-leninistische Vokabular geradezu vor Kampfmetaphorik, Frontengetümmel, Feindbildern, Haßtiraden und Heldengesängen.[12] Noch am Vorabend der politischen Wende verkündeten führende Kaderphilosophen die Permanenz des Klassenkampfes der Weltanschauungen: friedliche Koexistenz der Systeme, aber fortwährender Kampf der Weltanschauungen, Ideologien, Philosophien bis zum Endsieg des Marxismus-Leninismus.[13]

Der praktizierende Psychologe Maaz hatte in seinem Buch *Gefühlsstau* auch die Frage aufgeworfen, warum die DDR-Bürger angesichts der öffentlichen Verlautbarungen in Rundfunk und Zeitungen die so "lächerlich phrasenhaft und nichtssagend, so offensichtlich verzerrt und verlogen, so plump und primitiv" waren, nicht tagtäglich in einen "Lachkrampf" verfallen sind (vgl. 1990, 92). Daß dergleichen nicht geschah und der Durchschnittsbürger sich dem "Orwellschen Diskurs" anschloß, deutet auf Kompensations- und Verinnerlichungsleistung hin.

Die Sprache des Marxismus-Leninismus mag, wie Ludz 1980 schon voraussah, auf Dauer eine nur statische Machtabsicherung bewirkt haben, doch

---

[12] Gekämpft, abgewehrt, zurückgeschlagen, vorwärtsmarschiert, gesiegt wird im *Philosophischen Wörterbuch* wie in den anderen Lexika an allen Fronten heldenmütig, unbeirrt, vereint mit den sozialistischen Bruderstaaten. Die Geschichte der marxistisch-leninistischen Philosophie in der DDR erscheint in Selbstzeugnissen wie ein einziges, riesiges Schlachtfeld; vgl. hierzu Wrona/Richter (1979).

[13] In der Doppelnummer 10/11, 1989 der *Deutschen Zeitschrift für Philosophie* wurde noch ein "Rundtischgespräch" zum Thema "40 Jahre Philosophie in der DDR" abgedruckt. Teilnehmer dieser Runde waren führende Kaderphilosophen wie Hahn, Buhr, Hörz, Eichhorn, Wittich.

der Stimme der Vernunft, die Einspruch hätte erheben können, schnitt sie erfolgreich das Wort ab.

5. Literatur

Buhr, Manfred/Irrlitz, Gerd (1968): *Der Anspruch der Vernunft*. Teil I. Berlin-DDR .

Dieckmann, Walther (1969): *Sprache in der Politik. Einführung in die Pragmatik und Semantik der politischen Sprache*. Heidelberg.

Geserick, Rolf (Hrsg.) (1988): *Publizistik und Journalismus in der DDR*. München.

Geißler, Rainer (1987): "Die Massenmedien der DDR im Überblick." In: Haas, Hannes (Hrsg.): *Mediensysteme. Struktur und Organisation der Massenmedien in den deutschsprachigen Demokratien*. Wien, S. 92-101.

Hauschild, Joachim (1990): "Hier ändert sich manches schneller, als man glaubt." In: *Süddeutsche Zeitung* vom 10.1.1990.

Hellwig, Gisela (1988): *Schule in der DDR*. Köln.

Heym, Stefan (1977): "Je voller der Mund, desto leerer die Sprüche." In: *sternmagazin*. Nr. 8.

Hörz, Hans/Banse, Gerhard (1984): "Wissenschaftlich-technische Revolution-Schöpfertum-Verantwortung." In: *Deutsche Zeitschrift für Philosophie,* Heft 8-9, S. 785-795.

Kapferer, Norbert (1987): "Marxismus-Leninismus als Etikett. Die Psychologie in der DDR." In: *Deutschland-Archiv*, Heft 11, S. 1179-1193.

Kapferer, Norbert (1989): "Die Psychologie der DDR im Spannungsfeld von politischer Funktionalisierung und wissenschaftlicher Emanzipation." In: Rytlewski, Ralf (Hrsg.): *Politik und Gesellschaft in sozialistischen Ländern. Ergebnisse und Probleme der Sozialistische Länder-Forschung*. Opladen, S. 77-98 (PVS Sonderheft Nr. 20).

Kapferer, Norbert (1990): *Das Feindbild der marxistisch-leninistischen Philosophie der DDR 1945-1988*. Darmstadt.

Klaus, Georg (1960): "Das Verhältnis von Kausalität und Teleologie in kybernetischer Sicht." In: *Deutsche Zeitschrift für Philosophie*, Heft 10, S. 1266-1277.

Klaus, Georg (1961): "Schematische und schöpferiche geistige Arbeit in kybernetischer Sicht." In: *Deutsche Zeitschrift für Philosophie*, Heft 2, S. 166-183.

Klaus, Georg (1962): "Für und wider die Kybernetik." In: *Deutsche Zeitschrift für Philosophie*, Heft 5, S. 582-601.

Klaus, Georg (1964): *Kybernetik und Gesellschaft*. Berlin.

Klaus, Georg (1972): *Die Macht des Wortes*. Erstauflage Berlin 1964.

Klaus, Georg/Buhr, Manfred (1972): *Wörterbuch der Philosophie*. Erstauflage 1964.

Lübbe, Hermann (1967) "Der Streit um Worte. Sprache und Politik." In: Gadamer, Hans Georg (Hrsg.): *Das Problem der Sprache*. Heidelberg, S. 351-371.

Ludz, Peter Chr. (1980): *Mechanismen der Herrschaftssicherung. Eine sprachpolitische Analyse gesellschaftlichen Wandels in der DDR*. München.

Maaz, Hans Joachim (1990): *Gefühlsstau. Ein Psychogramm der DDR*. Berlin.

Oschlies, Wolf (1989): "Sprache der Deutschen. Reißt, hält oder festigt sich das einigende Band?" Vortrag auf der XXII. DDR-Forschertagung. 16.-19.Mai 1989.

Otto, Elmar D.(1979): *Nachrichten in der DDR. Eine empirische Untersuchung über* Neues Deutschland. Köln.

Picaper, Jean Paul (1976): *Kommunikation und Propaganda in der DDR*. Stuttgart.

Reich, Hans H. (1968): *Sprache und Politik. Untersuchungen zu Wortschatz und Wortwahl des offiziellen Sprachgebrauchs in der DDR*. München.

Riedel, Heide (1983): "Das aktuelle Informationsangebot im Fernsehen der DDR." In: Reimers, Karl Friedrich/Lerch-Stumpf, Monika/Steinmetz, Rüdiger (Hrsg.): *Von der Kino-Wochenschau zum aktuellen Fernsehen*. München, S. 25-48.

Rytlewski, Ralf/Sauer, Birgit/Treziak, Ulrike (1987): "Politische und soziale Rituale in der DDR." In: Berg-Schlosser/Schissler (Hrsg.): *Politische Kultur in Deutschland*. Opladen, S. 247-257 (PVS-Sonderheft Nr. 18).

Topitsch, Ernst (1960): "Über Leerformeln. Zur Pragmatik des Sprachgebrauchs in Philosophie und politischer Theorie." In: ders.: *Probleme der Wissenschaftstheorie*. Wien, S. 236-264.

Waterkamp, Dietmar (1989): "Erziehung zur Identifikation mit dem Staat." In: Claußen, B. (Hrsg.): *Politische Sozialisation Jugendlicher in Ost und West.* Bonn, S. 121-127.

Wrona, Vera/Richter, Friedrich (1979): *Die Geschichte der marxistisch-leninistischen Philosophie - in der DDR*. Berlin-DDR.

Rundtischgespräch (1989): "40 Jahre DDR - 40 Jahre marxistisch-leninistische Philosophie in der DDR." In: *Deutsche Zeitschrift für Philosophie,* Heft 10/11, S. 990-1011.

Kleines Politisches Wörterbuch (1986). Berlin-DDR.

Wörterbuch des Wissenschaftlichen Kommunismus (1983). Berlin-DDR.

2. *Sprache der "Wende"-Zeit*

"WIR SIND DAS VOLK"
Sprachwissenschaftliche Überlegungen zu den Losungen des Herbstes 1989

Ruth Reiher (Berlin)

1. Öffentlich-politische Kommunikation im Herbst 1989

Gesellschaftliche Umbrüche sind mit sprachlichen Wandlungen verbunden. Sie werden nicht nur von ihnen begleitet, sondern sprachliche Veränderungen wirken selbst wieder auf die gesellschaftlichen Prozesse zurück. Sie übernehmen gerade in Zeiten totaler gesellschaftlicher Umbruchssituationen eine mobilisierende und dynamisierende Funktion. Diesen Zusammenhang zwischen gesellschaftlichen Bewegungen und sprachlichem Wandel im Umkreis der politischen Ereignisse in der ehemaligen DDR vom Herbst 1989 zu verfolgen, scheint ein lohnendes Unterfangen.

Es war eine Zeit äußerst heftiger Auseinandersetzungen, die fast ausnahmslos in der Öffentlichkeit geführt wurden. Und zwar der Öffentlichkeit in einem ganz ursprünglichen Sinne. Nicht Parteien, Politiker oder andere Abgesandte der öffentlichen Meinung führten das Wort. Getragen wurden die Auseinandersetzungen von sehr offenen und kontroversen Meinungsbekundungen weiter Teile der DDR-Bevölkerung.

Damit erreichte die politische Kommunikation in dieser Zeit eine völlig neue Dimension. Die Bürger waren weder potentielle Mitspieler einer öffentlich-politischen Kommunikation noch Adressaten regulativer Behördenakte. Durch das Medium der öffentlichen Diskussion trugen sie den wesentlichen Anteil an der Gestaltung der politischen Entscheidungsprozesse. Kennzeichnen Strauß u.a. (1989) als den wichtigsten Funktionsbereich politischer Kommunikation die "Kommunikation zwischen Politikern, Parteien usw. und den Bürgern oder der Öffentlichkeit" (ebd., 30), in der das "politische Handeln [...] für die Bürgeröffentlichkeit gedacht und sprachlich formuliert wird" (ebd., 31), so überschreitet die öffentlich-politische Kommunikation des Herbstes 1989 diesen Rahmen. Der Bürger selbst bestimmt Inhalte und Formen der öffentlich geführten Auseinandersetzungen. Er erzwingt die Diskussion bestimmter Themen und setzt die Maßstäbe für den äußeren Rahmen. Die Bürger selbst und nicht institutionalisierte politische Funktionsträger sind Hauptakteure der öffentlich-politischen Kommunikation in dieser politischen Umbruchssituation.

Dieser Rollentausch zwischen Akteuren und Mitspielern bestimmt auch die Spezifik der sprachlichen Formulierung. Trug bislang die öffentliche Meinungssprache ausschließlich offiziellen Charakter, so findet seit Oktober 1989 eine völlige Umkehr statt. Der offizielle Sprachgebrauch verschwindet fast schlagartig aus der Öffentlichkeit. Eine bisher in der öffentlichen Kommunikation nicht verwendete Begrifflichkeit nimmt dessen Platz ein. Zwei Tendenzen sind dabei kennzeichnend. Zum einen werden bisher tabuisierte Themenbereiche in aller Öffentlichkeit angesprochen. Zum anderen erfolgt insbesondere durch veränderte Leitwörter eine entgegengesetzte Wertung grundlegender gesellschaftlicher Sachverhalte und Prozesse.

2. *Politische Losungen*

Diesen Wechsel der Perspektive in der öffentlich-politischen Kommunikation versuche ich an den politischen Losungen des Herbstes 1989 nachzuvollziehen. Dabei verwende ich das Lexem *Losung* in folgender Bedeutung:

> kurz und einprägsam formulierter, mobilisierender (politischer) Leitsatz, Aufruf, in dem ein aktuelles gesellschaftliches Anliegen ausgedrückt wird (HWDG 1984, 746).

Diese in ehemaligen DDR-Wörterbüchern an erster Stelle stehende Bedeutungsvariante ist in anderen einsprachigen Wörterbüchern nicht verzeichnet.

So finden wir im WAHRIG (1968, 2313) *Losung* als "Kennwort" im theologischen Sinne oder als Bestandteil der Fachsprache des Jägers. Der von mir zugrunde gelegten Bedeutung recht nahe kommt WAHRIG (1978, 513), wenn hier die erste Bedeutung umschrieben wird mit "Spruch, der die Grundsätze enthält, nach denen man sich richtet". Dennoch habe ich mich für die im HWDG verzeichnete Variante entschieden, da die im Herbst 1989 produzierten Losungen bei weitem nicht nur Grundsätze im mitteilenden/feststellenden Sinn enthalten, sondern darüber hinaus und vor allem appellative, handlungsanweisende Funktionen ausüben. Sie fordern auf, etwas zu tun oder zu unterlassen. Dem entspricht "mobilisierender (politischer) Leitsatz, Aufruf". Umgangssprachlich werden diese Losungen auch als *Demosprüche* bezeichnet, wobei *Spruch* in der Bedeutung "kurz u. einprägsam ausgesprochener Gedanke" (WAHRIG 1978, 730) durchaus den allgemeinen Charakter dieser Textsorte trifft.

Daß es sich bei diesen Losungen um eine Textsorte handelt, setze ich voraus. Es ist eine Klasse von Texten, die im Hinblick auf ihre Texteigenschaften und kommunikativen Funktionen zahlreiche Gemeinsamkeiten aufweist. Sie sind durch ihre Öffentlichkeit im Bereich der politischen Kommunikation gekennzeichnet und besitzen in erster Linie fordernden/auffordernden Charakter. Die Produzenten sind (auf jeden Fall im Herbst 1989) Bevölkerungsmehrheiten, die den Regierenden auf diesem Wege ihre Forderungen kundtun und die ihnen vorenthaltenen Rechte einklagen. Da diese Losungen keine Antworten im Rahmen des jeweiligen Kommunikationsereignisses zulassen, handelt es sich um eine einseitig gerichtete Kommunikation, deren Wirkung erst über die Beeinflussung von Entscheidungen der politisch Herrschenden erwartet wird.

Wesentliches textinternes Kriterium der Losungen ist deren Kürze. Es sind einfache oder gar verkürzte Sätze in der Funktion von Forderungs- oder Aufforderungshandlungen. Da sie weitgehend aus der unmittelbaren politischen Situation erwachsen, deren Beschreibung aber nicht mitgeliefert, sondern als Kenntnis vorausgesetzt wird, ermöglichen die Losungen einen breiten Interpretationsspielraum. Dieses Merkmal trifft insbesondere für die Losungen vom Herbst 1989 zu, so daß deren Analyse in zahlreichen Fällen ohne DDR-spezifisches Hintergrundwissen nicht zu leisten ist.

3. Materialbasis

Als Materialbasis verwende ich Losungen der Demonstration vom 4. November 1989 auf dem Berliner Alexanderplatz[1]. Das war die erste nicht staatlich organisierte Massenkundgebung in der DDR. Sie wurde von Künstlern initiiert und galt dem Recht auf Presse- und Versammlungsfreiheit. An dieser Demonstration nahmen ca. 500 000 Menschen teil. Als Vergleichsbasis dienen Losungen von der Demonstration auf dem Berliner Alexanderplatz vom 4. November 1990 - ein Jahr danach. Indem der Demonstrationsaufruf mit den Worten beginnt "Es ist wieder Herbst [...]", knüpfte diese Kundgebung bewußt an das Ereignis vom Vorjahr an. Sie stand unter dem Thema "Gleichheit für alle?! Für gleiche soziale Rechte in Deutschland" und wurde vom sog. "Runden Tisch von unten" organisiert. Die Angaben über die Teilnehmerzahlen schwanken. Meine Schätzungen ergaben etwa 5000 Demonstranten: Das ist ein Prozent der Teilnehmer der Vorjahresveranstaltung.

Darüber hinaus ziehe ich "Losungen des Zentralkomitees der SED zum 1. Mai 1975" heran. Diese Losungen unterscheiden sich grundsätzlich von denjenigen des Herbstes 1989. Indem sie bereits am 9. April 1975 auf Seite 1 des *Neuen Deutschland* erschienen, gaben sie die ideologischen Richtlinien für die bevorstehende Demonstration und trugen damit offiziellen Charakter. Intendiert als öffentlich-politische Kommunikation der herrschenden Partei mit der DDR-Öffentlichkeit, erscheinen alle von der Partei als wichtig angesehenen Grund- und Zielvorstellungen in Form von Leitwörtern. Dazu gehören neben allgemeinen Werten wie "DDR, Sozialismus, sozialistisches Vaterland, sozialistischer Arbeiter- und Bauernstaat" oder "Solidarität" auch ökonomische und kulturelle Leitvorstellungen wie "sozialistischer Wettbewerb, wissenschaftlich-technischer Fortschritt" oder "sozialistische Nationalkultur". Alle Gruppen und Schichten wurden dazu aufgerufen, zur Realisierung dieser Leitgedanken beizutragen, angefangen von den "Bürger(n) der DDR" und den "Werktätige(n) in Stadt und Land" bis hin zu den "Werktätige(n) des Handels" und der "Jugend unseres Landes". Diese Losungen als Ganzes - 1975 waren es 55 - sind ein parteipolitisches Programm, das es für den angesprochenen Bürger zu realisieren gilt: Deshalb der Appellcharakter - am Ende jeder Losung steht ein Ausrufezeichen -, deshalb die gesonderte Ansprache an jede Berufsgruppe, deshalb auch die auffallend häufige Verwendung des Possessivpronomens "unser" - "unsere sozialistische Staatenge-

[1] Eine große Zahl von Losungen aus dem Jahr 1989 sowie Interpretationsangebote wurden durch die Diplomarbeit von Antje Baumann bereitgestellt.

meinschaft, unsere Hauptaufgabe, unsere sozialistische Nationalkultur" -, wodurch Interessenübereinstimmung zwischen der Parteipolitik und der Öffentlichkeit suggeriert werden soll. Insofern neben diesen offiziellen Losungen keine konkurrierende politische Meinungs- und Willensbildung zugelassen war, handelt es sich um eine einseitig gerichtete öffentlich-politische Kommunikation, in der der Bürger in seiner Rolle als potentieller Mitspieler entmündigt wird.

4. Politische Losungen des Herbstes 1989

Daß ich die Losungen aus dem politischen Diskurs des Herbstes 1989 herauslöse, erfolgt aus methodischen Gründen. Sie sind Bestandteil der öffentlich-politischen Kommunikation im oben beschriebenen Sinne. Infolge ihrer Kürze und teilweisen Prägnanz sind sie aber auch mehr. Sie bilden das Konzentrat der seit dem 7. Oktober öffentlich geführten Meinungsbildungsprozesse und vermitteln einen Einblick in den Charakter und die Art und Weise der öffentlich-politischen Kommunikation in der damaligen Umbruchssituation.

Ein Vergleich mit anderen am politischen Diskurs beteiligten Texttypen läßt die Spezifik dieser Textsorte erkennen. Während die Medienberichterstattung die Vorstellung einer von der sog. Partei- und Staatsführung geführten politischen Auseinandersetzung assoziiert, zeigt ein Blick auf die Losungen bereits die Umkehr dieser Kommunikationsrichtung. So "führen" - laut *Neues Deutschland* und *Junge Welt* - die SED, der FDGB, die Bürgermeister von Dresden, Leipzig u.v.a. den Dialog oder das Gespräch mit den Werktätigen, den Bürgern, den Arbeitern oder Kirchenvertretern. "Dialog/ Gespräch führen mit" aber ist sprachlicher Indikator für einen initiierten und damit in seinem Wesen asymmetrischen Gesprächstyp, "führen" im Sinne von 'verantwortlich leiten' assoziiert die Vorstellung einer einseitigen Gerichtetheit (vgl. Reiher 1990). Daß aber die Öffentlichkeit, von Strauß u.a. (1989, 31) als "potentielle Mitspieler" öffentlich-politischer Kommunikation bezeichnet, längst die Formen und Inhalte politischer Auseinandersetzungen bestimmt, zeigt die Losung des 4. November:

(1) *Ein Vorschlag für den 1. Mai: Die Führung zieht am Volk vorbei.*

Ich fasse die Losungen des Herbstes 1989 in ihrer Gesamtheit sowie jede einzelne als sprachliche Handlungen der Formulierer und ihrer Träger. Über das öffentliche Aussprechen von Defiziten und Mißständen sowie durch direkte Forderungen und Handlungsanweisungen zielen sie darauf, die DDR-Wirklichkeit des Herbstes 1989 zu verändern.

Die Adressanten der Losungen sind ganz allgemein zu bestimmen als eine Vielzahl/Mehrheit von Bürgern, die ihren Willen nach Veränderung der gesellschaftlichen Verhältnisse öffentlich kundtun. Prinzipiell kann man davon ausgehen, daß die Produzenten und Träger der Losungen identisch sind. Jeder einzelne bringt seine subjektiven Erfahrungen ein und leitet daraus seine Forderungen ab. Sei es die fehlende Meinungsfreiheit in der Schule:

(2) *Ich möchte in der Schule alles sagen können*,

die Unterdrückung und Ausgrenzung Andersdenkender:

(3) *Ohne Opposition keine Demokratie*
(4) *Legalisierung statt Kriminalisierung*,

der Wunsch nach pluralistischer Demokratie:

(5) *SED allein - das kann nicht sein*
(6) *Für eine grüne Partei*,

oder die in vielen Varianten wiederholte Forderung nach Reisefreiheit;

(7) *Ohne Visa nach Pisa*
(8) *Visafrei bis Hawaii*.

Aus dieser individuellen Gestaltung jeder einzelnen Losung resultiert - auf das Ganze gesehen - ihre Vielfalt.

Sind auf der Adressantenseite unzählige Subjekte mit einem ähnlichen gesellschaftlichen Erfahrungshintergrund auszumachen, so richten sich die Losungen zumindest an zwei Adressatengruppen. Da sind zunächst diejenigen, die die politische Macht ausüben und die Verantwortung für die gesellschaftliche Fehlentwicklung tragen. Sie werden wegen der Mißstände im Lande angeklagt:

(9) *Die SED hat den Sozialismus nicht erfunden, sondern mißbraucht*,

und von ihnen werden Rechte und Freiheiten eingeklagt:

(10) *Privilegien für alle*
(11) *Neue Parteien - freie Wahlen*.

Von der realen Situation der Demonstration auf dem Alexanderplatz her ist diese Gruppe ein fiktiver Adressat. Zum einen ist sie auf der Demonstration am 4. November nicht anwesend, zum andern sind ihr all die Forderungen längst bekannt, vorgebracht in zahllosen vorangegangenen öffentlichen Auseinandersetzungen.

Der zweite Adressat ist die Öffentlichkeit schlechthin. Es sind die anderen Demonstrierenden, die die Straßenränder und Fenster Säumenden sowie die Fernsehzuschauer. Es sind diejenigen, deren Unterstützung es bedarf, um die Realisierung der mitgetragenen oder auch gerufenen Losungen einzufordern. Der zweite Adressat ist also die große Gemeinschaft der gegen die Führenden Opponierenden. Es sind diejenigen, die sich mit dem ständig wiederkehrenden "wir" identifizieren und sich von den "ihr", wer das auch im einzelnen sein mag, abheben und distanzieren:

(12) *Wir sind das Volk, gehen solltet ihr.*

Daß die Losungen sich darüber hinaus auch an die internationale Öffentlichkeit wenden und der Selbstbestätigung der Adressanten dienen, sei nur angemerkt. Denn noch ist die Frage der Macht nicht entschieden. Indizien dafür sind, mit Blick auf die chinesischen Ereignisse vom Frühsommer 1989, die Losung:

(13) *Macht aus der DDR keinen Platz des Himmlischen Friedens*

sowie die von den Organisatoren bestimmten und den Demonstrationszug am 4. November begleitenden Ordner, die durch eine Schärpe mit der Aufschrift:

(14) *Keine Gewalt*

gekennzeichnet sind.

4.1. "Wir sind das Volk"

In der Losung:

(15) *Wir sind das Volk*

wird die neue Qualität der politischen Auseinandersetzung am deutlichsten artikuliert. Es ist die Losung mit der größten Resonanz und zahlreichen Varianten. Neben der einfachen Feststellung von (15) wird der Volksbegriff hinsichtlich seines Umfanges spezifiziert.

(16) *Das Volk sind wir - und wir sind Millionen.*

Die besondere Wirksamkeit dieser Losung resultiert aus der Anadiplose, der Wiederholung des Personalpronomens "wir" am Ende des ersten und am Anfang des folgenden Satzes.

Die Losungen:

(17) *Ein Vorschlag für den ersten Mai: Die Führung zieht am Volk vorbei*

und

(18) *Das Volk sind wir, gehen solltet ihr*

fixieren den eigentlichen Gegensatz, der auch den einfachen Feststellungen in (15) und (16) zugrunde liegt: Es ist der sich plötzlich und in dieser Schärfe unerwartet offenbarende Antagonismus zwischen Volk und Führung, zwischen Beherrschten und Herrschenden. Wenn auch durch "Vorschlag" in (17) und die Konjunktivform "solltet" in (18) in seiner Schärfe eingeschränkt, so handelt es sich doch um die unmißverständliche Forderung nach veränderten Machtverhältnissen, wie sie in (19) und (20) direkt eingeklagt werden:

(19) *Alle Macht geht vom Volke aus*
(20) *Alle Macht dem Volke.*

Solange dieser Gegensatz zwischen den Interessen des Volkes und der Machtausübung der Staatsführung bestehen bleibt, wird in metaphorischer Weise die Straße zur Tribüne des Volkes erklärt:

(21) *Die Straße ist die Tribüne des Volkes.*

Es ist offensichtlich, daß all diesen Gebrauchsweisen eine im wesentlichen einheitliche, deutlich positiv konnotierte Bedeutung von *Volk* zugrunde liegt. Dieser Volksbegriff ist politisch-soziologisch motiviert, er umfaßt im weitesten Sinne all jene, die nicht an der Machtausübung beteiligt sind, und konkret zumindest diejenigen, die im Herbst 1989 auf die Straße gehen und sich gegen Machtmißbrauch, Freiheitsbeschränkung und ideologische Bevormundung zur Wehr setzen. Wenn auch an seinen Rändern äußerst unscharf, so wird *Volk* verstanden als mehrheitliches Gegengewicht zur Partei- und Staatsführung, aber eindeutig bezogen auf Volk der DDR.

Diese politisch-soziologische Bedeutungsvariante wird nach dem 9. November ergänzt durch den ethnisch motivierten Volksbegriff:

(22) *Wir sind ein Volk*
(23) *Wir sind vielleicht ein Volk* (4. November 1990).

Mit dem ethnischen Volksbegriff wird der Rahmen der DDR-Politik verlassen und die gesamtdeutsche Dimension ins Blickfeld gerückt, in (22) noch erwartungsvoll und zukunftsorientiert, in (23) allenfalls emphatisch-zweifelnd, ausgedrückt durch die Modalpartikel "vielleicht".

Beide Bedeutungsvarianten waren bislang im offiziellen Sprachgebrauch der DDR so nicht präsent. Zwar bestimmt das HWDG *Volk* als "Bevölkerung eines Landes, Gesamtheit der Bürger eines Staates, Nation", aber infolge der Zweistaatlichkeit referiert *Volk* stets nur auf die DDR-Bevölkerung. *Volk* im politisch-soziologischen Sinne als mehrheitliches Gegengewicht zu *Partei- und Staatsführung* zu interpretieren, widersprach der offiziellen Diktion von der sozialistischen Gemeinschaft. In der offiziellen politischen Kommunikation erschien *Volk* bezogen auf innenpolitische Verhältnisse, als Synonym zu und folglich im Wechsel mit *Bürger, Werktätiger* oder *Bevölkerung* und realisierte damit die zweite im HWDG angegebene Bedeutungsvariante, die "Gesamtheit der den werktätigen Teil der Gesellschaft umfassenden Klassen und sozialen Schichten". So wechselt in den Losungen zum 1. Mai 1975 "Wohlergehen des Volkes" mit "Versorgung der Bevölkerung" und "friedlichen Leben(s) der Bürger".

4.2. "Freie Wahlen - freie Menschen - lebenswerte DDR"

Nicht nur *Volk,* sondern auch der politische Grundwert *Freiheit* spielte in der offiziellen politischen Kommunikation der DDR keine Rolle. So fehlen die Lexeme *frei* und *Freiheit* völlig in den Losungen zum 1. Mai 1975. Thematisiert wird ausschließlich "Befreiung" im gesellschaftshistorischen Kontext:

(24) *Es lebe der 30. Jahrestag der Befreiung vom Faschismus durch die ruhmreiche Sowjetarmee!*

Da bislang totgeschwiegen in der öffentlich-politischen Kommunikation der DDR, erhält *Freiheit* einen besonders hohen Stellenwert im neuen, von unten bestimmten politischen Diskurs. *Freiheit/frei* im Sinne der "Unabhängig von Zwang oder Bevormundung" (WAHRIG 1978, 310) wird zum am stärksten frequentierten Leitwort des politischen Umbruchs vom Herbst 1989. Die Mehrzahl der Losungen erhebt direkt oder indirekt die Forderung nach der freien Entfaltung der Persönlichkeit.

Im Gegensatz zur vage gehaltenen Bedeutung in Politiker- oder Produktenwerbung wird *Freiheit/frei* in den Losungen des Herbstes 1989 stets im Bewußtsein der Relationalität dieses Begriffes verwendet. *Freiheit* bzw. *frei* ist immer:

/Freiheit von bzw. für etw./jmdn./
/frei sein von bzw. für etw./jmdn./.

Direkt formuliert werden vornehmlich diejenigen Aspekte des gesellschaftlichen Lebens, f ü r die Freiheiten eingefordert werden. Das sind Freiheit der demokratischen Entscheidungen:

(25) *Neue Parteien - freie Wahlen,*

Freiheit der Meinungen, der Medien und der Versammlungen:

(26) *Meinungs-, Medien- und Versammlungsfreiheit*
(27) *Für Presse- und Demonstrationsfreiheit,*

Freiheit des Reisens:

(28) *Reisefreiheit für die ganze Familie.*

Variationsreicher sind hingegen die Forderungen, deren Proposition mit 'frei sein von' oder 'Freiheit von' zu umschreiben ist:

(29) *Wir fordern eine Schule frei von:*
Leistungsdruck ideologischem Zwang, Intoleranz, Langeweile
(30) *Weg mit Militärparaden und Betonköpfen*
(31) *Todeszaun und Minenfelder = Symbol der DDR-Freiheit.*

Steigerung und Zusammenfassung dieser Forderungen nach freier Entfaltung der Persönlichkeit ist die Klimax:

(32) *Freie Wahlen - freie Menschen - lebenswerte DDR.*

Doch zugleich wird mit dieser Losung die relationale Auffassung von *frei* verlassen. Zwar beinhalten die freien Wahlen noch die Freiheit der Wahl zwischen mehreren Kandidaten als pluralistisches Konzept. "Freie Menschen" hingegen tendiert bereits zum absoluten Begriff 'frei von jeder Form gesellschaftlichen Zwanges'. Daß diese wie auch die Forderungen nach Gleichheit:

(33) *Keine Macht für niemand*
(34) *Nicht andere Herren, sondern keine*

illusionäre Aspekte enthalten, fixieren spätestens die Losungen des 4. November 1990:

(35) *4. November und wieder nicht frei - Jetzt Knechte des Kapitals*
(36) *Freiheit ist nur im Reich der Träume.*

Nachdem Zwang und Bevormundung in wesentlichen Bereichen des gesellschaftlichen Lebens durch die revolutionären Ereignisse des Herbstes 1989 beseitigt sind, verliert auch das Leitwort *Freiheit* an Bedeutung. Andere Leitideen bestimmen den öffentlich-politischen Diskurs.

4.3. "Egon, wir haben einen Plan"

Neben den Losungen, die eindeutig auf Mißstände und Defizite hinweisen oder sehr direkt Forderungen formulieren und deren kommunikativer Sinn relativ einfach zu erschließen ist, gibt es eine ganze Reihe von Losungen, deren angemessene Interpretation eine Kenntnis der DDR-Wirklichkeit voraussetzt. Im Verstehensprozeß ist ein breiter Interpretationsspielraum gegeben. Diese Spezifik einer Vielzahl von Losungen möchte ich verdeutlichen an:

(37) *Egon, wir haben einen Plan,*

die auf eine ganz bestimmte Weise typisch ist für diese Demosprüche.

Die propositionale Ebene scheint so einleuchtend zu sein wie nur möglich, fiele dieser Satz in irgendeiner beliebigen Kommunikationssituation. Es geht um einen eindeutig genannten Adressaten, Egon, was auf ein vertrautes Verhältnis schließen läßt. Diesem wird mitgeteilt, daß jemand, ein weitgefaßtes "wir", einen Plan hat. Während das "wir" noch durch den Träger der Losung und eventuell die Mitdemonstrierenden oder aber die im Hintergrund verbliebenen Personen, deren Interessenvertreter und Sprecher der Träger ist, definiert wird, bleiben Erklärungen zum erwähnten Plan gänzlich aus. Man könnte annehmen, daß es sich hier um eine Mitteilung handelt, deren wesentliche Bedingung besagt, daß die Proposition als Darstellung eines Sachverhalts gilt. Man kann diese Vermutung mit der Anwesenheit von Adressant ("wir"), Adressat ("Egon") und zu übermittelnder Information ("haben einen Plan") begründen.

Bis zu diesem Punkt führt die Rezeptionsvorgabe zu gleichen oder zumindest ähnlichen Interpretationsergebnissen. Bei all jenen jedoch, die über das für das Verstehen dieser Losung notwendige DDR-spezifische Hintergrundwissen verfügen, beginnt hier erst die eigentliche Analyse. Um das nachvollziehen zu können, muß der konkrete Kontext untersucht werden.

Die Protestdemonstration am 4.11.1989 galt dem Recht auf Presse- und Versammlungsfreiheit, das, in der Verfassung der DDR verankert, bisher nur auf dem Papier bestand und nun mit Nachdruck gefordert wurde. Organisiert vom Verband der bildenden Künstler der DDR und genehmigt als erste Massendemonstration, die nicht in der Verantwortung der SED lag, richtete sie sich mit ihren Forderungen an die Regierung der DDR. Vorsitzender der SED, die ihren Führungsanspruch ständig wiederholte und zu begründen versuchte, war am 4. November schon Egon Krenz. Er stand als neuer Generalsekretär dieser Partei in der Nachfolge Erich Honeckers zugleich an der Spitze des Staates. Damit war er deren Repräsentant und Ansprechpartner für die Demonstranten. Sein Vorname gab also der Losung den Adressaten.

Der männliche Vorname *Egon* ruft bei (ehemaligen) DDR-Bürgern zwei Assoziationen hervor:

1. *Wir sind die Fans von Egon Krenz!*
(Schlachtruf von FDJ-Mitgliedern bei diversen Aufmärschen und anderen FDJ-Feierlichkeiten, an den damaligen Vorsitzenden der FDJ, Egon Krenz, gerichtet)

2. *Egon und die Olsenbande!*
(Eine dänische Fernsehserie, die über Jahrzehnte in der DDR ausgestrahlt wurde und damit nicht nur den jüngeren Generationen ein Begriff ist).

Die zweite Assoziation ist zweifellos die entscheidende und auch diejenige, die als erste ausgelöst wird.

Diese Filme handeln von Egon Olsen, einem notorischen Kriminellen, der die Sympathien der Zuschauer dadurch gewinnt, daß er jedesmal, wenn er aus der Haft entlassen wird, mit einem perfektionistischen System von Abläufen unter Einsatz aller verfügbaren Mittel und Leute diesmal endlich den ganz großen Coup landen und an das große Geld kommen will. So lautet nach jedem Mißerfolg neu und scheinbar ohne Einbeziehung von Erfahrungen der erste Satz an seine Freunde: "Ich habe einen Plan.". Die Art der Demonstration und ihre Zielsetzung lassen den Leser weiterhin schließen, daß es sich bei "Plan" nicht - wie bei so vielen anderen Demonstrationen zuvor - um einen Wirtschaftsplan handeln kann.

Das wären also die zum Verständnis der o.g. Losung nötigen Präsuppositionen. Auf dieser Grundlage ergäbe sich die folgende Interpretation:
Der Leser der Losung setzt - unter Hinzuziehung der beiden genannten Präsuppositionen - zunächst Egon Krenz mit Egon Olsen gleich. Das allein ist unerhört genug, um ihm (dem Leser) ein Lächeln abzuringen. Die scheinbare Beziehungslosigkeit zwischen Egon Krenz und Egon Olsen - außer, daß sie den gleichen Vornamen tragen - löst sich jedoch bei weiterem Hinsehen auf.

Auch Egon Krenz hatte einen Plan, am 19.10.1989 in der feierlichen Fernsehansprache überraschend verkündet, worin Neues zu erkennen schwer war. Und auch das ist eine Parallele: Egon Olsens Freunde antworten auf sein immer wieder neues altes Angebot "Ich habe einen Plan" nur müde "Ach Egon, das geht doch wieder nicht gut ...", sind Egon jedoch auf eine tragikomische Art und Weise hörig, können sich jedesmal aufs neue nicht dem hoffnungslosen Unternehmen entziehen. Hier nun wird deutlich gemacht, daß alle, die sich unter "wir" zusammenfassen lassen, nicht bereit sind, einen neuen Plan von einem Chef entgegenzunehmen und mit zu verwirklichen. Ein eindeutiger Gegensatz wird ausgedrückt. Statt der stereotypen Formel "Ich habe einen Plan" wird das Verhältnis verkehrt: Die Gruppe hat einen Plan. Selbstbestimmung ersetzt hier ganz selbstbewußt Fremdbestimmung. Eine andere ähnliche Losung drückt dieses Selbstbewußtsein ganz nüchtern aus:

(38) *Egon, wir sind nicht deine Olsenbande,*

d.h. nicht länger gewillt, gut klingende, aber trotzdem phantastische Experimente mitzumachen.

Ein weiteres Indiz für das gewonnene Selbstbewußtsein, das erstmals den Sprung in die neue Qualität 'öffentlich' schaffte, ist die Anrede. Die Form aus Vorname und 2. Person Singular gründet sich nur zum Teil auf die Verwendung des Filmzitats, das diese Form nötig macht. Zum anderen wird damit Bezug genommen auf die übliche Du-Form innerhalb der FDJ und unter Mitgliedern einer Partei. Die Verwendung dieser Art von Anrede darüber hinaus ist schon Zeichen für Respektlosigkeit. Der Angeredete wird nicht a priori als überlegen, sondern im Gegenteil als absolut gleichwertig empfunden. Die Respektlosigkeit eröffnet sich erst im Vergleich zur früheren Unterlegenheit ist also eigentlich gar keine Respektlosigkeit, sondern Rückkehr zu normalen Beziehungen.

Die aus der Form resultierende Auffassung, es handele sich bei dieser Losung um eine Mitteilung eines "wir" an irgendeinen Egon über einen vorhandenen Plan, wird durch die Einbeziehung der Präsuppositionen in die Interpretation ergänzt oder gar widerlegt. Der kommunikative Sinn solcher mehrfach verschlüsselten Informationen erschließt sich eben nur über das Bewußtmachen des für die Interpretation notwendigen Hintergrundwissens. Für die Losung *Egon, wir haben einen Plan* bedeutet das:

Die Beziehung zwischen dem Repräsentanten der Macht und den Produzenten der Losung wird aufgedeckt, wohlgemerkt: aufgedeckt. Denn neu geordnet wird diese Beziehung ja nicht, sondern nur öffentlich gemacht. Durch eben diese Öffentlichkeit wird die Art der Beziehung für beide Seiten, sowohl für Egon Krenz als auch für den/die Produzenten und andere Demonstranten, evident. Damit vollzieht sich ein Erkenntnisprozeß, der die Umkehr der gesellschaftlichen Verhältnisse fordert und damit Ausdruck des Gewahrwerdens der eigenen Mündigkeit ist.

5. Schlußbemerkung

Der Versuch einer Analyse ausgewählter Losungen sollte einen Einblick in die sich ändernden und veränderten Beziehungen in der öffentlichen Kommunikation des Herbstes 1989 vermitteln. Die Interpretationen sollten eine Antwort auf die Frage nach der Rolle der Sprache in gesellschaftlichen Umbruchssituationen geben. Die These, wonach gesellschaftliche Veränderungen eng mit Sprachwandel verbunden sind, ist alt, daß gesellschaftliche Prozesse sprachliche Entwicklungen nach sich ziehen, häufig durch die Analyse konkreten Sprachmaterials bewiesen worden. Sind Sprache und Kommunikation darüber hinaus aber auch in der Lage, einen bestimmenden Anteil an der Herausbildung neuer Strukturen und Verhältnisse zu leisten?

Die in den Losungen geronnenen Forderungen nach Veränderung der gesellschaftlichen Verhältnisse und Verhaltensweisen sind Ausdruck eines neuen Bewußtseins der Adressanten. Sie spiegeln das Gewahren der eigenen Mündigkeit wider. Darüber hinaus schaffen die sprachlichen Aktivitäten des Herbstes1989, darunter an hervorragender Stelle die Losungen, eine neue Qualität der öffentlich-politischen Kommunikation. Aus den potentiellen Mitspielern des öffentlichen Diskurses werden selbständige und selbstbewußte Akteure. Indem sie die Inhalte und Formen der erstmalig öffentlich ausgetragenen Meinungsbildungsprozesse bestimmen, tragen sie zur Neuregelung der Beziehungen in der Gesellschaft bei. Die Losungen als wesentlicher Bestandteil des politischen Diskurses vermitteln den Produzenten, Mitdemonstranten sowie den noch Abwartenden das Bewußtsein der Interessenübereinstimmung, den ehemals Mächtigen die Grenzen ihrer Macht. Ob die Demonstrationen allein, ohne Formulierung konkreter Forderungen, ohne die ständige Mahnung *Keine Gewalt* so zielgerichtet und friedfertig verlaufen wären, wage ich zu bezweifeln.

6. Literatur

Baumann, Antje (1990): *"Eure Politik war und ist zum Davonlaufen" - Eine sprachwissenschaftliche Untersuchung von Losungen vor und nach dem 7. Oktober 1989*. Diplomarbeit (masch.), Humboldt-Universität zu Berlin.

HWDG (1984) = *Handwörterbuch der deutschen Gegenwartssprache*. In zwei Bänden. Hrsg. von einem Autorenkollektiv unter der Leitung von Günther Kempcke. Berlin.

Reiher, Ruth (1990): "Dialog in den Medien." In: *Zeitschrift für Germanistik* 5.1990, S. 597 - 600.

Strauß, Gerhard/Haß, Ulrike/ Harras, Gisela (1989): *Brisante Wörter von Agitation bis Zeitgeist. Ein Lexikon zum öffentlichen Sprachgebrauch*. Berlin-New York.

Wahrig, Gerhard (1968): *Deutsches Wörterbuch*. Gütersloh.

Wahrig, Gerhard (1978): *dtv-Wörterbuch der deutschen Sprache*. München.

Auf der Suche nach einer neuen Rhetorik
Ansprachen auf den Massendemonstrationen Anfang November '89

Johannes Volmert (Essen)

1. Vorbemerkung

Gegenstand des Beitrags ist die öffentliche Willensbekundung einer Protestbewegung, die sich auf den Massendemonstrationen im Herbst 1989 eine neue Sprache, eine neue politische Kultur, vor allem neue Formen politischer Rhetorik geschaffen hat. Die Aktionen dieser neuen Polit-Öffentlichkeit haben in einer friedlichen Revolution verkrustete Machtstrukturen aufgebrochen und schließlich beseitigt.

2. Die Leipziger Montags-Demo. Ansprachen auf dem Karl-Marx-Platz (Opernplatz) in Leipzig am 6. November 1989

2.1. Zum Material

Untersuchungsmaterial des ersten Teils ist der Tonbandmitschnitt der Leipziger "Montagsdemo" vom 6. November 1989, den mir ein Verwandter aus Leipzig zur Verfügung gestellt hat. Das sprachliche Material dieser Tonaufnahme wurde von mir selbst transkribiert[1]. Die Veschriftung orientiert sich so weit wie möglich an der standarddeutschen Orthographie, Dialektismen wur-den weitgehend ignoriert, auf eine syntaktische Gliederung durch die (schriftsprachliche) Interpunktion wurde verzichtet. Die Phrasierungsweise wurde lediglich durch drei verschiedene Pausenzeichen deutlich gemacht: + steht für eine kurze Pause (z.B. Atemzug), ++ für eine Pause von etwa 1-3 Sek., +++ für längere Unterbrechungen. Der deutliche Beginn einer neuen Äußerungseinheit bzw. Sinneinheit wurde durch Zeilensprung (bzw. Großschreibung) gekennzeichnet. Die Transkription dient vor allem Demonstrationszwecken, und zwar im Rahmen einer Analyse des Inhalts, der Argumentation, des Redestils usw.; sie erhebt darüber hinaus keinen weiteren Anspruch, etwa auf phonetische oder prosodische Genauigkeit.

2.2. Zur Situation

Spätestens seit Ende September '89 war die Montags-Demonstration in der Leipziger Innenstadt (meist im Anschluß an das "Friedensgebet" in der Nikolaikirche) zu einer Art Institution geworden, die von einer ständig wachsenden Teilnehmerzahl als Forum politischen Protests genutzt wurde. Bürgerrechtsbewegungen, vor allem das Neue Forum, artikulierten auf mannigfache Weise die Klagen, die Wut, die politischen Wünsche und Hoffnungen der Bevölkerung. Anfang Oktober war ein kritischer Punkt in der Konfron-

[1] Die Tonqualität des Radio-Mitschnitts ist ausgezeichnet, so daß auch entfernte Zwischenrufer und Sprechchöre verstanden werden können, sofern ihre Äußerungen nicht durch andere Tonquellen überlagert sind. Die Angaben zur Zeilennumerierung richten sich nach dem in der Anlage beigefügten Transkript der Rede.

tation von Demonstranten und Staatsmacht erreicht: Massenaufgebote von VOPO und Bereitschaftspolizei sollten die Protestbewegung kanalisieren und zum Schweigen bringen, Massenverhaftungen und die Überführung in vorbereitete Internierungslager sollten das Aufbegehren im Keim ersticken - zumindest bis nach den Jubelfeiern zum 40. Jahrestag der Republik. In den Kreisen der Opposition fürchtete man, in manchen westlichen Blättern hoffte man anscheinend auf den Funken, der aus der Konfrontation einen Flächenbrand der Gewalt machen würde.

Glücklicherweise kam es nicht zu einer "chinesischen Lösung" des Konflikts. Von entscheidender Bedeutung war sicher der (von außen noch kaum sichtbare) innere Zerfall des Herrschaftsapparats: Der politische und moralische Druck der "Weltöffentlichkeit", auch aus den (noch) sozialistischen Ländern, war so stark geworden, daß bei den "Herrschenden" des SED-Staats selbst Zweifel und interner Streit aufgekommen waren, ob der Protestbewegung noch sinnvoll mit Gewaltmaßnahmen begegnet werden könnte. In der kritischen Situation führte das zu Kompetenzenwirrwarr und "Befehlschaos"; beide haben der Bewegung einen "blutigen Oktober" erspart. Aber auch der Besonnenheit und Disziplin der Demonstranten (nicht nur der führenden Köpfe der Bürgerrechtsbewegung) ist es zu verdanken, daß die Drohgebärden, die "Zuführungen" und Provokationen der Staatsmacht nicht durch Gegengewalt beantwortet wurden.

Anfang November kann man jedoch von einem weitgehenden Arrangement der Herrschenden mit der Protestbewegung sprechen: Es gibt keine Polizeikordons mehr. Eine Reihe führender Vertreter der SED in Stadt und Bezirk Leipzig ist zurückgetreten; sie werden durch Leute ersetzt, die versuchen, "zu retten was zu retten ist", d.h. die in einem weitgehenden Gewährenlassen der Demonstrationen eine Chance erkennen, den Protest zu kanalisieren, zu kontrollieren und vielleicht sogar als neues Legitimationsinstrument für interne Reformen zu verwenden.

Die Phase der großen Angst und der lähmenden Unsicherheit ist also weitgehend überwunden; die Stimmung unter den vielen Tausend erscheint teils glücklich-befreit, teils ungeduldig-fordernd. Die Demonstration ist "genehmigt", und die Verantwortlichen haben auch DDR-intern die Öffentlichkeit erweitert: Es gibt Mikrophone und Lautsprecher, und ein - durch wen immer ernannter - Gesprächsleiter improvisiert eine Art Moderation der einzelnen Ansprachen. Redezeiten werden vereinbart, und eine Direktübertragung durch den Lokalsender Leipzig ist gewährleistet. Gäbe es nicht die z.T. blutige Vorgeschichte, man könnte fast glauben, die inzwischen von 100.000 und mehr Menschen besuchten Montags-Demos seien zu einer Institution dauernden friedlichen Protests geworden.

2.3. Kommunikative Situation der Ansprachen: "Dialogstrukturen" zwischen Sprechern und Publikum

Eine ganz neue Erfahrung der Teilnehmer war die Möglichkeit, einen öffentlichen, spontanen und vielstimmigen Dialog miteinander zu beginnen. Die "Befreiung der Köpfe und der Zungen" äußerte sich zunächst in intensiver Kommunikation der Teilnehmer untereinander, an den verschiedenen Treffpunkten und während des Marsches. Die physisch, fast sinnlich erfahrbaren Äußerungen eines oppositionellen politischen Willens, die Bekundungen von wechselseitigem Verstehen und emotionalem Einverständnis fanden schließlich konkreten Ausdruck in dem immer wiederkehrenden Ruf "Wir sind das Volk".

Ebenso bemerkenswert wie diese Form politischen Gemeinschaftserlebens ist die Erfahrung, mit prominenten oder nichtprominenten Sprechern auf der Rednertribüne in einen spontanen Dialog treten zu können. Die Rituale der gewohnten (und wohldisziplinierten) Akklamation werden seit Beginn der Protestbewegung kritisch und kreativ durchbrochen. Vielfältige Signale der Rückmeldung werden erprobt, ablehnende wie zustimmende. Daneben gibt es eine wachsende Zahl spontaner Zwischenrufer, die die Sprecher am Mikrophon oft genug zu Änderungen ihrer Redebeiträge zwingen. Neben dem individuellen Zwischenruf, der sich in der größer werdenden Versammlung oft kein Gehör mehr verschaffen kann, kommt es zur Bildung von Sprechchören, die nach Zahl und Zusammensetzung ständig wechseln und die direkt und erstaunlich impulsiv auf die vorgetragenen Meinungen und Vorschläge reagieren.

"Bereitschaft zum Dialog" gibt es auch auf seiten der Tribünenredner, sie lassen sich ein auf die 'situationsoffene' Interaktion. Das (mit Grice gesprochen) 'kooperative Prinzip', sonst bei öffentlicher, vor allem persuasiver Interaktion ignoriert oder außer Kraft gesetzt, wird hier von beiden Seiten in einem Maße beachtet, wie es die "Gesprächsbedingungen" überhaupt zulassen. Das gilt auch für andere Gricesche Maximen, die der "Quantität", der "Qualität" und der "Relevanz"; sie, sonst in öffentlicher Rede mißachtet oder durch den Sprecher bzw. die Institution einseitig definiert, werden hier zumindest punktuell beachtet und 'ausgehandelt': alle Tribünenredner signalisieren, daß sie zu gleichrangiger und gleichartiger Kommunikation mit ihren Adressaten bereit sind.

So erleben die Teilnehmer ihre Montags-Demos seit dem 9. Oktober mehr und mehr als eine lebendige Interaktion zwischen Tribünen-Sprechern und Auditorium, zwischen Zwischenrufern und Sprechchören, schließlich zwischen Gruppen und 'Fraktionen' im Publikum, die sich in Sprechchören artikulieren und sich gelegentlich, z.B. beim Erscheinen von Neonazis, regelrechte "Duelle" liefern.

2.4. Schwierige Themenfindung, problematische Konsensusbildung

Die fast unerwartete Befreiung der Köpfe und der Zungen führte sehr bald zu dem Dilemma, die vielfältigen Stimmen der Kritik so zu bündeln, daß aus unterdrückten Bedürfnissen und aufgestauter Wut Formen programmatischer Willensäußerung erwuchsen. Direkte Adressaten waren ja nach wie vor die herrschenden Eliten des SED-Parteiapparats; die immer schonungsloser und direkter vorgetragene Kritik appellierte allerdings ebenso an die Aufmerksamkeit des "Westens", schließlich der gesamten Weltöffentlichkeit, ja konnte die ausgiebige Berichterstattung westlicher Medien von Anfang an ins Kalkül ihrer Wirkungsabsichten einbeziehen.

Die öffentliche Artikulation des Protestes war einerseits einfacher geworden, seitdem die unmittelbare physische Bedrohung nicht mehr spürbar war; sie war andererseits aber auch schwieriger geworden, weil die Herrschenden in dem neuen Dialog zurückzuweichen schienen wie eine Gummiwand. Gleichzeitig stand man vor dem Problem, die bisher dominierende grundsätzliche Kritik (d.h. die Forderung nach radikaler Veränderung der Verhältnisse) mit Themen und Problemen des Tages, mit Forderungen, die allen Beteiligten unter den Nägeln brannten, zu verbinden: Reisefreiheit und bessere Versorgung mit raren Konsumgütern.

Dieses Übergangsstadium spiegelt sich auch in dem hier untersuchten Textmaterial wider: Die Beiträge der Sprecher zeigen ein Ensemble heterogener Themen und divergierender Forderungen:

Sp1 plädiert - in Vorausschau auf das zukünftige Staatswesen - für die Einführung von Volksentscheid und Volksbegehren in eine neue Verfassung (Z. 1-42);
Sp2, der "amtierende Oberbürgermeister", richtet dringende Bitten um Besonnenheit und Disziplin an "seine Leipziger", verbunden mit dem (recht allgemein gehaltenen) Versprechen, von Berlin mehr Entscheidungskompetenzen und mehr Mittel für Leipzig einzufordern (Z. 48-93);
Sp3 formuliert eine offene, stellenweise vehemente Kritik an der 'verdummenden' und irreführenden Berichterstattung der Medien über das neue Reisegesetz (Z. 98-146; Z. 159-208);
Sp4 weitet diese Kritik aus; er fordert den Rücktritt der gesamten Regierung und freie Wahlen (Z. 149-167);

Sp5 schließt sich an, fordert darüber hinaus Bestrafung der Schuldigen und Rückgabe der West-Devisen (Z. 211-232);
Sp6, der 1. Sekretär der Bezirksleitung (Roland Wötzel), fordert die "lieben Leipziger" in einem dringenden Appell zu Vernunft und Besonnenheit auf (Z. 235-251);
Sp7 klagt die Regierung der Heuchelei an, plädiert für eine Neufassung des gerade verkündeten Reisegesetzes und möchte auch wissen, was aus den eingenommenen Devisen (Autobahngebühren) geworden ist (Z. 254-271);
Sp8 schließlich erklärt sich als Vertreter des Neuen Forums; in einem knappen, prägnant formulierten Statement fordert er, die Verantwortlichen der ganzen Misere zur Rechenschaft zu ziehen; er fordert weiter: Rückgabe des Führungsanspruchs der Partei (Z. 274-287);
Sp-in 9 bekundet auf etwas unbeholfene Art ihre Stimmung und ihre Sympathien für alle auf dem Platz (Z. 290-301);
Sp10 endlich appelliert an alle politischen Kräfte, sich zu organisieren und politische Gremien zu bilden, um am ökologischen und politischen Umbau Leipzigs mitzuarbeiten (Z. 304-339).

Das Publikum reagiert auf jeden Vorschlag, auf jeden Satz mit wohldosierter Zustimmung oder Ablehnung. So wird mancher Sprecher (z.B. Sp3) ermuntert, seine Ausführungen fortzusetzen und die geforderte Redezeitbegrenzung zu ignorieren (Z. 134 f., 145 f.). Andere werden durch Störungen und Zwischenrufe (Sp1) so irritiert, daß sie ihren Beitrag abbrechen müssen (Z. 31 f., 36 ff.). Die Vertreter von Staat und Partei stoßen - trotz ihrer fast devoten Gesten - auf so starke Ablehnung, daß sie ihre Redebeiträge nur mühsam - und verkürzt - zu Ende bringen können.

2.5. Das Spektrum der Sprechertypen

Wie bei der Suche nach politischen Themen, die für eine schnelle Veränderung am dringendsten diskutiert werden müßten, so herrscht auch bei der Suche nach kompetenten und glaubwürdigen Sprechern noch beträchtliche Unsicherheit. Die Demontage der meisten etablierten Autoritäten hinterläßt so etwas wie eine 'fröhliche Anarchie', bei der in erstaunlicher Fairneß fast jeder gehört und akzeptiert wird, der nicht als Repräsentant von Staat oder Partei gilt. Für das Auditorium ist es offensichtlich von größter Bedeutung, bei jedem neuen Sprecher zunächst Klarheit über seine Identität zu bekommen: Vertrauen und Bereitschaft zum Zuhören kann nur der erwarten, der sich als einer aus dem Volk, als "unbelastetes" Mitglied der Protestbewegung zu erkennen gibt. Symptomatisch für diese Grundeinstellung Leipziger Demonstranten ist der Sprechchor, der sich nach den ersten Sätzen eines unbekannten Sprechers (Sp5) erhebt: "Wer bist du - wer bist du?" (Z. 215).

Das Spektrum der Sprechertypen weist noch in anderer Beziehung eine große Bandbreite auf: Von routinierten Rhetoren (Oberbürgermeister, Bezirkssekretär, aber auch der Sprecher des Neuen Forums) bis zu unbeholfen wirkenden, nach Formulierungen suchenden Rednern reicht die Spannbreite. Die Suche nach glaubwürdigen, Orientierung vermittelnden Autoritäten scheint in dieser Phase an einem toten Punkt angelangt zu sein. Selbst die Gruppe radikaler Reformer innerhalb der SED, zu denen der 1. Sekretär Wötzel gehören dürfte, scheinen als mögliche Mitwirkende an den gesellschaftlichen Veränderungen nicht ganz chancenlos; denn die Reaktionen auf die schuldbewußt und devot vorgetragenen Bitten um Besonnenheit und Solidarität werden keineswegs nur mit pauschaler Ablehnung quittiert (vgl. Z. 243 ff.). Hier dürften allerdings auch Haltungen mitspielen, die bei vielen seit ihrer Kindheit internalisiert sind: Respekt vor staatlichen Autoritäten, bei vielen sogar Angst vor Kontrolle und Repression.

Auf der anderen Seite machen die Reaktionen auf einige Redebeiträge "prominenter" Oppositioneller sichtbar, daß die Vertreter des Neuen Forums (dem Sp1 zumindest nahestehen dürfte) nicht mehr als die führenden Repräsentanten der Protestbewegung gelten können. Korrekturen an dem neuen Reisegesetz haben für die meisten Demonstranten offensichtlich größere Aktualität als Vorschläge für eine neue, wirklich demokratische Verfassung.

In diesem Kontext verwundert es nicht, daß Sp3, der sich als "einfacher Leipziger Arbeiter" vorstellt, die größte Aufmerksamkeit findet und uneingeschränkte Zustimmung erfährt. Er bekommt bzw. nimmt sich mehr Zeit als die anderen Redner, und seine Kritik am neuen Reisegesetz bzw. dem nach seiner Ansicht verlogenen Stil von dessen Darstellung in den Medien wird mit stürmischem Beifall begrüßt.

In dieser Phase erscheint es nicht leicht, eine Art Mainstream innerhalb der Protestbewegung zu erkennen. Ein tiefgreifender Wandel scheint sich jedoch anzukündigen, der sich als Entidealisierung der Forderungen und Werte charakterisieren läßt. Aus der Retrospektive würde man sagen: Die Stoßrichtung des politischen Protests scheint sich in zwei Richtungen aufzuspalten. Die großen politischen Visionen beginnen zu verblassen, ihre Sprecher werden kleinlauter, finden hier - und in den nachfolgenden Demos - immer weniger Gehör (Sp1, Sp8 und Sp10). Die ehedem weitreichenden politischen Perspektiven verkürzen sich auf Naheliegendes, auf Reisefreiheit, Bestrafung der Schuldigen und Herausgabe der eingenommenen Devisen. (Bald wird der Ruf nach der Verfügung über die D-Mark so laut werden, daß daneben kaum eine andere politische Initiative noch Gehör findet.)

Bitter vermerkt bereits im September '89 Rainer Schedlinski, daß die Bedürfnisse und Orientierungen sich schon seit langem in jener Vorstellungswelt artikulieren, auf die "das System" immer wieder alle Erwartungen fixiert hat:

> freiheit und menschenrechte wurden immer als physische werte thematisiert, als garantie auf nahrung und wohnung, wie wenn der mensch nichts als ein produktionsmittel wäre, das der wartung bedürfe. zweifellos ist dieser kleinkarierte freiheits- und wohlfahrtsbegriff nicht unschuldig am werteverfall, der jetzt [...] so erschreckend sichtbar wird, daß die befürchtung sich aufdrängt, die ohnehin schon reichlich ausgedünnten protestgruppen seien die letzten und einzigen idealisten, die einen ungebrochenen glauben an dieses land sich bewahrt haben. (Schedlinski 1989/1990, 6)[2]

Es wäre allerdings unfair (und das besonders aus der Sicht eines BRD-Betrachters), das "Niveau" politischer Willensbildung und Verantwortungsbereitschaft nur zu messen an den Forderungen nach einem neuen Gesetz über Reisefreiheit. Auch Schedlinski konzediert:

> freilich ist mir nicht entgangen, daß unerfüllte reise- und versorgungswünsche metaphern sind für eine vielzahl anderer entbehrungen [...]. (Ebd.)

Dem ist allerdings hinzuzufügen, daß die von Schedlinski als "Metaphern" gedeuteten "reise- und versorgungswünsche" sehr konkrete und handfeste Bedürfnisse sind.

---

[2] Um die Rolle Rainer Schedlinskis in der "demokratischen Bewegung" zu verstehen, muß man allerdings wissen, daß er bald darauf als 'IM' des Staatssicherheitsdienstes enttarnt wurde, als aktivster Spitzel in der Künstlerkolonie "Prenzlauer Berg". Das hat ihn verständlicherweise in der "schreibenden Zunft" vollständig diskreditiert; die heftigen Auseinandersetzungen um seine Doppelrolle und die damit verbundenen Infamien dauern an. In diesem neuen Licht lesen sich heute viele seiner Äußerungen ganz anders, dunkle, oft paradoxe Ausdrucksweisen in seinen Essays vom Herbst '89 lassen sich deuten als Symptome einer moralisch gespaltenen, aufgewühlten Persönlichkeit.

2.6. Auf der Suche nach einer neuen Rhetorik

Die spontane öffentliche Artikulation des politischen Widerstands, mehr noch die verblüffenden Erfolge der Protestbewegung hatten bei den Oktober-Demonstrationen fast einen Taumel der Befreiung ausgelöst. Die Bewegung hatte erfahren, wie Offenheit, Mut und massenhafte Solidarität die politischen Verhältnisse zum Tanzen bringen konnten. Mit der Dauer wurde allerdings auch ein politisches Dilemma sichtbar, das bei direkten plebiszitären Formen eine besondere Rolle spielt: Die Glaubwürdigkeit der Sprecher und die Wirksamkeit ihrer Argumente waren nicht nur durch die konsensfähigen Themen und Forderungen bestimmt, sondern auch durch das Wie ihrer politischen Agitation.

Obwohl sich die meisten Sprecher offensichtlich dieses Defizits bewußt sind, läßt sich nicht beobachten, daß irgendeiner in die Rolle des Volkstribuns verfällt. Vielmehr wird das Bemühen sichtbar, ehrlich und direkt zu sprechen, um die Wünsche und Bedürfnisse der Versammelten möglichst mit deren eigenen Worten wiederzugeben. Aber es wird auch offenbar, daß es längerfristig zu wenig sein würde, "einfach nur zu sagen, was man denkt". Anders gesagt, es würde nicht genügen, die besseren Argumente zu haben, um eine politische Handlungsbasis zu erringen; man mußte Meinungsäußerungen auch so formulieren, daß sie unmißverständlich in konkrete politische Ziele mündeten.

Auch in dieser Beziehung befanden sich die meisten Sprecher in einem Zwiespalt. Die Traditonen einer "brillianten" und überzeugungsfähigen politischen Rhetorik scheinen unterbrochen oder so schwerwiegend gestört, daß viele Sprecher offensichtlich ihren eigenen Fähigkeiten zur Artikulation mißtrauen. Schedlinski diagnostiziert die Situation unmittelbar vor dem großen Aufbruch:

> wo die öffentliche sprache in leeren formeln erstarrt, verdankt man ihr eine art unberührbarkeit. es ist, als spräche man nicht mit einem einzelnen menschen, sondern immer gleich mit der ordnung als solcher, und aus dieser perspektive macht der einzelne seinerseits, geschult am gesamtzusammenhang des überbaus, für alle mißlichkeit den staat als ganzen verantwortlich. er muß, in diesen kasernierten strukturen, den dienstweg einhalten mit seiner beschwerde, und wird dabei jene formen annehmen, denen er gerade entgehen wollte. (1989/1990, 4 f.)

Die Erprobung neuer Formen politischer Rhetorik findet nur schwer einen Ausweg aus dieser problematischen Doppelbindung. Denn einerseits gilt es, den Wortschatz, die Formeln, den Habitus der systemkonformen Verlautbarungen zu vermeiden, andererseits aber sich so auszudrücken, daß nicht ständig der Geruch naheliegt (bzw. der Verdacht laut wird), man imitiere lediglich Schlagworte und Argumentationsmuster westdeutscher Polit-Öffentlichkeit. Schedlinski beschreibt die Unentrinnbarkeit dieses Zustands so:

> die stereotype erkennbarkeit der rhetorik, der staatsnahen wie der protestierenden, erfüllt marginalisierungs- und ausgrenzungsfunktionen. die rhetorik verrät die gesinnung, und so gibt es das gespräch mit der macht allenfalls als verhör. (Ebd., 5)

Mit verschiedenen sprachlichen Mitteln und Strategien versuchen sich die Sprecher aus dem lähmenden double-bind zu befreien. Sie artikulieren sich nicht mehr in der Sprache der Verhörten, nehmen allerdings auch (noch) nicht die Herrschenden ins Verhör. Sie formulieren weitmöglichst in der Sprache des "unpolitischen" Alltags und erproben dabei verschiedene Kommunikationsstile; z.T. verfallen sie, soweit sie eine Art Konzept mitbringen, in eine wohlformulierte, schriftsprachlich elaborierte Konversationssprache.

So z.B. Sp1: Zur Erläuterung seines Vorschlags bedient er sich gestelzt wirkender Partizipialphrasen: "die berechtigte Forderung nach freien Wahlen unterstützend [...]" (Z. 7); komplexe Nominalphrasen strapazieren die Syntax: "im derzeitigen Prozeß des Durchdenkens neuer demokratischer Gestaltungsmöglichkeiten in unserem Land" (Z. 11 f.). Besonders deplaziert erscheinen - vor diesem unruhigen, ungeduldigen Publikum - die umständlichen juristischen Erläuterungen zu den Verfassungsvorschlägen (Z. 16-38).

Allein zu den Formen der Publikumsadressierung würde sich eine kleine Untersuchung lohnen.[3] Die in den Anreden verwendeten Etiketts sind immer auch als explizite Alternativen zu den ritualisierten Formeln SED-kontrollierter, formierter Öffentlichkeit zu verstehen. "Kolleginnen und Kollegen", beginnt z.B. Sp3, der sich als Leipziger Arbeiter vorstellt, und er wählt damit - wie man hört mit Erfolg - einen Kommunikationsstil, der einer Betriebs- oder Gewerkschaftsversammlung entlehnt ist.

Für unsere Ohren altertümlich und betulich wirkt die Anrede durch "Werte [...]" (Sp4); in der Verbindung "werte Demonstranten" (Z. 149) löst das (jedenfalls bei westlichen Hörern) fast einen komischen Effekt aus.

Sp5 appelliert bereits durch seine Ardressierung an den Lokalpatriotismus, der im übrigen ein unüberhörbares Moment gerade der Leipziger Protestbewegung darstellt: "Liebe Bürger der Messestadt Leipzig" (Z. 211).

---

[3] In Teil 2, der Analyse der Berliner Demo-Reden, wird diesem Aspekt größere Aufmerksamkeit gewidmet.

Sp2 (Oberbürgermeister Hedrich) versucht es sehr schlicht mit "liebe Bürger" - obwohl die Adressaten doch in den Verlautbarungen von Staat und Massenmedien noch vor wenigen Wochen stets als *Störer, Rowdies* und *Radikale* etikettiert wurden. Noch direkter und schmuckloser, unter Vermeidung jeglicher politischer Kennzeichnung, sprechen der 1. Sekretär der Bezirksleitung (Sp6) und der Vertreter des Neuen Forums (Sp8) ihr Gegenüber an: "Liebe Leipziger" (Z. 235).

Insgesamt wirken alle Beiträge sehr schlicht und direkt; rhetorische Ausschmückungen - wie Reihungen und Variationen, tropische Figuren oder Rederhythmisierung - werden offensichtlich peinlich vermieden; im Hintergrund scheint die Erfahrung zu stehen, daß jedes Publikum allergisch auf rhetorischen Schmuck, auf politisches Pathos oder auf die Wiederkehr der seit Jahren erstarrten Formeln und Phrasen reagiert.

Auf eine bemerkenswerte Ausnahme ist allerdings hinzuweisen: Der als einziger Sprecher namenlos bleibende "Leipziger Arbeiter" kann bei seinem Angriff auf die publizistischen Verrenkungen des SED-Staats stärkere, leidenschaftliche Töne anschlagen. Er greift den heroisierenden Topos der (im Tonmaterial leider nicht enthaltenen) Eingangsrede wieder auf, wenn er von "diesem kampferfüllten Platz" (Z. 171) spricht. Er setzt die historische Reminiszenz fort mit einem pathetischen Appell:

> Ich sehe hier noch das überlebensgroße Denkmal [...] von Stalin + (Zw-rufer: 'Pfui - mit Stalin') wie die Panzer durchs Grimmasche Tor gefahrn kamen und am siebzehnten Juni Arbeiterwillen zermalmt habn ++ (Pfiffe) Soll das wieder passiern ++ (Pfiffe; gem. Ruf: 'Nein') (Z. 172-175)

Seine Ansprache enthält Formen einer rhetorischen Klimax; sie gipfelt schließlich in einer plebiszitären Frage, die durch die Versammlung auch spontan - und einhellig - beantwortet wird:

> Ich bitte um Ihr Einverständnis, wenn ich jetz hier fordere + dieser Gesetzesentwurf über Reiseerleichterungen und Ausreisen + muß vom Tisch ++ (allgem. Zustimmung: 'Jaa') (Z. 205-207)

2.7. Fazit

Gemessen an den sogenannten "großen" politischen Reden, den Reden, von denen behauptet wurde, daß sie "die Welt bewegten", erscheint in den

Ansprachen auf dieser Montagsdemo des 6. November manche Forderung banal, manche politische Perspektive hausbacken. Aber bereits zu diesem Zeitpunkt wird sichtbar, daß der zähe und leidenschaftliche Kampf der Protestierenden, die Tag für Tag zusammenströmen und deutlicher ihre Rechte einfordern, revolutionäre Umwälzungen bewirkt hat, wie sie sich noch in den Monaten zuvor kein Politiker - im Westen wie im Osten - hatte vorstellen können.

In *Oktober 1989. Wider den Schlaf der Vernunft* resümiert Wolfram Kempe:

> Den historischen Augenblick erkennt man daran, daß man ihn nicht erkennt. Zwar haben wir an der größten Demonstration, die es je in Deutschland gab, teilgenommen, haben Reden gehört, die uns den Atem verschlugen, und wußten, daß da irgendeine und irgendwie deutsche Revolution stattfindet, aber wir sind weit davon entfernt, diesen Augenblick wirklich zu erkennen, also zu verstehen. Wir sind sprachlos.
>
> Im Land herrscht ansonsten jene Stummheit, die sich in sinnlosen Sätzen äußert. Die Vorstellung, Politiker machten Politik, wird täglich widerlegt. Sie fuchteln mit Phrasen. Das sind wir gewöhnt, aber plötzlich fällt es auf. Den historischen Augenblick erkennt man daran, daß die Ereignisse schneller sind als die schnellsten Wörter und Sätze. Plötzlich ist das Vokabular hoffnungslos veraltet. [...]
>
> Wir sammeln Losungen.
>
> Die Mauer wankt, und mit ihr wanken die Begriffe. (1989/1990, 187)

3. Reden auf der Großdemonstration in Berlin am 4. November 1989

3.1. Zur Situation

Am Nachmittag des 4. November versammeln sich mehr als eine halbe Million Menschen auf dem Alexanderplatz in Berlin; es ist die erste genehmigte Großdemonstration, und in ihr ist das ganze breite Spektrum der Protestbewegungen vertreten. Die Polizei hält sich vollständig im Hintergrund, und befragte Uniformierte machen - auf dem Dokumentarfilm des SPIEGEL-TV[4] - den Eindruck von Rat- und Hilflosigkeit.

Die Massendemonstration selbst bietet ein buntes Bild: Menschen aller Altersstufen sind zusammengeströmt, Plakate, Transparente und "Sandwich-

---

[4] *Fünf Wochen im Herbst. Protokoll einer deutschen Revolution. Von der 40-Jahr-Feier eines zerfallenden Regimes bis zu der Nacht, in der die Mauer fiel.* SPIEGEL-TV Hamburg (o.J.) [Videocassette].

Werbung" präsentieren eine Vielzahl von Bildern, Karikaturen und Parolen, vor allem aber intelligente Sprüche und treffsichere Aphorismen; verständlich, daß zunächst sie das Interesse der Kameraleute und Bildreporter auf sich ziehen.

Zahlreiche Rundfunk- und Fernsehstationen aus dem Westen berichten, und selbst das Fernsehen der DDR ist live dabei. Insgesamt 28 Redner, vor allem Künstler und Schriftsteller als prominente Vertreter der Oppositionsbewegung, äußern vehemente Kritik an den Herrschenden und den herrschenden Verhältnissen; sie zeigen sich beeindruckt von der Größe und Geschlossenheit der Oppositionsbewegung, sie geben Orientierungen und entwerfen Visionen von einer neuen, erneuerten Gesellschaft.

Diese Demonstration markiert eine Phase, in der nach Meinung vieler Beobachter der kritische Punkt der revolutionären Entwicklung bereits überschritten ist: Auf keiner Seite gibt es Anzeichen für eine Eskalierung des Konflikts oder gewaltsame Konfrontation; die Stimmung unter den Demonstrationsteilnehmern wirkt glücklich-befreit, gelassen und entspannt, und dennoch auf eigenartige Weise befangen: Selbstbewußtsein und verdrängte Angst, euphorische Erwartung und heimliches Mißtrauen scheinen sich die Waage zu halten, und für die meisten Beteiligten scheint es - trotz der überwältigenden Demonstration von Stärke und Einigkeit - noch immer ungewiß, wohin die Reise geht.

Von den Ansprachen, die an diesem 4. November auf dem Alexanderplatz gehalten wurden, sollen vier einer näheren Betrachtung unterzogen werden, vier z.T. sorgfältig durchkonstruierte Reden[5] von prominenten und routinierten Sprechern, deren Betroffenheit und Engagement sich in schlichten und doch "wortgewaltigen" Sätzen artikuliert.

---

[5] Ich verwende für die Analyse die Tonbandtranskripte der Reden, wie sie in Schüddekopf (1990) abgedruckt sind. Von der Rede Christa Wolfs liegt eine weitere Fassung vor in dem Band *"Wir sind das Volk!" Die DDR im Aufbruch. Eine Chronik in Dokumenten und Bildern* (1990, 103-108). Diese weicht in vielen Details, vor allem in der syntaktischen Strukturierung durch die Interpunktion, von dem Tonbandtranskript ab. Bei der Zitation der Reden wird die Zeilennumerierung verwendet, mit der die (im Anhang beigefügten) Abschriften der Redetexte versehen wurden.

3.2. Rede von Stefan Heym

Stefan Heym beginnt seine Ansprache mit einem Bild, aus dem bald ein populärer Slogan wird, welcher u.a. als Titel einer Textanthologie des Verlags "Volk und Wissen" dient:

> Freunde, Mitbürger! Es ist, als habe einer die Fenster aufgestoßen [...] (Z. 2)

Der vielsinnige Vergleich spielt nicht nur auf die überraschende Öffnung der Grenzen an, sondern umschreibt zugleich den Aufbruch aus den Residuen der DDR-Gesellschaft, einer Gesellschaft "frustrierter" und resignierter Menschen, die Lutz Niethammer so charakterisiert:

> [Die Ereignisse um und nach 1961] [...] haben politische Arrangements begünstigt und die Privatinitiative der Massen in den Ausbau jener Nischengesellschaft strömen lassen, die ein Gutteil der Lebens- und Heimqualität 'Datschikistans' ausmacht. (1990, 262)

In Heyms Rede gibt das Bild der "aufgestoßenen Fenster" einen suggestiven Rahmen ab für die folgende enthusiastisch-exklamatorische Passage "[...] nach all den Jahren der Stagnation [...], den Jahren von Dumpfheit und Mief, von Phrasengewäsch und bürokratischer Willkür, von amtlicher Blindheit und Taubheit - welche Wandlung!" (Z. 2-5).

Schon die ersten Sätze spiegeln eine Redehaltung, die auf sehr persönliche Weise Betroffenheit, Überraschung, Freude zum Ausdruck bringt. Die Du- bzw. Ihr-Adressierung unterstützt die Etablierung einer Kommunikationssituation, die von einem hohen Vertrautheitsgrad der Partner ausgeht und die von Wärme und wechselseitigem Verstehen geprägt ist. Es wird fast ein intimes Verhältnis zwischen dem Redner und seinem - hier nach Hunderttausenden zählenden - Publikum etabliert:

> Freunde, Mitbürger! [...] Und heute, heute Ihr, die Ihr Euch aus eigenem freien Willen versammelt habt für Freiheit und Demokratie und einen Sozialismus, der des Namens wert ist. (Z. 1, 7-9)

Redestil und -habitus enthalten in einer solchen Situation (öffentlich, einseitig, über Medien vermittelt, an ein disperses Massenpublikum gerichtet) ein beträchtliches Risiko; denn emotional getränkte, das Publikum quasi "umarmende" Gesten werden selten von einem Prominenten, von einem "Tribünenredner", als ehrlich akzeptiert. Das gilt sicher auch für Stefan

Heym, den "Wanderer zwischen Ost und West", der aus seinen sozialistischen Grundüberzeugungen nie ein Hehl gemacht hat. Undenkbar wäre die Übernahme einer solchen Rolle für einen 'Repräsentanten der Macht', da beim Publikum längst die Vertrauensbasis - als Voraussetzung für die Verwendung solcher Rederollen - zerstört ist.

Die neue Demonstrationskultur erlaubt, erwartet sogar Nähe, Wärme, Direktheit; deshalb kann Stefan Heym hier problemlos eine solche Situationsdefinition anbieten - in der sicheren Erwartung, daß sie auch akzeptiert wird.

Zum thematisch-argumentativen Aufbau

Der Verlauf dieser Rede, so kurz sie ist und so spontan und improvisiert sie erscheinen mag, ist offensichtlich doch gut durchstrukturiert. Nach einer emphatischen Situationsbeschreibung (Z. 2-9) folgt ein kurzer, auf persönliche Erinnerungen rekurrierender historischer Rückblick auf die Vorgeschichte der Revolution, die "Unwilligkeit im Staate und den Unmut im Leben der Menschen" (Z. 15 f.).

Die Selbstbefreiung, der "Ausbruch" aus der Erstarrung, wird von Heym in einem Bild beschrieben, das zwei Metaphern miteinander verbindet; diese Metaphern werden bald zum Topos vieler Reden, sind vielleicht hier schon ein Gemeinplatz. Heym zitiert die allgemeine Erkenntnis als Äußerung eines Brieffreundes:

> Wir haben in diesen letzten Wochen unsere Sprachlosigkeit überwunden und sind jetzt dabei, den aufrechten Gang zu erlernen. (Z. 19 f.)

Das Statement ist jedoch nur Brücke für die weiterführende Argumentation; es wird mit einer Mahnung verknüpft, die zum eigentlichen Zielpunkt der Rede überleitet:

> Aber sprechen, frei sprechen, gehen, aufrecht gehen, das ist nicht genug. Laßt uns auch lernen zu regieren. (Z. 23 f.)

Von diesem "Wendepunkt" der Rede an wird "Macht" zum Leitbegriff der Argumentation. "Macht", eher ein Tabuwort für die meisten Gruppierungen der Opposition, die auf strikte Gewaltlosigkeit, auf Diskursivität und basisdemokratische Perspektiven orientiert sind, wird hier von Heym bewußt thematisiert und problematisiert im Hinblick auf eine neue Gesellschaft, die in Umrissen erkennbar wird als eine Form des basisdemokratischen, "konstitutionellen Sozialismus" (vgl. Niethammer 1990, 268).

Das eigentliche Anliegen wird vor allem im Schlußappell der Rede deutlich. Es ist - so nehme ich an - eine Konsequenz der Erfahrung eines zunehmenden Machtvakuums, von zusammenbrechenden Organisationsstrukturen in Wirtschaft und Politik. In den Wochen vor den Großdemonstrationen wurde immer deutlicher sichtbar, daß die herrschenden Eliten - offensichtlich kopflos - in steigendem Tempo Funktionen aufgeben und Positionen räumen; es entsteht, so Heyms unausgesprochene Befürchtung, eine unüberschaubare und unkalkulierbare Entwicklung, die sich bisher unbeachtete Kräfte zunutze machen könnten, sei es durch Emotionalisierung und pure Destruktion, sei es durch eine kurzschlüssige, übereilte Kapitulation vor der übermächtigen westdeutschen Marktwirtschaft. "Vor allem aber fürchtet die Opposition", schrieb Niethammer im Dezember 1989, "daß die liberale Erneuerung der politischen Struktur der DDR sich nicht konsolidieren kann, wenn sie vom Nationalismus und Materialismus der Massen überholt wird." (1990, 275)

Daraus erklären sich die - fast beschwörenden - Sentenzen im Schlußteil der Rede:

> Der Sozialismus, nicht der Stalinsche, der richtige, den wir endlich erbauen wollen zu unserem Nutzen und zum Nutzen von ganz Deutschland [!]. (Z. 29-31)

Zur rhetorischen und redestrategischen Konzeption

Das Redekonzept beruht auf einer geschickten Verbindung von zwei heterogenen Elementen: das vetrauliche Gespräch mit dem Verweis auf private, teils sehr persönliche Erfahrungen einerseits und die politische Argumentation, die weitreichenden politischen Perspektiven und den "historischen" Appell andererseits. Auch von der sprachlichen Form her enthält die Ansprache zwei deutlich abgrenzbare Teile. In den ersten zwei Dritteln herrscht eine konversationelle Alltagssprache vor, die z.T. fast in einen Plauderton übergeht. Dafür stehen neben der lockeren, an mündliche Rede angelehnten Syntax auch Redensarten und Routinen wie "Blindheit und Taubheit" (Z. 5) [vgl. *mit Blindheit und Taubheit geschlagen sein*], "hier um die Ecke" (Z. 6), "bis ein Teil weglief" (Z.16), "bis es nicht mehr ging" (Z. 14 f.), "gehört nicht in die Hände [...]" (Z. 25) sowie ein Vokabular, das gruppen- oder domänenspezifisch ist: "geschurigelt" (Z. 12), "frustriert" (Z. 12), "danebengegangen" (Z. 21 f.), "gekuscht" (Z. 22) usw. Daß dieser Konversationsstil nicht als banal und unverbindlich erscheint, dafür sorgen bestimmte "poetische" Elemente, die man als Figuren einer Alltagsrhetorik beschreiben könnte: Wiederholungen und Variationen, Ausgliederung und Reihung attributiver Glieder (vgl. bes. Z. 3 ff., 7).

An dem bereits erwähnten argumentativen Wendepunkt wechselt jedoch die Stilebene abrupt; die Sprache wird hoch- bzw. literatursprachlich, und dort, wo es um das Hauptanliegen geht, verwendet sie sogar feierlich-zeremonielle Formeln (hier u.a. erkennbar an einer typischen Ausgliederung der Objektgruppe):

> Alle müssen teilhaben an dieser Macht. Und wer immer sie ausübt und wo immer, muß unterworfen sein der Kontrolle der Bürger [...]. Der Sozialismus [...] den wir endlich erbauen wollen zu unserem Nutzen und zum Nutzen von ganz Deutschland. Dieser Sozialismus ist nicht denkbar ohne Demokratie. Demokratie aber [...] heißt: 'Herrschaft des Volkes'. (Z. 26-33)

Die Aufforderung des Schlußsatzes nimmt den vertraulichen, distanzlosen Kommunikationsstil der Eingangssätze wieder auf; bei seinem emphatischen Appell zu politischem Handeln kehrt der Sprecher zurück zum direkten, solidarischen Kontakt mit den Adressaten: "Freunde, Mitbürger - üben wir sie aus, diese Herrschaft!" (Z. 33 f.)

3.3. Rede von Christoph Hein

Die vier ausgewählten Reden erlauben gut einen direkten Vergleich der Kommunikationsstile, Gesten und Rollen, deren sich die Sprecher bedienen. Nicht nur der Situationsrahmen ist identisch, auch die besprochenen Inhalte erscheinen großenteils ähnlich, wenn nicht austauschbar, die (anscheinend) gleichen Zielsetzungen ergeben sich aus dem hohen gemeinsamen Grundkonsens und den gemeinsamen (Leidens-) Erfahrungen. Dennoch kann eine genauere Betrachtung spezifische Differenzen herausarbeiten.

Die Ansprache von Hein etabliert - verglichen mit der Stefan Heyms - ein etwas anderes kommunikatives Verhältnis zwischen Sprecher und Publikum. Die Adressierung durch "Liebe mündig gewordene Mitbürger!" bietet eine Rollenkonstellation an, die von mehr Distanz geprägt ist, bei der der Sprecher seine Hörer belehrt, aufklärt, warnt und mahnt. (Allerdings macht bei einer Anrede wie "Liebe mündig gewordene [...]" der Ton die Musik: Die Spannbreite der Redehaltungen könnte, je nach Intonation, nach gestisch-mimischen Begleitsignalen, von 'autoritativ' oder 'ironisch belehrend' bis 'freundschaftlich-anerkennend' reichen; für Heins Ansprache dürfte eher das letztere zutreffen.)

Im übrigen tritt der Sprecher in der Redehaltung selbstbewußter und entschiedener auf als Heym. Er schließt seine Analysen durch definitive Urteile: "Und dazu gibt es keine Alternative" (Z. 4 f.); er knüpft daran eindringliche Warnungen: "Hüten wir uns davor [...]" (Z. 11), "Lassen wir uns nicht von unserer eigenen Begeisterung täuschen, wir haben es noch nicht geschafft" (Z. 14 f.) oder kategorische Forderungen: "[...] diese Aufklärung muß auch bei den Spitzen des Staates erfolgen. Sie muß dort beginnen." (Z. 9 f.)

In dem Redeauftritt begegnen zwei verschiedene Sprecherrollen, die das Gesamtkonzept miteinander zu verbinden sucht. Da gibt es zunächst eine Reihe auffälliger Signale, die dem Sprecher eine prominente (expertenartige) Position zuweisen: als (besonders) verantwortungsbewußt, als jemand mit (mehr) Weitblick, der die Probleme und Gefahren der "Veränderungen" (besser) überschaut; als jemand, der (deutlicher) erkennt, in welche Richtung die politischen Aktionen vorangetrieben werden müssen.

Daneben - oder gleichzeitig - werden Gesten einer zweiten Rolle verwendet, die - wie bei den meisten Sprechern der Protestbewegung - der Kleingruppenkommunikation entlehnt sind. Signal ist hier vor allem das teils freundschaftlich-vertrauensvolle, teils solidarisch-appellierende "wir" (und seine morphologischen Varianten "uns", "unsere" usw.). In dieser Rolle stellt der Sprecher die Analysen, Schlußfolgerungen und Appelle in einen persönlichen Erfahrungsraum: "Es gibt für uns alle viel zu tun, und wir haben wenig Zeit [...]" (Z. 2); "Hüten wir uns davor [...]" " (Z. 11); "Lassen wir uns nicht von unserer eigenen Begeisterung täuschen" (Z. 14); "Ich erinnere an diesen Mann [d.i. Erich Honecker] nur deshalb, um uns zu warnen, daß nicht auch wir jetzt [...]" (Z. 35 f.); "Schaffen wir eine demokratische Gesellschaft [...]. Das wird für uns alle viel Arbeit geben [...]" (Z. 37, 40 f.); "Ich denke, unser Gedächtnis ist nicht so schlecht, daß wir nicht wissen [...]" (Z. 45 f.); "da wir gerade mal hier zusammenstehen [...]" (Z. 52 f.).

Zur inhaltlichen und rhetorischen Konzeption

Das redestrategische Konzept ist anscheinend nicht so sorgfältig durchkonstruiert wie bei Stefan Heym. Seine - Heins - Ansprache fällt sozusagen mit der Tür ins Haus, und diese Direktheit ist keineswegs atypisch für die Demonstrationskultur im Herbst '89, obwohl - oder gerade weil - sie kraß von den Regeln und Ritualen einer öffentlichen Rhetorik abweicht (z.B. der captatio benevolentiae als Element der Redeeröffnung). Die folgenden Abschnitte bieten einen lebhaften, improvisiert erscheinenden Wechsel von Analyse, Deutung, Warnung/Mahnung und historischem Rückblick. In einer interessanten Mischung finden sich also belehrende, informierende und unterhaltende Momente.

Der Schlußappell erscheint allerdings - aus heutiger Sicht - als Kuriosum: Die an die Demonstranten gerichtete Aufforderung zu einer Initiative, Leipzig zur "Heldenstadt der DDR" zu ernennen (Z. 51-54), ist wohl eine aus der Begeisterung des Augenblicks heraus geborene Idee; sie erscheint mir aber in einem doppelten Sinne als anachronistisch. Den meisten Menschen aus der Protestbewegung dürfte das Pathos DDR-spezifischer Ordenverleihung abhanden gekommen sein, es dürfte - bei den ausgeprägten basisdemokratischen Orientierungen - kaum noch Motive für eine Dekorierung von Personen und Institutionen geben. Zweitens sind Gedenkzeremonielle dieser Art längst suspekt geworden, die ornamentalen Titel und Attribute erinnern allzusehr an den Stil einer inszenierten, weithin unglaubwürdig gewordenen Polit-Öffentlichkeit, und die gespreizten Rituale der Selbstbeweihräucherung, längst entlarvt als Fassade vor einem monotonen, jede Initiative lähmenden politischen Alltag, sind zu einem bevorzugten Ziel der 'Systemkritik' geworden.

Noch in einem anderen Punkt hebt sich Heins Ansprache von dem hier betrachteten Kontext ab: Schärfer als die anderen untersuchten Reden (von Heym, Schorlemmer und Wolf) erhebt Hein Anklage gegen die Repräsentanten der Macht und die Apparate, die sie kontrollieren. Von "Verfilzung, Korruption, Amtsmißbrauch, Diebstahl von Volkseigentum" (Z. 8) ist die Rede; weiter heißt es im Zusammenhang mit der Person Erich Honeckers: "Von Bürokratie, Demagogie, Bespitzelung, Machtmißbrauch, Entmündigung und anderen Verbrechen war und ist diese Gesellschaft gezeichnet" (Z. 24-26); der - bereits gestürzte - Partei- und Staatsratsvorsitzende wird direkt an den Pranger gestellt: "[...] er, an der Spitze des Staates stehend, und für ihn, für seine Erfolge, aber auch für seine Fehler, Versäumnisse und Verbrechen besonders verantwortlich [...]" (Z. 31-33). - Eine leidenschaftliche Anklage, gewiß; doch für den zeitlich distanzierten Betrachter stellt sich die Frage, wie groß zu diesem Zeitpunkt das Wagnis war, die "Versäumnisse und Verbrechen" vor das Tribunal einer Massendemonstration zu bringen.

Einige merkwürdige Formulierungen in Heins Rede, andere in denen von Heym und Schorlemmer können allerdings als Indizien dafür genommen werden, daß der (ängstliche) Respekt vor dem ehemals übermächtigen Apparat noch nicht verschwunden ist. So heißt es zu Beginn des 2. Absatzes:

"Es ist auch von den schmutzigen Händen, von den schmutzigen Westen zu sprechen." (Z. 6 f.)

Hein wählt hier eine passivische, metaphorisch 'verblendete' Ausdrucksweise, welche den inkriminierten Tatbestand in höchstem Grade abstrahiert und verallgemeinert. Die Formulierung "es ist auch [...] zu sprechen" läßt sich deuten als ein Umkreisen bzw. Nicht-Benennen von starken Tabus; Täter und Tat werden in einer solchen Aussage anonymisiert, Ankläger und Angeklagte bleiben ebenso ungenannt wie Ort und Verfahren der Justifikation (obwohl im übernächsten Satz diese Aufgabe, kaum deutlicher, "der Gesellschaft und den Medien" (Z. 7) zugewiesen wird). Soweit es die Person betrifft, die "besonders verantwortlich" für die ganze Misere ist, so plädiert der Sprecher eher auf Mitleid und Verständnis als auf Strafe und Vergeltung: "[...] selbst er [d.i. Honecker] war den verkrusteten Strukturen gegenüber fast ohnmächtig" (Z. 33 f.).

So bleibt ein zwiespältiger Eindruck: Die emphatische Anklage wird schließlich reduziert zur Klage, und die Schuldfrage scheint sich im Dickicht von "Strukturen" zu verlieren, denen Herrschende wie Beherrschte gleichermaßen ausgeliefert sind.

Zur Sprache

Abschließend noch einige Beobachtungen zu Sprache und Stil dieser Rede. Der durchgehend schriftsprachlich bis bildungssprachlich abgefaßte Text kreist um einige wenige Begriffe, an denen das ganze Redekonzept aufgehängt ist. Es handelt sich - jedenfalls in diesem Kontext - um Schlüsselwörter, die als Orientierungsmarken für die Deutung der gesellschaftlichen Verhältnisse erscheinen, die auch einen Einblick geben in Prinzipien und Zielsetzungen des Sprechers. Vor allem das - semantisch sehr weite - Etikett "Strukturen" repräsentiert die Objekte und Objektbereiche, an denen die grundsätzliche Kritik und die Forderungen zu umgehenden Veränderungen ansetzen: "Strukturen dieser Gesellschaft" (Z. 3), "eine Struktur, der sich viele gute [...] Menschen unterordnen mußten" (Z. 26 f.), "gegen diese Struktur vorgehen" (Z. 29), "verkrustete Strukturen" (Z. 33 f.), "der Struktur unterordnen" (Z. 40), "übermächtige Strukturen" (Z. 46 f.). Die stereotype Etikettierung des "Feindbildes" durch *Strukturen* bekommt hier also eine bestimmte Funktion: Sie abstrahiert von Machtverhältnissen, anonymisiert Funktionsträger und entbindet von der Verantwortung für politisches Handeln.

Die mit "Strukturen" prädikativ verknüpften Verben zeigen Intentionen und programmatische Konzepte des Sprechers: "verändern", "gegen [...] vorgehen", "aufbrechen", aber auch: "jetzt Strukturen schaffen, denen wir nicht eines Tages hilflos ausgeliefert sind." (Z. 36 f.)

Die Perspektiven und Aktivitäten, die der Sprecher entwickelt bzw. zu denen er auffordert, zentrieren sich um das Schlüsselwort "Veränderungen" - eine wie wie mir scheint sehr globale und vorsichtige Etikettierung für die Prozesse, die bei anderen Sprechern als "Aufbruch", "Erneuerung", "Revolution" qualifiziert werden. Nicht viel präziser und mobilisierender erscheint das Etikett "Reform", das nur im letzten Abschnitt der Rede verwendet wird: "die Reform unumkehrbar [...] machen" (Z. 58 f.). Sehr viel suggestiver ist eine Metapher, die bald zum Slogan der Bewegung[6] wird: "wir [...] wissen, wer [...] den Schlaf der Vernunft beendete" (Z. 46 f.)[7].

Für das Publikum anschaulicher, "konkreter", sind die politischen Visionen einer zukünftigen Gesellschaft; die dafür verwendeten Etiketts (und ihre genauere Bestimmung) enthalten erprobte, konsensfähige Konzepte, die die divergierenden Hoffnungen und Erwartungen der breiten Oppositionsbewegungen bündeln und auf den gemeinsamen Nenner bringen: "eine neue Gesellschaft" (Z. 16 f.), "eine demokratische Gesellschaft auf einer gesetzlichen Grundlage, die einklagbar ist" (Z. 37 f.), "ein Sozialismus, der dieses Wort nicht zur Karikatur macht" (Z. 38 f.).

Schließlich noch eine Bemerkung zu den direktiven Sprechhandlungen, in die die politische Argumentation mündet. Die unmittelbaren Appelle sind allesamt darauf angelegt, die Phase des Protests und der Revolte baldmöglichst zu überwinden. Sie konzentrieren sich auf den Aufruf zu den "noch zu leistenden Veränderungen" (Z. 11 f.), zur "Arbeit" (Z. 2, 14, 40, 50) und "Kleinarbeit" (Z. 41). Implizit fordern sie auf zur Rückkehr in den (politischen?) Alltag, zum Neuaufbau im kleinen. Bei diesem Generalappell, der in vielen Reden wiederkehrt, sich sogar ganz ähnlich in einem Interview von Egon Krenz nach seiner Wahl zum Staatsratsvorsitzenden findet, bleibt jedoch ein Problem: Für die meisten Adressaten ist zu diesem Zeitpunkt offensichtlich unklar, wo und wie mit der (politischen) Arbeit des Neuaufbaus begonnen werden kann, welches die dringendsten Probleme sind und wie In-

---

[6] Vgl. die Textsammlung: *Oktober 1989. Wider den Schlaf der Vernunft.* (1989/1990) und die darin enthaltenen Impressionen von Volker Braun unter dem Motto "Gegen den Schlaf der Vernunft" (ebd., 154).

[7] In dem hier verwendeten Tonbandtranskript (Schüddekopf 1990, 209) heißt es: "Schlag (!) der Vernunft"; da es sich offensichtlich um einen Satzfehler handelt, habe ich ihn im Zitat korrigiert.

teressen und Bedürfnisse in politische Handlungsperspektiven umgesetzt werden können. So bleibt die Quintessenz dieser Rede wohl für viele allzu vage, für manche vielleicht nur ein leerer Appell.

3.4. Rede von Friedrich Schorlemmer

Versucht man zunächst, die Situationsdefinition zu entschlüsseln, die der Sprecher anbietet, so fällt auf, daß die Ansprache (in dem hier verwendeten Transkript) ohne Anredeformel beginnt. Allerdings ist es unwahrscheinlich, daß dies auch in der Realität so war. So fehlt ein wichtiges Texteingangssignal, das im allgemeinen für die Deutung der vom Sprecher angebotenen Rollenkonstellation entscheidende Indizien liefert. Etwa in der Mitte der Rede wird das Publikum allerdings (noch einmal) direkt angesprochen: "Liebe Freunde, liebe Mitbürger in unserem ganzen Land" (Z. 49 f.), und diese Adressierung entspricht den Gesten, dem Habitus und den Rollen, wie sie sich aus der Analyse der übrigen Merkmale ergeben.

Wichtige Indizien liefern im Text vor allem die verwendeten Personaldeiktika, einerseits die "ich" für die Sprecherperson und die "wir" für die Gruppen, als deren Mitglied oder Repräsentant sich der Sprecher bekennt, fühlt, ausgibt; andererseits die "Du"/"Sie" bzw. "Ihr"/"Sie" für den bzw. die Adressaten. In dieser Ansprache gibt es nur wenige (ausdrucksschwache) Ich-Nennungen, keine einzige explizite Ihr/Sie-Adressierung. Dagegen findet sich ein ausgiebiger Gebrauch von Zeiggesten mit "wir"; ich zähle - einschließlich der Belege von "uns" und "unsere" - 35 Vorkommen von "wir"-Deiktika. Bezogen auf diesen relativ kurzen Text bedeutet das eine Belegdichte, die äußerst selten in einer öffentlichen Rede anzutreffen sein dürfte.[8]

Erstaunlich ist auch die Spannbreite der durch "wir" bezeichneten Denotate. Soweit der verbale Kontext, vor allem die Satzprädikate, eine Entschlüsselung zuläßt, zielen die "wir"-Nennungen auf folgende Gruppen: a) die Mitglieder der Gruppierung "Demokratischer Aufbruch"; b) die führenden, verantwortlichen Köpfe der verschiedenen Oppositionsgruppen; c) die Gesamtheit der Oppositionsgruppen und -bewegungen; d) die Bevölkerung der DDR - abzüglich der Vertreter des Staats- und Parteiapparats; e) (in einem Beleg explizit) alle politischen Kräfte unter Einschluß von SED und Regierung.

[8] Bei der Analyse der Ansprache von Christa Wolf werden wir allerdings eine noch höhere Belegdichte antreffen. Zur Beschreibung der politisch-rhetorischen Funktionen von Personaldeiktika vgl. Zimmermann (1972, insbes. Abschn. 3.3.1., 4.3.1. und 6.1.) sowie Volmert (1989, insbes. Abschn. 3.5.2.1 und 3.5.2.2.).

Die Heterogenität der durch "wir" adressierten Kollektive wird erst durch eine genauere Analyse sichtbar. Als Mitglied und Repräsentant solch unterschiedlicher Gruppierungen muß der Sprecher zwangsläufig unterschiedliche Rollen annehmen. In der ersten Redehälfte finden sich überwiegend Haltungen und Gesten, die das Sprecher-Ich als gleichrangiges, solidarisches Mitglied in der bzw. für die Wir-Gruppe agieren lassen, sei es, daß "wir" sich auf eine kleine ingroup (a und b), sei es, daß es sich auf größere Meinungs- und Gesinnungsgruppen (c) bezieht. Aber neben dem "egalitären" findet sich - vor allem in der zweiten Redehälfte - auch ein "wir", das einen bestimmten appellativen Gestus enthält, einen Gestus, der in pädagogisch-insistierender Weise sozusagen von außen oder besser von oben auf die Gruppe einwirkt; dieses "wir" schafft eine kommunikative Distanz zwischen Sprecher und Adressaten. Es erscheint am ausgeprägtesten in den Empfehlungen und Ratschlägen, den Bitten und Aufforderungen, die der zweiten direkten Adressierung durch "Liebe Freunde, liebe Mitbürger [...]" folgen (Z. 49-68); auf sie wird unten noch einzugehen sein.

Die fast unbegrenzte Ausweitung der Wir-Adressierung auf nur demographisch definierte Großgruppen, schließlich auf alle Individuen einer im Konflikt stehenden Gesellschaft, hat u.a. zur Konsequenz, daß der Konkurrent, der Konterpart politischen Handelns, aus dem Diskurs verschwindet. Die Kritik, die Anklage, die politische Forderung hat in diesem Panorama keine "sie"-Adressaten mehr. Die Redekonstellation arbeitet weithin mit der Voraussetzung (oder Suggestion) eines bereits erreichten gesellschaftlichen Konsensus. So wird die Gesamtheit der (nachrevolutionären) Gesellschaft zu einer Schicksals- und Leidensgemeinschaft, die die "Krise" (Z. 22) durch "Solidarität und Toleranz" überwindet. Das Sprecher-Ich - in der Doppelrolle des Freundes und des Lehrers - erklärt und rät dieser Gemeinschaft, es empfiehlt und mahnt, und es appelliert an moralische Prinzipien. Immer deutlicher kristallisiert sich - vermutlich ohne redestrategisches Kalkül - im Verlauf der Ansprache ein Sprecher-Ich heraus, das den Redner in der Rolle des Predigers und Seelsorgers erscheinen läßt und das Publikum zur Gemeinde stilisiert. - Offensichtlich hat die Berufsrolle des Pfarrers - als eine Art zweite Natur - sich auch hier durchgesetzt, im Einklang mit den Intentionen und Zielvorstellungen der ganzen Ansprache.

Rhetorischer Aufbau und Sprache

Die Struktur der Rede erscheint mir gut durchgeplant; mag sein, daß das redestrategische Konzept berufsspezifischen Routinen folgt, mag sein, daß es auf Mustern beruht, die in der Demonstrationskultur schon vielfach erprobt wurden und sich bewährt haben.

Der Eingangssatz "Ich spreche über Solidarität und Toleranz" wirkt wie eine Überschrift; er nennt das Redethema und formuliert zugleich das zentrale Anliegen. Die eigentliche Ansprache setzt ein mit einer rhetorische Finesse: "Im Herbst 1989 sind wir auferstanden aus Ruinen und der Zukunft neu zugewandt". Die fast wörtlich zitierten ersten Zeilen der DDR-Hymne werden in diesem Kontext neu gedeutet und dadurch dem "System" sozusagen enteignet. Intelligente Sprachspiele sind eine charakteristischer Zug der Demonstrationskultur: Zahlreiche Parolen des SED-Staates werden in Inhalt und Zielsetzung umgedeutet, werden sozusagen "vom Kopf auf die Füße gestellt"; durch die überraschende neue Sinngebung werden sie plötzlich zu Kampfparolen der Opposition.[9]

Mit dem Hymnenvers beginnt eine knappe Situationsbeschreibung ("Unser Land ist kaputt", Z. 4 f.), die wiederum überleitet zu einer sehr selbstbewußten politischen Bilanz der Protestbewegung. Mit "Wir können stolz sein" (Z. 8) schließt der einleitende Teil der captatio benevolentiae.

Im weiteren wird die Situation des Aufbruchs mit wenigen Metaphern, Bildern und Wortspielen skizziert: "Lebten wir gestern noch in der stickigen Luft der Stagnation, die atemberaubend war, so erleben wir jetzt Veränderungen, die atemberaubend sind." (Z. 9 f.)[10] Die euphorisch gestimmte Situationsschilderung wird unterbrochen durch einige bange, skeptische Fragen, die das Publikum sozusagen auf den Boden der Tatsachen zurückholen sollen: "Ist das alles nur ein Traum? [...] Oder sind wir mitten in einem wirklichen dauerhaften demokratischen Aufbruch?" (Z. 14 f.). Die rhetorischen Fragen bilden die Überleitung zu den ersten Forderungen und Appellen: "Wir brauchen jetzt [...] Toleranz und kritische Solidarität miteinander [...]. Wir brauchen eine Koalition der Vernunft [...]" (Z. 15 f., 18).

Der zweite Teil der Situationsbeschreibung dient einer politischen Einschätzung des Verhältnisses von "Herrschenden" und Oppositionsbewe-

---

[9] Zu den Losungen der Demonstrationen des Herbstes 1989 vgl. auch den Beitrag von Ruth Reiher (in diesem Band, S. 43-57).

[10] Was dann allerdings expliziert wird, erscheint gegenüber diesem Pathos vergleichsweise banal: "Der Wehrunterricht wird abgeschafft, der Zivildienst wird eingeführt" (Z. 10).

gung[11]. Schorlemmers Fazit ist eine optimistische Beurteilung der politischen Entwicklung: "Der Wandel ist unübersehbar, aber noch ist er umkehrbar. Hatten die Herrschenden bisher die Signale unserer gesellschaftlichen Krise nicht gehört, höchstens abgehört, so haben die dramatischen Widersprüche sie jetzt gezwungen, von ihren Tribünen herabzusteigen und den gleichberechtigten Dialog zu beginnen." (Z. 21-25)

Es folgen Mahnungen an die Opposition, Forderungen und Warnungen an die "Herrschenden", den "begonnenen Dialog" nicht zu gefährden oder abzubrechen. Dazu dient ein suggestives Bild:

> Wer gestern noch die scharfe Kralle der Macht zeigte und heute das weiche Pfötchen des Dialogs hinhält, darf sich nicht wundern, daß viele noch die Kralle darunter fürchten. Wer gestern noch die chinesische Lösung für richtig hielt, [...]. (Z. 24-37)

Einige weitere Gedanken zur Analyse der politischen Lage schließen den ersten Teil (gut die Hälfte) der Rede ab. Mit der (zweiten) direkten Adressierung: "Liebe Freunde, liebe Mitbürger in unserem ganzen Land [...]" wird die zentrale Botschaft angekündigt: In einer Serie eindringlicher Appelle formuliert der Sprecher die eigentlichen Anliegen der Rede. Sie beginnen leitmotivisch mit:

> Freunde [...] reißen wir nun nicht neue Gräben auf, trauen wir jedem eine Wende zu [...] (Z. 50 f.).

Die für die Appelle verwendeten Sprechakte sind teils direkte Aufforderungen: "reißen wir nicht [..]" (Z. 50), "tolerieren wir nirgendwo [..]" (Z. 53 f.), "setzen wir an die Stelle [...] nicht [..]" (Z. 56), "seien wir tolerant und gerecht [..]" (Z. 56 f.), "denken wir daran [...]" (Z. 59); teils sind es indirekte Empfehlungen, die sich als notwendige Handlungskonsequenz aus Beurteilungen ergeben: "Ich meine, wir wollen und können [...] nicht ohne die SED aufbauen" (Z. 60 f.), "Toleranz erwächst aus der Erkenntnis, daß auch wir irren" (Z. 63), "dazu brauchen wir die volle Demokratie" (Z. 65 f.).

Die emphatische Forderung: "Demokratie jetzt oder nie!" (Z. 68) setzt einen rhetorischen Schluß- und Höhepunkt; in einer traditionellen Rhetorik würde sie den Abschluß der Rede bilden. Es folgt aber noch eine Art "Nachwort"; eine nochmalige Begründung der Parole, und eine Prognose für

---

[11] Auffällig ist, daß dieses und vergleichbare Etiketts für die größte und wichtigste Wir-Gruppe nie verwendet werden! Ausnahme: "neue demokratische Bewegung" (Z. 55).

die nahe Zukunft: "Wir werden noch durch ein Tal hindurchgehen [...]" (Z. 72); endlich wird allen ein Lutherzitat als Geleitwort mitgegeben, das als Erinnerung und Mahnung an "Regierende und Regierte - also uns alle" gerichtet ist:

> Lasset die Geister aufeinanderprallen, aber die Fäuste haltet stille. (Z. 75 f.)

Ähnlich wie die Ansprache Heins zeigt auch diese Rede - bei einer Bestandsaufnahme der sprachlichen Etiketts - einige Schlüsselwörter, die als Gelenkstellen für das redestrategische Gerüst anzusehen sind. "Solidarität und Toleranz" werden vom Sprecher selbst als Prinzipien demokratischen Verhaltens genannt; sie werden ergänzt durch die politische Tugend der "Vernunft" ("Wir brauchen eine Koalition der Vernunft" [Z. 1]). Die Zielvorstellungen einer zukünftigen Gesellschaft konzentrieren sich in dem Etikett "Demokratie" und einigen qualifizierenden Attributen: "eine Struktur der Demokratie von unten nach oben" (Z. 40); "die volle Demokratie" (Z. 65 f.); "eine lebensfähige Demokratie" (Z. 70).

Das umstrittene, wenn auch oft nur metaphorisch umschriebene Problem des aktuellen politischen Diskurses - auch der Großdemonstrationen - ist jedoch der Weg dorthin, die politischen Aktionen, die zu initiierenden Prozesse. In dieser Rede wird zunächst indirekt, dann aber immer deutlicher für ein bestimmtes Konzept geworben: den "Dialog"[12].

Das Plädoyer für einen "Dialog" als "Normalfall des Umgangs zwischen Volk und Regierung" (Z. 32 f.) erscheint mir jedoch in dieser Phase schon problematisch. Wie die frühen Fahnenwörter "Wende" und "Wandel" ist auch "Dialog" ins Zwielicht geraten, weil das Angebot bisher als einseitiger Gnadenakt der Regierenden erfahren wurde - zu den von ihnen diktierten Bedingungen und mit ihren Mitteln. Gegen die 'Umarmung im Dialog' setzen viele lieber auf "die Vernunft der Straße" (s. Hein, Z. 60 f.), auf direkte politische Aktionen und Forderungen.

Das kommunikative Handeln der Rede Schorlemmers zeigt in vielerlei Hinsicht Züge eines pastoralen Habitus. Hinter den wiederholten Appellen zur "Solidarität und Toleranz" werden kaum verschlüsselt Gebote der Bergpredigt sichtbar, auch seine Feinde zu lieben, ihnen ihre "Irrtümer" zu vergeben, aus "der Erkenntnis, daß auch wir irren und den alten Fehlern neue hinzufügen werden" (Z. 63 f.).

---

[12] Vgl. dazu die Beiträge von Ruth Reiher und Reinhard Hopfer (in diesem Band, S. 43-57 bzw. 112-133).

Die Erschütterung der politischen und sozialen Strukturen durch eine immer stärker werdende Protestbewegung wird einmal - mit einem impliziten Verweis auf das Fahnenwort der eigenen Gruppe - als "demokratischer Aufbruch" (Z. 15) etikettiert, ansonsten aber fast ängstlich tabuisiert: von "Wandel" (Z. 21) ist die Rede und von "Signalen unserer gesellschaftlichen Krise" (Z. 22), nicht (wie bei Heym und Wolf) von "Erneuerung" oder "Revolution". Das Erlebnis der Revolte wird zunächst individualisiert und psychologisiert: "Es ist wahr, dumpf, geduckt, bevormundet haben wir gelebt - so viele Jahre. Heute sind wir hierhergekommen, offener, aufrechter, selbstbewußter. Wir finden zu uns selbst [...]" (Z. 6 f.).

Das Erlebnis des Aufbruchs wird aber noch weiter stilisiert. Die Begriffe "Spiegel" und "Zerrspiegel" (Z. 13), "Traum" und "Erwachen" (Z. 14) lassen Assoziationen aufkommen, die den Umbruch in die Nähe eines religiösen Erweckungserlebnisses rücken und die politische Faktoren, wie die Arbeit der Oppositionsgruppen und die "Vernunft der Straße" - hier negativ charakterisiert durch "Ausufern der verständlichen Emotionen" (Z. 17); "Dampfablassen" (Z. 29); "Papperlapapp des Volkes" (Z. 29) - aus dem Bewußtsein verdrängen.

Die Analyse konnte zeigen, daß Schorlemmers Sicht der Ereignisse von konfessionellen, protestantisch-humanistischen Überzeugungen geprägt ist. Trotz der deeskalierenden, auf 'Verstehen' und 'Vergeben' setzenden Handlungsperspektiven dürfte seine Ansprache bei der - konfessionslosen - Mehrheit auf hohe Akzeptanz gestoßen sein. Das Plädoyer für Einheit und Einigkeit beschwört den überfraktionellen Grundkonsens, ignoriert Konfliktpotentiale und artikuliert in der Schilderung des Gemeinschaftserlebens das Harmoniebedürfnis breiter Bevölkerungsschichten; sie mobilisiert ein "widerständiges moralisches Selbstbewußtsein" (Niethammer 1990, 274) und bezeugt "den Fortbestand des Bedürfnisses nach einer moralischen Sinngebung der politischen Kollektiverfahrung auch in der jüngeren Generation" (ebd.).

3.5. Rede von Christa Wolf

Zu der vierten in der genannten Quelle transkribierten Ansprache sollen nur einige auffallende Beobachtungen notiert werden, da in anderen Beiträgen dieses Bandes ausführlicher auf Christa Wolfs Rede eingegangen wird.[13] Ich skizziere zunächst wieder die von der Sprecherin entworfene Situationsdefinition, die übernommenen Sprecher- und angebotenen Hörerrollen, aus denen sich Habitus, Gesten und Sprachstile entwickeln.

Auch bei der Rede Wolfs enthält das Transkript keine Anredeformel; in der zweiten oben erwähnten Fassung (vgl. Anm. 5) beginnt die Ansprache mit "Liebe Mitbürgerinnen und Mitbürger". Diese Adressierung erscheint relativ neutral und undifferenziert; der erste Eindruck wird jedoch korrigiert, wenn man die Kommunikationsakte und Haltungen im einzelnen, im Kontext ihrer jeweiligen Äußerungen, betrachtet.

In der um etwa 1/4 längeren Rede Schorlemmers fanden sich 35 Vorkommen von "wir"-Deiktika; bei Wolf wird diese außerordentliche Dichte noch erheblich übertroffen. Es begegnen auf 1 3/4 Buchseiten nicht weniger als 38 Vorkommen[14]; anders gesagt findet sich kaum ein Satz ohne ein "wir"-Subjekt oder "wir"-Objekt, und diese sprachliche 'Monotopie' steht für die thematische und motivationale Konzentration auf Wir-Angelegenheiten, Wir-Gefühle und Wir-Erleben.

Anders als bei Schorlemmer lassen sich hier nur zwei, relativ klar konturierte, Wir-Gruppen als Denotate ausmachen. Die Mehrzahl der "wir" verweist - sozusagen aus der Mitte heraus - auf die große Gemeinschaft der Protestbewegung, die (im Redekonzept) als fast homogen erscheinendes Kollektiv mit den verschiedenen Zirkeln, Strömungen und Oppositionsgruppen auf dem Demonstrationsplatz versammelt ist.

Die zweite, nur in einzelnen Belegen vertretene Kategorie von "wir"-Deiktika bezieht sich - weniger deutlich - auf Intellektuelle und Prominente der Protestbewegung, die schon spezifische Kampf- und Leidenserfahrungen in den Diskurs einbringen.

Die Gruppenbezüge durch Deiktika sind also weitgehend bestimmt durch ein egalitär-fraternalistisches "wir". Von einem pädagogisch-belehrenden "wir", das in Schorlemmers Rede immer deutlicher hervortrat, finden sich

---

[13] Vgl. den Beitrag von Reinhard Hopfer (in diesem Band, S. 112-133) sowie den Vergleich zwischen Original und englischer Übersetzung, den Christina Schäffner (in diesem Band, S. 135-148) vorgelegt hat.

[14] Die Zählung schließt wieder die Vorkommen von "uns", "unsere" usw. ein. Hinzuzurechnen wären noch einige "stumme", durch stilisierte Redeweise getilgte *wir* ("Sehen aber die Bilder der immer noch Weggehenden, fragen uns: Was tun? und hören als Echo die Antwort: Was tun!"), dazu zwei weitere "wir"-Nennungen in zitierten Transparent-Slogans: "[...] setz dich mit uns in Trab!", "Keine Privilegien für uns Berliner!".

hier nur Spuren. Als 'prima inter pares' tritt die Sprecherin nur dann aus der Wir-Gruppe heraus, wenn sie Ermunterungen und Mahnungen äußert oder an die geschichtliche Verantwortung erinnert: "[wir] [...] wollen die Chance [zur Demokratie], die in dieser Krise steckt, da sie alle unsere produktiven Kräfte weckt, nicht wieder verschlafen; aber wir wollen sie auch nicht vertun durch Unbesonnenheit [...]" (Z. 6-9).

Die Gefühlslage, die in der Rede zum Ausdruck kommt, ist durchgehend hochgestimmt; die Sprecherin artikuliert wiederholt Freude, Erstaunen, ja Bewunderung gegenüber 'ihrem' Publikum, in dessen Mitte sie sich fühlt - aber sie 'hofiert' es nicht aus irgendeinem persuasiven, redestrategischen Kalkül, etwa im Sinne eines Gestus konventioneller Rhetorik.

Nur an wenigen Stellen geht sie - in freundschaftlich-solidarischem Ton - 'auf ihr Publikum zu'; Empfehlungen und Mahnungen werden zurückhaltend geäußert, (indirekte) Aufforderungen höchstens in der Form des Ratschlags oder Vorschlags vermittelt. Sie schildert das Gemeinschaftserleben und reflektiert - als eine im doppeltem Sinn Betroffene - die gemeinsamen Interessen; aus dieser Haltung heraus bringt sie ihre Vorstellungen und Wünsche als 'Diskussionsbeiträge' ein. Gedanken und Reflexionen werden stets sehr unaufdringlich mitgeteilt - einzelne 'kontemplative' Passagen vermitteln fast den Eindruck, als bewege sich die Sprecherin in einem kollektiven 'stream of consciousness':

> Ja, die Sprache springt aus dem Ämter- und Zeitungsdeutsch heraus, in das sie eingewickelt war, und erinnert sich ihrer Gefühlswörter. Eines davon ist 'Traum'; also träumen wir mit hellwacher Vernunft! (Z. 46-48)

Rhetorische Konzeption, Sprache und Stil

Der Aufbau der Rede folgt offensichtlich keinem strengen Konzept; er wirkt sehr spontan, als seien viele erst in der Redesituation entstandene Impulse aufgenommen worden. Ein auffälliger Zug ist jedoch, daß in der Ansprache 'Momentaufnahmen' des Demonstrationsereignisses mit einer 'Ortsbestimmung' der Oppositionsbewegung verbunden werden: Selbstreflexiv, oft selbstkritisch versucht die Sprecherin, die wichtigsten Momente des Umbruchs zu benennen und damit politisch-historisch zu bewerten. Die zentralen Aussagen beschäftigen sich mit der Beschreibung und Beurteilung der "laufenden Ereignisse"; die verwendeten Etiketts artikulieren selbstbewußt die historische Einordnung: "revolutionäre Bewegung" (Z. 1), "revolutionäre Erneuerung" (Z. 15), eine "Revolution" (die von unten ausgeht) (Z. 15 f.).

Ansonsten ist ein großer Teil der Rede durch die sinnlich erfahrbaren Eindrücke dieser Großdemonstration geprägt. Wahrnehmungen von den Menschen, vor allem ihrem auf Transparenten und Plakaten artikulierten "literarischen Volksvermögen" (Z. 60) nimmt die Sprecherin als Anlaß zur Interpretation der Hoffnungen und Wünsche; sie zieht Querverbindungen und verweist auf die bisherigen Erfolge, aber auch Probleme der "revolutionären Bewegung". Im Bewußtsein, für das ganze Auditorium zu sprechen, zitiert und rezitiert sie begeistert die Slogans und Sentenzen der Demonstrationskultur.

Quer durch die Ansprache ziehen sich sprachkritische, zugleich bewußtseins- und ideologiekritische Reflexionen, welche sehr sensibel die produktiven und die retardierenden Faktoren des politischen Diskurses analysieren. Als besondere Pointe ihrer Rede empfinde ich die Durchleuchtung eines verbreiteten - auch schon im Westen populären - Etiketts, das die Ereignisse auf eine charakteristische Weise sprachlich zu fixieren sucht: "die Wende". Die Sprecherin schlüsselt zunächst den assoziativen Zusammenhang auf, der durch *Wende* (u.a.) evoziert wird:

> Ich sehe da ein Segelboot, der Kapitän ruft 'Klar zur Wende', weil der Wind sich gedreht hat, und die Mannschaft duckt sich, wenn der Segelbaum über das Boot fegt. Stimmt dieses Bild? (Z. 10-13)

Der Vergleich demonstriert die Untauglichkeit, die Vagheit und Zwiespältigkeit dieses Begriffs, und die Sprecherin schlägt eine klarere Alternative vor: "Ich würde von revolutionärer Erneuerung sprechen." (Z. 15)

Die Problematisierung des "Wende"-Etiketts wird kritisch weitergetrieben im zweiten Teil der Rede; und hier offenbart ihre semantische Analyse, was bei den Initiatoren der Protestbewegung zunehmend Unbehagen und Verärgerung auslöst: daß zahlreiche "Trittbrettfahrer" (Z. 39), vor allem Prominente aus der SED, dabei sind, der Opposition den politischen Erfolg zu ent-wenden:

> Verblüfft beobachten wir die Wendigen, im Volksmund "Wendehälse" genannt, die, laut Lexikon, sich "rasch und leicht einer gegebenen neuen Situation anpassen, sich in ihr geschickt bewegen, sie zu nutzen verstehen". Sie am meisten bedrohen die Glaubwürdigkeit der neuen Politik. (Z. 34-37)

Obwohl die Ansprache Wolfs nach den Maßstäben einer konventionellen Rhetorik am wenigsten ausgefeilt erscheint, die Konzeption offenbar von vielen spontanen Einfällen und Eindrücken durchkreuzt wird, ist sie - nach meiner Einschätzung - doch die eindrucksvollste der vier Reden. Die Sätze demonstrieren die Ausdruckskraft und Sprachsensibiltät der Schrifstellerin, wirken an keiner Stelle prätentiös oder (künstlich) poetisiert. Der Umgang mit den Adressaten ist unaufdringlich, der Tonfall solidarisch-kameradschaftlich, Sprach- und Kommunikationsstil scheinen dem Alltagsdiskurs entlehnt. In den "wir"-Reflexionen artikuliert sie auf anschauliche Weise, was viele erlebt haben und was viele bewegt. Was schließlich den "Dialog mit dem Großen Bruder" angeht, so tritt sie mit mehr Mut und Selbstbewußtsein, mit klareren Konzepten und deutlicheren Zielvorstellungen auf als ihre Mitredner.

3.6. Resümee

Ein Vergleich der vier Reden, der vom ersten Eindruck ausgeht, würde zunächst ein großes Potential an Gemeinsamkeiten feststellen können. Die Redner scheinen vor allem Austauschbares, schon vielfach Gesagtes zu präsentieren. Alle verbinden ihre Gedanken mit geschichtlichen Reminiszenzen, einhellig verurteilen sie die "verkrusteten Strukturen", die zu überwinden, "aufzubrechen" sind; alle äußern Freude und Dankbarkeit über die Erfolge der Oppositionsbewegung und die "Befreiung der Sprache". Die meisten thematischen Positionen des aktuellen Diskurses erscheinen (aus der Retrospektive!) als Versatzstücke, die Zielsetzungen im wesentlichen als kongruent; das sprachliche Material - Attribute, Schlüsselbegriffe und Slogans - scheint einem gemeinsamen Repertoire entnommen. Diese Auffassung teilen nicht nur Augenzeugen:

> Was den auswärtigen Beobachter verblüfft und zur Interpretation reizt , [...] ist [...] die überfraktionelle Einheitlichkeit in den Essentials und in den Grenzen dieser Programmatik. (Niethammer 1990, 266)

So findet sich der emphatisch geäußerte Slogan "Demokratie - jetzt oder nie!" sowohl bei Schorlemmer (Z. 68) als auch bei Wolf (Z. 4) - den beiden Sprechern, die in ihren Zielsetzungen am weitesten auseinanderliegen. Auch in der politischen Taktik bei der Auseinandersetzung mit den "Herrschenden" scheint es Verbindendes zu geben: Beide rufen - wenn auch mit unterschiedlichen sprachlichen Mitteln - zur "Besonnenheit" und zu friedlichen Formen der Konfliktlösung auf; Schorlemmer mit dem Appell: "Tolerieren wir nirgendwo Stimmen und Stimmungen der Vergeltung [...]. Setzen wir an die Stelle der alten Intoleranz nicht neue Intoleranz." (Z. 53 f., 56); bei Wolf heißt es: "[Wir] wollen sie [d.i. die Chance zur Volksherrschaft] [...] nicht wieder vertun durch Unbesonnenheit oder die Umkehrung von Feindbildern." (Z. 6-9).

"Dialog" scheint nicht nur ein Schlüsselbegriff für die friedliche Lösung der "Krise" zu sein; er gilt den meisten Sprechern auch als ein verbindliches politisches Konzept für die gesamte "Bewegung". Eine semantisch-pragmatische Analyse enthüllt allerdings nicht nur viele Bedeutungsfacetten; sie zeigt auch, daß der polysem-polyvalente Begriff von sehr verschiedenen Gruppen und Strömungen beansprucht (oder zurückgewiesen) und dabei unterschiedlich besetzt wird. Zwei der hier untersuchten Reden thematisieren den "Dialog" als Programm und politischen Begriff. Bei Schorlemmer ist "Dialog" durchgehend die neue Form der Kommunikation (bzw. Kooperation) der Regierung mit der "demokratischen Bewegung", und die problematischen Implikationen dieser asymmetrischen Interaktion werden kaum reflektiert. Bei Christa Wolf läßt die Verwendung ein völlig anderes Begriffsfeld erkennen: "Dialog" ist zunächst streitbarer, um Positionsklärung bemühter politischer Alltagsdiskurs. Sie reflektiert die Begiffsproblematik in einem kurzen Exkurs:

> Wir befreunden uns mit Mengen neuer Menschen und zerstreiten uns schmerzhaft mit anderen. Das nennt sich nun 'Dialog', wir haben ihn gefordert, nun können wir das Wort fast nicht mehr hören, und haben doch noch nicht wirklich gelernt, was es ausdrücken will. (Z. 22-26)

Andere, von verschiedenen Sprechern und Gruppierungen verwendete Etiketts lassen bei einer Kontextanalyse ähnliche Divergenzen bzw. Unvereinbarkeiten erkennen. Das gilt in den untersuchten Reden vor allem für "Demokratie", "Bewegung", "neue Gesellschaft" und "Veränderungen". Erstaunlich für den Beobachter ist, daß das Verständnis und die Bewertung von Etiketts z.T. sogar innerhalb einzelner Reden inkonsistent ist. Das Schwanken, das Oszillieren von Bedeutungen und Bewertungen kann als Indiz dafür genommen werden, daß die Demonstrationsöffentlichkeit der Ort für neue Orientierungen, Kontakte und Bündnispartner ist; das führt in der vorwärtstreibenden Diskussion manchmal zur Vertretung heterogener oder sogar widersprüchlicher Positionen (Anzeichen dafür gibt es bei Hein, aber auch bei Heym).

Betrachtet man die politischen Ziele, die die Reden implizit oder explizit propagieren, so werden die Unterschiede - unter einer oft gleich erscheinenden Oberfläche - noch deutlicher. Gemeinsam ist zwar allen vier Positionen, daß die Eigenstaatlichkeit der DDR nicht zur Debatte steht. Jedoch dürften die Vorstellungen von einer neuen, besseren DDR-Gesellschaft sehr weit auseinanderliegen. Drei der Sprecher plädieren entschieden für einen erneuerten, "demokratischen Sozialismus"; bei Schorlemmer fehlt sowohl das Etikett als auch eine vergleichbare Zielsetzung - sicher aus guten Gründen.

4. Vergleich der Reden auf den Demonstrationen in Leipzig und Berlin

Die abschließende Gegenüberstellung der beiden Redesituationen soll noch einmal Vergleichbares und Unvergleichbares zusammenfassen. Sie verweist nicht nur auf die unterschiedlichen Stile der neuen Demonstrationskultur, sondern soll auch zeigen, daß die beiden Demonstrationsereignisse - trotz der zeitlichen Nähe - als Exponenten von zwei unterschiedliche Phasen desselben revolutionären Prozesses betrachtet werden können.

Hinsichtlich der Rahmenbedingungen gibt es zunächst beträchtliche Unterschiede zwischen den Redesituationen der beiden Großdemonstrationen:

- In Leipzig ist die Montagsdemo schon fast eine Tradition geworden, ein Treffen von immer größer werdenden Teilen der Bevölkerung, zu dem das Friedensgebet, der Marsch um den Ring und die Kundgebung auf einem der großen Plätze gehören; zur Montagsdemo gehört auch der urwüchsig-spontan artikulierte Protest und die Einmischung in Politik, die den direkten Kontakt mit Vertretern von Stadt und Bezirk sucht.
- Die Berliner Protestveranstaltung gehört eher zum Typ einer punktuellen Großdemonstration. Sie ist ein Ereignis, das alle bis dahin gekannten Dimensionen sprengt; sie findet statt vor den Augen und Ohren der "Weltöffentlichkeit", organisatorisch wohlarrangiert, mit geladenen Sprechern, vorbereiteten Reden und einer Gesamtmoderation, die schon wieder etablierte Formen, z.T. fast zeremonielle Züge annimmt.
- Die Leipzigiger Demo ist charakterisiert durch spontane, unvorbereitete Ansprachen in offensichtlich ungeplanter Folge, wobei man vereinbart hat, jedem Sprecher höchstens 4-5 Minuten Redezeit zuzugestehen. Die Redner selbst bilden ein zufälliges Ensemble von Menschen "aus dem einfachen Volk" und Vertretern von Organisationen bzw. Institutionen.
- In Berlin finden sich nur prominente, intellektuelle, durchweg routinierte Rhetoren auf der Tribüne, in wohlgeordneter Abfolge und mit mehr Redezeit.
- Auch das Publikum der beiden Demos unterscheidet sich nach Quantität und Qualiät: In Leipzig finden wir ein buntbewegtes, spontan reagierendes und "mitredendes" Publikum, dessen Gruppierungen und Strömungen sich z.T. schon kennen und erkennen; dieses Publikum hat seit Monaten Erfahrungen gesammelt und seine Artikulationsmöglichkeiten erprobt.

- In Berlin begegnet das unübersehbare, 'disperse' Massenpublikum einer Großdemonstration (aus allen Teilen der Republik), das in seinen Verständigungs- und Aktionsmöglichkeiten stark eingeschränkt ist. Die kollektiven Äußerungsformen bleiben rein akklamatorisch, mit mehr oder weniger starkem Applaus (bei den Sprechern der Opposition); die individuellen machen sich höchstens "Luft" in Buhrufen und Pfiffen (besonders bei den Sprechern von Partei und Regierung).

Trotz der großen Differenzen gibt es auf den beiden Großdemonstrationen - was die politische Kultur betrifft - mehr Gemeinsames als Trennendes. Überall begegnet hohe Aufmerksamkeit, waches Interesse und Akzeptanzbereitschaft gegenüber den Redebeiträgen. Überall herrscht eine Atmosphäre emotionaler Hochgestimmtheit, ein Wir-Gefühl, das aus der kollektiven Erfahrung des Aufbruchs und der Befreiung resultiert; gemeinsam ist das Bewußtsein der Stärke, der Einheit und der frappierenden politischen Erfolge.

Gemeinsam ist aber auch - das berichten übereinstimmend Teilnehmer der verschiedenen Demonstrationen - ein Gefühl der Unsicherheit, der Beklemmung, vielleicht sogar der Angst: daß die Befreiung nur ein kurzer Rausch sein, daß der Auf- und Ausbruch durch neue Formen autoritärer und repressiver Herrschaft bestraft werden und daß die lähmende Monotonie des unpolitischen Alltags zurückkehren könnte.

Das Bedürfnis nach Orientierung und Meinungsaustausch artikuliert sich auch im Publikum durch die Vielzahl der Transparente und Plakate, durch die Verbreitung von Flugschriften und Diskussionspapieren, schließlich durch die in Sprechchören skandierten Slogans (z.B.: "Bürger stell die Glotze ab, setz dich mit uns jetzt in Trab!"; zit. bei Wolf, Z. 43 f.).

Die Suche nach einer neuen Rhetorik geht von gemeinsamen Erfahrungen aus, und sie führt bei vielen zu gemeinsamen Ergebnissen: Die meisten Sprecher haben ein klares Bewußtsein von den sprachlichen Formen, die sie nicht mehr verwenden und auch nicht mehr ertragen wollen. Soviel Leidenschaft sich in den Aufrufen und Appellen artikuliert, soviel Nüchternheit, Abstinenz und Sprachskepsis wird in der Verwendung der Ausdrucksmittel erkennbar. "Sprich zu mir, damit ich Dich sehe!" heißt es in einem Gedicht, dessen Titelzeile Wolfgang Thierse zum Motto eines Vortrags (auf der IdS-Tagung Mannheim '92) machte. So werden der Verlautbarungsstil, die ornamentalen Anredeformeln, die syntaktischen Gespreiztheiten, die verblaßten Embleme und Metaphern zu Erkennungsmarken eines verpönten, unerträglich gewordenen öffentlichen Rederituals. Ganz bewußt setzt man dagegen die Kommunikationsstile des "unverdorbenen Lebens", die Umgangsformen des Alltags, der Nachbarschaft, der Kleingruppe, auch den Sprachwitz subversiver Kritik:

> Gemeinsprache und Wahrheit blieben ein Reservat der mündlichen Rede, des 'Buschfunks', der Familie am Wochenende, in der Arbeiterschaft, auch des kollegialen Gesprächs am Arbeitsplatz. Das war die Rednerschule der Revolution. (Niethammer 1990, 262)

Das starke politische Engagement sucht nach anderen Vorbildern, nach unverdorbenen Begriffen und Ausdrucksweisen, die die Prinzipien und Ziele kommunizierbar machen:

> Das Pathos der Revolution in der DDR ist davon gekennzeichnet, daß hier die Grundelemente einer liberalen politischen Ordnung fehlten: Öffentlichkeit, Gewaltenteilung, Rechtsstaat, Pluralismus [...]. Bis in viele Formulierungen hinein atmen der Protest und die Programmatik der Opposition vormärzlichen Geist, wenden sich gegen obrigkeitliche Willkür und zielen auf einen konstitutionellen Sozialismus. Christoph Hein hat in der Erlöserkirche die Fundamente eines liberalen Rechtsstaatsbegehrens auf ähnliche urwüchsige Formeln gebracht wie Hans Modrow in seiner Regierungserklärung vor der Volkskammer und damit auf einen Sprachschatz der 48er Revolution zurückgegriffen, in der es noch um Recht und Freiheit und nicht um die freiheitlich-demokratischen Verklausulierungen ging, zu denen sich das liberale Erbe im Westen verschliffen hat. (Ebd., 268)

5. Literatur

5.1. Textsammlungen, Dokumente, Aufrufe usw. zur deutschen Revolution 1989

Oktober 1989. Wider den Schlaf der Vernunft. Berlin (West) 1989 bzw. Berlin (DDR) 1990.

Schüddekopf, Charles (Hrsg.) (1990): *"Wir sind das Volk!" Flugschriften, Aufrufe und Texte einer deutschen Revolution.* Mit einem Nachwort von Lutz Niethammer. Reinbek.

Schumann, Frank (Hrsg.) (1990): *100 Tage, die die DDR erschütterten.* Berlin (DDR) bzw. Berlin (West).

40 Jahre DDR ... und die Bürger melden sich zu Wort. Bärbel Bohley, Jürgen Fuchs, Katja Havemann, Rolf Henrich, Ralf Hirsch, Reinhard Weißhuhn u.a. Frankfurt/Main 1989.

"Wir sind das Volk!" Die DDR im Aufbruch. Eine Chronik in Dokumenten und Bildern. München 1990.

5.2. Ton- und Bildquellen

Tonquelle: Tonmitschnitt der Radio-live-Übertragung des Regionalsenders Leipzig von der "Montagsdemonstration" am 6.11.1989 (eigenes Transkript).

Film-Bildquellen:

Fünf Wochen im Herbst. Protokoll einer deutschen Revolution. Von der 40-Jahr-Feier eines zerfallenden Regimes bis zur Nacht, in der die Mauer fiel. SPIEGEL-TV (Videocassette).

Deutschland im Frühling 1990. Protokoll einer deutschen Revolution Teil II. Von der Öffnung des Brandenburger Tores bis zu den ersten freien Wahlen am 18. März 1990. SPIEGEL TV (Videocassette).

Ein Volk sprengt seine Mauern. 9. November 1989. Dokumentation des Senders Freies Berlin und des NDR (Videocassette).

5.3. Zur Analyse politischer Sprache

(Aus der unübersehbar breiten Literatur von Theorien, methodischen Ansätzen und Untersuchungen zu 'Politiksprache' und 'politische Rhetorik' können hier nur wenige Titel aufgeführt werden, die für den eigenen Analyseansatz stärker herangezogen wurden.)

Dieckmann, Walther (1981): *Politische Sprache. Politische Kommunikation. Vorträge, Aufsätze, Entwürfe.* Heidelberg, 2. Aufl.

Heringer, Hans-Jürgen (1990): *"Ich gebe Ihnen mein Ehrenwort". Politik, Sprache, Moral.* München.

Kempe, Wolfram (1989/1990): "Den historischen Augenblick." In: *Oktober 1989. Wider den Schlaf der Vernunft.* Berlin (West)bzw. Berlin (DDR), S. 187.

Klein, Josef (Hrsg.) (1989): *Politische Semantik. Beiträge zur politischen Sprachverwendung.* Opladen.

Liedtke, Frank/Wengeler, Martin/Böke, Karin (Hrsg.) (1991): *Begriffe besetzen. Strategien des Sprachgebrauchs in der Politik.* Opladen.

Meyer, Thomas (1992): *Die Inszenierung des Scheins. Voraussetzungen und Folgen symbolischer Politik.* Frankfurt /Main.

Niethammer, Lutz (1990): "Das Volk der DDR und die Revolution. Versuch einer historischen Wahrnehmung der laufenden Ereignisse." In: Schüddekopf, Charles (Hrsg.): *"Wir sind das Volk!" Flugschriften, Aufrufe und Texte einer deutschen Revolution.* Mit einem Nachwort von Lutz Niethammer. Reinbek, S. 251-279.

Hänninen, Sakari/Palonen, Kari (eds.) (1990): *Texts, Contexts, Concepts. Studies on Politics and Power in Language.* Jyväskylä.

Schedlinski, Rainer (1989/1990): "gibt es die ddr überhaupt?" In: *Oktober 1989. Wider den Schlaf der Vernunft.* Berlin (DDR) bzw. Berlin (West), S. 4-9.

Volmert, Johannes (1989): *Politikerrede als kommunikatives Handlungsspiel. Ein integriertes Modell zur semantisch-pragmatischen Beschreibung öffentlicher Rede.* München.

Zimmermann, Hans Dieter (1972): *Der Sprachgebrauch der Bonner Politiker.* Stuttgart (usw.), 2. Aufl.

Textanhang:

Leipziger Reden

SP1 [...] durch Volksentscheid + Ich möchte zunächst erst noch kurz was vorwegschicken + ich glaube es kann hier nicht darum gehen + in irgendeiner Weise Emotionen anzuheizen + son- sondern wir sollten doch langsam (Stimmengewirr in der Nähe des Sprechers) dahin kommen daß konkrete Vorschläge gemacht werden + und nicht in purem Geschrei nach Demokratie versacken ++ (laute Stimmen, einzelne Pfiffe) + Die berechtigte Forderung nach freien Wahlen unterstützend + möchte ich hier + noch einen Aufruf verlesen, der sich auf eine weitere Möglichkeit + der demokratischen Erneuerung bezieht ++ (anschwellender Lärm; Stimmengewirr) Im derzeitigen Prozeß des Durchdenkens neuer demokratischer Gestaltungsmöglichkeiten in unserem Land + möchten wir auf eine Form hinweisen, die geradezu als Urbild demokratischen Denkens gelten kann + Volksbegehren und Volksentscheid ++ Die Verwirklichung dieser ja keineswegs neuen Idee ++ böte über den Rahmen der bisher ausschließlich + der bisher ausschließlich bestehenden Möglichkeiten ++ per Wahl eine Stimme abzugeben hinaus + die Grundlage + zu einem direkten Eingriff jedes einzelnen Menschen in die Gestaltung unserer Gesellschaft + Damit wäre + sowohl die Freiheit als auch die Verantwortung eines jeden Bürgers direkt angesprochen ++ zum einen auf dem Wege einer individuellen Gesetzesinitiative + seinen Beitrag am gesellschaftlichen Prozeß zu leisten + und zum anderen ein wirksames Mittel der Kontrolle (lautes Pfeifen) von Entscheidungen im Bereich der Volksvertretungen in der Hand zu haben ++ (Pfiffe) In der Gründungsverfassung der DeDeEr vom siebten Oktober neunzehnhundertneunundvierzig (Ruf: 'lauter'; anschwellende Pfiffe; Buhrufe) ++ würden Sie mich bitte ausreden lassen + das das ist sehr interessant zu wissen was da stand ++ im Artikel drei war diese Möglichkeit eines Volksbegehrens und des Volksentscheides gegeben + (sehr laute Sprechchöre: 'Auf-hö-ren'; Rufe) + der Grundsatz daß alle Staatsgewalt vom Volke ausgeht + Absatz eins wurde dahingehend konkretisiert daß das Mitbestimmungsrecht der Bürger + nicht nur auf die Ausübung des aktiven und passiven Wahlrechts + sondern an erster Stelle + (Pfiffe, Sprechchöre: 'Auf-hö-ren') + durch Teilnahme ++ an Volksbegehren und Volks-

entschei- (bricht ab) ++ (weiterhin laute Sprechchöre, Pfiffe) +
Ich habe eine Frage an Sie (Stimmengewirr) +++ womit solln wir denn
aufhören + darüber zu sprechen welche Möglichkeiten Síe haben + Ein-
fluß zu nehmen auf die Gestaltung dieses Staates (Stimmengewirr; ca. 5
Sek. Redepause) Sicher +++ (bricht ab)
(Ende des Redebeitrags)

(Sprechchöre erheben sich, werden lauter, begleiten die ersten Minuten
des nächsten Redebeitrags: 'Tre-tet ab, tre-tet ab')

SP2 Liebe ++ Bürger + ich spreche zu Ihnen als amtierender Ober-
bürgermeister +++ (Buhrufe, laute Pfiffe, Sprechchöre) mein Name ist
Hedrich + der ehemalige Oberbürgermeister ist zurückgetreten + er hat
f- ++ (Sprechchöre) er hat ++ er hat seine Konsequenz gezogen aus der
falschen Einschätzung der Lage ++
Sie ++ (Zw-Rufer: 'Er hat wohl genug bewiesen dasser ausge-
meert/aufgeheert (?) hat, ne') Sie + die die Leipziger Bürger + nicht die
Staatsorgane und keine Partei haben das Positive + das Hoffnungsvolle
was in hohem Maße von unserer Stadt ausgeht in Gang gebracht
Alle schauen auf Leipzig Ich bin mir + der Tatsache bewußt + daß der
Rat der Stadt aufgrund seiner Verhaltensweise kein Vertrauen gewonnen
+ sondern viel Vertrauen verloren hat +++ (Einzelne Zw-Ruferin: 'Ihr
seid schuld'; aufgenommen von e. lauter werdenden Sprechchor: 'Ihr seid
schuld!')
Keiner von uns will + und wird sich aus seiner Verantwortung stehlen
Bis zur Neuwahl werden wir nach bestem Gewissen unsere Arbeit aus-
üben +++ (Buhrufe; laute Pfiffe; Rufe: 'Pfui!')
Ganz gleich ++ wie sich ein Rat der Stadt zusammensetzt (Zw-Rufer:
'Ihr habt euch doch richtig ...') + es muß Schluß sein für immer mit der
Bevormundung der Stadtverordnetenversammlung und des Rates ++
(Sprechchöre: 'Het-ze-rei!')
Wir fordern + die Regierung auf, Leipzig endlich so in zentrale Ent-
scheidungen einzuordnen ++ wie es dieser Stadt zukommt (vereinzelt
Beifall, abebbende Stimmen)
Wir brauchen + (hustet) keine keine Trostpflästerchen + sondern + einen
chrirugischen Eingriff Von diesem Geist + sollte die Tätigkeit der
Regierungskommission zur komplexen Stadtentwicklung geprägt sein ++
Wir wollen von niemandem Geschenke aber wir wollen + daß in Leipzig
das alles zu- eingesetzt wird was wir erarbeiten ++ (Zw-Rufer, nahe am
Rednerpult: 'des is Quatsch wir wolln die Geschenke'; weitere Stimmen)
In Weiterführung des mit der letzten Stadtverordnetenversammlung
Begonnenen (Zw-Rufer: 'Halt lieber ... bevor wir... ') heißt es Reformen

in unserer Stadt durchzusetzen ++ das sind + rigorose Erneuerung der
Tätigkeit der Stadtverordnetenversammlung und des Rates ++ (ab hier
lauter werdende Sprechchöre: 'laßt uns ar-bei-ten, laßt und ar-bei-ten')
sozialistischer Pluralismus und demokratischer Sozialismus jetzt ++ und
Legalisierung aller Kräfte + die sich in die Erneuerung der
Gesellschaft einbringen wollen + Das heißt auch Neues Forum zulassen (einzelne
Rufe, anschwellender Beifall)
Bürger von Leipzig + Bürger von Leipzig + Ihrer Disziplin + Ihrer hohen
Moral ist zu verdanken daß die bisherige Entwicklung friedlich verlief +
So möge es bleiben (vereinzelter Beifall)
Politische Reformen sind das eine + Wirtschaftsreformen das andere +
Nur so kann die Kommunalwirtschaft gesunden (Zw-Rufer: 'Schluß mit
dein'm Geseire') Packen wirs gemeinsam an (vereinzelter Beifall; sonst
wenig Reaktion)

(Gesprächsvermittler am Mikrophon) da + jetz der Kollege Arbeiter
jetze; laute Sprechchöre: 'Es-Eh-De das tut weh')

SP3 Lie- (laute Sprechchöre, anhaltend: 'Es-Eh-De- das tut weh!')
Kolleginnen und Kollegen + ich bitte um Ihre Aufmerksamkeit + als
Leipziger Arbeiter habe ich hier die Gelegenheit (einzelne Pfiffe) ein
paar Worte an Sie zu richten + Ich bitte Sie + aufmerksam zuzuhören +
Ich bin einer aus Eurer Mitte + ein einfacher Arbeiter ++ (Zw-Rufer:
'lauter, lauter') Ich bitte auch hier im Hintergrund um etwas Ruhe +
Es war se es war sehr schwierig hier ans Mikrophon zu gelangen + bis
vor ner Viertelstunde + sollte ich leiseweinend noch mal in de Ecke ge-
stellt werdn
Ich möchte Euch sagen Kolleginnen und Kollegen + aufmerksam habn
wir die Presse und das Fernsehn verfolgt in den letzten vier Wochen ++
Was is uns alles versprochen worden ++ Neue Regelungen + Umänderun-
gen + Verbesserungen ++ jeden Tag + jeden Tag + (Zw-Rufer: 'Schluß
mit den Versprechungen wir wolln Taten sehn') lesen wir diese Phrasen
auf jeder Titelseite in unsern Medienblättern
Halbwahrheiten im Fernsehn +++ (anschwellendes Protestgeschrei, Pfiffe
und Beifall) Halbwahrheiten im Fernsehn obwohl die Medienpolitik doch
gründlich geändert werden sollte ++
Wo bleiben die Versprechungen der Staatsmacht + Ich kann mir nicht
vorstellen daß ein-n Wachablösung im höchsten und noch höheren Gre-
mien + etwas Neues für uns auf der Straße bringen soll +++ (Beifall; an
schwellende Protestrufe)
Ich habe das Reden nicht gelernt Ihr müßt schon zufrieden sein so wie
ich das formuliere +++ (vereinzelt Beifall) Bitte ich bitte weiterhin um

Ihre Aufmerksamkeit Mir ist angetragen worden meine Redezeit auf vier bis fünf Minuten zu begrenzen +++ (anschwellende Protestschreie; Pfiffe)

Und als + Grund ist angegeben worden Ihr die Ihr hier versammelt seid um Eure Rechte durchzusetzen + würdet in Panik verfallen (anschwellendes Protestgeschrei; Pfiffe) +++

Der Grund weswegen ich hier stehe Kolleginnen und Kollegen + ist unsere Leipziger Volkszeitung Bis heute morgen hab-ich nicht gewußt daß ich hier spreche ++ Ihr habt alle die Versprechungen gelesen mit den Reiseerleichterungen +++ (Buhrufe; laute Pfiffe)

Hier steht die Verdummung schwarz auf weiß +++ (Gemeinsame Rufe: 'Jaa'; begeisterte Zustimmung; rhythmisches Klatschen; Zw-rufer in der Nähe des Mikrophons 'So isses + und so bleibtes + und hier muß sich ganz gewaltig was ändern + mit die dreißig Tage zum Beispiel'; Sprechchöre: 'Zugabe, Zugabe' ...)

Ich bitte um Ruhe ++ zum Beispiel) In diesen Ausreisegesetz kann jeder Bürger lesen + die Formulierung is total verkehrt (Rufe: 'Jaa'; Klatschen) ++ Lesen Sie aufmerksam den Artikel eh den Paragraphen zwei Da steht nur die Bürger nicht jeder Bürger der DeDeEr hat das Recht ++ (laute Rufe: 'Jaa')

Unsere Führungseinheit ist so + weit daß sie versucht uns durch Wort- und Redewendungen irgendwas einzureden + Ich möchte Ihnen diese Paragraphen nich vorlesen

Wie kommt dieser Staat dazu + uns Reisefreiheit zu versprechen + mit-m Bettelsack aufm Rücken +++ (Gem. Rufe: 'Jaa'; Beifall; rhythmisches Klatschen; anschwellender Sprechchor: 'Zugabe, Zugabe ...')

SP4 Werte Demonstranten + mein Name ist Bernd Kahl + und auch ich habe keine Schreibmaschinen vorgegeben zensiert und auch nicht ordentlich korrigiert hier mitgebracht + Mich persönlich würde die Meinung unseres neuen Ersten Sekretärs der Bezirksleitung interessieren + die Versprechungen die uns mit den Reisen gemacht werden

Ich persönlich bin der Auffassung es kann nicht sein daß Leute in den Ämtern bleiben die uns jahrelang Ding- vorenthalten haben + und nun uns durch Konsumproduktion zu Weihnachten und auch durch einige Reiseerleichterungen versuchen sich an der Regierung zu halten ++ (allg. Zustimmung: 'Jaa'; Beifall; im Hintergrund Sprechchöre)

Ich denke mir wir sind ein Staat im Herzen Europas mit einer demokratisch gewählten Regierung die sich nur dann legitimieren kann durch Neuwahlen der gesamten Regierung und der darauffolgenden Änderungen +++ (allg. Zustimmung: 'Jaa', 'Bravo'; Beifall; allmählich stärker werdende Sprechchöre: 'Frei-e Wah-len, frei-e Wah-len'

Ich glaube + (weiterhin Sprechchöre ...) ich glaube + ich glaube + daß die neuen Leute an der Spitze Gelegenheit bekommen + aber nur dann wenn sie sich durch freie Wahlen wirklich legitimieren können + Danke (Beifall)

SP3 Kolleginnen und Kollegen ich war noch nicht fertig (Zustimmung) ++ Vorhin is hier gesprochen worden einleitende Worte von unsern Großvätern auf diesem kampferfüllten Platz ++
Ich sehe hier noch das überlebensgroße Denkmal als Kind von Stalin + (Zw-rufer: ‘Pfui - mit Stalin’) wie die Panzer durchs Grimmasche Tor gefahrn kamen und am siebzehnten Juni Arbeiterwillen zermalmt habn ++ (Pfiffe) Soll das wieder passiern ++ (Pfiffe; gem. Ruf: ‘Nein’)
Jetz wird gesprochen von Egon Krenz von Verbesserungen + Wir berufen uns auf Äusserungen von Egon Krenz nachzulesn inner Volkszeitung + Warum müßt Ihr Euch hier in Leipzig + in Berlin + in Dresden vorschreibn lassen gegen Euer angebliches Wissen und Gewissen + ich frage Sie alle: Is das in Ordnung ++ (Schreie: ‘Nei-en’; Ruf: ‘Nieder mit der EsEhDe’)
Ich + ich bitte Sie noch um einen kleinen Moment Aufmerksamkeit ++
Im Paragraphen fünf ++ nochmal auf das Reisegesetz zurückzukommen ++ nochmal auf das Reisegesetz was uns so lange schon versprochen worden is + un was wieder n Schuss innen Ofen is (Rufe: ‘Jaa’, Beifall) ++
Alle die hier anwesend sin und die mich hörn können oder auf jeden Fall diejenigen + die diese Theatervorstellung auf dem Polizeirevier nun VauEhBe-iger Art durchgemacht habn + stundenlang ihre Arbeitszeit ihrn Urlaub dagelassn haben + tagelang vertröstet ‘Entscheidung nich da’ + und dann vor Verzweiflung sin de Leute dort zusammengebrochen + die mußten zum Beerdigungstermin ihrer Eltern auf der Bank sitzen aufem VauBeKaAh weilse nich ausreisen durften +++ (Protestschreie; Pfiffe) SP3 [offensichtlich zu Leuten am Mikrophon:] Moment + Moment
Wenn heute steht in der Zeitung + die Bearbeitungsdauer von + großzügigen Ausreisen + von großzügigen Besuchserleichterungen ++ dreißig Tage Bearbeitungszeit von genau den gleichen Leuten + die sich angemaßt haben über menschliches Schicksal zu entscheiden ++ (heftige Pfiffe; Protestschreie) Ist das in Ordnung (Pfiffe; Rufe: ‘Pfui’) ++
Ich bitte um Ihre Aufmerksamkeit ++ (heftige Zw-rufe) Der Innenminister dieser Herr Dickel + auch schon lange im Rentenalter ++ hat diesen Gesetzentwurf verteidigt und mit veröffentlichen lassen +
Ich bitte um Ihr Einverständnis + obwohl es jedem anheimgestellt is persönlich + einen Brief mit Veränderungen dieses Reisegesetzes + vorzuschlagen + Ich bitte um Ihr Einverständnis wenn ich jetz hier fordere

+ dieser Gesetzentwurf über Reiseerleichterungen und Ausreisen + muß vom Tisch ++ (allgem. Zustimmung: 'Jaa')
Ich danke Ihnen (Beifall)

SP5 Liebe Bürger der Messestadt Leipzig + Ich stehe vor Ihnen ohne ein Konzept + ohne ein Protokoll + und nur deswegen um meine Meinung hier zu artikulieren +
Nach meiner eigenen Ansicht ist folgendes wichtig + Alle die bei uns in den Staatsführung tätig waren und in diesen Mißkredit gebracht haben ++ (Sprechchöre : 'Wer bist Du, wer bist Du') Roland Reische aus Leipzig ++ Roland Reische aus Leipzig siebzichzwoenzwanzig Herlesundstraße siebzehn ++ (Zustimmung: 'Jaa') keiner + keiner Partei + keiner Gewerkschaft + niemanden zugehörig ++ (Zustimmung)
Ich bin parteilos + und verfechte die Meinung unserer ganzen Freunde in Leipzig und des weiteren in unserer DeDeEr ++
ich möchte folgendes erfahren + daß alle diese ++ Staatsbürger in der EsEhDe ++ in der ganzen Führung unsrer Republik + für ihres unverantwortlichen Handelns auch zur Strafe gefordert werdn + und nicht nur die die bein Lieb- Diebstahl in einn Laden gebrandmarkt werdn (allg. Zustimmung: 'Jaa')
Bürger Augenblick ++ Jeder von uns hat meistens nur das getan was er tun mußte + sollte + und freiwillig seiner Arbeit nachgegangen ist + Wir fordern deswegen diejenigen auf + die ihr Geld durch uns verdient haben + dem Staat an Devisen und Mark der DeDeEr zurückzugegebn + Danke (Schreie: 'Jaa'; Beifall) (Zw-rufer: 'Das kriegt ihr doch nie mehr + lieber Westgeld'; Zustimmung)

SP6 Liebe Leipziger ++ (Sprechchöre: 'Zugabe', 'Zugabe') liebe Leipziger ++ hier steht vor Ihnen Roland Wötzel + der Erste Sekretär der Bezirksleitung +++ (Buhrufe; laute Pfiffe) Ich nehme es Ihnen nicht übel + wenn Sie + kein Vertrauen zunächst zu mir haben ++ (Stimmengewirr)
Ich habe mich ++ mit anderen dafür eingesetzt + daß wir in Leipzig friedlich demonstrieren (stärker anschwellende Sprechchöre: 'Es-Eh-De - das tut weh') (Sprecher kann sich akustisch kaum noch durchsetzen)
Ich bitte Sie ++ ich bitte Sie + liebe Leipziger + mit Vernunft und Besonnenheit (Lärm abebbend; einzelne Zw-Rufer) ++ sich auch heute zu verhalten ++
Ich möchte + daß wir das was sich entwickelt hat ++ die kleinen Pflanzen die bis jetzt geblüht haben hier ++ nach den Entscheidungen ++ (Pfiffe) weiter wachsen (stärkere Pfiffe; protest. Zw-Rufe) ++ Bleibt

vernünftig Leipziger + bleibt besonnen + Wir wollen weiter das Gute entwickeln + (Pfiffe; Rufe: 'Pfui') wir sind dazu bereit + wir bekennen uns zu unserer Verantwortung + und ich auch zu meiner ++ (Pfiffe; Sprechchöre: 'Auf-hö-ren' ...) Das wars

SP7 Liebe Leipziger + hier spricht Harald Bachnicke + auch ein Bürger dieser Stadt + (Zw-rufe: 'Große Schweinerei - Stasi steht ooch') der gern hier wohnt und wohnen bleiben möchte ++
Es muß sich aber + die Regierung fragen lassen ++ wer heuchelt + wann und wie + Hat man früher geheuchelt + oder jetzt (Stimmen)
Es muß die gesamte Regierung + zurücktreten (allg. Zustimmung: 'Jaaa') ++ Den Bürgern + die durch freie Wahlen an die Spitze kommen werden + denen soll unser Vertrauen gehören ++ (Zustimmung: 'Jaa')
Ein Wort noch zu dem Reisegesetz ++ Es muß lauten und kann nich anders lauten ++ Jeder Bürger der DeDeEr darf fahren ++ Und eine dringende Forderung + eine unbedingte Forderung an die Regierung ++
Überprüft + überprüft wo die Mittel sind die wir aus dem Zwangsumtausch + und aus + den Autobahngebühren bekommen ++
(Zustimmung, anschwellend: 'Jaa')
Es ist ein kleiner Schritt voran daß ein Gesetz erstmalig wirklich zur Diskussion steht [spricht sehr laut, angestrengt] ++
Aber + es muß ein bessres her + das langt nicht (verhaltene Zustimmung) + Danke

SP8 Liebe Leipziger + hier spricht Martin Kind + Sprecher des Neuen Forum +++ (Begeisterung; Zustimmung)
Ich bin froh daß ich hier nicht alleine stehe ++ ich hatte fast Angst bei dem Regen + Wir sind immer wieder gefragt worden + was wir wollen ++ Neue Wahlen [fragend]
Wir wollen + daß diejenigen + die hier die Karre in den Dreck gefahren haben + dafür auch verantwortlich gemacht werden ++ (laute Zustimmung: 'Jaa'; Pfeifen)
Es genügt nicht + es genügt nicht + daß ein paar Sessel + leergemacht werden + Die Partei muß ihren Führungsanspruch zurückgeben (Ruf: 'Jawoll'; allg. Zustimmung: 'Jaa')
Wir sind + für freie Wahlen + (Rufe: 'Jaa') wir sind + dafür + daß wir so lange hier + am Montag + der uns lieb geworden ist ++ stehen und gehen + Danke (Zustimmung; Beifall)

SP-in9 Marek + hallo hallo + hallo (Sprechchöre, stärker werdend: 'Neues Forum zu-las-sen ...'; Sprecherin am Mikro stimmt in Sprechchöre ein) Neu-es Fo-rum zu-lassen

SP-in9 Hallo + hallo + hallo hört Ihr mich + Ich bin nur Maria Müller aus der Mariannenstrasse (zustimmende Rufe) ++

Wolfgang von Goethe hat gesagt (sehr langsam; wohlartikuliert) + Mein Leipzig lob ich mir ++ so lobe ich mir den schönen Montag ++ trotz Regen und Schnee sind wir alle hier ++

Alles was Ihr in Sprechchören gerufen habt + ging Euch aus dem Herzen + und mir auch ++ Ich bin für schnellere Entscheidungen auf der ganzen Linje ++ (Ruf: 'Jawoll') Machts gut + bleibt gesund und froh ++ (Fröhliche Zustimmung) Tschüß

SP10 Liebe + liebe Leipziger + mein Name ist Rolf Haupt ich bin Arzt ich bin parteilos + Ich arbeite seit dreissig Jahrn in dieser Stadt im Bezirkskrankenhaus Sankt Georg

Gestatten Sie mir ganz wenige Worte + Die meisten Forderungen die hier gestellt worden sind + sind auch meine Forderungen ++ Ich möchte Sie aber um eines ganz herzlich bitten + Vieles was wir emotional sagen + muß durch ganz konkrete + gut überdachte + Gedanken gestützt werden +

Ich meine das ganz besonders zu solchen Fragen wie der Ökologie in Leipzig + der Gestaltung des der- Neugestaltung der Volksbildung für unsere Kinder + als auch für die Fragen der Stadtgestaltung Leipzigs +

Wir sind eine der vernachlässigsten Städte in unserem Lande ++ (Zw-rufer: 'Zugunsten Berlins'; Allgemeine Zustimmung: 'Jaa')

Es gibt + es gibt für viele + es gibt für viele Berufssparten + in der Hauptstadt einen Sonderzuschlag (Zwischenrufe; Buhrufe)

Ich wäre der Meinung + daß die Stadt die am schlechtesten im Umweltschutz dasteht in Zukunft diesen Zuschlag erhält ++ (Laute Zustimmung; Beifall) Ich möchte + ich möchte aber auch daß wir alle + in Sachkompetenz + die Neugestaltung unserer Stadt + in baulicher + in kultureller + und in ökologischer Hinsicht mittragen + und daß uns nicht von Berlin ein neues Konzept übergestülpt wird (Zustimmende Rufe; Beifall)

Es (Beifall) es muß + es muß in dieser Stadt dazu aber Gruppen geben die mit Sachkompetenz Verstand + und Vorbildung diese Entscheidungen vorbereiten + Und deshalb darf ich alle die das können aufrufen + daß sie in Zukunft aktiv + ihre Ideen + und ihre Vorstellungen fixieren + in entsprechende Gruppen einbringen veröffentlichen und der Bevölkerung zur Diskussion stellen +

Ich bitte also um diese aktive Mitarbeit + um diese geistige Mitarbeit und zweitens + Ich bitte Sie ganz herzlich + daß wir dieser Heimatstadt Leipzig die Treue halten ++ und ich bitte zu dritt + von den Demonstrationen und von den Foren dieser Stadt + sind Signalwirklungen ausgegangen für unser ganzes Land + Das sollte uns stolz machen + Wir sollten aber dafür sorgen daß der friedliche Charakter und die konstruktive Offenheit + erhalten bleiben + Ich danke Ihnen
(zustimmende Rufe, lebhafter Beifall)

Gespr-leiter: Die Kundgebung ist beendet

Berliner Reden

Stefan Heym

Freunde, Mitbürger!

Es ist, als habe einer die Fenster aufgestoßen, nach all den Jahren der Stagnation, der geistigen, wirtschaftlichen, politischen, den Jahren von Dumpfheit und Mief, von Phrasengewäsch und bürokratischer Willkür, von amtlicher Blindheit und Taubheit - welche Wandlung. Vor noch nicht vier Wochen die schön gezimmerte Tribüne hier um die Ecke. Mit dem Vorbeimarsch, dem bestellten. Vor den Erhabenen. Und heute, heute Ihr, die Ihr Euch aus eigenem freien Willen versammelt habt für Freiheit und Demokratie und für einen Sozialismus, der des Namens wert ist.

In der Zeit, die hoffentlich jetzt zu Ende ist, wie oft kamen da die Menschen zu mir mit ihren Klagen, dem war Unrecht geschehen, und der war unterdrückt und geschurigelt worden, und allesamt waren sie frustriert. Und ich sagte: So tut doch etwas. Und sie sagten resigniert: Wir können doch nichts tun. Und das ging so, in dieser Republik, bis es nicht mehr ging. Bis sich so viel Unwilligkeit angehäuft hatte im Staate, und so viel Unmut im Leben der Menschen, daß ein Teil von ihnen weglief. Die anderen aber, die Mehrzahl erklärten, und zwar auf der Straße, öffentlich: "Schluß, ändern, wir sind das Volk!" Einer schrieb mir, und der Mann hat recht: Wir haben in diesen letzten Wochen unsere Sprachlosigkeit überwunden und sind jetzt dabei, den aufrechten Gang zu erlernen. Und das, Freunde, in Deutschland, wo bisher sämtliche Revolutionen danebengegangen. Und wo die Leute immer gekuscht haben, unter dem Kaiser, unter den Nazis und später auch. Aber sprechen, frei sprechen, gehen, aufrecht gehen, das ist nicht genug. Laßt uns auch lernen zu reagieren. Die Macht gehört nicht in die Hände eines einzelnen, oder ein paar weniger, oder eines Apparates, oder einer Partei. Alle müssen teilhaben an dieser Macht. Und wer immer sie ausübt und wo immer, muß unterworfen sein der Kontrolle der Bürger. Denn Macht korrumpiert, und absolute Macht - das können wir heute noch sehen - korrumpiert absolut. Der Sozialismus, nicht der Stalinsche, der richtige, den wir endlich erbauen wollen zu unserem Nutzen und zum Nutzen von ganz Deutschland. Dieser Sozialismus ist nicht denkbar ohne Demokratie. Demokratie aber - ein griechisches Wort - heißt: "Herrschaft des Volkes". Freunde, Mitbürger - üben wir sie aus, diese Herrschaft!

Christoph Hein

Liebe mündig gewordene Mitbürger!

Es gibt für uns alle viel zu tun, und wir haben wenig Zeit für diese Arbeit. Die Strukturen dieser Gesellschaft müssen verändert werden, wenn sie demokratisch und sozialistisch werden soll. Und dazu gibt es keine Alternative.

Es ist auch von den schmutzigen Händen, von den schutzigen Westen zu sprechen. Auch hier haben die Gesellschaft und die Medien noch viel zu tun. Verfilzung, Korruption, Amtsmißbrauch, Diebstahl von Volkseigentum - das muß aufgeklärt werden, und diese Aufklärung muß auch bei den Spitzen des Staates erfolgen. Sie muß dort beginnen.

Hüten wir uns davor, die Euphorie dieser Tage mit den noch zu leistenden Veränderungen zu verwechseln. Die Begeisterung und die Demonstrationen waren und sind hilfreich und erforderlich, aber sie ersetzen nicht die Arbeit. Lassen wir uns nicht von unserer eigenen Begeisterung täuschen: wir haben es noch nicht geschafft. Die Kuh ist nocht nicht vom Eis. Und es gibt noch genügend Kräfte, die keine Veränderungen wünschen, die eine neue Gesellschaft fürchten und auch zu fürchten haben.

Ich möchte uns alle an einen alten Mann erinnern, an einen alten und wahrscheinlich jetzt sehr einsamen Mann. Ich spreche von Erich Honecker. Dieser Mann hatte einen Traum, und er war bereit, für diesen Traum ins Zuchthaus zu gehen. Dann bekam er die Chance, seinen Traum zu verwirklichen. Es war keine gute Chance, denn der besiegte Faschismus und der übermächtigte Stalinismus waren dabei die Geburtshelfer. Es entstand eine Gesellschaft, die wenig mit Sozialismus zu tun hatte. Von Bürokratie, Demagogie, Bespitzelung, Machtmißbrauch, Entmündigung und auch Verbrechen war und ist diese Gesellschaft gezeichnet. Es entstand eine Struktur, der sich viele gute, kluge und ehrliche Menschen unterordnen mußten, wenn sie nicht das Land verlassen wollten. Und keiner mehr konnte erkennen, wie gegen diese Struktur vorzugehen sei, wie sie aufzubrechen ist.

Und ich glaube, auch für diesen alten Mann ist unsere Gesellschaft keinesfalls die Erfüllung seines Traumes. Selbst er, an der Spitze dieses Staates stehend und für ihn, für seine Erfolge, aber auch für Fehler, Versäumnisse und Verbrechen besonders verantwortlich, selbst er war den verkrusteten Strukturen gegenüber fast ohnmächtig.

Ich erinnere an diesen Mann nur deshalb, um uns zu warnen, daß nicht auch wir jetzt Strukturen schaffen, denen wir eines Tages hilflos ausgeliefert sind. Schaffen wir eine demokratische Gesellschaft auf einer gesetzlichen Grundlage, die einklagbar ist. Einen Sozialismus, der dieses Wort nicht zur Karikatur macht. Eine Gesellschaft, die dem Menschen angemessen ist und ihn nicht der Struktur unterordnet. Das wird für uns alle viel Arbeit geben, auch viel Kleinarbeit. Schlimmer als Stricken.

Und noch ein Wort. Der Erfolg hat bekanntich viele Väter. Offenbar glauben viele, die Veränderungen in der DDR sind schon erfolgreich, denn es melden sich jetzt viele Väter dieses Erfolges. Merkwürdige Väter, bis hoch in die Spitze des Staates. Aber ich denke, unser Gedächtnis ist nicht so schlecht, daß wir nicht wissen, wer damit begann, die übermächtigen Strukturen aufzubrechen. Wer den Schlag [sic!] der Vernunft beendete. Es war die Vernunft der Straße, die Demonstrationen des Volkes. Ohne diese Demonstrationen wäre die Regierung nicht verändert worden, könnte die Arbeit, die gerade erst beginnt, nicht erfolgen.

Und da ist an erster Stelle Leipzig zu nennen. Ich meine, der Oberbürgermeister unserer Stadt sollte im Namen der Bürger Berlins - da wir alle gerade mal hier zusammenstehen - dem Staatsrat und der Volkskammer vorschlagen, die Stadt Leipzig zur “Heldenstadt der DDR” zu ernennen.

Wir haben uns an den langen Namen “Berlin - Hauptstadt der DDR” gewöhnen müssen. Ich denke, es wird leichter sein, uns an ein Sraßenschild “Leipzig - Heldenstadt der DDR” zu gewöhnen.

Der Titel wird unseren Dank bekunden. Er wird uns helfen, die Reform unumkehrbar zu machen. Er wird uns an unsere Versäumnisse und Fehler in der Vergangenheit erinnern. Und er wird die Regierung an die Vernunft der Straße mahnen, die stets wach blieb und sich, wenn es notwendig ist, wieder zu Wort meldet.

Friedrich Schorlemmer

Ich spreche über Solidarität und Toleranz. Im Herbst 1989 sind wir auferstanden aus Ruinen und der Zukunft neu zugewandt.

Hier lohnt es sich jetzt, hier wird es spannend, bleibt doch hier. Jetzt brauchen wir buchstäblich jeden und jede. Es ist wahr, unser Land ist kaputt. Ziemlich kaputt. Es ist wahr, dumpf, geduckt, bevormundet haben wir gelebt - so viele Jahre. Heute sind wir hierhergekommen, offener, aufrechter, selbstbewußter. Wir finden zu uns sebst. Wir werden aus Objekten zu Subjekten des politischen Handelns. Wir können stolz sein.

Lebten wir gestern noch in der stickigen Luft der Stagnation, die atemberaubend war, so erleben wir jetzt Veränderungen, die atemberaubend sind.

Der Wehrunterricht wird abgeschafft, der Zivildienst wird eigeführt.

Plötzlich ist es zum Erlebnis geworden, unsere Zeitungen zu lesen. Aus Zerrspiegeln wurden Spiegel. Warum mußten wir so lange darauf warten?!

Ist das alles nur ein Traum, aus dem es ein bitteres Erwachen gibt? Oder sind wir mitten in einem wirklichen dauerhaften demokratischen Aufbruch? Wir brauchen jetzt, denke ich, Toleranz und kritische Solidarität miteinander.

Und nicht das Ausrufen der verständlichen Emotionen.

Wir brauchen eine Koalition der Vernunft, die quer durch die bisherigen Parteien und quer durch die neuen Bewegungen geht. Aber dazu gehört auch, daß die neuen Bewegungen - alle - zugelassen werden.

Der Wandel ist schon unübersehbar, aber noch ist er umkehrbar. Hatten die Herrschenden bisher die Signale unserer gesellschaftlichen Krise nicht gehört, höchstens abgehört, so haben die dramatischen Widersprüche sie jetzt gezwungen, von ihren Tribünen herabzusteigen und den gleichberechtigten Dialog zu beginnen. Und ich habe erlebt, wieviel sie sich jetzt anhören müssen. Und wir werden viele in ihren Ämtern nicht mehr tolerieren können. Und ich möchte meinen Respekt denen aussprechen, die freiwillig zurücktreten.

Der nun begonnene Dialog darf sich aber nicht aufs Dampf-Ablassen beschränken, sonst entartet er zum großen Papperlapapp des Volkes, bis der Winter einkehrt und alles wieder in die alten Bahnen gebracht wird. Wir brauchen weitere spürbare Ergebnisse des Dialogs. Der Dialog muß zum Normalfall des Umgangs zwischen Volk und Regierung werden. Er darf nicht Notmaßnahme im Krisenfall sein. Wer gestern noch die scharfe Kralle der Macht zeigte und heute das weiche Pfötchen des Dialogs hinhält, darf sich nicht wundern, daß viele noch die Kralle darunter fürchten.

Wer gestern noch die chinesische Lösung für richtig hielt, muß heute - und zwar verbindlich - erklären, daß dies für die DDR nicht zur Debatte steht, sonst bleibt die Angst.

Wir brauchen nun eine Stuktur der Demokratie von unten nach oben. Die Regierung hat auf das Volk zu hören und nicht das Volk auf die Regierung. Wir lassen uns nicht mehr bevormunden.

Eine Atmosphäre des Vertrauens in unserem Lande entwickelt sich erst, wenn das größte innenpolitische Sicherheitsrisiko, die Staatssicherheit, radikal abgebaut und vom Volk kontrolliert wird.

40 Jahre haben wir das erlaubt, jetzt sollen und können wir diesen riesigen

Angstapparat weder weiter tolerieren noch bezahlen.

Fehler dürfen nun nicht flugs korrigiert, sie müssen auch als Fehler zugegeben werden. Aber, liebe Freunde, liebe Mitbürger in unserem ganzen Land, reißen wir nun nicht neue Gräben auf, trauen wir jedem eine Wende zu, auch wenn nicht jeder in seiner alten Position verbleiben darf.

Aber bitte - keine Rachegedanken. Wo persönliche Verantwortung oder Schuld vorliegt, ist strikte Gesetzlichkeit einzuhalten. Tolerieren wir nirgendwo Stimmen und Stimmungen der Vergeltung.

Und zu uns aus der neuen demokratischen Bewegung möchte ich sagen, setzen wir an die Stelle der alten Intoleranz nicht neue Intoleranz. Seien wir tolerant und gerecht gegenüber den alten und neuen politischen Konkurrenten auch einer sich wandelnden SED.

Denken wir daran, welche Befürchtungen der neue erste Mann auslöste und welche neue Bewegung mit ihm schon in Gang gekommen ist. Ich meine, wir wollen und wir können unser Land jetzt nicht ohne die SED aufbauen.

Aber sie muß nicht führen.

Toleranz erwächst aus der Erkenntnis, daß auch wir irren und den alten Fehlern neue hinzufügen werden. Damit aber niemand wieder Irrtümer unangefochten als Wahrheit ausgeben kann, dazu brauchen wir die volle Demokratie, die keinen festgeschriebenen Wahrheits- und Führungsanspruch einer Gruppe vertritt. Nirgendwo.

Darum: Demokratie jetzt oder nie.

Ohne die wache Solidarität aller demokratischen Kräfte wird es nicht gelingen, eine lebensfähige Demokratie aufzubauen, die Zersplitterung der Demokraten ist stets die Stunde der Diktatoren.

Wir werden noch durch ein Tal hindurchgehen, wir werden uns nicht durch besonderen Wohlstand auszeichnen können. Aber vielleicht durch mehr Freundlichkeit und Wärme. Aus Wittenberg kommend erinnere ich Regierende und Regierte - also uns alle - an ein Wort Martin Luthers: Lasset die Geister aufeinanderprallen, aber die Fäuste haltet stille.

Christa Wolf

Jede revolutionäre Bewegung befreit auch die Sprache. Was bisher so schwer auszusprechen war, geht uns auf einmal frei über die Lippen, wir staunen, was wir offenbar schon lange gedacht haben, was wir uns jetzt zurufen: Demokratie - jetzt oder nie!, und wir meinen Volksherrschaft, und wir erinnern uns der steckengebliebenen oder blutig niedergeschlagenen Ansätze in unserer Geschichte und wollen die Chance, die in dieser Krise steckt, da sie alle unsere produktiven Kräfte weckt, nicht wieder verschlafen; aber wir wollen sie auch nicht vertun durch Unbesonnenheit oder die

Umkehrung von Feindbildern.

Mit dem Wort "Wende" habe ich meine Schwierigkeiten. Ich sehe da ein Segelboot, der Kaptain ruft "Klar zur Wende!", weil der Wind sich gedreht hat, und die Mannschaft duckt sich, wenn der Segelbaum über das Boot fegt. Stimmt dieses Bild? Stimmt es noch in dieser täglich vorwärtstreibenden Lage?

Ich würde von "revolutionärer Erneuerung" sprechen. Revolutionen gehen von unten aus. "Unten" und "oben" wechseln ihre Plätze in dem Wertesystem, und dieser Wechsel stellt die sozialistische Gesellschaft vom Kopf auf die Füße. Große soziale Bewegungen kommen in Gang, soviel wie in diesen Wochen ist in unserem Land noch nie geredet worden, miteinander geredet worden, noch nie mit dieser Leidenschaft, mit soviel Zorn und Trauer, und mit soviel Hoffnung. Wir wollen jeden Teg nutzen, wir schlafen nicht oder wenig, wir befreunden uns mit Mengen neuer Menschen, und wir zerstreiten uns schmerzhaft mit anderen. Das nennt sich nun "Dialog", wir haben ihn gefordert, nun können wir das Wort fast nicht mehr hören und haben doch noch nicht wirklich gelernt, was es ausdrücken will. Mißtrauisch starren wir auf manche plötzlich ausgestreckte Hand, in manches vorher so starre Gesicht: "Mißtrauen ist gut, Kontrolle noch besser" - wir drehen alte Losungen um, die uns gedrückt und verletzt haben, und geben sie postwendend zurück. Wir fürchten, ein ehrlich gemeintes Angebot auszuschlagen - in diesem Zwiespalt befindet sich nun das ganze Land. Wir wissen, wir müssen die Kunst über, den Zwiespalt nicht in Konfrontation ausarten zu lassen: Diese Wochen, diese Möglichkeiten werden uns nur einmal gegeben - durch uns selbst.

Verblüfft beobachten wir die Wendigen, im Volksmund "Wendehälse" genannt, die, laut Lexikon, sich "rasch und leicht einer gegebenen neuen Situation anpassen, sich in ihr geschickt bewegen, sie zu nutzen verstehen". Sie am meisten blockieren die Glaubwürdigkeit der neuen Politik. Soweit sind wir wohl noch nicht, daß wir sie mit Humor nehmen können - was uns doch in anderen Fällen schon gelingt. "Trittbrettfahrer - zurücktreten!" lese ich auf den Transparenten. Und an die Polizei gerichtet, von Demonstranten der Ruf: "Zieht euch um und schließt euch an!" - ein großzügiges Angebot. Ökonomisch denken wir auch: "Rechtssicherheit spart Staatssicherheit!", und wir sind zu existentiellen Verzichten bereit: "Bürger, stell die Glotze ab, setz dich mit uns jetzt in Trab!" - Eine unglaubliche Losung habe ich heute gesehn: "Keine Privilegien für uns Berliner!"

Ja: Die Sprache springt aus dem Ämter- und Zeitungsdeutsch geraus, in das sie eingewickelt war, und erinnert sich ihrer Gefühlswörter. Eines davon ist "Traum"; also träumen wir, mit hellwacher Vernunft!

"Stell dir vor, es ist Sozialismus, und keiner geht weg!"

Sehen aber die Bilder der immer noch Weggehenden, fragen uns: Was tun?

und hören als Echo die Antwort: Was tun! - das fängt jetzt an, wenn aus den Forderungen Rechte, also Pflichten werden: Untersuchungskommission, Verfassungsgericht, Verwaltungsreform. Viel zu tun, und alles neben der Arbeit. Und dazu noch Zeitunglesen!

Zu Huldigungsvorbeizügen, verordneten Manifestationen werden wir keine Zeit mehr haben. Dieses ist eine Demo, genehmigt, gewaltlos. Wenn sie so bleibt, bis zum Schluß, wissen wir wieder mehr über das, was wir können, und darauf bestehen wir dann.

“Vorschlag für den Ersten Mai - Die Führung zieht am Volk vorbei.” - Alles literarisches Volksvermögen! Unglaubliche Wandlungen. Das “Staatsvolk der DDR” muß auf die Straße gehen, um sich als - Volk zu erkennen. Und dies ist für mich der wichtigste Satz dieser letzten Wochen - der tausendfache Ruf: Wir - sind - das - Volk!

Eine schlichte Feststellung. Die wollen wir nicht vergessen.

Christa Wolfs Streit mit dem "großen Bruder"
Politische Diskurse der DDR im Herbst 1989

Reinhard Hopfer (Berlin)

1. Der heuristische Wert des Orwellschen Motivs

In seinem Roman *1984* erfaßt George Orwell mit dem Motiv des "großen Bruders" und einer Reihe weiterer literarischer Erfindungen (*Neusprech, Doppeldenk, Zwei-Minuten-Haß, Ministerium der Liebe* usw.) Lebenssituationen und Kommunikationsverhältnisse in totalitären Gesellschaften, die cum grano salis auch in der DDR-Gesellschaft anzutreffen waren. Sie umzustürzen erforderte nicht zuletzt, die "Sprache zu befreien", wie es Christa

Wolf in ihrer Rede auf dem Alexanderplatz am 4. November 1989 in Berlin formulierte. Die Reden des "großen Bruders" durften nicht länger hingenommen werden. Die Beseitigung der deformierten Verhältnisse des öffentlichen Sprechens war ein selbständiges Revolutionsziel und zugleich ein Indikator für den gesamten revolutionären Prozeß. An der sich von Woche zu Woche verändernden Sprache konnte auch der Letzte erkennen, daß die politischen Verhältnisse selbst im Umbruch waren. Diese exponierte Stellung der Sprache im Herbst 1989 ergab sich zum einen auf Grund einer völlig neuartigen Medienöffentlichkeit. Die bescheidenen Texte der Opposition vom September benötigten nicht Monate oder Jahre, um ihre Adressaten zu erreichen. Über die "Westmedien" waren sie im Prinzip bereits zum Zeitpunkt der Veröffentlichung allgemein zugänglich. Jede friedlich verlaufende Montagsdemonstration in Leipzig und anderswo erschloß neue Themen des nun in der Öffentlichkeit Sagbaren. Für die exponierte Stellung der Sprache gab es aber noch einen zweiten Grund. Die bedrückenden Verständigungsverhältnisse innerhalb der Gesellschaft, die jeden so oder so affizierten, standen exemplarisch für die Krise der Gesellschaft insgesamt. Sprache und ihr Gebrauch sind eine elementare Bedingung menschlichen Lebens. Ihre Destruktion in einem so zentralen Bereich wie dem der Politik muß als existentielle Gefährdung erlebt werden. Diese zu beseitigen war ein wichtiges Anliegen vieler Demonstrationen, in ganz besonderem Maße derjenigen vom 4. November 1989 in Berlin. Bevor die Mauer fallen konnte, mußte das vom "großen Bruder" verordnete Schweigen gebrochen werden.

Um diese Auseinandersetzung, die das öffentliche Reden zum Gegenstand hatte, analysieren zu können, wollen wir in (2.) den Begriff "politischer Diskurs" einführen. Mit ihm werden wir dann in (3.) anhand der Rede von Christa Wolf sowie weiterer Texte die "Befreiung der Sprache" bzw. das, was wir als Christa Wolfs "Streit mit dem großen Bruder" bezeichnen, theoretisch rekonstruieren.

2. Der Diskurs als eine komplexe sprachliche Erscheinung auf der makrosozialen Ebene

Will man solche Phänomene der Sprache und Kommunikation, die Orwell mit dem Motiv des "großen Bruders" anspricht, wissenschaftlich untersuchen, sind eine Reihe bekannter linguistischer Begriffe wie *Text, Textsorte, Wortschatz, Stilmuster, Sprechakttyp* usw. zur Beschreibung linguistischer Fakten nützlich. Es bleibt aber fraglich, ob man mit einem solchen Instrumentarium schon erklären kann, warum die Veränderung der Sprache bzw.

des öffentlichen Sprechens so nachdrücklich gefordert wurde, wie das im Herbst 1989 der Fall war. Denn der politische Protest richtete sich nicht gegen dieses oder jenes Wort bzw. Stilmuster. Abgelehnt wurde eine bestimmte Kombination verschiedener sprachlicher Einzelphänomene. Der Protest richtete sich gegen die Kombination insgesamt und gegen diejenigen, die mit einer derartigen Sprechweise politische Herrschaft ausübten.

Damit stellt sich die grundsätzlichere Frage nach der Modellierung des Zusammenhangs von Sprache und Politik. Es liegt in der Natur der politischen und Massenkommunikation, daß nicht der einzelne Text oder die einzelne Äußerung, sondern eine Entität mit quantitativ und qualitativ anderen Eigenschaften - wir bezeichnen sie im folgenden als *Diskurs* - konstitutiv für das politische Sprechen auf der makrosozialen Ebene ist.

Der Diskursbegriff soll eine komplexe Erscheinung sprachlicher Kommunikation auf der makrosozialen Ebene abbilden, für die eine Reihe funktional-prozessualer und instrumental-resultativer Merkmale charakteristisch sind. Von einer komplexen Erscheinung sprachlicher Kommunikation auf der makrosozialen Ebene kann man aus zwei Gründen sprechen: Erstens sind es kollektive (politische) Rede-Subjekte, die, geleitet von strategischen Handlungszielen, versuchen, mit einzelnen Texten in jeweils abgeschlossenen Kommunikationsvorgängen (politisch) relevante Veränderungen in der gesellschaftlichen Realität herbeizuführen bzw. zu verhindern (= funktional-prozessualer Aspekt der Komplexion). Zweitens produzieren sie dabei ein geordnetes Ganzes Text gewordener Bewußtseinsinhalte und sprachlicher Handlungsabsichten sowie die finalen, instrumentalen und thematischen Bedingungen, unter denen sie in künftigen Kommunikationsereignissen mit Texten (politisch) relevante Veränderungen herbeiführen bzw. verhindern (= instrumental-resultativer Aspekt der Komplexion).

Ein so abgesteckter Rahmen läßt eine Vielzahl von Einzelfragen und -konzeptualisierungen zu. Auch die meisten der vorliegenden Vorschläge zum Diskursbegriff lassen sich hier integrieren. Auf deren Diskussion muß an dieser Stelle verzichtet werden. Erwähnt sei aber, daß der häufig als Diskurs aufgefaßte Einzeltext (einzelne Äußerung) einen Grenzfall des Diskurses darstellt, wie er von uns anvisiert wird. Der entscheidende Unterschied besteht im Komplexionsgrad.

Die komplexe Erscheinung sprachlicher Kommunikation auf der makrosozialen Ebene "politischer Diskurs" weist folgende charakteristische Merkmale auf, die zunächst genannt und dann erläutert werden:

1. Politische Diskurse werden durch kollektive politische Redesubjekte produziert.

2. Der politische Habitus eines kollektiven Redesubjektes schlägt sich in einem jeweils diskursspezifischen sprachlichen Instrumentarium, dem Diskursinstrumentarium, nieder.
3. Politische Diskurse wenden sich an die Öffentlichkeit und konstituieren sie zugleich mit.
4. Damit politische Diskurse in die Gesellschaft hineinwirken können, müssen ihre Texte mehrfachadressiert und polyfunktional sein.
5. Diskurse besitzen eine intradiskursive Struktur, durch die insbesondere die Beziehungen zwischen aufeinanderfolgenden bzw. parallelen Texten, die Themenentfaltung, die Hierarchisierung und Linearisierung von Sprechhandlungen entsprechend den strategischen Kommunikationszielen und die sukzessive Problembearbeitung innerhalb einer Textfolge geregelt werden.
6. Das Verlaufsprofil eines Diskurses (Diskursprofil) wird bestimmt durch das Zusammenwirken diskursexterner und -interner Faktoren und Prozesse während einer historischen Zeiteinheit.
7. Verschiedene Diskurse können zueinander in interdiskursiven Beziehungen stehen. Unter bestimmten Voraussetzungen bilden sich daraus Diskurse zweiten Grades, sogenannte Interdiskurse.
8. Die in einem historisch gegebenen politischen Zusammenhang gleichzeitig existierenden Diskurse konstituieren eine Diskurskonstellation, in der um die Hegemonie gerungen wird und in der Prozesse gesamtgesellschaftlicher Konsensbildung stattfinden.

2.1. Kollektive Redesubjekte

Für die Annahme kollektiver politischer Redesubjekte spricht die Tatsache, daß politisches Handeln zwar immer auch einzelne Individuen betrifft, aber grundsätzlich mit dem Phänomen der Machterringung bzw. -ausübung verbunden ist. Das Phänomen der Macht seinerseits setzt voraus, daß es große rivalisierende Gruppen von Menschen gibt, die aufgrund ihrer unterschiedlichen Interessen in antagonistischer Weise verbunden sind. Sie können diese nicht unabhängig voneinander gleichzeitig realisieren. Politik, verstanden als eine Ordnungsleistung, die die Beziehungen zwischen diesen Interessen im Rahmen historisch gegebener Handlungsmöglichkeiten zu regeln hat, ist an kommunikative Prozesse und Strukturen gebunden, die grundsätzlich über die Reichweite individuellen kommunikativen Handelns hinausgehen. Es gibt zwar außerhalb der Politik ebenfalls kollektive Redesubjekte, aber erst in der Politik spielt die gesamtgesellschaftliche Reichweite der Äußerungen und die Thematisierung der existentiellen Interessen großer Menschengruppen eine zentrale Rolle.

Die Kollektivität der redenden Subjekte zeigt sich in einer Reihe von Eigenschaften, die auf individuelle Redesubjekte nicht zutreffen. Am wichtigsten ist wohl, daß nur kollektive Redesubjekte ein Inventar gesellschaftlich relevanter Themen besitzen und über eine Menge strategischer Kommunikationsziele verfügen. Unter linguistischen Gesichtspunkten ist die Ausdifferenzierung der Sprecherrolle von besonderem Interesse. Man kann mindestens eine Dreiteilung vornehmen zwischen dem kollektiven Redesubjekt, dem institutionellen Akteur und dem individuellen Textproduzenten. Die Befugnis zum Sprechen kann durch bestimmte Prozeduren institutionellen Akteuren/individuellen Rednern erteilt werden. In außergewöhnlichen Situationen können sich exponierte Individuen das Rederecht auch ohne formelle Legitimation nehmen, wie dies bei der Rede von Christa Wolf der Fall war.

Das Verhältnis zwischen denen, die reden und denen, in deren Namen gesprochen wird, ist in der Regel durch Konflikte bestimmt. In modernen Gesellschaften ist die Existenz kollektiver Redesubjekte untrennbar mit dem Vorhandensein der Massenmedien verknüpft. Daraus ergibt sich (in demokratisch verfaßten Gesellschaften) eine Vielstimmigkeit politischen Redens mit nicht immer leicht aufzuklärenden Abhängigkeitsbeziehungen zwischen den Redenden und denen, in deren Auftrag geredet wird.

2.2. Diskursinstrumentarium

Kollektive Redesubjekte entwickeln unter Verwendung allgemein zugänglicher sprachlicher Ausdrucksmöglichkeiten ein mehr oder weniger für sie typisches eigenes sprachliches Instrumentarium. Kernstück dieses Instrumentariums ist entweder ein eigener politischer Wortschatz oder eine spezifische Interpretation zentraler politischer Begriffe. Es besteht ferner aus bevorzugten Topoi, Argumentations- und Stilmustern, Textsorten, Formen metaphorischen Redens usw. Die Ausprägung des Diskursinstrumentariums verläuft teilweise geplant (begrifflich-semantischer Teil) und teilweise spontan (Bevorzugung einzelner Textsorten, Stilmuster, Sprechakttypen). Das Verhältnis verschiedener Diskursinstrumentarien zueinander ist sowohl durch bewußte Abgrenzung als auch durch gezielte Übernahme von Bestandteilen aus anderen Instrumentarien gekennzeichnet. Konkurrierende Redesubjekte werfen sich gegenseitig nicht selten die unbefugte Verwendung des jeweils fremden Instrumentariums vor. Der wechselseitig erhobene Vorwurf des "falschen Sprachgebrauchs" ist dafür typisch. Indem das eigene Diskursinstrumentarium als "richtiger" Sprachgebrauch eingestuft und andere Diskursinstrumentarien tabuisiert bzw. stigmatisiert werden, erfolgt auch auf diesem Wege eine Identitätsbildung kollektiver politischer Subjekte.

2.3. Öffentlichkeit

Der für das politische Handeln eines kollektiven Subjekts erforderliche Konsens zwischen seinen Mitgliedern läßt sich nur durch öffentliche Kommunikation innerhalb der jeweiligen Gruppierung erreichen. Dabei müssen die eigenen politischen Interessen, Ziele und Anschauungen zu denen anderer öffentlich in Beziehung gesetzt werden, wenn sie im Rahmen einer gegebenen Gesellschaft anerkannt und realisiert werden sollen. Selbst eine konspirativ arbeitende politische Gruppierung muß irgendwann ihre Ansprüche öffentlich anmelden. Genau das war auch das Problem der Opposition in der DDR 1989. In dem Maße, wie sie ihre Forderungen öffentlich machen konnte, gewann sie an politischem Einfluß.

Unter inhaltlichen Gesichtspunkten ist Öffentlichkeit die Menge der zugelassenen (politischen) Themen, zu denen es allerdings unterschiedliche Meinungen geben kann. Dabei ist ein Thema zunächst nichts weiter als ein erlaubtes oder erwünschtes Erkenntnisobjekt, mit dessen Behandlung in Texten das Bedürfnis nach politischer Orientierung befriedigt werden kann. Ein solches für die Öffentlichkeit zugelassenes Thema muß mehrere Strukturierungsschritte durchlaufen, um zum Thema eines Einzeltextes zu werden. Unter dem Aspekt der Produktion und Rezeption hat Öffentlichkeit etwas mit der uneingeschränkten Verbreitung bzw. mit dem uneingeschränkten Zugang zu Information zu tun.

2.4. Mehrfachadressiertheit/Polyfunktionalität

Texte politischer Diskurse sind in der Regel mehrfachadressiert und polyfunktional. Unter der Bedingung des öffentlichen Redens richten sich politische Texte meist gleichzeitig an die eigene Anhängerschaft, potentielle Partner/Verbündete, neutrale Beobachter und politische Gegner. Was für den einen (Teil-) Adressaten ein Vorschlag sein kann, ist nicht selten für einen anderen eine Warnung, Kritik usw.

2.5. Intradiskursive Struktur

In der Politik äußern sich kollektive Redesubjekte nicht nur einmal und nur mit einem Text, sondern über einen längeren Zeitraum mit einer Vielzahl von Texten. Von einem kollektiven Redesubjekt zu sprechen hat nur dann Sinn, wenn man diesem ein Handeln und Reden in historischer Perspektive zubilligt. Es ist zwar fundamental, daß Menschen nur erfolgreich sprechen (und handeln) können, indem sie zu voneinander abgrenzbaren Einzeltexten (Handlungsergebnissen) kommen. Aber sie sind ebenso in der Lage, an die Resultate früheren Sprechens (Handelns) anzuknüpfen. Die Produktion von Texten (wie Handeln generell) ist für individuelle Akteure keine gedächtnislose und für kollektive Handlungssubjekte keine geschichtslose Angelegenheit. Beide greifen ständig auf bereits Gesagtes zurück, modifizieren es, weisen es zurück oder setzen es fort. Die Fähigkeit, kognitive Kohärenz zu stiften, ist nicht nur auf den Einzeltext beschränkt, sondern gilt auch für aufeinanderfolgende Texte. Dabei gilt diese Fähigkeit gleichermaßen für die Sprachproduktion und -rezeption. Die Menschen können ihre kognitive Umgebung (z.B. in Form von Texten) wahrnehmen und planmäßig in ihrem eigenen Handeln (Sprechen) berücksichtigen.

Der einzelne Text steht in einem Geflecht vorangegangener, gleichzeitiger und künftiger Texte. In einem derartigen Textgeflecht gibt es zwischen den Einheiten eine Reihe von Beziehungen wie Wiederholung, Kommentierung, Erläuterung, Reformulierung, Zurückweisung, Präzisierung usw. Wir finden im Einzeltext Spuren von bereits Gesagtem und zugleich eröffnet er Perspektiven für künftig Sagbares und legt ebenso Grenzen dafür fest. Diese Möglichkeit, einen Text zu anderen in Beziehung zu setzen, kann unter bestimmten Voraussetzungen, wie sie z.B. in der Politik, in Wissenschaft und Literatur gegeben sind, dazu führen, daß ein so entstehendes Textgeflecht nicht sofort wieder zerfällt, sondern zu einer komplexen sprachlichen Erscheinung sui generis, dem Diskurs, wird. *Diskurs* bezeichnet in diesem Zusammenhang eine manifeste Struktur, *Diskursivität* die zahlreichen Strukturbildungsmechanismen für komplexe sprachliche Erscheinungen, die über den Einzeltext hinausgehen. Außer den bereits genannten (Wiederholung usw.) gehören hierher auch die Frage-Antwort-Mechanismen, Themenprogression, -entfaltung und -fokussierung, die unterschiedlichsten Arten des Kritisierens (Rezension, Polemik, Gutachten usw.), Formen des Zitierens und Resümierens.

Die Unterscheidung zwischen dem Diskurs als manifester Struktur und der Diskursivität als Menge von Strukturbildungsmechanismen erlaubt es, den vielen Übergangserscheinungen zwischen dem Einzeltext und der Textfolge innerhalb eines Diskurses gerecht zu werden. Eine solche Mittelstellung nehmen z.B. ein längeres Gespräch, eine Unterrichtsstunde usw. ein.

2.6. Diskursprofil

Das Reden eines kollektiven Subjekts hängt nicht allein von ihm selbst ab, sondern ebenso von den Rede- und Handlungszügen der anderen politischen Kräfte und wird im weiteren durch die Bewegungsabläufe der aktuellen Zeitgeschichte bestimmt. Aus diesem Grunde ist die Textfolge eines Diskurses nicht vergleichbar mit einem Makrotext, der mehrere Kapitel enthält, oder einer Enzyklopädie, die aus vielen Bänden besteht. Der Unterschied zwischen einem mehrgliedrigen Text und der Textfolge eines Diskurses ergibt sich u.a. daraus, daß der in einem Text dargestellte Sachverhalt normalerweise vor dem Verfassen des Textes abgeschlossen ist. Dagegen sind die einzelnen Diskursschritte immer Reaktion oder Einflußnahme auf politische Ereignisse bzw. andere Texte. Die besprochene Welt wandelt sich während des Redens. Zwischen den Teilen eines mehrgliedrigen Textes bestehen semantische und pragmatische Beziehungen. Solche gibt es auch zwischen den Texten eines Diskurses. Jeder mehrgliedrige Text stellt eine - wenn auch komplexe - sprachliche Handlung dar. Demgegenüber ist für einen Diskurs die Aufeinanderfolge mehrerer abgeschlossener sprachlicher Handlungen konstitutiv. Das Schreiben eines mehrgliedrigen Textes hat keine Geschichte im strengen Sinne des Wortes. Im Gegensatz dazu besitzen Diskurse eine historische Dimension. Die Modellierung des Verlaufs politischer Diskurse kann z.Z. keineswegs als gelöst betrachtet werden. Selbstverständlich ist es aber möglich, das Diskursprofil für einen oder mehrere Texte näher zu bestimmen, indem man z.B. folgende Fragen beantwortet:

- Ist der Text ein Initial- oder ein Folgetext;
- eröffnet er ein neues Thema oder setzt er die Bearbeitung eines Themas fort;
- ist er eine Reaktion auf einen Text des eigenen oder eines fremden Diskurses;
- hat der Text die Funktion, das Interesse an einem Thema aufrecht zu erhalten;
- ist er primär durch nichtverbale Vorgänge und Ereignisse bedingt?

2.7. *Interdiskursivität*

Kollektive Redesubjekte beziehen sich in beträchtlichem Maße auf die Texte fremder Diskurse. Zwischen den beiden Extremen vollständige Übernahme und explizite Ablehnung existieren vielfältige Formen der sprachlichen Be- und Verarbeitung fremden sprachlichen Materials. Besonders aufmerksam verfolgen kollektive Redesubjekte Schlüsseltexte in anderen Diskursen (Parlamentsreden, Regierungserklärungen, Parteiprogramme, Wahlprogramme sowie alle Texte, die Positionsveränderungen anzeigen). Einen Spezialfall von Interdiskursivität stellen die Mediendiskurse dar, die professionell die Verarbeitung und Verbreitung politischer Diskurse betreiben, sich allerdings nicht darauf beschränken. Die Massenmedien sind in modernen Gesellschaften der bevorzugte Ort, wo verschiedene Diskurse einander begegnen und miteinander konkurrieren, wo sie jenen Grad von Publizität erreichen, der sie erst zu einem politisch relevanten Faktor macht. Den einzelnen kollektiven Redesubjekten ist es nicht freigestellt, ob sie sich interdiskursiv verhalten oder nicht. Sie erreichen gesellschaftliche Anerkennung nur, indem sie neben den für sie jeweils charakteristischen Themen auch solche bearbeiten bzw. auf die Tagesordnung setzen, die Problemsituationen der gesamten Gesellschaft erfassen. Interdiskursivität wird vor allem dadurch geschaffen, daß verschiedene Redesubjekte dieselben Themen bearbeiten. Einen weiteren Interdiskursivität stiftenden Faktor stellt die gemeinsame Nutzung des allen zugänglichen sprachlichen Ausdruckspotentials dar. Das einzelne Redesubjekt entwickelt zwar aufbauend auf diesem Ausdruckspotential ein spezifisches Diskursinstrumentarium. Es kann aber anderen dessen Nutzung für ihre Zwecke nicht verbieten. Die Verwendung des Wortschatzes, den Gebrauch der historisch entstandenen Textsorten, die Nutzung vorhandener Stilmuster usw. durch andere können die einzelnen Redesubjekte nicht verhindern.

2.8. *Diskurskonstellation*

Wie in einer gegebenen historischen Situation die jeweiligen politischen Kräfte aufeinander bezogen sind, so auch deren Diskurse in einer Diskurskonstellation. Was auf der Ebene des politischen Handelns der Kampf um die Machterringung und -erhaltung ist, hat sein Analogon auf der Ebene des politischen Redens in der Auseinandersetzung um die Hegemonie. Ihr Besitz in einer Diskurskonstellation bedeutet vor allem Kontrolle darüber, welche Themen zugelassen und wie sie bearbeitet werden. Hegemonie schließt ferner die Favorisierung des eigenen Diskursinstrumentariums - insbesondere der politischen Begrifflichkeit - ein. Nicht zuletzt bedeutet Hegemonie, daß die Reichweite des herrschenden Diskurses weit über die eigene Anhängerschaft hinaus ausgedehnt wird. Im Herbst 1989 ging es in der DDR um zweierlei: um die Entmachtung des alten hegemonialen Diskurses und um einen neuen (demokratischen) Typ von Diskurskonstellation.

3. Diskursanalyse

3.l. Für wen spricht Christa Wolf?

> Was bisher so schwer auszusprechen war, geht uns auf einmal frei von den Lippen.
> Wir staunen, was wir offenbar schon lange gedacht haben und was wir uns jetzt laut zurufen [...].
> Und wir erinnern uns [...].
> Mißtrauisch starren wir [...].
> Wir wissen, wir müssen die Kunst üben [...].
> Ökonomisch denken wir auch [...].
> Also träumen wir [...]. (Vgl. Christa Wolfs Rede vom 4. November 1989)[1]

Christa Wolf verwendet in ihrer Rede erstaunlich häufig die Personalpronomen *wir, uns* und *ich.* Aber nicht nur deshalb stellt sich die Frage, wer sind "wir" und "uns"? Texte entstehen nicht von selbst. Sie werden von einem Redesubjekt hervorgebracht und sind an einen Adressaten gerichtet. Auf ihre Untersuchung kann bei einer Textanalyse nicht verzichtet werden. Zunächst kann man davon ausgehen, daß mit "wir" und "uns" die anwesenden Demonstranten, die politische Opposition und im weiteren Sinne das Volk gemeint sind. Im Auftrag dieses kollektiven Redesubjektes tritt Christa Wolf als befugte Sprecherin auf. Das "wir" läßt sich näher bestimmen, wenn man untersucht, was in den Sätzen geschieht, in denen dieses Personalpronomen verwendet wird. Mit "wir" werden alle diejenigen bezeichnet, die gemeinsam mit der Rednerin die im Text angeführten Erfahrungen, Ängste, Hoffnungen, Wünsche, Kenntnisse, Träume, Absichten und Forderungen

---

[1] Im Anhang an den Beitrag von Christina Schäffner (in diesem Band, S. 149-153). - Wegen der vor allem die syntaktische Strukturierung durch die Interpunktion betreffenden Unterschiede zwischen den verschiedenen veröffentlichten Fassungen und weil sich der Verf. - wie Schäffner, aber anders als Volmert (in diesem Band, S. 59-95) - auf die Satzzählung bezieht, wird die Rede Christa Wolfs an der angegebenen Stelle ein weiteres Mal abgedruckt [Anm. d. Hrsg.].

teilen. Christa Wolf definiert durch die Aufzählung einer Reihe mentaler Zustände das kollektive Redesubjekt, dem sie ihre Stimme leiht. In der Rede erfolgt eine auffällige Selbstidentifikation des kollektiven Subjekts. Die Art und Weise, wie es sich im Text darstellt, läßt Rückschlüsse auf das kommunikative Geschehen insgesamt zu. Die ausführliche Selbstdarstellung spricht dafür, daß sich das redende Subjekt als neu und unbekannt ansieht und daher glaubt, sich vorstellen zu müssen. Es ist sich seiner Identität noch nicht sicher. Damit korrespondiert auch die Tatsache, daß politische Kategorien zur Beschreibung des politischen Akteurs eher in geringem Umfang benutzt werden. Diese Interpretation stützt auch die Tatsache, daß der Text die Form eines öffentlichen Selbstgesprächs aufweist, in dem das Redesubjekt sich Mut zuspricht.

> Wir staunen, was wir offenbar schon lange gedacht haben und was wir uns jetzt *laut* zurufen: "Demokratie jetzt oder nie!" (Ebd.)

Hier taucht nicht zufällig das Motiv des lauten Rufens als eine Form der Angstbewältigung auf. Die Angst, die die Demonstranten am 4. November und vor allem bei vorangegangenen Demonstrationen hatten, wird im Text noch an anderer Stelle thematisiert:

> Dies ist eine Demo, genehmigt, *gewaltlos*. Wenn sie so bleibt bis zum Schluß, wissen wir wieder mehr über das, was wir können, und darauf bestehen wir dann. (Ebd.)

Besonders charakteristisch für die erwähnte dialogische Gestaltung des Textes ist die folgende Passage:

> Wir sehen aber die Bilder der immer noch Weggehenden und *fragen* uns: Was tun? und hören als Echo die *Antwort*: Was tun! (Ebd.)

Kollektive Redesubjekte definieren sich wesentlich über ihre Themen bzw. über die subjektspezifische Themenbearbeitung. Christa Wolfs Text greift vor allem drei Themen auf, die der oppositionelle Diskurs bisher bearbeitet hatte. Zentrales Thema ihrer Rede ist die "befreite Sprache" bzw. die "Befreiung der Sprache". Das ist die mehr literarische Version eines schon im September auf die Tagesordnung gesetzten Themas: die Forderung nach der Beseitigung der gestörten gesellschaftlichen Kommunikation. Diesem Thema war explizit auch die Demonstration vom 4. November 1989 gewidmet, die die Meinungs-, Versammlungs- und Pressefreiheit zum Gegenstand hatte. Die beiden anderen in der Rede behandelten Themen - Flüchtlinge, Gewaltlosigkeit der Revolution - spielten besonders im September eine zentrale Rolle im oppositionellen Diskurs. Das Flüchtlingsproblem hatte sogar den Rang eines Auftaktthemas für den neuen oppositionellen Diskurs. Die Gewaltlosigkeit der Demonstranten und die Gewalt der Staatsmacht waren Ende September und Anfang Oktober besonders aktuell.

Ohne hier eine umfassende semantische Analyse des Textes vornehmen zu können, läßt sich die Dominanz des Themas "befreite Sprache" zumindest an folgenden Merkmalen des Textes ablesen:

Erstens fallen die zahlreichen lexikalischen Elemente auf, die Sprache und Sprechen bezeichnen ("schwer auszusprechen"; "geht [...] frei von den Lippen"; "laut zurufen"; "noch nie geredet worden"; "wir zerstreiten uns").

Zweitens gibt es im Text eine Reihe metasprachlicher Passagen ("Mit dem Wort Wende habe ich meine Schwierigkeiten"; "Das nennt sich nun Dialog"; "nun können wir das Wort fast nicht mehr hören"; "noch nicht wirklich gelernt, was es ausdrücken will").

Drittens finden wir in dem Text mehrere Zitate, die Christa Wolf als Beweise für die "befreite Sprache" benutzt ("'Trittbrettfahrer zurücktreten', lese ich"; "Und an die Polizei gerichtet [...]: 'Zieht euch um und schließt euch an!'"; "Ökonomisch denken wir auch: 'Rechtssicherheit spart Staatssicherheit'"; "'Ein Vorschlag für den l. Mai: Die Führung zieht am Volk vorbei.' Alles nicht von mir. Das ist literarisches Volksvermögen"; "dies ist für mich der wichtigste Satz dieser letzten Wochen, der tausendfache Ruf: 'Wir sind das Volk!'").

Viertens fungiert die "befreite Sprache" als Rahmenthema, in das andere Themen eingefügt werden. Die "befreite Sprache" wird dadurch beschrieben, daß dargestellt wird, worüber man jetzt sprechen kann. Der Text enthält viele solcher Übergänge vom Rahmenthema Sprache zu anderen Themen ("Wir staunen, was wir offenbar schon lange gedacht haben und was wir uns jetzt laut *zurufen*: 'Demokratie jetzt oder nie!' Und wir meinen: Volksherrschaft. Und wir erinnern uns [...] unserer Geschichte und wollen die Chance [...] nicht wieder verschlafen"; "Ich würde von revolutionärer Erneuerung *sprechen*. Revolutionen gehen von unten aus. Unten und oben wechseln ihre Plätze in dem Wertesystem, und dieser Wechsel stellt die sozialistische Gesellschaft vom Kopf auf die Füße"). Der Übergang vom Rahmenthema zu anderen Themen wird in den angeführten Beispielen durch die Redeverben *zurufen* und *sprechen* signalisiert. Die Besonderheit des Textes liegt nicht in der hier genutzten sprachlichen Möglichkeit (Sätze mit Redeverben als Matrixsätze für andere Äußerungen zu nutzen). Sie liegt vielmehr darin, daß durch diesen Mechanismus die Aufmerksamkeit auf das jetzt Sagbare - im

Unterschied zu früher - gelenkt wird. Die Autorin des Textes reflektiert damit zugleich die bisherige Entwicklung des oppositionellen Diskurses.

3.2. Diskursinstrumentarium

In der Rede von Christa Wolf sind klar erkennbar zwei Diskursinstrumentarien vorhanden. Das eine gehört zum alten hegemonialen und das andere zum neuen oppositionellen Diskurs. Dadurch wird die klare Zuordnung des Textes zum oppositionellen Diskurs keineswegs beeinträchtigt. Vielmehr ist es ein Charakteristikum dieses Textes, daß in ihm eine Auseinandersetzung mit dem alten hegemonialen Diskurs und dessen Instrumentarium erfolgt. Zugleich kommt darin auch der interdiskursive Aspekt des Textes zum Ausdruck. Wenn in einem Text bewußt die Instrumentarien zweier konkurrierender Diskurse benutzt werden, dann erfolgt in der Regel auch eine Markierung der Elemente aus dem jeweils anderen Instrumentarium. Im vorliegenden Fall geschieht dies in der Form z.T. expliziter und z.T. impliziter Distanzierung von Ausdrücken des alten Diskurses. Beispiel für explizite Distanzierung ist der vielfache Gebrauch der Wörter *Wende* und *Dialog*. Die distanzierende Verwendung weist sie nachdrücklich als "fremde Sprache" aus.

> Mit dem Wort *Wende* habe ich meine Schwierigkeiten. [...] Ich würde von revolutionärer Erneuerung sprechen. (Rede vom 4.11.1989)

Hier wird explizit eine alternative Bezeichnung vorgeschlagen. Die Motivation dafür ist nur z.T. dem Text zu entnehmen. Die Ablehnung des Wortes *Wende* wird erst verständlich, wenn man dessen Gebrauch im alten Diskurs kennt. Am 18. Oktober und am 3. November hatte Egon Krenz in seiner Eigenschaft als neuer "Generalsekretär" in zwei Reden versucht, für das noch existierende "Zentralkomitee" und das "Politbüro" die Revolution zu vereinnahmen. Dabei wurde "Wende" als ein Schlüsselbegriff benutzt.

> Mit der heutigen Tagung werden *wir* eine *Wende* einleiten, werden *wir* vor allem die politische und ideologische Offensive wiedererlangen. (Rede von Egon Krenz am 18.10.1989)

> Die politische *Wende*, die *wir* eingeleitet haben, erfaßt inzwischen alle Bereiche unserer Gesellschaft. (Rede von Egon Krenz am 3.11.1989)

Es ist nicht so sehr das Wort *Wende* selbst, dessen Gebrauch die Opposition kritisiert, sondern die Behauptung, den mit "Wende" bezeichneten gesellschaftlichen Umbruch initiiert zu haben. Aus diesem Grunde darf der neue oppositionelle Diskurs das Wort *Wende* und seinen Gebrauch im alten hegemonialen Diskurs nicht unkommentiert lassen, zumal die Träger des alten Diskurses die Massenmedien noch weitgehend beherrschen.

Eine ähnliche "Diskursgeschichte" besitzt das Wort *Dialog*. Der alte hegemoniale Diskurs hatte es in den Jahren vor 1989 für außenpolitische Themen instrumentalisiert. Im Herbst verlangte die Opposition mit dieser vom herrschenden Diskurs zugelassenen Vokabel den "inneren" Dialog und meinte damit die Zulassung oppositioneller Meinungen in der öffentlichen Diskussion. Als der hegemoniale Diskurs und seine Träger zunehmend in Schwierigkeiten kamen, war der von den Herrschenden nach wie vor besetzte Dialogbegriff und natürlich die Verwendung dialogischer Formen in der Propaganda eine Möglichkeit, sich kurzfristig eine Atempause zu verschaffen. Diese Interpretation ist gut durch ein Zitat von Krenz zu belegen, das einer Rede von ihm vom Vorabend des 4. November entnommen ist:

> Der Neubeginn, der Aufbruch des Volkes ist von vielen Gesprächen, Diskussionen, Auseinandersetzungen, Demonstrationen und anderen Willensäußerungen begleitet. Für alle diese Formen steht der Begriff des *Dialogs*. (Rede von Egon Krenz am 3.11.1989)

Auf solche Zusammenhänge bezieht sich auch Christa Wolf, wenn sie auf die ambivalente Rolle des "Dialogs" aufmerksam macht ("nun können wir das Wort fast nicht mehr hören"). Dieser Begriff wurde dann auch in der Folgezeit kein fester Bestandteil des oppositionellen Diskursinstrumentariums.

Hinsichtlich des eigenen Instrumentariums des oppositionellen Diskurses fällt in diesem Text zunächst die besonders enge Bindung an die Allgemeinsprache auf. Das erklärt sich allerdings nur z.T. aus der Tatsache, daß hier eine Schriftstellerin spricht, die keinen politischen Fachjargon benötigt. Zum Zeitpunkt der Rede verfügte der oppositionelle Diskurs noch nicht über eine differenzierte eigene Begrifflichkeit. Politische Probleme werden häufig noch beschrieben und nicht bloß mit Schlagworten benannt. Der appellative Charakter des öffentlichen "Selbstgesprächs" ist allerdings für das Instrumentarium in dieser Phase der Entwicklung des oppositionellen Diskurses typisch.

Ähnliche Formen finden sich insbesondere bei den Fürbittgottesdiensten im September und Oktober. Zum Instrumentarium in dieser Phase der Diskursentwicklung gehören Losungen, Sprechchöre, die "Runden Tische" usw. Damit wird auch deutlich, daß Diskursinstrumentarien weit mehr als nur einen jeweils spezifischen Wortschatz enthalten. Als Teil des Diskurses entwickelt sich das Instrumentarium mit dem Diskurs insgesamt. So sind für die Bearbeitung von Themen, die von Christa Wolf und den anderen Rednern am 4. November zunächst nur auf die Tagesordnung gesetzt wurden, die entsprechenden Teilinstrumentarien erst später entwickelt worden. Das belegen z.B. die Gesetzesvorschläge des "Zentralen Runden Tisches" zur Versammlungs- und Vereinigungsfreiheit, zur Arbeit der Massenmedien und insbesondere die zahlreichen Texte des Neuen Forums und der anderen Gruppen zur Auflösung der Staatssicherheit. Dabei spielten Formen juristischen Sprechens zunehmend eine Rolle. Der Verfassungsentwurf des "Zentralen Runden Tisches" sei dabei besonders hervorgehoben. Das Instrumentarium des oppositionellen Diskurses wird sukzessive mit den - allerdings veränderten - Fachsprachen des Rechts, der Verwaltung, der Wirtschaft, des Bildungswesens aufgefüllt. Der Text von Christa Wolf enthält bereits die Stichwörter für die erst noch zu entfaltende neue Begrifflichkeit:

> Das fängt jetzt an, wenn aus den Forderungen Rechte, also Pflichten, werden. *Untersuchungskommissionen, Verfassungsgericht, Verwaltungsreform.* (Rede vom 4.11.1989)

Die Aussage über die Befreiung der Sprache muß unter diesem Gesichtspunkt als Hinweis auf einen noch nicht abgeschlossenen Vorgang sprachlicher Veränderungen aufgefaßt werden.

3.3. Öffentlichkeit

An Christa Wolfs Text sowie an den anderen Reden, die ebenfalls während dieser Kundgebung gehalten worden sind, läßt sich ablesen, inwieweit es dem oppositionellen Diskurs schon gelungen war, die Öffentlichkeit zu erreichen bzw. eine neue zu konstituieren. Die Mündlichkeit des Textes, leicht an der syntaktischen Gestaltung zu erkennen, ist zu diesem Zeitpunkt der Entwicklung des oppositionellen Diskurses kennzeichnend dafür, daß Textproduktion und -rezeption noch weitgehend auf den mündlichen Übermittlungsweg beschränkt waren.

Erstmals konnte der oppositionelle Diskurs am 4. November über das Fernsehen des eigenen Landes seine Adressaten direkt ansprechen. Die Demonstration wurde live übertragen. Allerdings brachte z.B. das *Neue Deutschland* die Reden nicht im Wortlaut. Insofern hatte der oppositionelle Diskurs die Öffentlichkeit noch nicht voll erreicht. Man muß daher von einer auf das Mündliche beschränkten und nur teilweise medial vermittelten Öffentlichkeit sprechen. Die Verbreitung schriftlicher Texte generell war bis zu diesem Zeitpunkt mit erheblichen Schwierigkeiten verbunden. Die Verbreitung und Rezeption oppositioneller Texte wurde nach wie vor behindert. Die Massenmedien der DDR wurden erst allmählich der Ort, wo der oppositionelle Diskurs mit dem alten konkurrieren und sich entfalten konnte.

In dem Text von Christa Wolf findet sich ein interessantes Beispiel dafür, wie durch das Zitieren von Transparenttexten und Sprechchören der begrenzte Zugang zur Öffentlichkeit teilweise überwunden wird. Die ausführliche Aufnahme fremder Texte in ihren eigenen kann man nur mit der skizzierten eingeschränkten Öffentlichkeit des oppositionellen Diskurses erklären.

> "Trittbrettfahrer zurücktreten", lese ich auf Transparenten. Und an die Polizei gerichtet von Demonstranten der Ruf: "Zieht euch um und schließt euch an!" [...] Ökonomisch denken wir auch: "Rechtssicherheit spart Staatssicherheit." [...] "Ein Vorschlag für den 1. Mai: Die Führung zieht am Volk vorbei." Alles nicht von mir. Das ist literarisches Volksvermögen. (Rede vom 4.11.1989)

Für die den Text mit prägende Erscheinung des Zitierens stellt das Konzept der Öffentlichkeit (d.h. hier die Überwindung der eingeschränkten Öffentlichkeit) eine Erklärungsmöglichkeit dar.

3.4. Zu wem spricht Christa Wolf und was will sie erreichen?

Zu ihrem Adressatenkreis gehören zunächst alle die, in deren Namen sie spricht (oder zu sprechen glaubt). (Vgl. 3.1.) Darüber hinaus enthält der Text eine Reihe von Hinweisen, welche weiteren Adressaten der Text noch hat. Hierfür sind vor allem die polemischen Formulierungen des Textes aufschlußreich. Alle diejenigen, die die von Christa Wolf abgelehnten Auffassungen und politischen Praktiken vertreten, gehören ebenfalls zu ihren potentiellen Adressaten. Dabei ist es gleichgültig, ob diese ihre Rede tatsächlich zur Kenntnis nehmen oder nicht. Entscheidend ist, daß der Dissens öffentlich gemacht wird und damit auch vom politischen Konkurrenten/Gegner wahrgenommen werden kann. Die Charakterisierung des politischen Gegners, gegen den sie polemisiert, wird wesentlich über die Metaphorik des "Bootes" und des "Körpers" vorgenommen:

> Mit dem Wort *Wende* habe ich meine Schwierigkeiten. Ich sehe da ein Segel*boot*, der *Kapitän* ruft: Klar zur *Wende*! Weil der *Wind sich gedreht* hat oder *ihm ins Gesicht bläst*. Und die *Mannschaft duckt sich*, wenn der *Segelbaum* über das *Boot* fegt. (Rede vom 4.11.1989)

> *Unten* und *oben* wechseln ihre Plätze in dem Wertesystem, und dieser Wechsel stellt die sozialistische Gesellschaft *vom Kopf auf die Füße*. (Ebd.)

Mit dem "Kapitän" und der "sich duckenden Mannschaft" wird den Adressaten ein leicht handhabbarer Interpretationsrahmen angeboten, ebenso mit "oben" und "unten" bzw. mit der (natürlich zugleich ironisch auf Karl Marx anspielenden) Redewendung "vom Kopf auf die Füße stellen". Neben den beiden genannten gibt es noch eine dritte Adressatengruppe, die Opportunisten, an die der Text auch gerichtet ist, und gegen die ebenfalls polemisiert wird. Auch für diese Personengruppe bevorzugt Christa Wolf eine ironisch-metaphorische Beschreibung:

> Verblüfft beobachten wir die *Wendigen*, im Volksmund *Wendehälse* genannt, die laut Lexikon sich rasch und leicht einer gegebenen Situation anpassen, sich geschickt in ihr bewegen, sie zu nutzen verstehen. Sie am meisten, glaube ich, blockieren die Glaubwürdigkeit der neuen Politik. (Ebd.)

Bei der Funktionsbestimmung des Textes muß man davon ausgehen, daß Christa Wolf mit ihrer Rede den bisherigen Verlauf des oppositionellen Diskurses in wichtigen Punkten nachzeichnet und eine Zwischenbilanz zieht. Das Ergebnis der Bilanz wird als Hypothese an den Anfang des Textes gestellt ("Jede revolutionäre Bewegung befreit auch die Sprache.") und dann in variierter Form im Text noch einmal wiederholt ("Ja, die Sprache springt aus dem Ämter- und Zeitungsdeutsch heraus, in das sie eingewickelt war, [...]").

Für die Richtigkeit der Behauptung werden anschließend eine Reihe von Belegen für "befreites Sprechen" gebracht, und der Zustand des "befreiten Sprechens" wird dem "unfreien Reden" gegenübergestellt:

> Was *bisher* so schwer auszusprechen war, geht uns *auf einmal* frei von den Lippen. Wir staunen, was [...] wir uns *jetzt* laut zurufen: [...]. So viel *wie in diesen Wochen* ist [...] *noch nie* geredet worden [...]. (Ebd.)

In der Politik wie auch anderswo sind bilanzierende Texte als eine Form der Erfolgskontrolle unentbehrlich für die Handlungsorientierung und -entscheidung, vorausgesetzt sie sind öffentlich zugänglich. Texte, die diskursives Geschehen bilanzieren - wie das bei der vorliegenden Rede der Fall ist -, wirken diskursstabilisierend, z.B. indem sie explizite Angaben über neu zugelassene Themen machen, das eigene Diskursinstrumentarium auflisten und es gegenüber anderen abgrenzen ("Wende", "Dialog"), Wahrnehmungs- und Interpretationsmuster in Form von Metaphern ("Boot"), Dichotomien und Taxonomien ("oben" und "unten") bereitstellen. Neben dieser ausgeprägten diskursstabilisierenden Funktion besitzt der vorliegende Text auch solche, die generell politischen Texten zukommen (Identitätsstiftung nach innen und Abgrenzung nach außen, z.B. Stärkung des Selbstbewußtseins; Distanzierung von den Opportunisten).

3.5. Intradiskursive Struktur

Die Beziehung dieses Textes zu anderen desselben Diskurses ist (1.) sehr deutlich an den zahlreichen Zitaten zu erkennen. Sie haben im Text zwei Funktionen: Einerseits dienen sie als empirische Belege für die Behauptungen, die die "befreite Sprache" zum Gegenstand haben, und andererseits führen sie die Praxis "befreiten Sprechens" vor. (Beispiele dafür wurden bereits in den vorhergehenden Abschnitten gegeben.) Der Text enthält (2.) eine Reihe von Sätzen, in denen Aussagen über diskursive Vorgänge gemacht werden. Dabei werden eher soziale Eigenschaften des Sprechens beschrieben ("geht [...] frei von den Lippen"; "So viel [...] ist [...] noch nie geredet worden"; "wir zerstreiten uns"; "die Sprache [...] erinnert sich ihrer Gefühlswörter"). Das z.B. mit den "Gefühlswörtern" Gemeinte läßt sich nur identifizieren, wenn man die Geschichte des oppositionellen Diskurses in seinem bisherigen Verlauf kennt (Montagsdemonstrationen mit Sprechchören; Gedächtnisprotokolle) und diesen mit der hölzernen Sprache des alten hegemonialen Diskurses vergleicht.

Die Aussage, daß sich die Sprache ihrer Gefühlswörter erinnere, bezieht sich auf einen komplexen Sachverhalt des bisherigen oppositionellen Diskurses. Mit dieser Feststellung wird eine erreichte Qualität festgeschrieben und damit zur Norm künftiger Textproduktion. Eine solche Form der Festschreibung bisheriger Diskursresultate stellt auch der folgende Satz dar:

> Und dies ist für mich der wichtigste Satz dieser letzten Wochen, der tausendfache Ruf: "Wir sind das Volk!" Eine schlichte Feststellung, und die wollen wir nicht vergessen. (Christa Wolfs Rede vom 4.11.1989)

Die Rede von Christa Wolf ist (3.) z.B. über semantische Oppositionen mit früheren Texten des neuen Diskurses verknüpft. Ein Vergleich mit dem Gründungsaufruf des Neuen Forums kann das verdeutlichen:

> *Aufruf des Neuen Forums*:
> In unserem Lande ist die Kommunikation zwischen Staat und Gesellschaft offensichtlich *gestört*. [...] Auch die Kommunikation über die Situation und die Interessenlage ist *gehemmt*.. (Gründungsaufruf vom 10.9.1989)
>
> *Rede von Christa Wolf*:
> Jede revolutionäre Bewegung *befreit* auch die Sprache. Was bisher so *schwer* auszusprechen war, geht uns auf einmal *frei* von den Lippen. (4.11.1989)

Bei der Behandlung desselben Themas wird jetzt in dem Text von Christa Wolf der andere Pol der Opposition *frei - unfrei* gewählt. Das signalisiert einen neuen Schritt im Diskurs, der hier durch Veränderungen des politischen Kräfteverhältnisses möglich wurde.

Intradiskursiv ist die Rede Christa Wolfs (4.) auch mit einer Reihe von Paralleltexten verknüpft. Zu diesen Paralleltexten gehört ein Teil der Reden, die ebenfalls am 4. November auf dem Alexanderplatz gehalten wurden. Als parallele Texte können sie bezeichnet werden aufgrund des gleichen Veröffentlichungszeitpunktes und vor allem aufgrund der Behandlung des gleichen Themas, zu dem die anderen Redner dieselbe Meinung haben wie Christa Wolf. Allerdings gibt es Unterschiede in der Themengewichtung: "Kommunikationsfreiheit" wird in diesen Texten mit anderen Themen verknüpft, es ist auch nicht das dominierende Thema. Ein wichtiger Unterschied zwischen Christa Wolfs Text und denen von Friedrich Schorlemmer und Jens Reich, die ebenfalls am 4. November gesprochen haben, besteht in der Art der Themenbearbeitung. Diese unterschiedliche Themenbearbeitung ist deutlich an den benutzten Sprechakttypen ablesbar. Während Christa Wolf Zustände und Zustandsveränderungen (z.T. ohne Benennung der Handlungsträger) beschreibt, werden in den Texten von Schorlemmer und Reich nachdrücklich Forderungen erhoben.

> C. Wolf: [...] die Sprache *springt* aus dem [...] heraus [...]. (Rede vom 4.11.1989)
>
> F. Schorlemmer: Der Dialog *muß* zum Normalfall des Umgangs zwischen Volk und Regierung werden. [...] (Rede vom 4.11.1989)
>
> J. Reich: [...] wir *brauchen* nunmehr eine richtige Zeitung. Und wir *brauchen* den Zugang zu den elektronischen Medien. (Rede vom 4.11.1989)

3.6. Diskursprofil

Für die Charakterisierung des unmittelbaren Diskursverlaufs, in den die Rede von Christa Wolf eingebettet ist, sind vier politische Daten besonders relevant. Erstens konnte die Opposition durchsetzen, daß die Demonstration von den Herrschenden genehmigt werden mußte. Das war gegenüber dem Zustand von Anfang Oktober, wo Demonstranten noch verprügelt und inhaftiert wurden, ein wesentlicher Fortschritt. Die Rahmendingungen für das politische Handeln der Opposition einschließlich ihres kommunikativen Verhaltens hatten sich damit deutlich verbessert. Zweitens fiel wenige Tage nach der Kundgebung, auf der Christa Wolf ihre Rede hielt, die Mauer in Berlin, wurden die Grenzen geöffnet. Drittens muß hier das Reisegesetz genannt werden, dessen Veröffentlichung für die Woche nach der Demonstration bereits angekündigt war und dann bei seiner Bekanntgabe am 6. November von der Bevölkerung als äußerst enttäuschend bewertet wurde. Gerade nach einer solchen Demonstration wie am 4. November mußte die Veröffentlichung des sehr restriktiven Reisegesetzes als Weigerung der Herrschenden zu wirklichen Veränderungen aufgefaßt werden. Viertens fand die Kundgebung wenige Tage vor einer angekündigten Sitzung des "Zentralkomitees" statt, auf der überstürzt eine Entscheidung über die Ausreise von DDR-Bürgern fiel, die dann in der Konsequenz zur Öffnung der Grenze führte. In diesem zeitgeschichtlichen Kontext wird deutlich, daß die Demonstration auf dem Alexanderplatz (einschließlich der Live-Übertragung im Fernsehen) die Stimungslage erheblich zuungunsten der Herrschenden verändert hat. An dieser Wandlung hatte nicht zuletzt die Rede von Christa Wolf einen bestimmten Anteil.

In bezug auf die Texte der Opposition vom September ist die Rede insofern ein Folgetext, als er die Detaillierung und Spezifikation eines bereits eingeführten Themas darstellt. Für die Bestimmung des Platzes, den der Text im Diskursverlauf einnimmt, ist ein Satz besonders aufschlußreich: "Unglaubliche Wandlungen, das Staatsvolk der DDR geht auf die Straße, *um sich als Volk zu erkennen*." Durch die Demonstrationen als eine Form symbolischen Handelns konstituiert das Staatsvolk als Akteur seine Subjektivität. Texte wie die Rede von Christa Wolf spiegeln diese Sinnstiftung und zugleich zeigen sie die nun möglichen Perspektiven des Redens (und Handelns). Diskurse müssen wahrscheinlich ein solches "Spiegelstadium" durchlaufen, wenn das kollektive Redesubjekt sich in seinen Texten wiederkennen und sich mit ihnen identifizieren soll. Genau dazu trägt die Rede Christa Wolfs bei, wenn sie den Demonstranten das Bild ihres eigenen befreiten Sprechens vorhält.

3.7. Interdiskursivität

Im vorliegenden Text sind eine Reihe sprachlicher Ausdrücke zu finden, die sich auf Texte anderer Diskurse beziehen. Dabei handelt es sich um einzelne Wörter, Formulierungen, Zitate bis hin zu Anspielungen, die nur identifiziert werden können, wenn man den Bezugsausdruck aus dem jeweils anderen Diskurs kennt. Mit dem distanzierenden Gebrauch von "Wende" und "Dialog" wird besonders deutlich auf den hegemonialen Diskurs verwiesen.

Auch die ironisierenden, paronomastischen Abwandlungen von "Wende" ("die Wendigen", "Wendehälse", "verwendet", "postwendend") tragen dazu bei, dieses Wort mit negativen Konnotationen zu versehen und damit die Distanzierung zum nur vordergründig gewandelten alten Diskurs hervorzuheben. Eine weitere Gruppe solcher Diskursverweise stellen die alternativen Bezeichnungen dar, die sich auf Sachverhalte in der Welt des hegemonialen Diskurses beziehen ("Huldigungsvorbeizüge", "verordnete Manifestationen", "Ämter- und Zeitungsdeutsch", "alte Losungen"). Auf den alten Diskurs verweisen darüber hinaus solche Ausdrücke, die in den neuen übernommen werden, deren Bedeutung aber verändert wird. So wird bei dem Ausdruck "Staatsvolk der DDR" das Merkmal 'Souverän' hervorgehoben ("Unglaubliche Wandlungen, das Staatsvolk der DDR geht auf die Straße, um sich als Volk zu erkennen."). Die Fiktion von einem Staatsvolk der DDR wendet [sic!] sich plötzlich ironisch gegen ihre Erfinder, wenn das Volk seine Rechte einklagt.

Ähnlich wird der Begriff "literarisches Volksvermögen" benutzt, um mit einem im alten Diskurs zugelassenen Begriff gegen dessen Protagonisten zu polemisieren ("'Ein Vorschlag für den 1. Mai: Die Führung zieht am Volk vorbei.' Alles nicht von mir. Das ist literarisches Volksvermögen."). "Volksvermögen" tritt hier in einer überraschenden Kollokation auf und wird in pointierter Weise semantisch vom Ökonomischen ins Politische gewendet. Interessant ist der parodistische Verweis auf einen Slogan aus dem Diskurs der Friedensbewegung: "Stell dir vor, es ist Sozialismus, und keiner geht weg."

Texte können sich gegen ihre (mißbräuchliche) Verwendung im weiteren Diskursverlauf und insbesondere in anderen Diskursen nicht wehren. So muß die Rede von Christa Wolf in einem Text des *Neuen Deutschlands* (Überschrift: "Sprache der Wende") vom 15.12.1989 für den "sprachlichen" Sinneswandel der Zeitung herhalten. Gerade die Zeitung, auf die ihre Kritik am meisten zutrifft, macht sich zum Anwalt der "Sprache der Wende".

> "Dies ist eine Demo, genehmigt, gewaltlos", hatte jene Schriftstellerin, Christa Wolf, in ihrer Rede zur "*Sprache der Wende*" am 4. November festgestellt. "Wenn sie so bleibt bis zum Schluß, wissen wir mehr über das, was wir können, und darauf bestehen wir dann." Und darauf besteht auch das ND [...]. Und wir bedienen uns dabei eines Zeitungsdeutschs, das nun nicht mehr als Schimpfwort gilt. (*Neues Deutschland* vom 15.12.1989, 2)

Die Konkurrenz zwischen Diskursen zeigt sich nicht nur in sprachlichen Abgrenzungen, sondern auch im Versuch der Vereinnahmung von Texten und Formulierungen anderer für die eigenen Zwecke.

3.8. Diskurskonstellation

Die Diskurskonstellation, in der der Text von Christa Wolf und der oppositionelle Diskurs an diesem 4. November steht, ist durch einen Kompromiß gekennzeichnet. Auf dieser Kundgebung sprechen auch Vertreter der alten Herrschaftsclique, die allerdings dem Flügel der "Reformer" zuzurechnen sind (Manfred Gerlach, langjähriges Mitglied des Staatsrates; Günter Schabowski, SED-Bezirkssekretär von Berlin und Mitglied des Politbüros; Markus Wolf, 33 Jahre General bei der Staatssicherheit). Der Kompromiß im politischen Handeln und Reden bestand darin, daß von dieser Kundgebung keine Impulse zu einer schnellen Machtübernahme ausgegangen sind, obwohl die Handlungsunfähigkeit der alten Machtinhaber offensichtlich war. Andererseits hat dieser Kompromiß mit Sicherheit wesentlich zum weiteren friedlichen Verlauf der Revolution beigetragen.

Konservative Kräfte, die an einer "chinesischen Lösung" interessiert waren, konnten die Kundgebung nicht als Vorwand für militärisches Eingreifen nutzen. Aufgrund dieser Kräftekonstellation ist auch erklärlich, warum kein Redner von der Opposition direkt zu politischen Handlungen auffordert, die z.B. zur Bildung einer provisorischen Regierung geführt hätten. Auch Stefan Heym, der in diesem Punkt am weitesten geht, bleibt bei einer allgemeinen Aufforderung stehen ("Demokratie aber, ein griechisches Wort, heißt Herrschaft des Volkes. Freunde, Mitbürger üben wir sie aus, diese Herrschaft.").

So kann man auch an den nicht-ausgesprochenen Forderungen dieser Kundgebung die Diskurs- und Kräftekonstellation ablesen bzw., wie die Redner sie wahrgenommen und interpretiert haben. Danach richteten sie sich bei dem, was sie sagten und wie sie es sagten. Ob sie dabei in Übereinstimmung mit den historisch gegebenen Möglichkeiten gehandelt und gesprochen haben oder nicht, kann mit Mitteln der Diskursanalyse nicht mehr geklärt werden. Das sind Fragen für den Politologen und Historiker.

4. Literatur

Brown, Gillian/Yule, George (1983): *Discourse Analysis*. Cambridge.

Chilton, Paul (1988): *Orwellian Language and the Media*. London.

Coulthard, Malcolm (1985): *An Introduction to Discourse Analysis*. New edition. London-New York.

Dijk, Teun A. van (1989): "Structures of discourse and structures of power." In: Anderson, James A. (ed.): *Communication Yearbook* 12, Newbury Park, S. 18-59.

Edelman, Murray (1988): *Constructing the Political Spectacle*. Chicago.

Habermas, Jürgen (1981): *Theorie des kommunikativen Handelns*. Frankfurt/Main.

Jäger, Siegfried (1989): "Text- und Diskursanalyse." *DISS-Texte Nr. 7*. Duisburg.

Klein, Josef (Hrsg.) (1989): *Politische Semantik*. Opladen.

Lee, Ronald (1988): "Moralizing and ideologizing: An analysis of political illocutions." In: *Western Journal of Speech Communication* 52 (Fall), S. 291-307.

Lerman, Claire Lindegren (1983): "Dominant discourse: the institutional voice and control of topic." In: Davis, H./Walton, P. (eds.): *Language, Image, Media*. Oxford, S. 75-103.

Luhmann, Niklas (1971): "Öffentlichkeit." In: ders.: *Politische Planung, Aufsätze zur Soziologie von Politik und Verwaltung*. Opladen, S. 9-34

Orwell, George (1989): *1984*. Frankfurt/Main-Berlin.

Schlieben-Lange, Brigitte (1988): "Konzeptualisierung, Diffusion und Formierung. Thesen zur Verwiesenheit von Revolution auf Sprache." In: *Zeitschrift für Literaturwissenschaft und Linguistik* 72, S. 7-15

Schlosser, Horst Dieter (1990): *Die deutsche Sprache in der DDR*. Köln.

Stamm, Karl-Heinz (1988): *Alternative Öffentlichkeit*. Frankfurt/Main- New York.

Sprache des Umbruchs und ihre Übersetzung

Christina Schäffner (Leipzig)

1. Vorbemerkung: Übersetzen als vermittelte Kommunikation

Das Thema "Sprache im Umbruch" läßt sich in mindestens zweierlei Hinsicht interpretieren: zum einen betreffs der Rolle der Sprache in gesellschaftlichen Umbruchsituationen, zum anderen betreffs Veränderungen, "Umbrüchen", in der Sprache selbst - wobei diese beiden Aspekte nicht voneinander zu trennen sind. Ich möchte mich dieser Problematik aus einer Sicht zuwenden, die auf den ersten Blick vielleicht eher "randständig" scheint, die aber dennoch maßgeblich zur Erhellung sprachlicher Phänomene beitragen kann: die Theorie und Praxis der Übersetzung. Es gibt sprachliche Erscheinungen, die erst aus der kontrastiven Analyse im Rahmen der Übersetzung sichtbar werden. Dabei kann es sich um Erscheinungen handeln, die durch spezifische Wortbedeutungen bedingt sind, wie auch um solche, die mit (inter) textuellen Kohärenzbeziehungen, unterschiedlichen Wissensvoraussetzungen der Adressaten oder Textsortenkonventionen gegeben sind.

Das Ziel des Übersetzens besteht in der Herstellung eines zielsprachlichen Textes (im weiteren ZS-Text), der zu einem quellensprachlichen Text (im weiteren QS-Text) kommunikativ äquivalent ist. Übersetzen ist somit Textproduktion auf der Grundlage eines vorgängigen Textes ("text-induced text-production" nach Neubert 1985, 18). Man kann in der Regel davon ausgehen, daß der QS-Text seine kommunikative Funktion in der QS-Gemeinschaft erfüllt hat. Soll er übersetzt werden, so liegt für ihn, d.h. für seine

"Botschaft", ein Kommunikationsbedürfnis in einer ZS-Gemeinschaft vor. Mit der Übersetzung erweitert sich der Adressatenkreis, und da QS-Textproduzent und ZS-Adressaten verschiedene Sprachen sprechen, muß die Kommunikation vermittelt werden. Übersetzen ist neben Dolmetschen eine Realisierungsform der Sprachmittlung, die wiederum eingebettet ist in die zweisprachig vermittelte Kommunikation.

Mit der Erklärung des Übersetzens im Rahmen der zweisprachig vermittelten Kommunikation rücken Aspekte der Kommunikationssituation, der Funktion des Textes sowie der Adressaten mit ihren Wissensvoraussetzungen ins Blickfeld. Übersetzen ist nicht das Ersetzen von lexikalischen Einheiten oder grammatischen Strukturen der QS durch äquivalente Einheiten und Strukturen der ZS, sondern das Übertragen von kommunikativen Werten. Kommunikative Äquivalenz zwischen QS- und ZS-Text ergibt sich nicht durch das Auffinden äquivalenter Wörter oder Strukturen, sondern ist auf der Ebene des Gesamttextes anzusiedeln. Ehe Übersetzer mit der Übertragung der ersten Informationseinheiten beginnen, müssen sie sich Klarheit darüber verschaffen, welchen kommunikativen Wert der QS-Text für seine QS-Adressaten hatte (bzw. haben sollte) und welchen kommunikativen Wert der ZS-Text für die neuen ZS-Adressaten haben soll. Mit der text-induzierten Textproduktion ist immer auch eine Veränderung der Kommunikationssituation verbunden. Es ist daher zu fragen, ob die Funktion, der Zweck des Textes gleich bleibt oder sich ändert, ob die Textsorte in der ZS die gleiche sein soll wie in der QS und ob das Hintergrundwissen der Adressaten in QS und ZS gleich bzw. gleichwertig ist. Diese Fragen haben die Übersetzer zu berücksichtigen, hängt doch von ihrer Beantwortung die Wahl der konkreten sprachlichen Mittel zum Zwecke der Produktion eines kommunikativ äquivalenten ZS-Textes ab.

Im folgenden soll illustriert werden, wie ein Vergleich von Originaltext und Übersetzung dazu beitragen kann, bestimmte Phänomene herauszuarbeiten, die bei einer bloß einzelsprachlichen Analyse eventuell nicht in derselben Weise als Problem in Erscheinung getreten wären. Als Beispiele dienen Texte, die in die im Herbst 1989 eingeleiteten gesellschaftlichen Veränderungen in der damaligen DDR sowie in den deutschen Einigungsprozeß eingebettet sind und diese Ereignisse unmittelbar reflektieren, d.h. Texte, die in einer gesellschaftlichen Umbruchsituation entstanden sind und die in dieser und für diese Situation eine spezifische Funktion zu erfüllen hatten. Es wurde bereits verschiedentlich darauf hingewiesen, daß der Zusammenbruch des "realen Sozialismus" nicht zugleich einen sprachlichen Umbruch im Sinne eines "Abbrechens" zur Folge hatte (z.B. Hellmann 1990; Neubert 1992), sondern eher ein Wandel, ein "Umbruch", im Kommunikationsverhalten, in der diskursiven Praxis in den neuen Bundesländern zu verzeichnen ist. Insofern kann auch nicht die Sprache des Umbruchs Gegenstand übersetzungswissenschaftlicher Erörterungen sein, sondern nur ihre textuelle Reflexion.

Konzentrieren werde ich mich auf die Ansprache von Christa Wolf anläßlich der Demonstration für Pressefreiheit am 4. November 1989 in Ostberlin (in *Neue Deutsche Literatur = NDL*) und deren englische Übersetzung in *New Statesman & Society* (= *NSS*) vom 17.11.1989, 14[1]. Christa Wolfs Text ist von seiner Funktion her als politischer Text charakterisierbar, er gewinnt seine Wirkung durch die Aktualität im Rahmen einer historischen Umbruchsituation von nationaler und internationaler Relevanz. Er trägt allerdings auch Züge eines literarischen Textes, die der schriftstellerischen Tätigkeit Christa Wolfs geschuldet sind.

2. *Analyse*

Die Rede (QS-Text) ist in ihrem Inhalt und Aufbau durch die konkrete Situation (Ort, Zeit, Anlaß) determiniert. Sie steht in der Relation der Intertextualität (vgl. de Beaugrande/Dressler 1981) zu den anderen Ansprachen (bzw. in der *NDL* nur zu den weiteren abgedruckten Ansprachen der Schriftsteller). In der *NSS* findet sich ein anderer Intertextualitätsbezug: Hier ist die Rede einer von drei Texten, die sich mit den politischen Veränderungen in der DDR befassen. Dies äußert sich unter anderem an den (eher metakommunikativen) Kommentaren (i) zum Ausgangstext (so steht am Ende des Textes die Information: "This is a speech delivered by Christa Wolf to the mass demonstration at Alexanderplatz, East Berlin, last week"; wobei allerdings der Hinweis auf den Zweck der Kundgebung fehlt); (ii) zur Person Christa Wolfs (neben dem Text erscheint ihr Foto mit der Information: "Christa Wolf is a committed socialist. She has worked as an editor, lecturer, journalist and critic, and has published four novels including "The Quest for Christa T". She won the Heinrich Mann Prize in 1963, the National Prize in 1978, and the Georg-Büchner Prize in 1980. Her most recent work is "Accident"); (iii) im Wegfall der Anrede (und damit eventuell auch im Wegfall des "auch" im

[1] Beide Texte sind im Anhang zu diesem Beitrag abgedruckt. - Wegen der vor allem die syntaktische Strukturierung durch die Interpunktion betreffenden Unterschiede zwischen den verschiedenen veröffentlichten Fassungen und weil sich die Verf.in (anders als Volmert, in diesem Band, S. 59-95) auf die Satzzählung bezieht, wird die Rede Christa Wolfs hier ein weiteres Mal abgedruckt [Anm. d. Hrsg.].

ersten Satz); und (iv) in der veränderten Überschrift, womit gleichzeitig eine Verschiebung der (makro-)propositionalen Wichtung einhergeht. Der Quellentext stellt die Rolle der Sprache im Kontext des gesellschaftlichen Umbruchs in den Mittelpunkt, im zielsprachlichen Text wurde durch die Wahl der Überschrift (eine direkte Übernahme aus dem folgenden Text) und die einleitenden Bemerkungen der Schwerpunkt auf Probleme der künftigen gesellschaftlichen Entwicklung gelegt. Mit dieser veränderten Situationalität sowie intertextuellen Einbettung ist auch eine Veränderung der Funktion des Textes verbunden ("Funktionsveränderung" nach Hönig/Kussmaul 1982). Eventuelle systematische Intertextualitätsbeziehungen innerhalb des Christa-Wolf-Diskurses müßten durch die Analyse weiterer Texte (und speziell ihrer Texte von primär politischem Charakter) aufgedeckt werden, z.B. Fragen des persönlichen Stils wie verkürzte Sätze (Sätze 19, 20, 32), Satzanfänge mit "Und ..." (z.B. 6, 7, 11), alleinstehende Nebensätze (10, 34).

Die interessantesten Übersetzungsprobleme dieses Textes ergeben sich aus seiner temporalen und lokalen Determination. Die politisch-historische Brisanz seiner Entstehungszeit schlägt sich in der sprachlichen Realisation nieder, in typischen lexikalischen Einheiten und Wendungen, oft auch in der impliziten Information. Auf zwei Probleme, die jedoch eng miteinander verbunden sind, will ich im folgenden etwas ausführlicher eingehen: die Rolle von Weltwissen (Hintergrundwissen enzyklopädischer Art) und die spezifische Bedeutung einiger lexikalischer Einheiten.

2.1. Voraussetzung von Weltwissen: "Wende" und "Dialog"

In der Rede Christa Wolfs finden sich zahlreiche Beispiele, die unmittelbar auf ihre Situationalität verweisen, d.h. auf den Beginn des gesellschaftlichen Umbruchs in der DDR, meist als "Wende" bezeichnet. "Wende" und "Dialog" waren wohl d i e dominierenden Schlagwörter des offiziellen SED-Diskurses im Herbst 1989. Für die Adressaten des QS-Textes in der DDR verband sich damit eine ganze Menge an Wissen aus dem aktuellen politischen Umfeld. Deshalb ist auch der unvermittelte Bezug auf das Wort "Wende" (Satz 8) ohne Kohärenzverlust möglich. Für die zielsprachlichen Leser erfolgt hier ein Wissensausgleich, indem ihnen das für das Verstehen notwendige enzyklopädische Hintergrundwissen textuell vermittelt wird (vgl. die Ergänzung in Satz 7 im ZS-Text: "the word, meaning 'change of direction', which Egon Krenz uses to describe the reforms the government will carry out"). Die folgende Problematisierung dieses Konzepts durch Christa Wolf mittels Bezugnahme auf einen Segelboot-frame wirkt über metaphorische

Analogien: Kapitän und Mannschaft entsprechen dem Staatsoberhaupt bzw. dem Parteichef und dem Volk, Wende und revolutionäre Erneuerung werden je nach der Rolle des Handlungsträgers, der auslösenden Kraft, unterschieden. Diese metaphorischen Analogien können die QS-Empfänger aufgrund ihrer politischen Erfahrungen mit dem Gesellschaftssystem der DDR herstellen, für die ZS-Empfänger sollten sie durch das textuell gelieferte Hintergrundwissen erleichtert worden sein. Ein weiteres Beispiel für einen textuellen Ausgleich unterschiedlichen Vorwissens liegt bei Satz 39 vor ("[...]: 'Keine Privilegien mehr für uns Berliner'."). Erst die Zusatzinformation in Klammern ("Berlin is better supplied than other towns in the GDR.") liefert für den ZS-Empfänger die Erklärung für "unbelievable slogan" (Englisch, Satz 46).

Größere Schwierigkeiten dürften die ZS-Empfänger mit den Sätzen 24-27 haben, da in der Übersetzung die mit "Dialog" verbundenen Wissensaspekte und Wertungen nicht zum Ausdruck kommen. Im deutschen Text schwingt durch den Zusatz von "nun" (Satz 20) eine Wertung mit, die enttäuschte Erwartungen sichtbar werden läßt. Dies ist allerdings nur aus der Kenntnis des politischen Umfelds begründbar und steht in engem Zusammenhang mit der Zurückweisung des Wortes "Wende": Das Volk widersetzte sich dem Versuch der SED, den Sturz des stalinistischen Regimes aufzuhalten und sich selbst wieder an die Spitze der Bewegung zu setzen, sozusagen als Initiator der revolutionären Bewegung, der das Volk als Objekt, als von der Wende "Betroffene" sieht. Als Beleg dafür kann die Fernseh- und Rundfunkansprache von Egon Krenz an die Bürger der DDR vom 3. November 1989 angeführt werden, in der es hieß:

> Mit vollem Recht können wir davon reden, daß mit der 9. Tagung des Zentralkomitees der SED eine neue Etappe in der Entwicklung unseres sozialistischen Vaterlandes begonnen hat. Die politische Wende, d i e w i r e i n g e l e i t e t h a b e n [Hervorhebung von mir, C.S.], erfaßt inzwischen alle Bereiche unserer Gesellschaft. Vor allem sind davon Millionen Menschen berührt und bewegt. Es geht ihnen - es geht uns allen - um die Erneuerung des gesellschaftlichen Lebens mit dem Ziel, den Sozialismus für jeden Bürger unseres Landes lebenswerter zu gestalten. Der Neubeginn, der Aufbruch des Volkes ist von vielen Gesprächen, Diskussionen, Auseinandersetzungen, Demonstrationen und anderen Willensäußerungen begleitet. Für alle diese Formen steht der Begriff des Dialogs.

Die bei Christa Wolf durch "nun" anklingende negative Wertung und Infragestellung wie auch ihre Kritik an dem inflationären Gebrauch des Wortes "Dialog" im offiziellen Diskurs finden in der englischen Übersetzung keinen adäquaten Niederschlag, so daß ihre Distanzierung von diesem Schachzug der SED den ZS-Lesern höchstwahrscheinlich nicht bewußt wird.

Die beiden Wörter "Wende" und "Dialog" nahm Christa Wolf dem öffentlichen Diskurs der noch herrschenden SED aus dem Munde und problematisierte, ja stigmatisierte sie durch eine spezifische textuelle Verwendung. Das wird jedoch nur klar durch Bezugnahme auf Vorgängertexte, vor allem die Krenz-Reden in der Volkskammer und seine Fernsehansprache vom Vorabend des 4. November 1989. Die Gründe für diese spezifische Verwendung der Wörter "Wende" und "Dialog" liegen demnach im vorgängigen Diskurs. Daß das Wort "Wende" heute meist ohne Konnotationen verwendet werden kann, liegt daran, daß der ursprüngliche Proponent schon bald keine entscheidende Stimme mehr im öffentlichen Diskurs hatte und dem Wort selbst keine Alternativbezeichnung entgegengesetzt wurde. Das von Christa Wolf vorgeschlagene "revolutionäre Erneuerung" blieb wie "Dialog" weitestgehend dem SED-Diskurs verhaftet und konnte sich auch aufgrund der anderslaufenden gesellschaftlichen Entwicklung nicht behaupten. Ein Vergleich der Fernsehansprachen von Krenz (3.11.1989) sowie der Regierungserklärungen von Modrow (November 1989) und de Maizière (April 1990) zeigt hinsichtlich der textuellen Verwendung von "Wende", "Erneuerung" und Synonymen Folgendes: "Wende" wird nur von Krenz verwendet (vgl. das obige Zitat). "Erneuerung" spielt sowohl bei Krenz als auch bei Modrow eine wesentliche Rolle in der Argumentation. Synonyme bzw. synonyme Wendungen sind bei Krenz "Neubeginn, Aufbruch des Volkes; demokratische Ausgestaltung unseres Staatswesens; unsere Gesellschaft neu ordnen"; bei Modrow "unumkehrbare Wandlung von Politik und Leben; demokratische und volkstümliche Veränderungen; Wandel in unserem Staat; sich vollziehende demokratische Umgestaltungen; Reformen". Ist bei Krenz der Handlungsträger der Erneuerung noch die SED, die das Ziel hat, "den Sozialismus lebenswerter [zu] gestalten", so ist bei Modrow dieses Rollenverständnis verändert: Auslöser und Träger der Erneuerung ist das Volk, das eine neue sozialistische Gesellschaft anstrebt. Bei de Maizière ist ebenfalls das Volk der Träger der Erneuerung, deren Ziel ist allerdings nicht mehr eine Reform des existierenden Systems, sondern eine Erneuerung auf völlig veränderten Grundlagen. Das zeigt sich z.B. an den Kollokationen und den synonymen Wendungen wie "Erneuerung unserer Gesellschaft; der Neuanfang unserer Gesellschaft; demokratische Erneuerung in unserem Land; unser Umbruch". Bei de Maizière findet sich auch erstmalig die Formulierung "friedliche Revolution im Herbst 1989". In Richard von Weizsäckers Rede am 3.Oktober 1990 ist dann "friedliche Revolution" die einzige Bezeichnung für die Herbstereignisse in der DDR. "Erneuerung" kommt hingegen überhaupt nicht mehr vor, was in der gesellschaftlichen Entwicklung seine außersprachliche Erklärung findet.

Der heute mögliche problemlose Umgang mit dem Wort "Wende" zeigt noch etwas anderes: Es gibt keine eindeutige Festlegung, welcher Zeitraum mit "Wende" bezeichnet wird. "Seit der Wende" meint meist 'seit Öffnung der Mauer', was zeigt, daß den Sprechern die ursprüngliche Einbindung des Wortes in den offiziellen SED-Diskurs heute nicht mehr bewußt ist. Ob das Vorbild für das Wort *Wende* tatsächlich die "Wende" von 1982 in der (alten) Bundesrepublik Deutschland war (vgl. Samel/Walther 1990), kann nicht eindeutig beantwortet werden. Die Assoziation war sicher unterschwellig gegeben, sie spielte aber im öffentlichen Diskurs keine dominierende Rolle. Es fanden sich in meinem Textkorpus keine vordergründig kritischen Hinweise, die diese sprachliche Anleihe der SED bewußt reflektieren.

Die Infragestellung von "Dialog" durch Christa Wolf ist ebenfalls der spezifischen Verwendung dieses Wortes im SED-Diskurs geschuldet. Wurde "Dialog" in den 80er Jahren vorrangig zur Charakterisierung einer Form der Politik verwendet (d.h. vor allem der Außenpolitik, vgl. "Politik des Dialogs"), so endet dieser Gebrauch mit dem Umschwung im Herbst 1989 und beschränkt sich im wesentlichen auf den sogenannten innenpolitischen Dialog. Charakteristisch ist dabei seine Initiiertheit durch staatliche oder gesellschaftliche Institutionen, eigentlich wieder die SED (vgl. das obige Krenz-Zitat). Daß dies allerdings kein symmetrischer Dialog ist, zeigt sich an solchen Wendungen wie "den Dialog führen mit", wobei als Agens die SED, der FDGB, staatliche Leiter, etc. auftreten und "führen" im Sinne von 'verantwortlich leiten' die Vorstellung einer einseitigen Gerichtetheit assoziiert (vgl. Reiher 1990). Bei Modrow kommt "Dialog" nur zweimal vor, und zwar wieder in bezug auf die Außenpolitik, bei de Maizière und von Weizsäcker ist das Wort völlig verschwunden.

Wissen über die "alte DDR" ist auch bei Satz 49 im Christa-Wolf-Text zu aktivieren: Die Kurzform "Demo" ist bewußt gewählt als Kontrast zu den vorher üblichen Formen von sogenannten Willensbekundungen; der Zusatz "genehmigt, gewaltlos" nimmt zum einen Bezug auf frühere Praktiken der Anmeldung und Genehmigungspflicht von Veranstaltungen, und zum anderen darauf, daß jegliche Form von nicht offiziell organisierter Zusammenkunft (als "Zusammenrottungen" bezeichnet) als "Störung der öffentlichen Ordnung und Sicherheit" dargestellt wurde, die das polizeiliche Eingreifen (und damit "Zuführungen") rechtfertigte. Eine "Demo" war etwas prinzipiell anderes als offiziell organisierte "Demonstrationen", z.B. zum 1. Mai. Ob die ZS-Empfänger bei 59-60 diese Hintergrundinformation mit aktivieren können, hängt sicher von ihrem Wissen über die DDR ab.

In der englischen Übersetzung finden sich auch Beispiele dafür, daß der Übersetzer oder die Übersetzerin (im ZS-Text findet sich keine Information darüber) nicht über ausreichendes Wissen enzyklopädischer, hier: speziell politischer, Art über die DDR verfügte, um den QS-Text richtig verstehen zu können. Dieses "Rezeptionsproblem" (nach Krings 1988) schlägt sich in Fehlübersetzungen nieder. In drei Fällen führten diese Rezeptionsprobleme zu zum Teil eklatanten Fehlern im ZS-Text: Bei der Losung in Satz 38 ("Rechtssicherheit spart Staatssicherheit") wurde "spart" nicht in der Bedeutung 'einsparen, überflüssig machen' interpretiert, so daß sich im ZS-Text (Satz 45: "Legal security means state security savings") eine Bedeutungsverschiebung zu 'Mittel für die Staatssicherheit kürzen' ergibt (wenn für die ZS-Empfänger überhaupt eine kohärente Rezeption zustande kommt). Bei Satz 58 der englischen Übersetzung zeigt sich im Vergleich zum Original (Satz 48) eine semantische Verschiebung: Impliziert "Huldigungsvorbeizüge" aufgrund des Hintergrundwissens, daß die Volksmassen an führenden Repräsentanten von Partei und Regierung (in der Regel auf Tribünen postiert) vorbeiziehen, so sind im ZS-Text durch die Formulierung "[...] standing at the roadside paying homage to visiting dignitaries [...]" die Personen und auch die Rollen vertauscht. Der schwerwiegendste Fehler liegt im Satz 65 (englisch) vor (Satz 54 deutsch): Hier wurde die Kontrastierung von "Staatsvolk" und "Volk" nicht verstanden. Diesem Kontrast liegt wiederum Wissen über die offizielle Politik und den offiziellen politischen Diskurs der "alten DDR" zugrunde (vgl. auch den textuellen Zusammenhang zu den Sätzen 5-6). Christa Wolf nimmt hier Bezug auf den immer sichtbarer gewordenen Gegensatz zwischen den wahren Interessen und Bedürfnissen der Bevölkerung einerseits und der Politik von SED und Regierung andererseits, die angeblich als gewählter Vertreter des Volkes dessen Interessen wahrnahm. In der Übersetzung wurde aus dem "Staatsvolk" der DDR, das auf die Straße geht, "um sich als Volk zu erkennen" das "Staatsoberhaupt" ("THE GDR's head of state goes on to the streets in order to recognise himself as one of the people."), was zu einer völligen Verschiebung des semantischen Gehalts führt. Mögliche Rücksichtnahmen auf und Anpassungen an "target audiences' sensibilities" (Tilford 1990, 219), wie sie zum Teil bei der Übersetzung diplomatischer Texte vorkommen können, dürften im vorliegenden Fall keine Rolle spielen.

Diese Beispiele haben verdeutlicht, daß eine kohärente Textrezeption die Aktivierung von (Hintergrund-)Wissen durch die Leser voraussetzt, und zwar hinsichtlich der Kohärenz sowohl auf lokaler als auch auf globaler Ebene (van Dijk/Kintsch 1983). Der Begriff der Wissens- bzw. Verstehensvoraussetzungen spielt in der übersetzungswissenschaftlichen Literatur eine wesentliche Rolle (vgl. Jäger 1986; Schäffner 1991). Verfügen die Adressaten des QS-Textes und die Adressaten des ZS-Textes bezüglich des textuellen Sachverhalts nicht über identische bzw. gleichwertige Verstehensvoraussetzungen, so muß die Differenz in den Verstehensvoraussetzungen durch eine Veränderung des Verhältnisses von expliziter und impliziter Information bei der Übersetzung ausgeglichen werden. Nun ist der Begriff der Wissens- bzw. Verstehensvoraussetzungen sehr allgemein, wie auch der aus den Forschungen der Künstlichen Intelligenz in moderne Untersuchungen im Rahmen der kommunikativ und kognitiv orientierten Linguistik übernommene Wissensbegriff. Der Vergleich von QS- und ZS-Text der Christa-Wolf-Rede zeigt, daß verschiedene Arten von Wissen für eine kohärente Textrezeption eine Rolle spielen. Ohne Anspruch zu erheben, den Wissensbegriff präzise bestimmen zu wollen, könnten zumindest folgende Arten festgemacht werden:

(1) Alltagswissen (z.B. *Segelboot*, Satz 9 ff.)
(2) Wissen über Sozialismusvorstellungen der marxistisch-leninistischen Ideologie (z.B. *Revolutionen*, Satz 14 / 15)
(3) Wissen über die Geschichte der DDR (z.B. *unsere Geschichte*, Satz 7)
(4) Wissen über Verhältnisse in der "alten" DDR (z.B. *Berliner*, Satz 39)
(5) Wissen über die Vor-"Wende"-Zeit (z.B. *Weggehende*, Satz 44)
(6) Wissen über die aktuelle "Wende"-Zeit (z.B. *Zeitung lesen*, Satz 47)

Auslöser für zu aktivierendes Vorwissen können Einzelwörter sein, aber auch Wendungen, Zitate oder andere sprachliche Strukturen. Die Beantwortung der Frage, wieviel Wissensdefizit textuell auszugleichen ist, ist vor allem von der Funktion des Textes abhängig sowie von der Relevanz der betreffenden (impliziten) Information auf der lokalen Ebene für die Gesamtaussage des Textes. Es kann nicht Aufgabe der Übersetzer sein, dem ZS-Adressaten die gesamte kognitive Arbeit abzunehmen. Außerdem ist im vorliegenden Fall anzunehmen, daß die Leser in Großbritannien über die Verhältnisse in der damaligen DDR im Herbst 1989 durch die Berichterstattung in den Massenmedien informiert waren und entsprechende Verstehensvoraussetzungen folglich logischerweise anzunehmen sind.

Auf ein weiteres Übersetzungsproblem, das der Christa-Wolf-Text bietet, soll noch hingewiesen werden: die bewußte Ausnutzung von Wortspielen und formalen sprachlichen Strukturen zur Erzielung bestimmter Wirkungen, wobei sich auch formbedingte kohäsive Beziehungen durch den ganzen Text hindurchziehen, z.B. die teils polyptotonartigen, teils paronomastischen etymologisch-morphologisch begründeten Wortformähnlichkeiten bei "Wende" (8, 9), "verwendet" (26), "Wendige" (31), "Wendehälse" (31) oder Wiederholungen wie bei "Was tun?" (44), "Was tun!" (44), "viel zu tun" (47); Anspielungen auf Sprichwörter (24) bzw. Redewendungen (43); Reim und Rhythmus (5, 36, 51). Die Notwendigkeit der Erhaltung solcher formaler Strukturen im ZS-Text ist wiederum abhängig von der Relevanz dieser lokalen Information bezüglich der Gesamtfunktion des Textes. Des weiteren wird die Wahl der entsprechenden Übersetzungsstrategie durch die Textsorte beeinflußt; so ist z.B. der Reim (Satz 51) keine im ZS-Text notwendigerweise zu erhaltende Struktur (was z.B. bei Poesie ganz anders zu behandeln wäre).

Ich will dieses Problem der formalen Strukturen am Beispiel von "verwendet" illustrieren, da es m.E. die Problematik des Zusammenhangs von Sprachwissen und Sachwissen in Abhängigkeit von situativen und funktionalen Gesichtspunkten verdeutlicht. Im deutschen Text lassen sich bei "verwendet" (Satz 26) zwei Lesarten festmachen: einmal als Synonym zum vorherigen "benutzt werden", zum anderen ist auch noch eine textuell-funktional bedingte Interpretation möglich, die auf der Wortformähnlichkeit zu "Wende" beruht und als 'in die Zielstellungen der SED integriert werden' beschrieben werden kann. Diese zweite Interpretation, die textuell vermittelt ist, kann nur auf der Grundlage von Sachwissen und Hintergrundwissen über die "Wende"-Zeit erschlossen werden. Ob in der Übersetzung durch "co-opted" (Satz 32) diese zwei Lesarten erschließbar werden, ist höchst fraglich.

2.2. Schlüsselwörter, Metaphern

Die zentralen Schlüsselwörter des Christa-Wolf-Textes reflektieren in ihrem semantischen Gehalt das spezifische historische und soziale Umfeld ihrer Verwendung [sic!] und werden bereits heute oft nur noch mit rückblickendem Bezug gebraucht. Dafür sind im Zuge des deutschen Einigungsprozesses neue Wörter ins Zentrum des politischen Diskurses geraten, die ebenfalls spezifische Bedeutungen entwickelt haben und auch für das Übersetzen zum Teil gewisse Probleme erkennen lassen. Auf einen Problemkreis will ich abschließend verweisen. In deutschen Texten finden sich *deutsche Einigung* und *deutsche Vereinigung* (bzw. *(Ver-)Einigung Deutschlands*) sowie *vereintes Deutschland* und *geeintes Deutschland* nebeneinander, ohne auffällige differierende Verwendungspräferenzen. Der Unterschied ist primär erklärbar durch die jeweilige Perspektive im Rahmen einer Metapher, die den Staat als einen in sich abgeschlossenen Behälter konzeptualisiert. Lakoff/Chilton (1989, 9) verweisen bezüglich der Metapher THE STATE IS A CONTAINER auf folgendes: Ein Container hat "an inside, an outside, and a boundary. The state is therefore seen as a contained entity." (In Ermangelung eines treffenderen deutschen Wortes verwende ich im folgenden auch im Deutschen *Container*). Im Prozeß der deutschen (Ver-)Einigung werden aus zwei Containern ein Container (zu den unterschiedlichen Möglichkeiten dieser Vereinigung im Lichte des Metaphernverständnisses der kognitiven Linguistik vgl. Schäffner 1992), wobei sich der eine Container in den anderen hineinbegibt, "beitritt". *Vereinigung* betont mehr den Fakt, den tatsächlichen Akt des Zusammenschlusses, *Einigung* hingegen eher den prozessualen Verlauf mit Blick auf den Endpunkt. Ebenso ist bei *vereintes Deutschland* die Assoziation zu den vorherigen zwei Teilen (den Ausgangspunkten) noch gegeben, demgegenüber liegt bei *geeintes Deutschland* der Fokus wiederum auf dem Endprodukt.

Diese unterschiedliche Perspektivierung kann im Englischen durch *united Germany* und *unified Germany* auf ähnliche Weise ausgedrückt werden. Als substantivische Entsprechung steht nur *unification* zur Verfügung, das sowohl den Akt des Zusammenschlusses als auch desses Resultat bezeichnen kann. (*German unity* kennzeichnet nur das Endprodukt des Einigungsprozesses, was dem deutschen *deutsche Einheit* oder *Einheit Deutschlands* entspricht.) Im Falle von textueller Relevanz müßte die unterschiedliche Perspektivierung durch Kontextfaktoren erschließbar sein, oder die Übersetzer nutzen Übersetzungsstrategien der Transposition (z.B. verbale oder adjektivische Form statt Nominalform).

Ein weiterer Ausdruck, der im neuen dominanten semantischen Feld (vgl. auch Fritzsche 1990) des deutschen Einigungsprozesses ab dem Frühjahr 1990 eine Rolle spielte, aber seit dem Tag der deutschen Einheit und vor allem seit den ersten gesamtdeutschen Bundestagswahlen aus dem offiziellen Diskurs wieder nahezu verschwunden ist, ist die verbale Wendung *etwas einbringen* bzw. *sich einbringen*. Diese Wendung wurde nur im Zusammenhang der Diskussion darüber verwendet, welche Werte und Errungenschaften der DDR in einem Gesamtdeutschland erhaltenswert schienen. Für ihre Bedeutungserklärung kann ebenfalls das Metaphernverständnis der kognitiven Semantik herangezogen werden. Auch bei *einbringen* wird vor dem Hintergrund der Metapher DER STAAT IST EIN CONTAINER die Idee assoziiert, daß etwas in einen Container hineingetan wird. In der englischen Übersetzung der Regierungserklärung de Maizières (die übrigens ein Unikat im politischen Diskurs der Ex-DDR ist und bezüglich makro- sowie superstruktureller Regularitäten anhand von Paralleltextuntersuchungen interessante Ergebnisse offenbaren dürfte) wurden die 9 Vorkommen von "einbringen" sechsmal durch "contribute" wiedergegeben, einmal ist es, da redundant, ausgelassen, und zweimal finden sich noch andere Verben in zum Teil anderen syntaktischen Strukturen. In keinem Fall wird in der Übersetzung auf die Container-Metapher Bezug genommen. Ob Produzentenintentionen durch den Übersetzer/die Übersetzerin nicht erschlossen wurden, ob ihm/ihr die spezifische Verwendungsweise von *einbringen* nicht bewußt war oder ob dadurch etwa auch eine kohärente Rezeption des ZS-Textes beeinträchtigt ist, kann im konkreten Fall nicht eingeschätzt werden. Die Beurteilung des Grades der kommunikativen Äquivalenz muß immer auch situative und funktionale Aspekte mit zugrunde legen.

Ob eine Metapher im QS-Text unbedingt durch eine Metapher im ZS-Text (durch die gleiche oder eine analoge Metapher) wiedergegeben werden muß, ist wiederum von der Relevanz und der Funktion der Metapher für den kommunikativen Wert des Gesamttextes abhängig. Auch sind konfrontative Untersuchungen erforderlich, um herauszufinden, durch welche Metaphern politische Sachverhalte in Quellen- und Zielsprache konzeptualisiert werden (vgl. Lakoff 1991). Werden in der QS- und ZS-Gemeinschaft die gleichen Metaphern zur Konzeptualisierung eines spezifischen Sachverhalts verwendet, (was sich in den sprachlichen Strukturen niederschlägt), so sollte bei der Übersetzung die Metapher erhalten bleiben. So scheint z.B. die Metapher der Politik als Weg mit einem anzustrebenden Zustand als Endpunkt des Weges (und damit als Ziel der Bewegung zu diesem Endpunkt) eine einzelsprachenübergreifende Konzeptualisierung zu sein. In den deutschen Texten zur deutschen Einigung fand sich relativ oft der Bezug auf diese Metapher (z.B. "der Weg zur deutschen Einheit", "Schritte auf dem Weg zur Einheit"), wie auch in entsprechenden englischen Texten (z.B. "the path to unity", "the quick road to unity"; vgl. Schäffner/Weisemann 1991). Die Metapher von der Politik als Weg zu einem Ziel als Endpunkt findet sich auch in bezug auf andere politische Sachverhalte. So wird z.B. Präsident Bush im Zusammenhang mit dem Golf-Krieg folgendermaßen zitiert: "There's a long, tough road ahead for real peace." (*Time,* 28.1.1991, 25).

3. Fazit

Lexikalische Einheiten und Wendungen mit einer politisch relevanten Bedeutung stellen ein Problem für die Lösung der oft diskutierten Frage nach der Unterscheidung von Sprachwissen und Sachwissen dar. Nehmen wir z.B. die Schlüsselbegriffe der (Nach-)"Wende"-Zeit, wie sie auch im vorliegenden Text ihren Niederschlag finden: Was wäre die semantische Bedeutung, was wäre zusätzliches enzyklopädisches Wissen von *Wende*, *Dialog*, *Volk*? Kontextfrei und isoliert dürfte Testpersonen bei Befragung die Angabe von enzyklopädischer Information sicher nicht leicht fallen, aber daran zeigt sich schon das Problem, daß Bedeutungen eigentlich nie kontextfrei erfaßt werden können. Stärker als es im Alltagsbereich der Fall ist, zeichnet sich politischer Wortschatz durch geringere Konstanz und größere Dynamik aus, handelt es sich bei politischen Wortbedeutungen um temporäre semantische Verfestigungen, die als eingebettet in größere konzeptuelle Strukturen (wie Schemata, frames) zu begreifen sind, wodurch die Problematik Sprachwissen vs. Sachwissen in einem anderen Lichte erscheint (Schäffner 1990). Sogenannte politische Wörter bringen in der Regel ihre gesamte textuell-vermittelte und historisch-situativ bedingte Geschichte mit in den Text (bzw. Diskurs) ein. An den Beispielen *Wende*, *Dialog* und *etwas einbringen* sollte das deutlich geworden sein, wie auch die Einbeziehung von Übersetzungen politisch relevanter Texte gezeigt hat, daß die Kenntnis (bzw. auch Unkenntnis) kulturspezifischen Wissens Einfluß auf die Adäquatheit des ZS-Textes hat.

4. Literatur

Beaugrande, Robert Alain de/Dressler, Wolfgang (1981): *Introduction to Text Linguistics*. London.

Dijk, Teun A. van/Kintsch, Walter (1983): *Strategies of Discourse Comprehension*. London.

Fritzsche, K. Peter (1990): "Auf der Suche nach einer neuen Sprache: Schulbücher in der DDR." In: *Sprachreport. Informationen und Meinungen zur deutschen Sprache* 4, S. 6-7.

Hellmann, Manfred W. (1990): "DDR-Sprachgebrauch nach der Wende - eine erste Bestandsaufnahme." In: *Muttersprache* 2-3, S. 266-286.

Hönig, Hans G./Kußmaul, Paul (1982): *Strategie der Übersetzung*. Tübingen.

Jäger, Gert (1986): "Die sprachlichen Bedeutungen - das zentrale Problem bei der Translation und ihrer wissenschaftlichen Beschreibung." In: Jäger, Gert/Neubert, Albrecht (Hrsg.): *Bedeutung und Translation*. Übersetzungswissenschaftliche Beiträge 9. Leipzig, S. 5-66.

Krings, Hans Peter (1988): "Blick in die 'Black Box' - Eine Fallstudie zum Übersetzungsprozeß bei Berufsübersetzern." In: Arntz, Reiner (Hrsg.): *Textlinguistik und Fachsprache. Akten des Internationalen übersetzungswissenschaftlichen AILA-Symposiums*. Hildesheim, 13.-16. April 1987. Hildesheim, S. 393-412.

Lakoff, George (1991): "Metaphor and war." (Manuskript)

Lakoff, George/Chilton, Paul (1989): "Foreign policy by metaphor." (Unveröffentlichtes Manuskript)

Neubert, Albrecht (1985): *Text and Translation.* Übersetzungswissenschaftliche Beiträge 8. Leipzig.

Neubert, Albrecht (1992): "Auswirkungen des politischen Wandels auf die Sprache (aus östlicher Sicht)." Vortrag auf der Jahrestagung der Gesellschaft für Sprache und Wirtschaft. St. Gallen, Oktober 1990 (im Druck).

Reiher, Ruth (1990): "Dialog in den Medien." In: *Zeitschrift für Germanistik* 5, S. 597-600.

Samel, Ingrid/Walther, Helmut (1990): "Deutsch 1989." In: *Der Sprachdienst* 1, S. 1-13.

Schäffner, Christina (1990): "Sind Abstrakta im politischen Bereich prototypisch beschreibbar? Überlegungen anhand des Economist." In: Schäffner, Christina (Hrsg.): *Gibt es eine prototypische Wortschatzbeschreibung? Eine Problemdiskussion.* Linguistische Studien (LS / ZISW / A) 202. Berlin, S. 46-64.

Schäffner, Christina (1991): "World knowledge in the process of translation." In: *Target* 1, S. 1-16.

Schäffner, Christina (1992): "Zur Rolle von Metaphern für die Interpretation der außersprachlichen Wirklichkeit." In: *Folia Linguistica* (im Druck).

Schäffner, Christina/Weisemann, Bernhard (1991): "Was uns auffiel: (Nach)'Wende'-Lexik in der britischen und amerikanischen Presse." In: *Fremdsprachen* 1, S. 48-52.

Tilford, Roger (1990): "The translation of politics and the politics of translation." In: Arntz, Reiner/Thome, Gisela (Hrsg.): *Übersetzungswissenschaft. Ergebnisse und Perspektiven. Festschrift für Wolfram Wilss zum 65. Geburtstag.* Tübingen, S. 216-227.

Textanhang:

Die Ansprache von Christa Wolf und ihre englische Übersetzung:

4. November 1989

Rede auf der Demonstration für Pressefreiheit in Berlin

Christa Wolf

1 Liebe Mitbürgerinnen und Mitbürger!

2 Jede revolutionäre Bewegung befreit auch die Sprache. 3 Was bisher so schwer auszusprechen war, geht uns auf einmal frei von den Lippen. 4 Wir staunen, was wir offenbar schon lange gedacht haben und was wir uns jetzt laut zurufen: 5 "Demokratie jetzt oder nie!" 6 Und wir meinen: Volksherrschaft. 7 Und wir erinnern uns der steckengebliebenen oder blutig niedergeschlagenen Ansätze in unserer Geschichte und wollen die Chance, die in dieser Krise steckt, da sie alle unsere produktiven Kräfte weckt, nicht wieder verschlafen.

8 Mit dem Wort Wende habe ich meine Schwierigkeiten. 9 Ich sehe da ein Segelboot, der Kapitän ruft: Klar zur Wende! 10 Weil der Wind sich gedreht hat oder ihm ins Gesicht bläst. 11 Und die Mannschaft duckt sich, wenn der Segelbaum über das Boot fegt. 12 Aber stimmt dieses Bild noch, stimmt es noch in dieser täglich vorwärtstreibenden Lage? 13 Ich würde von revolutionärer Erneuerung sprechen. 14 Revolutionen gehen von unten aus. 15 Unten und oben wechseln ihre Plätze in dem Wertesystem, und dieser Wechsel stellt die sozialistische Gesellschaft vom Kopf auf die Füße. 16 Große soziale Bewegungen kommen in Gang. 17 So viel wie in diesen Wochen ist in unserem Land noch nie geredet worden, miteinander geredet worden, noch nie mit dieser Leidenschaft, mit so viel Zorn und Trauer, aber auch mit so viel Hoffnung. 18 Wir wollen jeden Tag nutzen, wir schlafen nicht, oder wenig. 19 Wir befreunden uns mit Menschen, die wir vorher nicht kannten, und wir zerstreiten uns schmerzhaft mit anderen, die wir zu kennen glaubten. 20 Das nennt sich nun Dialog. 21 Wir haben ihn gefordert, nun können wir das Wort fast nicht mehr hören. 22 Und haben doch noch nicht wirklich gelernt, was es ausdrücken will. 23 Mißtrauisch starren wir auf manche plötz-

lich ausgestreckte Hand, in manches vorher so starre Gesicht. 24 Mißtrauen ist gut, Kontrolle noch besser. 25 Wir drehen alte Losungen um, die uns gedrückt und verletzt haben, und geben sie postwendend zurück. 26 Wir fürchten, benutzt zu werden, verwendet. 27 Und wir fürchten ein ehrlich gemeintes Angebot auszuschlagen. 28 In diesem Zwiespalt befindet sich nun unser ganzes Land. 29 Wir wissen, wir müssen die Kunst üben, den Zwiespalt nicht in Konfrontation ausarten zu lassen. 30 Diese Wochen, diese Möglichkeiten werden uns nur einmal gegeben durch uns selbst.

31 Verblüfft beobachten wir die Wendigen, im Volksmund Wendehälse genannt, die laut Lexikon sich rasch und leicht einer gegebenen neuen Situation anpassen, sich in ihr geschickt bewegen, sie zu nutzen verstehen. 32 Sie am meisten, glaube ich, blockieren die Glaubwürdigkeit der neuen Politik. 33 Soweit sind wir wohl noch nicht, daß wir auch sie mit Humor nehmen können. 34 Was uns doch in anderen Fällen schon gelingt. 35 "Trittbrettfahrer zurücktreten", lese ich auf Transparenten. 36 Und an die Polizei gerichtet von Demonstranten der Ruf: "Zieht euch um und schließt euch an!" 37 Ich muß sagen, ein großzügiges Angebot. 38 Ökonomisch denken wir auch: "Rechtssicherheit spart Staatssicherheit." 39 Und heute habe ich auf einem Transparent eine schier unglaubliche Losung gesehen: "Keine Privilegien mehr für uns Berliner". 40 Ja, die Sprache springt aus dem Ämter- und Zeitungsdeutsch heraus, in das sie eingewickelt war, und erinnert sich ihrer Gefühlswörter. 41 Eines davon ist Traum. 42 Also träumen wir mit hellwacher Vernunft. 43 "Stell dir vor, es ist Sozialismus, und keiner geht weg." 44 Wir sehen aber die Bilder der immer noch Weggehenden und fragen uns: Was tun? und hören als Echo die Antwort: Was tun! 45 Das fängt jetzt an, wenn aus den Forderungen Rechte, also Pflichten werden. 46 Untersuchungskommissionen, Verfassungsgericht, Verwaltungsreform. 47 Viel zu tun, und alles neben der Arbeit, und dazu noch Zeitung lesen. 48 Zu Huldigungsvorbeizügen, verordneten Manifestationen werden wir keine Zeit mehr haben. 49 Dies ist eine Demo, genehmigt, gewaltlos. 50 Wenn sie so bleibt bis zum Schluß, wissen wir wieder mehr über das, was wir können, und darauf bestehen wir dann. 51 "Ein Vorschlag für den 1. Mai: Die Führung zieht am Volk vorbei." 52 Alles nicht von mir. 53 Das ist literarisches Volksvermögen. 54 Unglaubliche Wandlungen, das Staatsvolk der DDR geht auf die Straße, um sich als Volk zu erkennen. 55 Und dies ist für mich der wichtigste Satz dieser letzten Wochen, der tausendfache Ruf: "Wir sind das Volk!" 56 Eine schlichte Feststellung, und die wollen wir nicht vergessen.

(*Neue Deutsche Literatur*, 3/1990, S. 173-175)

Was tun?

Christa Wolf, Germany's greatest living writer, celebrates a revolutionary moment of renewal and asks what happens next

1 Every revolutionary movement liberates language. 2 What was previously so hard to say out loud suddenly rolls off the tongue with ease. 3 We are amazed at what we have obviously been thinking for a very long time. 4 And at what we now call to each other out loud: *Democracy, now or never!* 5 We mean people power, and we remember earlier attempts to establish this in our history which got bogged down, or were bloodily suppressed. 6 We do not want to sleep through the opportunity which lies in this crisis, since it awakens all our productive powers.

7 Personally, I have difficulty with the word *Wende* (the word, meaning "change of direction", which Egon Krenz uses to describe the reforms the government will carry out). 8 It makes me visualise a yacht. 9 The captain shouts, "Ready about!" because the wind has changed, or is blowing in his face. 10 And the crew ducks while the boom sweeps across the boat.

11 But is this image still valid? 12 Is it still relevant to our situation, rushing headlong forwards as it does every single day? 13 I would prefer to speak of revolutionary renewal. 14 Revolutions begin from below. 15 The top and the bottom swap places in the value system. 16 And this reversal stands socialist society from its head on to its feet. 17 Great social processes are beginning.

18 People in our country have never ever talked so much as in these past weeks, talking with each other. 19 Never before with such passion. 20 With such anger and sadness, but also with so much hope. 21 We want to use every day. 22 We sleep little or not at all. 23 We are making friends with people we didn't know before and having painful rows with others we thought we did know.

24 All this is called dialogue. 25 We demanded it. 26 Now we can scarcely bear to hear to word any longer. 27 And yet we still haven't really learnt its full meaning. 28 We stare, full of mistrust, at some of the hands suddenly being stretched out, some of the faces which were previously so unmoving. 29 Mistrust is good, control is still better. 30 We turn around the old slogans which oppressed and wounded us, and return them post-haste. 31 We are afraid of being used. 32 Co-opted. 33 And we are afraid of turning down an offer which was meant honestly.

34 Our whole country is now in this contradictory situation. 35 We know we must practise the art of not allowing the contradiction to deteriorate into confrontation. 36 These weeks, these opportunities, are given us only once, given us by ourselves. 37 We look on astonished at those agile people - popularly called *Wendehälse*, (a word, echoing *Wende*, which means "people who are adept at turning their heads, or more literally their necks, according to the wind"). 38 They have the textbook knack of adapting quickly and easily to any given new situation, of sitting easily with their fate, of knowing how to profit from it. 39 It is they who more than anything else, in my view, constitute the greatest obstacles to trust in the new policies. 40 We are not yet far enough on to be able to deal with them too with humour. 41 Which we already can do in some other cases.

42 "Free-riders resign!" I read on banners. 43 And, addressed to the police by demonstrators, the call: "Change your clothes and join us." 44 I must say that's a generous offer. 45 And we even think in economic terms: "Legal security means state security savings." 46 And today I saw an absolutely unbelievable slogan on a banner: "No more privileges for us Berliners." (Berlin is better supplied than other towns in the GDR.)

47 Yes, language is leaping out of the bureaucratic and newspaper German in which it was previously constrained. 48 Emotive words are recalled. 49 One of these words is: dream.

50 So we dream with our reason wide awake. 51 Just imagine, it's socialism and no one leaves! 52 But we watch the pictures of people continuing to leave and ask ourselves, *Was tun?* (What is to be done?) 53 And hear as an echo the response - *Was tun!* (Do something!).

54 The process is starting now whereby demands become rights, hence duties. 55 Commissions of enquiry, a constitutional court, administrative reform. 56 Lots to do, and all of it on top of work. 57 And now we need to read the paper as well! 58 We shan't have time any more for standing at the roadside paying homage to visiting dignitaries, or for officially ordained demonstrations.

59 This is a demo. 60 Officially permitted and non-violent. 61 If it stays that way, right to the end, then we'll know that bit more about what we can do and then we'll insist on it. 62 I have a suggestion for May Day: the leadership should walk in procession past the people. 63 It's not my idea, it's part of the people's store of literary riches. 64 Incredible changes. 65 The GDR's head of state goes on to the streets in order to recognise himself as one of the people.

66 And for me that's the most important phrase of these past weeks. 67 The shout, repeated thousands of times: “We are the people!” 68 A simple statement of fact we won't forget again.

This is a speech delivered by Christa Wolf to the mass demonstration at Alexanderplatz, East Berlin, last week.

(*New Statesman & Society*, 17-11-1989, p.11)

Ein Parlament sucht(e) seine Sprache
Zur Sprache der Volkskammer

Armin Burkhardt (Braunschweig)

1. Einleitung

Die DDR (1949-1990) war ein real existierender (wenngleich nicht allseits völkerrechtlich anerkannter) Staat, der genau 4 Tage weniger als 41 Jahre Bestand hatte und dessen Ende paradoxerweise exakt am 40. Jahrestag seiner Gründung besiegelt wurde, und zwar durch Gorbatschows an die zur Ostberliner Jubelfeier angereisten Journalisten gerichtete, unvergeßliche Worte: "Wer zu spät kommt, den bestraft das Leben." Dieser abstrakt-allgemeine, eher als Spruchweisheit formulierte Satz des Kreml-Chefs machte auch dem Letzten unmißverständlich deutlich, daß sich die damalige DDR-Führung in einen Gegensatz zur Demokratisierungspolitik der Sowjetunion begeben und die SED aus Moskau keinerlei politische oder gar militärische Unterstützung mehr zu erwarten hatte. Es war ein diplomatischer Hinweis auf die politische Freiheit der Bürger der DDR. Gorbatschows Satz, dessen Wirksamkeit gerade darin lag, daß er - vordergründig - gegen sämtliche Griceschen Konversationsmaximen (vgl. Grice 1975) verstieß und dadurch zu über Basisillokution und -proposition (vgl. Sökeland 1980, 35 ff.; Burkhardt 1986, 116 ff.)

hinausgehenden Interpretationen Anstoß gab, ist ein Beweis für die politische "Macht des Wortes", ein Begriff, den - ironischerweise - ausgerechnet einer der Chefideologen des SED-Regimes, der Philosoph Georg Klaus (1969), 20 Jahre zuvor in die linguistisch-philosophisch-politische Diskussion geworfen hatte.[1]

Das Parlament der DDR, die Volkskammer, existierte in etwa so lange wie das Staatsgebilde, dessen Bürger die Abgeordneten repräsentieren sollten. Die 1949 hastig gegründete Provisorische Volkskammer ging 1950 in die Volkskammer über, die insgesamt 10 Legislaturperioden er-, aber nur 9 davon überlebt hat.

Mit Blick auf die innere Organisation sowie Kommunikationsstil und -formen kann man die 41 Jahre DDR-Parlamentarismus in 3 Abschnitte aufteilen:

1. die *"DDR"*- oder *Beton-Phase:* vom 7. Oktober 1949 (Gründung der Provisorischen Volkskammer) bis zum 13. November 1989 (Debatte über die "Wende");
2. die *Wende-Phase:* 13. November 1989 bis zum 7. März 1990 (Ende der 9. Legislaturperiode);
3. die *"Noch-DDR"*- oder *Abwicklungs-Phase:* 5. April 1990 (konstituierende Tagung nach dem Wahlen vom 18. März 1990) bis zum 2. Oktober 1990 ("letzte Tagung des ersten frei gewählten Parlaments der DDR"[2]).

2. *Parlamentstypen*

In der nun über 150jährigen, durch Kriege, revolutionäre Umbrüche und Restaurationsphasen mehrfach gebrochenen Geschichte des deutschen Parlamentarismus haben sich die Parlamente geändert, aber auch die Rolle, die die Plenardebatte in ihnen zu spielen hat bzw. hatte. Von der Funktion her, die sie innerhalb ihres jeweiligen politischen Systems erfüllen, und in Anbetracht ihrer internen Organisation lassen sich die deutschen Zentralparlamente grob in 6 Typen unterscheiden und chronologisch ordnen:

1. das demokratische *Diskussionsparlament* (Deutsche Constituirende Nationalversammlung in der Frankfurter Paulskirche 1848/49), in dem unterschiedliche Meinungen mit dem Ziel wechselseitigen Überzeugens tendenziell so lange frei ausdiskutiert werden, bis eine Mehrheitsentscheidung ge-

---

[1] Vgl. dazu auch den Beitrag von Kapferer (in diesem Band, S. 19-40).

[2] So die Formulierung des Stellvertreters der Präsidentin Dr. Höppner in seinem Schlußwort in eben dieser Sitzung (vgl. VK 10/1872)

troffen werden kann (Nachteil: Die mehrheitsfähige Position kann verwässert werden und/oder am Ende politisch nicht durchsetzbar sein; die moralische Macht genügt zur Durchsetzung politischer Ziele allein eben nicht);

2. das *Alibi-Parlament* (Erfurter Unionsparlament, Norddeutscher Reichstag, Deutscher Reichstag bis 1918), das zwar aus freien Wahlen hervorgeht, aber nur mit eingeschränkten Kompetenzen ausgestattet ist, vom Staatsoberhaupt jederzeit berufen, eröffnet, vertagt und geschlossen werden kann (vgl. Art. 12. der Verfassung des Deutschen Reiches) und vor allem der Diskussion (und zumeist Absegnung) von Regierungsentscheidungen dient[3];
3. das demokratische *Arbeits-* bzw. *Kampfparlament* (Weimarer Nationalversammlung, Reichstag bis 1933), dem freie, allgemeine, gleiche und geheime Wahlen zugrunde liegen und in dem politische Auffassungen z.T. aggressiv diskutiert und dann Mehrheitsentscheidungen getroffen und durchgesetzt werden (Nachteil: Parteipolitische Polarisierung kann über wechselseitige parlamentarische Blockaden zur Unregierbarkeit führen);
4. das *Scheinparlament* (Deutscher Reichstag nach 1933), das aus unfreien und nicht geheimen Wahlen hervorgeht und in dem zwar Reden gehalten, aber keinerlei Entscheidungen getroffen werden, weil es zur reinen Propagandaveranstaltung degeneriert ist;
5. das *Akklamationsparlament* (Volkskammer 1949-1989), dem ebenfalls unfreie und nicht geheime Wahlen zugrunde liegen und in dem zwar unterschiedliche Bevölkerungsgruppen zu Wort kommen, aber - sowohl in den Redetexten als auch im Abstimmungsverhalten - bereits getroffene Entscheidungen von Staatspartei/Regierung nur noch zu bestätigen haben[4] (noch jede Diktatur hat sich zumindest ihr Akklamationsparlament zugelegt);
6. das demokratische *Parteien-* oder *Schaufensterparlament* (Deutscher Bundestag), das aus freien, allgemeinen, gleichen und geheimen Wahlen hervorgeht, in dessen Plenum politische Entscheidungen für die Öffentlichkeit in kontroverser Debatte begründet und die eigentlichen Entscheidungsrituale (Abstimmungen) auch tatsächlich durchgeführt werden, in dem aber

---

[3] Loewenberg spricht deswegen auch vom "Kaiserlichen Reichstag", der lediglich einen Anteil am legislativen Prozeß gehabt habe, von der Exekutive jedoch scharf getrennt geblieben und daher darauf beschränkt gewesen sei, "das einzige demokratische, repräsentative Element in einem im wesentlichen autoritären System" zu sein (1969, 32)

[4] Mit ganz ähnlicher Intention hat der Volkskammer-Präsident der Übergangszeit zwischen SED-Herrschaft und parlamentarischer Demokratie, Dr. Maleuda, die alte Volkskammer als "Abstimmungparlament" bezeichnet (VK 9/555).

kaum noch eine eigentliche Diskussion mit dem Ziel wechselseitigen Überzeugens stattfindet, weil die Entscheidungen faktisch in den Fraktionen und Ausschüssen bereits vorab gefallen sind.[5] Mit guten Gründen ließe sich diese Art Parlamentsorganisation auch als "Fraktionsparlament" bezeichnen (Roll 1989, 238).

Die Volkskammer nach den Wahlen vom März 1990 hatte nur ein halbes Jahr Bestand und diente dem alleinigen übergeordneten Zweck, die Vereinigung der DDR mit der Bundesrepublik herbeizuführen und gesetzlich zu regeln. Ein Parlament, dessen Hauptaufgabe in der eigenen Selbstauflösung besteht, kann vielleicht am treffendsten als "Abwicklungsparlament" beschrieben werden.

Im folgenden soll zunächst (3.) - als historischer Ausgangspunkt des DDR-Parlamentarismus - die konstituierende Sitzung der Provisorischen Volkskammer etwas näher beschrieben und einige kommunikative Besonderheiten der Volkskammer zwischen 1950 und 1989 herausgearbeitet werden.[6] In einem zweiten und dritten Schritt (Kapitel 4. und 5.) werden einige Beobachtungen zur Sprache der Volkskammer unmittelbar nach der "Wende" bzw. nach den Wahlen im März 1990 vorgestellt.

---

[5] In den von der Wissenschaftlichen Abteilung des Deutschen Bundestages im Jahre 1969 vorgelegten Materialien zum Thema *Parlamentsreform. Kritik am Bundestag und Modellvorstellungen zur Parlamentsreform in der wissenschaftlichen Literatur* wird - auf der Grundlage der damals verfügbaren wissenschaftlichen Literatur - unterschieden zwischen (a) dem "Parlament als politisches Forum ('Diskussionsparlament', 'Redeparlament', 'Evidenzparlament')", (b) dem "Gesetzgebungs- und Ausschußparlament ('Arbeitsparlament') und (c) dem "Integrationsparlament (Integration verschiedener gleichberechtigter Funktionen; 'Mischform')" (ebd., 8 ff.), die eher als mögliche "Modelle" denn als Parlamentstypen zu verstehen sind. Diese Unterscheidung ist zum einen nicht geeignet, auch nicht- oder nur eingeschränkt demokratische Parlamentsformen zu umgreifen. Mag man sich über den Status der Paulskirche als "Diskussions-" oder "Redeparlament" noch relativ leicht verständigen, so müssen doch der Deutsche Reichstag (1919-1945) und der Deutsche Bundestag als "Mischformen" betrachtet werden: ersterer als Arbeitsparlament mit Tendenz zum Diskussionsparlament in der degenerierten Form z.T. feindseliger Blockade, letzterer ebenfalls als Arbeits- und Ausschußparlament mit Tendenz hin zur plakativen Scheinkontroverse (vgl. zu alledem Burkhardt 1993).

[6] Zur Sprache des deutschen Parlamentarismus allgemein vgl. v.a. Burkhardt (1991, 1992, 1992a, 1993).

3. Ein Parlament ohne parlamentarische Sprache - die 40 Jahre der 'alten' Volkskammer

> Ihr Prediger der Gleichheit, der Tyrannen-Wahnsinn der Ohnmacht schreit also aus euch nach "Gleichheit": eure heimlichsten Tyrannen-Gelüste vermummen sich also in Tugend-Worte!
>
> F. Nietzsche, *Also sprach Zarathustra*

Nach der Gründung der Bundesrepublik deklariert sich 1949 der Deutsche Volksrat kurzerhand zur Provisorischen Volkskammer. Am 7. Oktober 1949 erklärt Wilhelm Pieck, der in den Sitzungsberichten ohne nähere Begründung als "Vorsitzender" erscheint, die konstituierende Sitzung der Provisorischen Volkskammer der Deutschen Demokratischen Republik für eröffnet und fügt dann die folgenden Bemerkungen hinzu:

> Der nationale Notstand des deutschen Volkes, wie er durch die Zerreißung Deutschlands hervorgerufen wurde, verschärft sich infolge der Maßnahmen der westlichen Besatzungsmächte mit Unterstützung westdeutscher Politiker von Tag zu Tag und nimmt solche Formen an, daß das Leben und die Zukunft des deutschen Volkes bedroht sind und seine nationale Existenz in Frage gestellt ist. [...]
>
> Die im Westen Deutschlands vollzogenen Wahlen haben das Ausmaß des Massenbetruges gekennzeichnet. Es ist kein Zweifel, daß sich die Massen in Westdeutschland, als sie für diese Parteien stimmten, von der Illusion haben leiten lassen, daß damit eine Verbesserung ihrer Lage herbeigeführt werden würde.
>
> Sie haben aber schon in der kurzen Zeit, die seit den Wahlen verflossen sind, erfahren, daß dem deutschen Volk keine Hilfe zuteil wird, sondern daß im Gegenteil die Militärgouverneure mit verschärften Maßnahmen eingreifen, um ihre Diktatur über das deutsche Volk durchzuführen. [...]
>
> Nun wachsen die Bäume der imperialistischen Mächte nicht in den Himmel, sondern es steht ihnen das große Friedenslager entgegen. Es ist die Aufgabe des deutschen Volkes, sich in dieses Lager einzureihen und zusammen mit den Kräften, die in diesem Lager einen entscheidenden Einfluß haben, für den Frieden der Welt zu kämpfen. [...]
>
> Die heute vormittag vom Deutschen Volksrat angenommene Entschließung über die Nationale Front zeigt diesen Weg. Wir werden alles daransetzen müssen, durch die Parteien und Massenorganisationen, die im Volksrat vereinigt sind, in Gemeinschaft mit den nationalbewußten Kreisen in Westdeutschland diese Kampffront zu schmieden und so stark zu machen, daß wir schließlich doch die Einheit Deutschlands wieder herstellen und den losgetrennten Teil Deutschlands wieder zurückgewinnen, um so in gemeinsamer Arbeit und Anstrengung auch auf die Besatzungsmächte einzuwirken, daß sie von ihren Strangulierungsmaßnahmen absehen. Ob

> das gelingt, wird von der Stärke der von uns erzeugten Bewegung abhängen. (PVK 2 f.)

Es ist deutlich zu sehen, wie hier die Lüge bereits in die erste Sitzung der Provisorischen Volkskammer Einzug hält. Wir hören die Sprache des Klassenkämpfers ("Massen", "Massenorganisationen"), aber auch schon die des Kalten Kriegers ("imperialistische Mächte", "Besatzungsmächte", "Diktatur über das deutsche Volk", "Strangulierungsmaßnahmen"). Sichtbar wird auch der eigentümliche, doppeldenkerische Kontrast zwischen der zum Ausdruck gebrachten Friedfertigkeit und den kriegerischen Metaphern: "Friedenslager", "für den Frieden der Welt zu kämpfen", "Nationale Front", "Kampffront [...] schmieden und so stark machen, daß wir [...] den losgetrennten Teil Deutschlands zurückgewinnen". Zum Ausdruck kommt auch der Wunsch nach nationaler Einheit, aber mit - aus heutiger Sicht - umgekehrten Vorzeichen: Die DDR soll gleichsam die abgetrennte Bundesrepublik wieder "zurückgewinnen" - und, natürlich, dem "sozialistischen Lager" einverleiben. Später hat man dafür die bis in die späten 50er Jahre unablässig wiederholte, aber im Westen un-erhörte Losung gefunden: "Deutsche an einen Tisch!".

Pieck gibt

> das Versprechen und die Sicherheit [...], daß die von uns geschaffenen Einrichtungen, die Volkskammer und die Regierung, das Vertrauen verdienen, und daß wir alle die Verpflichtungen gewissenhaft erfüllen, die uns das Potsdamer Abkommen der alliierten Mächte auferlegt, daß wir ferner eine Politik treiben werden, die die Friedenspolitik unterstützt und die uns das Vertrauen der Völker verschaffen wird. (PVK 3)

Der Vorsitzende hebt die Einmütigkeit hervor, von der die Arbeit des Deutschen Volksrates getragen gewesen sei, er äußert den Wunsch, "daß die feste Einigkeit aller Faktoren des Volksrats, der Parteien und Massenorganisationen, daß diese Einmütigkeit auch in der Volkskammer sein wird" (PVK 3), und spricht dann die bemerkenswerten, aber zugleich überdeutlich an nationalsozialistische Parlamentsbeschimpfungen erinnernden Sätze aus:

> Gerade die Einheit der Parteien hier im Osten ist das große Plus gegenüber den Krakeelereien der Parteien im Westen Deutschlands. Sie ist die Garantie dafür, daß wir auch in den schwierigen Perioden unserer weiteren Entwicklung erfolgreich diese Schwierigkeiten überwinden werden. (PVK 3)

Im weiteren Verlauf dieser Rede des Vorsitzenden wird bemängelt, daß die westlichen Besatzungsmächte "die Bemühungen zur Herstellung wirtschaftlicher Beziehungen zwischen dem Osten und dem Westen" (PVK 3) erschwerten. Für Pieck ist der Weg, engste wirtschaftliche Beziehungen zur Sowjetunion herzustellen, "der Ausweg aus der Not [...] und der Weg zum Frieden, während der Weg, der im Westen gegangen wird, unter dem Diktat der westlichen Besatzungsmächte, der Weg in die Not, in die Unsicherheit und in den Krieg bedeutet." (PVK 4)

Im Verlaufe von Piecks Rede gibt es keinerlei Zwischenrufe, nur mehrfach "starken" bis "lebhaften Beifall" bei der Begrüßung der Vertreter ausländischer Militärmissionen. Zwar wird das, was dann folgen soll, expressis verbis "konstituierende Beratung" genannt, tatsächlich aber findet keinerlei Diskussion statt, weil, etwa auf Piecks Frage, ob zum Gesetz über die Konstituierung der Provisorischen Volkskammer der Deutschen Demokratischen Republik ein Abgeordneter das Wort wünsche, keinerlei Wortmeldung erfolgt. Das Verfahren bei der Abstimmung ist so, daß der Vorsitzende die mit dem Gesetz einverstandenen Abgeordneten bittet, sich von den Plätzen zu erheben. Sofort stehen alle auf, Gegenstimmen oder Enthaltungen gibt es nicht. Daher kann Pieck sodann die Einstimmigkeit dieses Beschlusses feststellen. In derselben Weise erfolgt die Wahl des Präsidiums der Volkskammer.

Der so gewählte Präsident, Johannes Dieckmann (LDP[D]), erklärt, das eben gewählte Präsidium sei "bereit und entschlossen [...], das aus Ihrem Vertrauen in unsere Hände gelegte Amt unparteiisch nach bestem Wissen und Gewissen zum Wohle Deutschlands zu führen." (PVK 5), und erhält für diese Worte "Lebhaften Beifall". Dieckmann bestimmt die Provisorische Volkskammer als "Kammer der Arbeit" und benutzt diese Feststellung als Argument dafür, ohne "weitere Worte [...] in die Behandlung der Tagesordnung einzutreten". In der bewährten akklamatorischen Weise und ohne jede Diskussion wird sodann über das "Gesetz über die Provisorische Regierung der Deutschen Demokratischen Republik", über das "Gesetz über die Bildung einer Provisorischen Länderkammer der Deutschen Demokratischen Republik" und über das "Gesetz über die Verfassung der Deutschen Demokratischen Republik" entschieden. Als Dieckmann vor der Verlesung des erstgenannten Gesetzentwurfs beiläufig erwähnt, dieser sei als "Drucksache Nr. 2 in Ihren Händen", erhält er verschiedene Zurufe: "Nein!". Nach einer kurzen Entschuldigung, daß "in der Eile" es offenbar "technisch nicht möglich" gewesen sei, die "Drucksache in Ihrer aller Hände zu geben", verspricht Dieckmann den Abgeordneten zwar, daß sie "unverzüglich in den Besitz der Drucksache gesetzt" würden, fährt jedoch in der Abstimmung unbeirrt fort. Auch im Falle des "Gesetzes über die Bildung einer Provisorischen Länderkammer" verabschiedet die Volkskammer - und zwar "gleichzeitig in erster und zweiter Lesung" - einstimmig ein Gesetz, das ihr im Wortlaut nicht vorliegt, denn als Dieckmann sagt: "Auch dieses Gesetz ist als Drucksache Nr. 3 zum Teil in den Händen der Mitglieder des Hauses", erhält er "Lebhafte Zurufe: Nein, überhaupt nicht." (PVK 5) Beim Gesetz über die Verfassung der DDR werden die Drucksachen sicherheitshalber nicht mehr erwähnt.

Es ist sowohl kurios als auch bezeichnend, daß der ohnehin extrem zwischenrufarme DDR-Parlamentarismus (vgl. dazu Burkhardt 1993) ausgerechnet mit Zurufen begann, in denen bemängelt wurde, daß zum Zeitpunkt der Abstimmung über die Verfassung den Abgeordneten die entsprechenden Drucksachen nicht vorlagen. Schon diese Äußerlichkeit macht deutlich, daß hier pluralistischen Ideen von Anfang an eine Absage erteilt wurde.

In der Folge "setzt" Dieckmann die Zustimmung der Abgeordneten "zur Verabschiedung gleichzeitig in erster und zweiter Lesung" explizit voraus. In einem nächsten Schritt "bittet" der Präsident zwar die Abgeordneten, zu dem "gemeinschaftlichen Gesetzentwurf aller Fraktionen" Stellung zu nehmen, "bittet" sie jedoch fast im selben Atemzug darum, "Ihre Entscheidung über den Entwurf dieses Gesetzes zu fällen", und "bittet" sodann

> diejenigen Mitglieder des Hauses, die unter Verzicht auf Ausschußberatungen, unter Einverständnis mit einer ersten und zweiten Lesung und unter Verzicht auf eine Aussprache - Wortmeldungen habe ich bisher nicht gesehen - bereit sind, diesem Gesetz ihre Zustimmung zu geben, sich von ihren Plätzen zu erheben. (PVK 6)

Dagegen werden diejenigen, die sich der Stimme enthalten wollen, lediglich gebeten, "sich bemerkbar zu machen". Das tut jedoch offenbar niemand, und als der Präsident nunmehr feststellen kann, das Gesetz sei einstimmig angenommen, erhebt sich die Versammlung von den Plätzen "und klatscht anhaltend" den "lebhaften Beifall" (PVK 6), der die DDR über die 40 Jahre ihres Bestehens begleitet hat. Die Möglichkeit des Dagegenstimmens wurde nicht einmal erwähnt.

Dieckmann betont den "Gedanken der Verantwortung aller für das Ganze" und drückt seine Gewißheit aus, "daß dieser gute Geist dieses Hauses auch der gute Geist ganz Deutschlands sein wird." Sodann liest er ein Schreiben der Fraktion der SED vor, in der diese anzeigt, daß "sie als stärkste Fraktion der Provisorischen Volkskammer gemäß Art. 92 der Verfassung der Deutschen Demokratischen Republik Herrn Otto Grotewohl als Ministerpräsidenten benennt." (PVK 6) "Stürmischer Beifall" ist die Folge, und Dieckmann setzt der mitgeteilten Benennung den bezeichnenden Satz hinzu: "Das Haus nimmt hiervon Kenntnis." Eine weitere parlamentarische Absonderlichkeit liegt darin, daß es der Präsident der Volkskammer ist, der daraufhin Otto

Grotewohl mit der Regierungsbildung beauftragt. Die Verhöhnung des demokratischen Parlamentarismus ist schließlich perfekt, wenn Dieckmann für die Schnelligkeit der Entscheidungen die vielsagende Begründung findet, daß es möglich gewesen sei, "ein schnelles Einverständnis zwischen den verantwortlichen Fraktionen zu erzielen." Dieckmann jedenfalls hält dies für den "besten Auftakt", "den das Haus sich selbst in seiner Arbeit gegeben hat." (PVK 7)

Der "Beschluß auf Befristung des Provisoriums der Volkskammer, Länderkammer und Regierung" erfolgt ebenfalls einstimmig. Aber auch bei dieser Abstimmung gibt Dieckmann einer parlamentarischen Eigentümlichkeit Raum: Er bittet nämlich der Einfachheit halber diejenigen Abgeordneten, die der Vorlage zustimmen wollen, "in ihrer Verfassung", d.h. sitzen zu bleiben, während er diejenigen, die gegen den Antrag stimmen bzw. sich der Stimme enthalten wollen, auffordert, "sich bemerkbar zu machen durch Handzeichen" bzw. "sich von ihren Sitzen zu erheben" (PVK 7). Der "Beschluß über die Einberufung der Provisorischen Länderkammer auf Dienstag, den 11. Oktober 1949, 12 Uhr, zur Konstituierung und Wahl des Präsidiums" wird ausdrücklich als "Mitteilung" deklariert und trotzdem zugleich Zustimmung zum vorgeschlagenen Termin erbeten. Dieckmann "darf [...] Einverständnis [bei den Abgeordneten] annehmen" und sieht natürlich "keine Gegenstimmen". Die sieht er auch nicht, als die nächste Sitzung der Provisorischen Volkskammer und Länderkammer auf den Nachmittag desselben Tages (11. Oktober) festgesetzt werden soll. Durch die Art der "Debatten-Führung", vor allem aber durch den unwürdigen Abstimmungsmodus, der mögliche Abweichler dazu zwingen würde, sich durch Aufstehen gleichsam selbst an den Pranger zu stellen, gerät die konstituierende Sitzung - wie so viele spätere - zur parlamentarischen Farce.

Nach den Erfahrungen mit der bisherigen Abstimmungspraxis ist man schließlich doch über die Konventionalität des Verfahrens erstaunt, das Dieckmann wählt, um über den "gemeinsamen Antrag aller Fraktionen des Hauses" über die Beendigung des Provisoriums durch Wahl der Volkskammer, deren Termin für den 15. Oktober 1950 festlegt wird, abstimmen zu lassen:

> Wer diesem Antrag der Fraktionen des Hauses, der ebenfalls ohne Ausschußberatung und gleich in zweiter Lesung zu verabschieden wäre, seine Zustimmung geben will, den bitte ich um das Handzeichen. - Ich danke! Gegenstimmen? - Stimmenthaltungen? - Auch dieser Antrag ist vom Haus einstimmig angenommen worden. (PVK 7)

Nachdem der Präsident die Abgeordneten gebeten hat, auch von der Tagesordnung der nächsten Volkskammer-Tagung "zustimmend Kenntnis zu nehmen", endet die erste Sitzung der Provisorischen Volkskammer mit dem Versprechen an alle friedliebenden Völker, "daß die Arbeit der Volkskammer der Deutschen Demokratischen Republik als erstes und letztes Ziel die Erringung [sic!] des Friedens haben wird." (PVK 7), mit Dankesworten an die Sowjetunion, dem (aus heutiger Retrospektive) verblüffend patriotischen Appell an die "unverbrüchliche Gemeinsamkeit aller deutschen Menschen in unserem deutschen Vaterlande" und mit dem - auch im Druck durch Sperrung und Zentrierung hervorgehobenen - pathetischen "Ausruf und Gruß": "Es lebe Deutschland!", bei dem sich die Anwesenden "erheben" und "stürmischen Beifall" zollen.

"Du Schiff Deutsche Demokratische Republik, unter deinen Farben Schwarz-Rot-Gold glückliche Fahrt!" sagt Volkskammer-Präsident Dieckmann am Ende der 3. Sitzung am 12.10.1949. Die 21. und letzte Sitzung der Provisorischen Volkskammer (27.9.1950) beschließt er mit den schon am 7.10.49 gesprochenen Worten:

> Wir sind sicher, daß alle den Frieden wollenden Kräfte in der Welt uns weiterhin ihre Hilfe bei unserer Aufbauarbeit geben werden, unserer Aufbauarbeit, die im Zeichen der unverbrüchlichen Gemeinsamkeit aller deutschen Menschen in unserem deutschen Vaterland steht.
>
> Es lebe Deutschland! (PVK 548)

Es gibt langanhaltenden, stürmischen Beifall, die Abgeordneten erheben sich und stimmen spontan die Deutsche Nationalhymne [sic!] an. Darauf ruft der Abgeordnete Jendretzky - der im Alter von 92 Jahren 41 Jahre später die erste Sitzung nach der Maueröffnung bis zur Neuwahl des Präsidiums leiten sollte - in die Versammlung: "Unsere Deutsche Demokratische Republik und ihr Präsident Wilhelm Pieck, sie leben hoch, hoch, hoch!", der von den Abgeordneten "begeistert aufgenommen" wird (PVK 548). Wenn man die euphorischen Worte, die die parlamentarische Gründung der DDR begleiten, und die Absichtserklärungen und Treuegelöbnisse der späteren Sitzungen mit dem vergleicht, was von 40 Jahren DDR am Ende übriggeblieben war, so ist das Ergebnis erschütternd, weil Schein und Sein stets weit auseinanderlagen.

Von besonderer historischer Ironie aus heutiger Sicht sind die Bemerkungen, die Präsident Dieckmann in seinem Schlußwort zur 2. Sitzung zur Frage der Wiedervereinigung macht:

Wir senden unsere Grüße hinüber über die künstlichen und unhaltbaren Zonen- und Staatsgrenzen in das Deutschland des Westens und an alle Menschen guten Willens, die dort wohnen. Wir wissen, daß sie sich in der erdrückenden Mehrheit befinden und daß sie mit heißem Herzen die Wiedervereinigung ganz Deutschlands wünschen. Wir werden durch unsere Arbeit nach unseren Kräften und Möglichkeiten dafür sorgen, daß ihnen das Streben nach der Wiedererlangung der deutschen Einheit erleichtert wird, allen Widerwärtigkeiten und Schwierigkeiten zum Trotz, die ihnen jetzt künstlich errichtet werden. (PVK 16)

Seither, von 1949 bis 1989, ging die Arbeit der Volkskammer ihren 'sozialistischen' Gang. Ihre zumeist aus klassenkämpferischen Rundumschlägen und/oder gebetsmühlenartiger Aufzählung von Plandaten und Produktionserfolgen bestehenden Tagungen, in denen Diskussion nicht stattfand, sind von kaum überbietbarer parlamentarischer Monotonie. Insofern ist es in der Tat nicht verwunderlich, "daß die ohnehin seltenen Sitzungen der Volkskammer [in der DDR-Öffentlichkeit] nahezu überhaupt kein Interesse finden." (Jesse 1989, 1844)

Interessant, auch vom linguistischen Standpunkt, werden die Tagungen (früher: Sitzungen) der Volkskammer vor dem 13. November 1989 allenfalls dann, wenn sich über den "imperialistischen Klassenfeind", den "Bonner" oder auch "Adenauer-Staat" eine Flut von Beschimpfungen ergießt, von denen der Vorwurf der Lüge (vgl. z.B. PVK 16; VK 2/119) noch die harmloseste Variante ist. Indem keine Auseinandersetzung mit einem etwa als Fraktion abwehrbereit im Plenarsaal anwesenden innenpolitischen Gegner stattfindet, sondern ein kollektiver Sprachkampf gegen abwesende Dritte außerhalb der eigenen Hoheitsgrenzen inszeniert wird, ähneln manche Reden, ja ganze Sitzungen weit eher Orwells "Zwei-Minuten-Haß" denn einer genuinen Parlamentsdebatte. Für die wertwortstrotzende, kakophemistische und nicht selten absolut unsachliche Sprache der Kalten Krieger hier nur einige Beispiele, die zugleich verdeutlichen, wie die jeweiligen Redner sowohl durch zustimmende als auch durch (Äußerungen und Handlungen des "Klassenfeindes") ablehnende Zwischenrufe unterstützt werden:

Abg. Dr. Liebler (LDP): [...]
Was aber eine Atlantikarmee angeblich verteidigen soll, wo niemand angreift, ist uns klar: verteidigt werden sollen Milliardäre und Millionäre als Nutznießer jedes Krieges, verteidigt werden soll die angebliche Kultur der Magazine, Schundromane und Schundfilme, verteidigt werden soll die verlogene Moral einer dekadenten Gesellschaft.

(Sehr gut!) (VK 1/364)

Ministerpräsident Otto Grotewohl: [...]

Kriminalbeamte erbrachen gewaltsam die Wohnung des Landtagsabgeordneten Angenforth [NRW] und schlugen die herzkranke Schwägerin des Abgeordneten so, daß sie bewußtlos zusammenbrach.

(Pfuirufe)

[...]

Das ist der adenauersche Polizeistaat in Reinkultur! Das ist der wiedererstehende Faschismus! (VK 1/917)

Vorsitzender des Staatsrates, Ulbricht: [...]

Was aus der Mauer wird, das hängt in ziemlich starkem Maße davon ab, wie sich die demokratischen Kräfte Westdeutschlands gegen die reaktionären Kräfte des Revanchismus und Imperialismus in Westdeutschland durchsetzen.

(Sehr wahr! Sehr richtig!) (VK 4/166)

Abg. Plenikowski, Berichterstatter: [...]

Und die Krönung dieser Tatsachen: An der Spitze des westdeutschen Staates steht als Präsident ein Mörder von Antifaschisten, Lübke.

(Pfuirufe) (VK 4/376)

Abg. Tisch (SED): [...]

Wir durchschauen Ihre Rauchschleier, meine Herren! Dabei ist es gleich, ob sie aus Erhards Zigarre geblasen wurden oder aus Wehners Pfeife geblasen werden.

(Sehr wahr!) (VK 5/60)

Vorsitzender des Staatsrates, Ulbricht (mit lebhaftem Beifall begrüßt): [...]

Und was das Thema Pressefreiheit betrifft, so lebt ja gerade die westdeutsche Bevölkerung unter der Diktatur des größten kapitalistischen Lügenkonzerns ganz Westeuropas.

(Sehr wahr!) (VK 5/415)

Das linguistische Prinzip dieser ideologischen Kampfsprache ist die abwertende Prädikation. In den außenpolitischen Teilen der Volkskammer-Sitzungen der 50er und 60er Jahre setzen sich Agitation und diffamierende Sprache des Nationalsozialismus - sozialistisch gewendet - fast ungebrochen fort.[7] Es ist daher von besonderer Tragik, daß sich ausgerechnet Victor

---

[7] Für die Beschreibung des SED-Wortschatzes kann vor allem auf die Arbeiten von Hellmann (1973, 1984, 1984a, 1992), Reich (1968) und Schlosser (1990) verwiesen werden.

Klemperer (als Abgeordneter des Kulturbunds) mit hat vor diesen Karren spannen lassen:

> **Abg. Prof. Dr. Klemperer (Kulturb./DFD),** Berichterstatter: [...]
> Wie Sie wissen, sind in Abs. 1 der Präambel [des Gesetzes zum Schutze des Friedens] die Ausdrücke "aggressiv" und "imperialistisch" gebraucht. Es wurde gefragt, ob man nicht in einem deutschen Gesetz für "aggressiv" und "imperialistisch" deutsche Worte setzen könnte. Das wurde abgelehnt, und zwar mit einer Begründung, die mir absolut einleuchtet. "Aggressiv" und "imperialistisch" sind Worte, die heute international juristisch - formal und sachlich - festgelegt sind.
> (Sehr richtig!)
> Indem wir diese Worte nehmen, umgrenzen wir aufs allergenaueste, wen wir treffen wollen.
> (Sehr richtig!) (VK 1/69)

Über die weiter oben erläuterten Beispiele aus der konstituierenden Sitzung hinaus hatten sich Stil und Status der alten Volkskammer bereits früh auch darin angekündigt, daß die "vorläufige Ordnung des Geschäftsverkehrs in der Provisorischen Volkskammer" von Präsident Dieckmann lediglich "bekanntgegeben" worden war, genauer gesagt: Dieser hatte das Haus zunächst "um die Zustimmung dazu [gebeten], daß das Präsidium ermächtigt wird, die sich aus diesen Vorschriften [Art. 67 bis 69] der Verfassung ergebenden Regelungen von sich aus in eigener Zuständigkeit durch den Erlaß entsprechender Ordnungen vornehmen zu können." Dieckmann "hört" keinen Widerspruch und "darf die Genehmigung des Hauses hierzu feststellen". Zwei Absätze später teilt er mit, daß das Präsidium diese Ordnung "in seiner heutigen Sitzung" bereits beschlossen habe und fügt dann hinzu: "Wir haben eine solche Ordnung erlassen [sic!] müssen, weil wir eine Geschäftsordnung des Parlaments noch nicht besitzen." Des weiteren regt Dieckmann die sofortige Bildung eines Geschäftsordnungsausschusses an. Da jedoch "in der Zwischenzeit [...] eine klare Ordnung im Hause gewährleistet sein" müsse, erbittet der Präsident die Zustimmung dazu, "daß diese Ordnung hiermit in Kraft gesetzt wird" und dankt dafür, daß dies geschehen sei. (Vgl. PVK 50 f.) Dieckmann bittet also um die Ermächtigung des Präsidiums zum Erlaß einer Ordnung, um fast noch im selben Atemzug mitzuteilen, daß diese bereits beschlossen sei, und bittet sogleich um Zustimmung zur Inkraftsetzung. Für diese Art des Beschließens einer Geschäftsordnung ist "erlassen" ganz bestimmt das richtige Wort.[8]

[8] Diese Geschäftsordnung wird in der ersten Sitzung der Volkskammer am 8. November 1950 auf Vorschlag des Alterspräsidenten per Akklamation übernommen.

Die Volkskammer der "DDR"- oder "Beton-Pase" war ein reines Bestätigungsorgan, dessen Bestimmung darin bestand, Gesetzesvorlagen, Entschließungen und Personalentscheidungen der jeweiligen Regierung per Akklamation einstimmig anzunehmen.[9] Ihre Zusammensetzung bildete die Garantie dafür, daß offener Widerspruch und Kontroverse bis zum 13. November 1989 ausblieben.[10]

Die alte Volkskammer bestand aus Fraktionen, über deren zahlenmäßige Zusammensetzung nicht der Wähler, sondern ein fester Verteilungsschlüssel entschied. Im DDR-Parlament waren nur Abgeordnete der SED, der sogenannten "Blockparteien" CDU, DBD[11], NDPD und LDPD (zunächst: LDP)[12] sowie der mit den Parteien zur "Nationalen Front" zusammengeschlossenen "Massenorganisationen" (FDGB, FDJ, Kulturbund, DFD[13], VVN[14], VdgB[15]) vertreten. Da die Abgeordneten der Massenorganisationen wiederum größtenteils SED-Mitglieder und innerparlamentarisch zur sogenannten "SED-Parteigruppe" vereinigt waren, verfügte die SED - als zusätzliche Absicherung - stets über eine komfortable Mehrheit.[16]

Eine Bemerkung des PDS-Vorsitzenden Dr. Gysi aufnehmend charakterisierte der CDU/CSU-Abgeordnete Dr. Bötsch in der Sitzung des Deut-

---

9 Vielleicht ist das der tiefere Sinn des Einleitungssatzes von § 38 Abs. 2 der Geschäftsordnung der Volkskammer (vom 7. Oktober 1974): "Die Abgeordneten der Volkskammer erörtern und entscheiden auf den Tagungen der Volkskammer k o l l e k t i v die Grundfragen der Entwicklung der Deutschen Demokratischen Republik." [Hervorhebung durch den Verfasser]

10 In der 1. und 2. Wahlperiode war Kritik noch möglich, soweit sie sich auf organisatorische Details von Mißständen innerhalb der Planwirtschaft bezog.

11 Demokratischer Bauernbund Deutschlands.

12 Schon im April 1946 wurden SPD und KPD zur SED zwangsvereinigt. Dennoch "bewilligte man SED-treuen Repräsentanten der SPD aus Ost-Berlin ein Kontingent in der Volkskammer, vermutlich aus propagandistischen Gründen" (Jesse 1989, 1835, Anm.). In der 2. Volkskammer waren die 6 SPD-Abgeordneten schon nicht mehr vertreten.

13 Demokratischer Frauenbund Deutschlands.

14 Die Vereinigung der Verfolgten des Naziregimes war (wegen Selbstauflösung) nur in der ersten Legislaturperiode vertreten.

15 Vereinigung der gegenseitigen Bauernhilfe. Die VdgB schied nach der 3. Wahlperiode (1958-1963) aus der Volkskammer aus, war seit 1986 jedoch wieder mit 14 Abgeordneten vertreten.

16 Es ist ja auch kein Zufall, daß z.B. Honecker zunächst die FDJ, später dann die SED als Abgeordneter vertreten hat.

schen Bundestages vom 4. Oktober 1990 den Debattenstil der Volkskammer wie folgt:

> Stille und Starrheit, mit der die alte Volkskammer vor dem 18. März oder zumindest vor dem 9. Oktober letzten Jahres ihre Sitzungen, wenn sie überhaupt getagt hat, abgewickelt hat, haben noch lange nichts mit Würde des Parlaments zu tun. Dort hatten die Abgeordneten nichts zu sagen; sie hatten nur die Hände aufzuheben. Weil sie sonst nichts zu tun hatten, als die Hände aufzuheben, deswegen konnten sie die wenigen Sitzungen, natürlich, in voller Präsenz absolvieren.[17]

Obwohl die Volkskammer nach der Verfassung (§ 48) das einzige verfassungs- und gesetzgebende Organ der DDR war und über die "Grundfragen der Staatspolitik" zu entscheiden hatte, nahm ihre faktische Bedeutung über die 40 Jahre ihres Bestehens kontinuierlich ab. Das läßt sich auch daran ablesen, daß sie zuletzt nur noch etwa dreimal pro Jahr zusammentrat. Die nach der Verfassung allmächtige Volkskammer war "in der Praxis gänzlich ohnmächtig" (Jesse 1989, 1843). Angeleitet von Gremien der SED ging die Gesetzesinitiative meistens vom Ministerrat aus. Daß eine Fraktion für sich einen Gesetzesentwurf einbrachte, ist - obschon verfassungsmäßig möglich - de facto niemals vorgekommen.

Die Gesetzesprozedur - und damit die typische Volkskammerdebatte - beschreibt Jesse (1989, 1841):

> Die Ausschüsse beraten nach Art. 65 Abs. 2 die Gesetzesvorlagen und legen der Volkskammer ihre Fassung vor, die sich substantiell nicht von der Vorlage unterscheidet. In der Regel findet in der Volkskammer nur eine Lesung statt. Die Berichterstatter der jeweiligen Ausschüsse berichten dem Plenum über die Vorlage und eventuelle Abänderungen. Mögliche Kontroversen im Ausschuß kommen nicht zur Sprache. [...] Vertreter der Fraktionen äußern sich anschließend zustimmend zu dem Vorhaben. Die Abstimmung bringt das erwartete einstimmige Ergebnis.

Die Welt der 'Zwischensymptome' ("[lebhafter/anhaltender/stürmischer] Beifall", "Heiterkeit", "Gelächter", "Unruhe", "Bewegung" usw.) ist in den Stenographischen Niederschriften der Volkskammer reichhaltiger als irgendwo sonst im deutschen Parlamentarismus. Darin zeigt sich, daß auf die Protokollierung der Stimmungslage der Abgeordneten größter Wert gelegt

---

[17] Dabei macht es sich Bötsch mit seiner impliziten Zurückweisung jeder Kritik an der mangelnden Abgeordnetenpräsenz im Bundestagsplenum allerdings ein bißchen zu leicht.

wurde. Auffällig sind auch die ausführlichen Klammernotierungen, in denen fast ausschließlich kollektive Huldigungsgesten beschrieben werden:

(Stürmischer Beifall. - Die Abgeordneten erheben sich von den Plätzen und bereiten dem Ministerpräsidenten und der Regierung langanhaltende Ovationen) (VK 1/45)

(Unter stürmischem Beifall und Bravorufen betritt Präsident Wilhelm Pieck den Saal und wird von Volkskammerpräsident Dr. Dieckmann begrüßt und an seinen Platz geleitet. - Abg. Jandretzky: Unser verehrter Präsident Wilhelm Pieck - er lebe hoch - hoch - hoch! - Das Haus stimmt in den Hochruf ein.) (VK 1/1080)

(Lang anhaltender lebhafter Beifall, der zu einer Ovation für Ministerpräsident Grotewohl wird.) (VK 2/247)

(Alle im Saal Anwesenden erheben sich und spenden minutenlang stürmischen, rhythmischen Beifall. Junge Pioniere und FDJler überreichen den Mitgliedern des Präsidiums Blumensträuße, und wiederholt ertönen Hochrufe.) (VK 4/120)

Der ovationsartige Beifall wird fast ausnahmlos nach besonderen Erklärungen des Volkskammer-Präsidenten, im Anschluß an Reden des Ministerpräsidenten bzw. seines Stellvertreters oder am Ende der Gastansprachen von Staatsmännern aus dem sozialistischen Ausland (Chruschtschow, Gomulka) gespendet. Generell gilt, daß die höheren Grade der Beifallsskala fast ausschließlich bei den Reden der Spitzenfunktionäre von Partei und Staat erreicht werden.

Schon der Blick auf ein zwar typisches, aber für die parlamentarische Gesamtkommunikation scheinbar marginales Phänomen wie den Zwischenruf (vgl. dazu ausführlicher Burkhardt 1993) läßt den spezifischen Stil des Volkskammer-Parlamentarismus und damit die durch und durch hegemoniale Struktur des totalitären SED-Systems erkennen: In den 155 ausgewerteten Volkskammer-Sitzungen der ersten 20 Jahre lassen sich insgesamt 1357 Zwischenrufe nachweisen (davon in der 1. Wahlperiode: 588, in der 2.: 378, in der 3.: 286, in der 4.: 48 und in der 5.: 57). Die Gesamtzahl der Zwischenrufe von zwei Dekaden DDR-Volkskammer entspricht somit ungefähr dem Zwischenrufaufkommen von eineinhalb bis zwei Sitzungstagen im Deutschen Bundestag. Fast die Hälfte der Zwischenrufe dieser Zeitspanne wurden in der 1. Wahlperiode gemacht, in der noch eine halbwegs offene Diskussion möglich war, soweit nicht auf außenpolitische oder ideologische Fragen Bezug genommen wurde und sich die Abgeordneten auf Kritik an Mißständen innerhalb der Planwirtschaft beschränkten.

Nicht weniger als 915 der 1357 ermittelten Zwischenrufe der ersten 20 Jahre waren Zustimmungen: “Sehr richtig!”, “Sehr wahr!”, “Sehr gut!”, “Bravo!” und richteten sich weitaus überwiegend an die Sprecher der Regierung. Die 196 “Hört! Hört!“-Rufe waren fast immer ablehnend und bezogen sich ebenso wie die 45 “Pfui!”-Rufe auf Zitate westdeutscher bzw. westlicher Politiker bzw. Zeitungen oder auf Beschreibungen “imperialistischer” Politik. In beiden Richtungen: Zustimmung zur Regierungspolitik und Ablehnung des außenpolitischen Gegners/Feindes waren diese Zurufe - so der hier vorgeschlagene Terminus - “konsensus-demonstrativ”. In der Volkskammer ist der Zwischenruf ein Mittel der Herstellung von K o n s e n s , nicht der Demonstration von D i s s e n s . Man debattiert nicht g e g e n einander, sondern m i teinander g e g e n Dritte.

Nur 208 Zwischenrufe gingen über die genannten Standard-Kurzzurufe hinaus und waren der Stenographischen Niederschrift im Wortlaut zu entnehmen. Ein gutes Viertel dieser Zwischenrufe wiederum stammte von Regierungsmitgliedern. Schon die bloße Zahl dieser Zwischenrufe von der Regierungsbank (55) deutet auf die hegemoniale Struktur der Volkskammer hin. Nicht weniger als 16 dieser - im demokratischen Palamentarismus weitgehend verpönten - ‘regierungsamtlichen’ Zwischenrufe stammten von Otto Grotewohl höchstpersönlich, sogar 22 von Walter Ulbricht. Diese Zwischenrufe beziehen sich zum Teil als Spottrufe auf den politischen Gegner:

> Stellv. d. Ministerpräsidenten Ulbricht [über Herbert Wehner]: Der ist nicht wandelbar. Der ist einfach ein Spion. (VK 1/258)

> Stellv. Vors. d. Ministerrats Walter Ulbricht: Er [der amerikanische Hochkommissar Mr. Conant] steht direkt in Telefonverbindung mit ihm [Ministerpräsident Grotewohl]! - Heiterkeit (VK 2/119)

Sie können aber auch - z.B. in Form von rhetorischen Fragen - Zurechtweisungen an Redner der Parteien und Massenorganisationen beinhalten:

> Ministerpräsident Grotewohl: Warum laßt ihr als Gewerkschaften so etwas zu? (VK 2/1006)

Zugleich sind die Einwürfe von Regierungsmitgliedern im Vergleich zu denen der ‘einfachen’ Abgeordneten syntaktisch erstaunlich komplex und facettenreich und erreichen bisweilen eine für Zwischenrufe bemerkenswerte Länge:

Ministerpräsident Grotewohl: Sagen Sie das diesen Bauern schon hier, daß niemand zu befürchten hat, daß er Schwierigkeiten hat, wenn er zurückkommt. (VK 1/962)

Ministerpräsident Grotewohl: Es müssen nur solche Anträge gestellt werden! Damit hat das Finanzministerium gar nichts zu tun, sondern es gibt einen Kulturfonds, der gern in solchen Fällen Geld zahlt! (VK 1/967)

Jederzeit machen diese Zwischenrufe deutlich, wo in der DDR 'die Musik spielt'.

In der Frühphase der Volkskammer können die außenpolitisch ausgerichteten Spottrufe, die letztlich zu nichts anderem dienen als der Demonstration von Konsens, gelegentlich sogar Wortspiele enthalten:

Abg. Buchwitz: Man sollte lieber sagen Bundesnacht und nicht Bundestag! (1/524)

Abg. Buchwitz: Der Papst sollte Adenauer scheinheilig sprechen! (VK 2/1188)

Kritik von Rednern an der Versorgungslage oder sogar an ökonomischen Detailaussagen der Regierung und entsprechende Vorwürfe an die zuständigen Minister sind in den ersten beiden Legislaturperioden noch gelegentlich möglich und finden durch Zwischenrufe breite Unterstützung:

Abg. Ziller (SED): [...]
Der Werkleiter erlaubte sich mit Duldung des zuständigen Ministeriums, auf die Produktion von Vollschokolade einfach zu verzichten, weil ihm die Herstellung der Pralinen den vierfachen Gewinnanteil im Finanzplan sichert.
(Hört, hört!)
[...]
Die Werktätigen dieser Betriebe selbst müssen also darum kämpfen, daß hier eine Veränderung eintritt, und der zuständige Minister darf sich nicht damit begnügen, daß man ihm Musterkollektionen zur Ansicht vorlegt, die leider bisher weder im Massenumfang produziert werden noch im Handel überhaupt erschienen sind.
(Hört, hört!) (VK 1/1050)

Abg. Frau Ermisch (DFD): [...]
Was leider bisher nicht zu erhalten ist, sind Wickeltücher für unsere Babys. Kaum kann man es glauben, aber es stimmt: der Plan 1954 sieht keine Wickeltücher vor! (VK 1/2058)

Abg. Fritz Lange (Vors. d. Zentralen Kommission für Staatliche Kontrolle): [...] Man muß sich aber nun einmal ansehen, wie die Mohrrüben aussehen, die in den HO-Geschäften angeboten werden, und wieviel vorteilhafter die Ware aussieht, die der private Einzelhändler anbietet. Da ist es dann kein Wunder, daß die Verluste noch größer sind, weil jeder vernünftige Mensch lieber ein paar Pfennige mehr ausgibt und anständige Ware kauft als das ungewaschene Zeug, das z.B. die Berliner HO in ihren Läden anzubieten hat.

(Sehr richtig!) (VK 1/203)

Abg. Matern (SED): [...]

Es ist notwendig, die Staats- und Wirtschaftsfunktionäre allseitig und umfassend so zu erziehen, daß ihnen in erster Linie die Interessen der werktätigen Menschen am Herzen liegen und daß sie fähig sind, ihre Pflichten vorbildlich zu erfüllen.

(Sehr richtig!)

Die Methoden des Administrierens und Kommandierens müssen bei uns auf allen Gebieten für immer überwunden werden.

(Sehr wahr!) (VK 1/955)

Abg. Elli Schmidt (DFD): [...]

Wir Mütter müssen unserem Ministerium für Leichtindustrie bittere Vorwürfe darüber machen, daß vergessen wurde, Stoffe produzieren zu lassen, die für die Herstellung einer preiswerten Kinderkonfektion geeignet sind. Sicher hat der Minister für Leichtindustrie keine Kinder,

(Heiterkeit)

denn sonst könnte er in der Sorge um unsere Jüngsten, um unseren Nachwuchs nicht vergessen, daß sie Strümpfe, Windeln, Babywäsche, Hosen, Kleider und Mäntel brauchen, und zwar der Jahreszeit angepaßt!

(Sehr richtig!)

Im Winter brauchen unsere Kinder keine Sandalen, die es jetzt und nicht im Sommer zu kaufen gibt. Im Winter brauchen unsere Kinder keine Kniestrümpfe, die man jetzt haben kann, während sie im Sommer fehlten. (VK 1/808)

Wie die Beispiele zeigen, geht die Kritik in solchen Fällen so sehr aufs Detail, daß sie zuweilen ans Banale grenzt. Solange das System als solches nicht in Frage gestellt wird, kann sie im wirtschaftlichen Kontext bis zum mehr oder weniger expliziten Erheben von Forderungen gehen, die sich in sprachlicher Hinsicht entweder performativer Verben oder der Form apodiktischer Sollenssätze bedienen:

Abg. Keidel (FDGB): [...]

Unsere Werktätigen haben ein Recht auf anständige Wohnungen!

(Sehr richtig!) (VK 1/479)

Abg. Frau Götzelt (Gen.): [...]
Es muß aber eine solche Verkaufskultur entwickelt werden, die der sich ständig verbessernden Lebenshaltung unserer Bevölkerung entspricht. Saubere Verkaufsräume, hygienisch einwandfreier Verkauf bei ausreichenden Sortimenten, gute Kundenberatung und wirkliche Höflichkeit gehören zu einer solchen Verkaufskultur.

(Sehr richtig!) (VK 1/515)

Abg. Jendras (DBD): [...]
Unsere Bauern verlangen ganz energisch von Herrn Minister Wach, daß er sobald wie möglich eine Antwort erteilt. Wir halten es für erforderlich, daß Anfragen und Mitteilungen der Abgeordneten dieser Kammer respektiert werden.

(Sehr richtig! und Beifall) (VK 1/2071)

Abg. Jendras (DBD): [...]
Wir verlangen, daß endlich Abhilfe geschaffen wird. Wir werden hierzu [Mißstände bei der Milchversorgung] nicht schweigen; denn wir wollen, daß unsere Bevölkerung besser lebt als bisher.

(Sehr richtig!) (VK 1/2265)

Abg. Heinz Lehmann (LDPD): [...]
Ich bin der Meinung, daß wir im Siebenjahrplan mit diesen Eulenspiegeleien Schluß machen müssen.

(Sehr wahr! Sehr richtig!) (VK 3/250)

In derartigen Kontexten kann bisweilen auch mit Hilfe von Zwischenrufen Kritik und Widerspruch zum Ausdruck gebracht werden:

Abg. Rose [mit Bezug auf unmoderne und minderwertige Produkte]: Laßt es euch nicht gefallen! Kauft es nicht! (VK 2/356)

Zuruf des Abg. Jendras (DBD): Kollege Warnke! Ich habe eine Anfrage an Sie zu richten! Sie sind über die Verhältnisse in Altenpleen falsch informiert! Ich weiß nicht wie ---

(Vizepräsident Goldenbaum: Ich bitte doch, die Anfrage kürzer zu fassen. Wenn das eine Debatte gibt ---)

Das stimmt nicht, was hier über die Genossenschaft Altenpleen gesagt wurde. Wasser ist vorhanden, und die Genossenschaft ist dort aufgebaut, wo die schlechtesten Bodenverhältnisse sind. (VK 2/459)

Dennoch bleibt ein an den Präsidenten gerichteter Zwischenruf des Ministerpäsidenten in mehrerlei Hinsicht für 40 Jahre Volkskammer symptomatisch:

> Ministerpräsident Otto Grotewohl: Ich möchte doch darum bitten, eine positive Abstimmung herbeizuführen! (VK 2/45)

So akklamierten sie hin ...

4. Ein Parlament sucht seine Sprache - die Volkskammer nach der "Wende"

> Die Volkskammer hat gewiß große Schuld auf sich geladen, doch um so größeren Respekt verdient die Haltung, der Einsatz so vieler Mitglieder unseres Hauses, die, gestützt auf ihre Fraktionen, auf die Positionspapiere ihrer Parteien, den Willensbekundungen breiter Teile des Volkes entsprachen, ja zu denen gehörten und inzwischen anerkanntermaßen gehören, die den Aufbruch wollen und ihn mitgestalten.
>
> Abg. Hartmann (VK 9/239)

Die Tagung vom 13. November 1989 beginnt mit einem Novum in der Geschichte der Volkskammer: Nach dem Rücktritt des alten Präsidiums wird ihr neuer Präsident erstmalig nicht einstimmig per Akklamation, sondern lediglich "mehrheitlich" in geheimer Abstimmung gewählt, und auch bei der "in offener Abstimmung en bloc" vorgenommenen Wahl der übrigen Mitglieder des neuen Präsidiums gibt es Gegenstimmen. Die anschließende Debatte dokumentiert den Akt der politischen und sprachlichen Selbstbefreiung eines Parlaments von der Knebelung durch ein diktatorisches Regime. Schrittweise findet ein Parlament, das jahrzehntelang an der Wahrnehmung seines Auftrags als höchstes Verfassungsorgan gehindert wurde, die Sprache zurück. Eine auf undemokratische Weise zustande gekommene Volksvertretung übt demokratischen Parlamentarismus. Mühsam lernen es die Abgeordneten, die Wahrheit öffentlich zu benennen.

Wie die Ereignisse des Spätherbstes '89 in der DDR die erste wirkliche politische Umwälzung waren, die von den Massenmedien getragen wurde und ohne sie vielleicht gar nicht möglich gewesen wäre, so findet auch die Selbstbefreiung des DDR-Parlamentarismus in der Medienöffentlichkeit statt. Am deutlichsten wird dies am Anfang der Rede des FDJ-Abgeordneten Ahnfeld, der die von Dieckmann (1981, 265 ff.) diagnostizierte "trialogische" Kommunikationssituation der Plenardebatte ausdrücklich anspricht:

> Herr Präsident! Werte Volksvertreter! Und ich wende mich in diesen Minuten auch an die Bürger an den Fernsehbildschirmen und an den Radiogeräten, die die Möglichkeit haben, life unsere Volkskammertagung zu verfolgen. Wenn es nach unserer Fraktion gegangen wäre, wäre diese Debatte zur politischen Lage in der DDR bereits Geschichte. Dann hätte der in vielfältiger Form verlaufende Dialog in unserem Lande in dessen oberster Volksvertretung kanalisiert werden können. Dann hätte die Volkskammer über die Legitimität der Regierung befinden können und nicht diese selbst. (VK 9/243)

Hier wird der dritte, physisch nicht präsente Trialogpartner ausnahmsweise direkt adressiert und damit gleichsam offiziell einbezogen, während der sonst übliche "Schaufensterparlamentarismus" (s. oben 2.) gewöhnlich dem externen Medienpublikum der Bürgerinnen und Bürger den faktischen Trialog als scheinbar echten parlamentarischen Binnendialog nur vorspielt.

4.1. Schuldbekenntnis und Suche nach der DDR-Identität

Das große Zauberwort nach der "Wende" war das von der "Erneuerung von Staat und Gesellschaft" bzw. der "demokratischen Erneuerung des Sozialismus". Auch einige andere Schibboleths dieser Interimszeit wären hier zu nennen: "Neuorientierung der Wirtschafts- und Sozialpolitik", "sozialistische Marktwirtschaft", "Fehlverhalten und Defizite in unserer Gesellschaft", der "Bau des gemeinsamen europäischen Hauses", "Konsensfähigkeit". Diese und ähnliche Begriffe durchzogen die Beiträge fast aller Redner der Parteien und Massenorganisationen. Hartmann (NDPD) brachte für seine Parteifreunde zum Ausdruck, daß sie "ehrlich für den Sozialismus sind und um die Rolle der Arbeiterklasse im Sozialismus wissen" (VK 9/238). Allgemein glaubte man, mit dem demokratischen Aufbruch der Bürgerbewegung erhalte "der Sozialismus auf deutschem Boden eine neue Chance" (Raspe, VK 9/237). Weil sich selbst die Sprecher der SED durchweg dem Gedanken von der "Erneuerung des Sozialismus" anschließen und Regierungsmitglieder und Funktionäre gegenüber der Kritik und den Forderungen der Abgeordneten keinerlei Widerstand leisten, kommt auch in dieser eine deutliche Zäsur im DDR-Parlamentarismus markierenden Sitzung eine eigentliche Kontroverse nicht zustande.

Gleichwohl ist bei allen Rednern dieser denkwürdigen Tagung große Befangenheit zu spüren, ein Gefühl für die Notwendigkeit der Selbstbefreiung einerseits und eine - sehr verständliche - Angst vor der eigenen Courage andererseits. Die Zulässigkeit von Zwischenrufen (ebenso wie Möglichkeit des

Stellens von Geschäftsordnungsanträgen) muß daher bezeichnenderweise zu Beginn der Sitzung vom neugewählten Präsidenten ausdrücklich hervorgehoben werden (VK 9/232). Die Debattenbeiträge der Redner fast aller Parteien und Massenorganisationen enthalten Geständnisse oder Zuschreibungen von Schuld, Fehlern oder Versagen. Diese Äußerungen haben den Charakter der *Schuldzuweisung*, des *Schuldeingeständnisses* oder des persönlichen *Schuldbekenntnisses*.

Der Sprecher der SED-Fraktion, Dr. Jarowinsky, räumt Fehler der alten Führung ein, *weist* also vor allem Schuld *zu:*

> Das Zentralkomitee hat sich kritisch und selbstkritisch mit seiner eigenen Arbeit und unserer Lage im Lande befaßt. Es hat ernste Fehler des abgelösten Generalsekretärs und des abgelösten Politbüros festgestellt. Ihr Führungsstil war weithin durch politische Arroganz und Selbstgefälligkeit, nicht aber durch sachliche, kollektive Beratung gekennzeichnet. (VK 9/232)

Obwohl er zugleich auf das in der Woche zuvor eilig verabschiedete neue "Aktionsprogramm" seiner Partei hinweist, nimmt der Sprecher der SED-Fraktion diese dann doch vom Vorwurf der "Arroganz und Selbstgefälligkeit" nicht aus, denn mit größter Offenheit fügt er hinzu:

> Es geht aber nicht nur um einzelne Personen. Dahinter steht, daß das von der SED entscheidend gestaltete politische System die Vielfalt der Interessen, Meinungen und Forderungen des Volkes ungenügend aufnahm und verarbeitete. Letzten Endes funktionierte es fast nur von oben nach unten und wenig von unten nach oben. So sehr es in der Idee darauf ausgelegt war, Millionen Bürger in die Vorbereitung und Realisierung staatlicher Entscheidungen einzubeziehen, so sehr schränkte es in der Praxis durch Überzentralisierung und Bevormundung diese Mitwirkung ein. (Ebd.)

Es fällt jedoch auf, daß der Sprecher der SED die Kritik an der eigenen Partei in der dritten Person formuliert, wenn er einerseits von "der SED" (als ob er nicht selbst dazugehörte) spricht und andererseits mehrfach ein unpersönliches "es" auf das abstrakte "System" zurückverweisen läßt. Immerhin gibt Jarowinsky, der sogar von der "revolutionären Erneuerung unseres Landes" (VK 9/232) redet, an die gesellschaftlichen Bewegungen außerhalb des Parlaments gerichtet, zu, daß sich "in der vergangenen Zeit [...] zwischen unserer Partei und ihnen manches Bittere und viel Härte angehäuft" habe, und fordert - der allgemeinen 'Dialog'-Euphorie entsprechend - dazu auf, "aufeinander zuzugehen"; die "stürmische Versammlungsdemokratie" habe vieles auf den Weg gebracht (VK 9/233).

Noch deutlicher *gesteht* der Sprecher der Fraktion des Deutschen Bauernbundes Koplanski die Schuld der eigenen Organisation ausdrücklich *ein*:

> Oft haben wir aus falsch verstandener Bündnistreue eigene Positionen nicht konsequent genug vertreten, nicht mit dem erforderlichen Nachdruck auf Vorschläge und kritische Hinweise unserer Mitglieder und Wähler reagiert [...]. (VK 9/234)

In ähnlicher Weise macht auch die Sprecherin der CDU-Fraktion Wieynk deutlich:

> Keiner von uns spricht sich von Mitschuld an der Krise frei, die unsere Gesellschaft und unser Land erfaßt hat. Verantwortung und Schuld tragen wir dafür, daß wir in der Vergangenheit nicht oft genug unsere Verfassungsrechte wahrgenommen, nicht laut genug gesagt haben, was uns von unseren Wählern für unser Wirken aufgetragen ist, wie es von Abgeordneten unseres Landes mit Recht erwartet wird. (VK 9/235)[18]

Der Abgeordnete Raspe *weist* den Versuch "vieler", die "Wende" für sich zu reklamieren *zurück* und *übt* zugleich als Sprecher der LDPD-Fraktion parlamentarische *Selbstkritik*:

> Niemand von uns hier hat die Wende herbeigeführt. Sie ist erzwungen worden vom Volk der DDR, auf den Straßen des Landes vor allem, und auf Wegen, die aus dem Land hinausführen.

Unumwunden *gibt* er *zu*:

> Und [es] finden sich Gründe für die Lage im Nichtfunktionieren des Bündnisses, in unserem langen Schweigen, in unserem Mangel an politischer Courage. Die LDPD trägt ihren Teil Mitverantwortung. Sie hätte noch früher und nachdrücklicher die Politik der Stagnation kritisieren und zurückweisen müssen. (VK 9/237)

Auch die Gewerkschaften *räumen ein*, daß sie "Profil verloren" hätten, "weil wir die Politik der SED unserer Arbeit kritiklos zugrunde legten und ungenügend die Eigenständigkeit und Unabhängigkeit bei der Interessenvertretung unserer Mitglieder zum Ausdruck brachten." (VK 9/240) Ganz allgemein wird der Verlust an Glaubwürdigkeit und Autorität der Volkskammer *beklagt* und eigenes Verschulden und eigene Versäumnisse dabei *eingeräumt*.

---

[18] Hier wie an vielen anderen Stellen entsteht wieder eine Frage, die das politische Sprechen typischerweise in der Regel offen läßt: Wer ist "wir"? (vgl. dazu Burkhardt 1992, 30 ff.; 1993).

Später *bekennen* Abgeordnete und einige Minister auch persönliche Schuld, so etwa der Abgeordnete Prof. Dr.-Ing. Trumpold von der LDPD: "Auch ich muß mich dem Vorwurf stellen, als Abgeordneter nicht genug getan zu haben, die entstandene Lage zu verhindern." (VK 9/248) Ebenso Prof. Schneeweiß von der CDU, der sagt: "Ich möchte die Vertrauensfrage heute und hier stellen. Ich habe das Vertrauen meiner Wähler in der Vergangenheit durch eine zu verhaltene Kritik, ja, vielfach durch Schweigen an falscher Stelle nicht gerechtfertigt." (VK 9/249) Und der Vorsitzende der Staatlichen Plankommission Dr. Schürer *drückt* gegen Ende der Tagung *sein Bedauern und seine Scham* darüber *aus*, "daß wir nicht die Kraft gefunden haben, hier vor der Volkskammer als Gesamtregierung einen ungeschminkten Bericht der Lage zu geben" (VK 9/259). Er wolle sich "für nichts reinwaschen" und sich "für alles verantworten, was ich zu verantworten habe" (ebd.).

Zwar wird Schuld eingestanden, aber immer noch in sehr vorsichtig gewählten Worten, die fast etwas Euphemistisches haben.[19] Das Unterdrückungssystem als solches wird nicht ausdrücklich beim Namen genannt; nur von Fehlern der zurückgetretenen bzw. abgelösten Regierungsmitglieder und Parteifunktionäre und vom Nichtfunktionieren von Politik und Ökonomie ist die Rede. So spricht etwa Koplanski von der "Fehleinschätzung der gesellschaftlichen Entwicklung" und von der "Duldung von gravierenden Disproportionen innerhalb und zwischen den Zweigen und Bereichen der Volkswirtschaft" (VK 9/234). Auch wenn er "die ungenügende demokratische Einbeziehung der Bürger in Entscheidungen, ihre ständige Bevormundung und Gängelei, das laufende Hineinreden in die Leitung von Staat und Wirtschaft" und den "immer mehr wachsenden Bürokratismus" (ebd.) ausdrücklich kritisiert: Das System als solches wird (noch) nicht in Zweifel gezogen, lediglich seine Reformbedürftigkeit herausgestellt. Man merkt den Sprechern immer noch eine gewisse vorsichtige Zurückhaltung an, die besonders deutlich wird, wenn die Sprecherin der FDGB-Fraktion Kimmel ausdrücklich ihre Offenheit hervorhebt, wenn sie sagt: "Unsere Mitglieder fordern - und ich sage das hier ganz offen -, daß in dieser [geplanten neuen] Satzung [der Gewerkschaften] nicht die führende Rolle der Partei festgeschrieben werden sollte." (VK 9/240) Jetzige Offenheit präsupponiert vorheriges Schweigen.

Neben dem *Schuldeingeständnis* enthalten fast alle Beiträge ein *Bekenntnis zum Sozialismus,* wenn auch mit verändertem Gesicht. Gefordert wird die

---

[19] Zum politischen Euphemismus vgl. z.B. Burkhardt (1991a; 1991b) und die dort angegebene Literatur.

"tiefgreifende Demokratisierung", die "demokratische Erneuerung des Sozialismus", die "sozialistische Marktwirtschaft", der "pluralistische Sozialismus", die "sozialistische Demokratie", die "Unumkehrbarkeit" der "Erneuerung unserer sozialistischen Gesellschaft", ein "menschlich würdiger" und "attraktiver", ein "lebens- und liebenswerter Sozialismus", "höhere Lebensqualität", die "Demokratie im Sozialismus", der Kurs "hin zur umfassenden Demokratie, hin zu einer Solidargemeinschaft DDR, die das Attribut 'sozialistisch' als Synonym von Menschlichkeit und Volksherrschaft wahrhaft verdient" (VK 9/236).

Gleich zu Beginn seiner Rede hatte Koplanski (DBD) am zurückgetretenen Präsidium harsche Kritik geübt:

> Wir müssen es schlichtweg als unverantwortlich bezeichnen, daß dem Hohen Haus durch das Präsidium über Wochen verwehrt wurde, zur politischen und wirtschaftlichen Lage unseres Landes, für die es laut Verfassung eine besondere Verantwortung trägt, Stellung zu nehmen, Rechenschaft zu fordern und zur Überwindung der Krise Beschlüsse zu fassen, die dem Willen des Volkes entsprechen. (VK 9/234)

Zu den Forderungen der allmählich Sprache und Handlungsfähigkeit zurückgewinnenden Volkskammer gehört, neben der Verabschiedung eines demokratischen Wahlgesetzes und eines neuen Parteiengesetzes sowie der Abschaffung des Wehrkundeunterrichts, aber auch die Wiedereinsetzung des DDR-Parlaments in seine verfassungsmäßig garantierten Rechte, denn "Volksherrschaft", so sagt es ausgerechnet der Sprecher der SED-Fraktion Jarowinski, "bedeutet, daß das Parlament, die Volkskammer, tatsächlich die Grundfragen der Staatspolitik entscheidet." (VK 9/232) In ähnlichem Sinne insistiert für die LDPD der Abgeordnete Raspe auf dem Prinzip, daß die Regierung "allein der Volkskammer verantwortlich [ist] und [...] nur durch diese kontrolliert [wird], wie es die Verfassung bestimmt." (VK 9/237) Koplanski (DBD) schließlich tritt namens seiner Fraktion "mit Nachdruck" dafür ein, "daß sich niemand mehr das Recht herausnehmen darf, Kompetenzen der Volksvertretungen, gleich welcher Ebenen, zu übergehen oder einzuschränken." (VK 9/235) Nie wieder dürfe das "Parlament des Volkes" in "Mißkredit" gebracht werden (vgl. VK 9/234). Ähnlich äußern sich auch die Sprecher der anderen Fraktionen. Geschlossen *klagt* also die Volkskammer ihre verfassungsmäßig verbrieften Rechte *ein*; erst mit diesem demonstrativen Bekenntnis zur parlamentarischen Demokratie scheinen das Schicksal der SED-Herrschaft und die Rückkehr zur Rechtsstaatlichkeit endgültig besiegelt.

In einigen Beiträgen ist von *Nation* und *Patriotismus* die Rede. Auffällig bleibt allerdings, daß es nicht mehr, wie noch 1949 und in dem Jahrzehnt danach, die gesamtdeutsche Nation ist, die beschworen wird, sondern die *DDR-Nationalität.* Die CDU-Abgeordnete Wieynk fordert zur Zusammenarbeit aller auf, "damit aus unserer Heimat DDR wieder ein Land mit eigener Identität, mit politischer und geistiger Kultur werden kann, [...]" (VK 9/236), während der schon erwähnte Raspe vom "Volk der DDR" spricht, das die "Wende" erzwungen habe (VK 9/237). Der Abgeordnete Hartmann von der NDPD verwendet die Begriffe "nationale Identität" und "Heimatliebe" und faßt die Auffassung seiner Partei in den Worten zusammen:

> Und hier verbindet sich für uns auf das engste, was in unserem Namen liegt, uns Tradition ist: das Nationale und das Demokratische und damit auch das Antifaschistische, das Patriotische und das Vaterländische dazu. (VK 9/240)

Prof. Kolditz vom Kulturbund der DDR sagt schließlich, es müsse sich demokratisch erweisen, ob die Nationale Front zu einer "patriotischen Front" werde (VK 9/249).

Die Konsequenz der Betonung von DDR-Identität und Patriotismus ist die einhellige Ablehnung der Wiedervereinigung, wie sie sich am deutlichsten im Bericht des Staatsratsvorsitzenden Krenz über sein Telefongespräch mit dem Bundeskanzler ausspricht:

> Ich habe [...] eindeutig darauf hingewiesen, daß es zwei voneinander völlig unabhängige, souveräne deutsche Staaten gibt, von denen ein Staat nicht das Recht hat, für den anderen zu sprechen; und ich habe ihn darauf hingewiesen, daß die Wiedervereinigung Deutschlands oder die Vereinigung der beiden deutschen Staaten nicht auf der Tagesordnung steht und mich in meiner Arbeit überhaupt nicht beschäftigt. [...] Deshalb muß sich auch die Regierung der Bundesrepublik von der Obhutspflicht über alle Deutschen lossagen und muß die Staatsbürgerschaft der Deutschen Demokratischen Republik respektieren. (VK 9/250)

Für diese Worte erhält Krenz damals noch allgemeinen Beifall. Im selben Sinne will sich die NDPD einbringen in das, "was den Bestand der Deutschen Demokratischen Republik sichert, den Sozialismus für unser Land erhält." (VK 9/240) Besonders deutlich ist die Ablehnung beim Sprecher der FDJ:

> Wir stehen zur Friedenspolitik, zum konsequenten Antifaschismus, zu sozialer Sicherheit und gleichen Bildungschancen. Deshalb sind wir gegen eine Wiederver-

einigung und Bevormundung von seiten der Bundesrepublik Deutschland. (VK 9/244)

Bei der Ablehnung der Wiedervereinigung spielen aber sicher auch die damalige Unvorstellbarkeit eines Aufbrechens der Blockkonfrontation und diffuse Ängste vor unkalkulierbaren außenpolitischen Folgen eine Rolle. So wird der Verzicht auf die Wiedervereinigungsdiskussion gerade um des Friedens willen beschworen:

Abg. Dr. Jarowinsky (Sprecher der Fraktion der SED): [...]
Auch von der Regierung der Bundesrepublik erwarten wir, daß sie friedensfördernd handelt. Wer Grenzen in Frage stellt, gefährdet Frieden und Sicherheit in Europa. Die Fraktion der SED bekräftigt den Standpunkt, den Egon Krenz im Telefongespräch mit Helmut Kohl zum Ausdruck gebracht hat: Die Wiedervereinigung Deutschlands steht nicht auf der Tagesordnung. (VK 9/233)[20]

Wie sehr in dieser Umbruch-Zeit noch mit einem Nachhall des von der SED entworfenen Zerrbildes vom aggressiven westdeutschen Imperialismus zu rechnen war, wird darin deutlich, daß die FDGB-Sprecherin Kimmel sogar so weit geht, sich ausdrücklich bei "jenen" zu bedanken, "die in dieser Situation unsere Grenzen zuverlässig schützen" (VK 9/241), und damit die Möglichkeit eines militärischen Übergriffes zumindest präsupponiert.

Daß aber das Thema Wiedervereinigung in dieser ersten Tagung nach Öffnung der Grenzen, wenn auch gleichsam ex negativo als Gegenstand der Ablehnung, präsent ist, spricht, glaube ich, für sich. Die ideologische Reserve gegen die Bundesrepublik ist durchaus noch vorhanden, z.B. präsupponiert die Aussage des Sprechers der FDJ Ahnfeld, er sehe in dem "großen Vertrauensverlust der Jugend in den sozialistischen Staat" "nicht nur Feindeswerk oder nur [das] Ergebnis mangelnder ideologischer Arbeit zum Beispiel der Lehrer [...]", eben auch, daß der ideologische Feind und mangelnde ideologische Arbeit für den Vertrauensverlust verantwortlich sind. Eine ähnliche Präsupposition gilt wohl auch für Raspes (LDPD) Behauptung: "Demagogen melden sich zu Wort und nutzen Zweifel, Ängste und Sorgen für ihre durchsichtigen Zwecke." (VK 9/237)

Der Stil der Volkskammer hat sich verändert, es werden konkurrierende Meinungen vertreten, Positionen werden bezogen, Kritik wird geübt, Forderungen werden erhoben. Manchen Formulierungen sieht man sowohl

---

[20] Auffällig gegenüber früheren Gepflogenheiten in der DDR ist, daß hier beide Staatsmänner ohne Hinweis auf ihre politischen Ämter genannt werden.

spontanen Mut und persönliche Betroffenheit als auch eine gewisse Vorsichtigkeit ihrer Sprecher an, und es ist nur natürlich, wenn die alte Sprache und auch alte Umgangsformen gelegentlich noch durchschlagen: Vom "Aktionsprogramm der Partei" ist ebenso die Rede wie von "Leitungskadern", vom "Antifaschismus", von "Aktivisten" und von den "Werktätigen". Die CDU-Sprecherin Wieynk sagt: "In der Volkswirtschaft orientiert die CDU vor allem auf Produktivität und Effektivität in einem ausgewogenen Verhältnis zwischen Ökonomie und Ökologie." (VK 9/236) Der Abgeordnete Koplanski fällt an einer Stelle vollständig in die umständliche, unverbindlich-technokratische Sprache des alten Regimes und der alten Volkskammer, die Syntax der Grußadressen und offiziellen Verlautbarungen, zurück:

> Werte Abgeordnete! Getragen von der Bündnisverantwortung für die Versorgung der Bevölkerung mit Nahrungsgütern und der Industrie mit Rohstoffen sowie der Verbesserung der Arbeits- und Lebensbedingungen der Werktätigen in der Landwirtschaft, fordert die DBD mit Nachdruck, das Produktionsprofil und -programm der Landmaschinenindustrie der Deutschen Demokratischen Republik konsequent an den Erfordernissen unserer Landwirtschaft und am internationalen Höchststand zu orientieren und der Deckung des Eigenbedarfs gegenüber dem Export den Vorrang einzuräumen, endlich entschiedene Maßnahmen für eine spürbare und dauerhafte Verbesserung der Bereitstellung von Ersatzteilen einzuleiten sowie landtechnische Instandsetzungsbetriebe und landwirtschaftseigene Baukapazitäten ausschließlich für die Landwirtschaft einzusetzen und mehr für die Modernisierung und Mechanisierung der alten Ställe der Tierproduktion zu tun. (VK 9/234)

Hier begegnet zwar die mit Substantivitis infizierte, schwerfällig hypotaktische Sprache der sozialistischen Planwirtschaft, aber sie erscheint in der Gestalt einer zuvor unaussprechbaren Forderung. Ähnliches gilt für Frau Wieynks Feststellung: "Daraus [aus den kirchlichen Aktivitäten] erwuchsen viele vorwärtsweisende Impulse für die Überwindung der herangereiften gesellschaftlichen und ökonomischen Widersprüche." (VK 9/236)

Besonders deutlich wird die Zerrissenheit der Abgeordneten zwischen dem Mut zum Widerspruch und der Angst vor zu drastischer Kritik am Vergangenen und an den Repräsentanten des alten Regimes in der Rede des Sprechers der Fraktion der FDJ Ahnfeld. Ahnfeld kritisiert zunächst, daß der unmittelbar nach Beendigung der vorhergehenden Volkskammer-Tagung von der FDJ gestellte Antrag auf Einberufung der Volkskammer sowie weitere Anträge anderer Fraktionen nicht berücksichtigt worden seien. Weil die jetzige Debatte nicht eher anberaumt worden sei, habe die Volkskammer nicht "über die Legitimität der Regierung" befinden können, dies stelle einen "großen Vertrauensbruch zwischen Präsidium und Abgeordneten dar". Im selben Atemzug entbietet Ahnfeld "dem Antifaschisten und Aktivisten der ersten Stunde, Horst Sindermann", im Namen der FDJ "unseren aufrichtigen Respekt". Als der zur Rede gestellte Sindermann sich bei der FDJ dafür entschuldigt, mit der Jugend in Konfikt geraten zu sein, meldet sich sofort die FDJ-Abgeordnete Hensel zu Wort, um dem "Genossen Sindermann" zu versichern:

> wir wollten Sie nicht persönlich angreifen, das hat die FDJ-Fraktion nie gewollt. Wir achten Sie als Mensch, wir achten Ihr Alter, wir achten Ihr Leben. [...] Wir achten Sie, wir achten Ihre Arbeit genauso, wie wir die Arbeit aller, die unseren Staat mit aufgebaut haben, achten; aber wir waren und sind erschüttert über den Ernst der Lage. (VK 9/253)

Der Sprecher der FDJ Ahnheld macht zwar deutlich, "daß vor allem junge Leute in den Widerspruch geraten sind zwischen den Werten und Idealen des Sozialismus und der Art und Weise des politischen Systems in der DDR" (VK 9/243), aber er sagt auch: "Wir wollen kein Tribunal und keine Buhmänner, sondern das Bekennen zu Verantwortlichkeit und die Ahndung von Schuldigen. Wir vertreten das Volk, das durch die Fehlentscheidungen betrogen wurde. Auch wir fühlen uns hintergangen." (VK 9/244)

Das kritische Potential dieser ersten Volkskammer-Tagung nach der Öffnung der Grenzen liegt in verschiedenen Vorwürfen gegen die alte Regierung, die sich im Gebrauch etwa der folgenden Wertwörter und Moralbegriffe äußern: "Fehlentscheidungen", "hintergangen", "politische Arroganz und Selbstgefälligkeit", "Duldung von gravierenden Disproportionen innerhalb und zwischen den Zweigen und Bereichen der Volkswirtschaft", "ungenügende Einbeziehung der Bürger in Entscheidungen, ihre ständige Bevormundung und Gängelei, das laufende Hineinreden in die Leitung von Staat und Wirtschaft und der immer mehr wachsende Bürokratismus" (VK 9/234), "Fälle des Funktionsmißbrauchs und der Korruption", "Vertrauensverfall", "Einmischung in die gesetzlich geregelten Kompetenzen der Organe unseres Staates", "Versagen und falsches Handeln, politische und ökonomische Fehlentscheidungen", "Heuchelei, Anpassung und Opportunismus", "politische Lähmung der SED", "sprachlos, weil entscheidungsunfähig", "Machtanmaßung, ja Machtmißbrauch", "Ignoranz, was die Lebensinteressen der Bürger, den Willen des Volkes, das tatsächliche Kräftepotential im Lande anging", "Vertrauensbruch in der Gesellschaft", "Amtsmißbrauch und Korruption". Eine Abgeordnete der FDJ fühlt sich "benutzt und auch mißbraucht" (VK 9/251). In all diesen Begriffen dokumentiert sich das innere

Siechtum eines politischen Systems, in dem "gesellschaftliches Engagement zu physischer und moralischer Zermürbung" (VK 9/243) führte.

4.2. Die Umkehrung der Asymmetrie oder Die Plenardebatte als Verhör

> Zuruf: Ich hätte noch eine Frage an das Hohe Haus. Wie stellen sich die Fraktionen zu den Mitgliedern der Volkskammer, die unserem Staat oder dem Sozialismus geschadet haben? (VK 9/261)

Im letzten Drittel der Volkskammer-Tagung werden der zurückgetretene Volkskammer-Präsident sowie Mitglieder des Ministerrates, die ebenfalls um Abberufung gebeten haben, über Diskussionsbeiträge und fragende Zwischenrufe vom Plenum zur Rede gestellt. Dieser Teil der Sitzung nimmt passagenweise verhörartige Züge an. Als der Minister für Hoch- und Fachschulwesen, Prof. Dr. Böhme, von Frau Dr. Wolfram (FDJ) auf gewisse "Selbstdarstellungsbemühungen der zurückgetretenen Regierung" angesprochen wird, die sich z.B. darin äußerten, daß ein trotz bestehenden Ministerratsbeschlusses jahrelang nicht realisierter Bau von Internatskapazitäten in Leipzig nun plötzlich verfügt worden sei, ist es Präsident Dr. Maleuda, der den Minister zur Stellungnahme zwingt. In seiner Antwort führt der Minister aus, er habe am 18. Oktober, dem Tag nach dem 9. Plenum

> diese Problematik mit der [von den Planungsorganen in den Jahren zuvor immer wieder abgelehnten] Vorlage als ein Beispiel von unmöglicher Arbeitsweise des Ministerrats genommen und darauf hingewiesen, daß ich die Internatssituation für die politisch brisanteste Problematik mit materiellen Auswirkungen unter den Studenten halte (VK 9/252).

Mehrfach richtet daraufhin der Abgeordnete Mögling (NDPD) an ihn die an sich rhetorische Frage, warum er sich wegen diese "unmöglichen Zustände" nicht an die gewählte Volkskammer gewandt habe. Und die Abgeordnete Retzke (SED) insistiert auf der Zuständigkeit des (offenbar auch in dieser Frage wieder einmal übergangenen) Parlaments, indem sie darauf hinweist, daß in der Volkskammer über den Internatsbau noch nichts beschlossen worden sei (VK 9/252). Einer direkten Antwort auf Möglings Frage, weicht der Minister aus.

Der ob seiner Amtsführung von allen Seiten kritisierte Sindermann erklärt in seinem Diskussionsbeitrag zunächst, daß es ihn "belaste", in der Frage der verschleppten Einberufung der Volkskammer "ausgerechnet mit der Freien

Deutschen Jugend" in Konflikt geraten zu sein. Und dann sagt er die folgenden Sätze, in denen sich die ganze Hilflosigkeit der damaligen Führung dokumentiert und die dennoch die wohl passendste, metaphorische Beschreibung der gesamten politischen Situation in der DDR des Spätherbstes '89 enthalten:

> Ich muß sagen, wir waren in einer Lage, die uns alle überrascht hatte
>
> (Bewegung im Saal)
>
> und die uns auch tief getroffen hatte, eine Lage, auf die wir auch keine Antwort wußten in dieser Zeit. Es war bei der Besonderheit dieser Lage so, daß 40 Jahre Sozialismus unter unseren Füßen wegrutschten.
>
> Wir waren für den Dialog; hier wurde gesagt: für die Demonstrationsdemokratie, alles einverstanden. Aber in der Volkskammer mußten wir mit konstruktiven Antworten auftreten können, und die hatte ich zu dieser Zeit nicht. (VK 9/253)

Realitätsverlust, Naivität und Verwirrung der überalterten ehemaligen Führungsschicht werden im Verlauf der Debatte immer deutlicher, nicht zuletzt in dem Beitrag Sindermanns, der sich einerseits bei der FDJ entschuldigt und andererseits, unter Berufung auf die eigene "Ehrlichkeit" den Vorwurf des Amtsmißbrauchs zurückweist:

> Ich entschuldige mich ganz offen, vor allen Dingen bei der Freien Deutschen Jugend. Es tut mir weh, daß ich mit ihnen in Konflikt geraten bin, aber ich kann gleichzeitig sagen: Wenn hier davon gesprochen wurde, daß das Amtsmißbrauch war, was ich getan habe, ... Genossen, ein so großes Wort, das kann nicht definiert werden. Ich habe keinen Amtsmißbrauch begangen, ich habe mein Amt nach bestem Gewissen ausgeführt, wahrscheinlich nicht immer gut, aber ich habe meine Arbeit immer ehrlich getan. (VK 9/253)

Da er nicht in der Lage ist einzusehen, daß es der politische Bewertungsmaßstab selber ist, den die "Wende" verändert hat, kann Sindermann das negativ konnotierte Tabuwort "Amtsmißbrauch" für sich nicht akzeptieren und flüchtet sich in die Behauptung von dessen Undefinierbarkeit.

Dem schon erwähnten Beschwichtigungsversuch Frau Hensels (FDJ) fügt Präsident Dr. Maleuda daher die Erklärung hinzu, daß es, was die Einberufung der Volkskammer angehe, "dafür keine Entschuldigung gibt, da es eine eindeutige Forderung gab, die seitens des Präsidiums der Volkskammer und des Präsidenten nicht erfüllt wurde", und stellt damit den flagranten Verstoß gegen die Geschäftsordnung ausdrücklich fest.

Gegen Ende der Debatte übernimmt der Vorsitzende des Ministerrates Stoph ausdrücklich die "politische Verantwortung für all das, wofür die Regierung unter Kritik steht", um zugleich entschuldigend darauf hinzuweisen, daß die Kompetenz des Ministerrats "bekanntlich wesentlich eingeschränkt" gewesen sei (VK 9/255). Und sein Finanzminister Höfner räumt ein, daß er die Verantwortung dafür trage, daß Verbindlichkeiten der DDR vor der Volkskammer nicht genannt worden seien. Das sei "letztlich eine Frage der Schönfärberei gewesen und auch des Mutes, alle Positionen hier offenzulegen". Über in Frageform gekleidete Zwischenrufe werden ihm schließlich erste Angaben über Abwertungsverluste, Verschuldung und Inflationsrate der DDR abgerungen. Schließlich gipfelt das Verhör der Regierung darin, daß an den Vorsitzenden des Ministerrats die Frage gerichtet wird, inwiefern die Kompetenzen des laut Verfassung der Volkskammer verantwortlichen Ministerrats denn eingeschränkt gewesen seien. Als Stoph nur vage von "zentralen Entscheidungen" spricht, ist es wiederum Präsident Dr. Maleuda, der ihn durch mehrfaches Nachfragen dazu zwingt, die Frage nach dem Verursacher der (illegalen) Kompetenzbeschneidungen zu beantworten. Nur widerstrebend gibt Stoph schließlich die Antwort: "Der Vorsitzende des Staatsrates und Generalsekretär des ZK der SED und der Stellvertreter des Staatsratsvorsitzenden, das Mitglied des Politbüros Mittag." (VK 9/258)

Blieb Sindermanns Verwendung der unter Parteimitgliedern üblichen Anrede "Genossen" noch unkommentiert, so wird dem Stellvertreter des Vorsitzenden des Ministerrates und Vorsitzenden der Staatlichen Plankommission Dr. Schürer an einer vergleichbaren Stelle zugerufen: "Wir sind hier in der Volkskammer!" (VK 9/260), und dieser korrigiert sich eilig. Als auch der Minister für Staatssicherheit Mielke, dem anscheinend immer noch nicht klar ist, welche Stunde hier der SED-Herrschaft geschlagen hat, mehrfach die Anrede "Genossen" benutzt, erhält dafür den widersprechenden, wenige Wochen zuvor noch undenkbaren Zwischenruf: "Zur Geschäftsordnung: Ich bitte doch endlich dafür zu sorgen. In dieser Kammer sitzen nicht nur Genossen.", worauf er - fast schon weltfremd - reagiert mit dem Satz: "Ich bitte, das ist doch nur eine formale Frage." Auf die im Protokoll vermerkten Mißfallensäußerungen antwortet er dann mit seiner inzwischen zu traurigem Ruhm gelangten, kabarettreifen und vom Plenum mit (höhnischem) "Gelächter" quittierten Erklärung: "Ich liebe doch alle Menschen ...". Aus dem Munde des Ministers für Staatssicherheit war dieser Satz sowohl Zynismus als auch eine Absurdität. Allgemeine Unmutsäußerungen veranlassen Mielke schließlich doch dazu, ausdrücklich "um Verzeihung für diesen Fehler" zu bitten. (VK 9/262 f.) Dennoch versucht der Minister in seinem Diskussionsbeitrag, die Staatssicherheit als menschenfreundliche Organisation erscheinen zu lassen, die die Sorgen und Nöte der Bürger aufgenommen und an die zuständigen Stellen weitergeleitet habe. Dabei habe man "zur Stärkung der

Volkswirtschaft" "Hervorragendes" geleistet; vieles von dem, was man "gemeldet" habe, sei jedoch "nicht immer berücksichtigt [...] und nicht eingeschätzt" worden (VK 9/262 f.). "Wir haben, Genossen, [...] berichtet über diese ganzen Fragen", sagt Mielke und fügt in diesen Satz die zugleich bezeichnende und verräterische Parenthese ein: "soll ich hier die Wahrheit sagen oder nicht". Es ist schwer zu sagen, ob Mielkes Aussagen, die Staatssicherheit vertrete "die Interessen der Werktätigen", sie habe darauf geachtet, "daß unsere Werktätigen ihre Sorgen und Nöte mitteilen können" und "einen außerordentlich hohen Kontakt zu allen werktätigen Menschen" gehabt (VK 9/263), nur vollständigen Realitätsverlust dokumentiert oder die zynische Fortsetzung des Orwellschen Diskurses[21] noch über dessen eigentliches Ende hinaus.

War die alte Volkskammer sprachlich und politisch bis in die Zwischenrufe hinein von der Regierung und der in den wichtigsten Positionen mit ihr personell identischen Parteiführung der SED dominiert, so kehrt sich in der Sitzung vom 13. November 1989, an deren Ende Hans Modrow zum Vorsitzenden des Ministerrats gewählt wurde, dieses asymmetrische Verhältnis um. Die Volkskammer gewinnt ihre verfassungsmäßige Stellung zurück, und die Regierungsmitglieder rücken auf die Anklagebank. Oben und unten wechseln die Plätze, und es entsteht eine neue Asymmetrie, in der die Abgeordneten die Initiative haben. Akklamation des Parlaments zu Regierungsvorlagen wird durch Justifikation der Regierung vor dem Parlament ersetzt. Weil die Abgeordneten eigene (Mit-)Schuld eingestehen und die ehemaligen Partei- und Staatsfunktionäre - abgesehen von ausweichenden Antworten - keinerlei Gegenwehr leisten, verläuft die Debatte, gemessen an ihrem politischen Gewicht, bemerkenswert aggressionslos, der Umgangston bleibt überwiegend höflich. Gerade dieser letzte, verhörartige Teil der Debatte, die spontane Fragestunde, macht deutlich, daß der letzte Ausweg eines zusammenbrechenden Regimes, der verzweifelte Schritt zum "Dialog" mit der Bevölkerung, bereits hier zum Gang nach Canossa geworden war.

5. Ein Parlament verspielt seine Sprache - die Volkskammer am Ende

Die Regierung Modrow hielt am Programm der "Demokratisierung unserer Gesellschaft" und der "Erneuerung des Sozialismus" fest (vgl. dazu Modrows Regierungserklärung, VK 9/272 ff.). "Der Sozialismus steht nicht zur Disposition." (VK 9/282) Und sogar der Vorsitzende der CDU und spätere

---

21 Vgl. dazu den Beitrag von Hopfer (in diesem Band, S. 111-133).

Ministerpräsident de Maizière beschwört in seiner Rede vom 17. November 1989 den "demokratischen" und "pluralistischen Sozialismus" und stellt fest: "Nicht der Sozialismus ist am Ende, wohl aber seine administrative und diktatorische Verzerrung." (VK 9/288) Ging es in der Sitzung vom 13. November 1989 in ökonomischer Hinsicht noch um eine "an den Marktbedingungen orientierte Planwirtschaft", so heißt das neue Zauberwort schon seit Beginn des Jahres 1990 "soziale Marktwirtschaft" (vgl. z.B. VK 9/397 und 410). Je mehr man sich, wenn auch zunächst noch ehr widerstrebend, zu marktwirtschaftlichen Prinzipien bekannte, desto größeren Raum nahm auch das marktwirtschaftliche Vokabular in den Reden der Volkskammer-Abgeordneten ein: "Subventionspolitik", "Einkommenssteuer", "Kapitalbeteiligung", "Stammkapitaleinlagen", "Produktivität", "Privatinitiative" und "Unternehmergeist", aber auch "Sozialabbau, Arbeitslosigkeit, Existenzangst und Ellenbogengesellschaft" (VK 9/399). Waren im Hinblick auf das Verhältnis zwischen DDR und BRD zu Beginn des Jahres noch "Vertragsgemeinschaft" (VK 9/368) und "Konföderation" (VK 9/395) die offiziellen politischen Programmwörter und erschienen noch in der 14. Tagung vom 11./12. Januar 1990 die Wörter *Vereinigung* und *Wiedervereinigung* nur im Zusammenhang mit Warnungen vor zu großer Eile, so war es schließlich Ministerpräsident Modrow selbst, der in der 15. Tagung am 5. Februar 1990 unter dem Druck der Wirtschaftslage und der Bevölkerung die Feststellung treffen mußte: "Die Vereinigung der beiden deutschen Staaten rückt auf die Tagesordnung." (VK 9/455).

Im Gefolge der ökonomischen Orientierung am Vorbild der Bundesrepublik und der Kaufkraft der D-Mark wurde die anfängliche Diskussionsvielfalt nach und nach von der Einheits-Thematik zugeschüttet. Inzwischen hatte die Volkskammer bereits die Initiative wieder an das Volk verloren, dessen Sprechchöre im Haupt-Slogan der Demonstrationen vom Oktober/November den bestimmten Artikel durch ein Zahlwort ersetzt hatten und unüberhörbar riefen: "Wir sind e in Volk!". Mich erinnerte die Kehrtwendung der damaligen DDR-Bevölkerung vom selbstbewußten Wunsch nach Eigenständigkeit zum resignativen Ruf nach dem in Bechers Hymne beschworenen 'einig Vaterland' immer ein bißchen an das Grimmsche Märchen vom süßen Brei: Jemand hatte gerufen "Töpfchen, koche!", aber alle hatten vergessen, wie man den Topf wieder abstellte, und so ergoß sich der Einheits-Brei unwiderstehlich über das weite Land. Als ein SPD-Kanzlerkandidat Mitte 1990 endlich rief: "Töpfchen, steh!", da war er längst zu spät gekommen und wurde dafür vom Leben bestraft. Ich will damit sagen: Es gab einen Punkt in der öffentlichen Diskussion jener Zeit, von dem an man automatisch ins Abseits geriet, wenn man Vorbehalte an dem äußerte, was die Mehrheit bereits mit bestimmtem Artikel "die deutsche Einheit" zu nennen sich angewöhnt hatte.

Lange vor der 3. Oktober 1990 war die Einheit in den Köpfen schon vollzogen und wurde zum zentralen Thema der kurzen letzten Legislaturperiode der Volkskammer. Das Einheits-Thema trat bereits in der konstuierenden Sitzung der neugewählten Volkskammer unübersehbar in den Vordergrund; und es stellt, historisch betrachtet, einen wirklich unerhörten Vorgang in der deutschen Parlamentsgeschichte dar, wenn die an sich zur Neutralität verpflichtete Präsidentin der Volkskammer, Frau Dr. Bergmann-Pohl, bereits in ihrer Eröffnungsrede am 5. April 1990 die Herbeiführung der staatlichen Einheit - und damit indirekt auch die Selbstauflösung des Parlaments - als das vorrangige und völlig fraglose Ziel der Arbeit der neugewählten Volkskammer präsupponierte:

> Es ist sicher der Wunsch aller Abgeordneten, alsbald geregelte Beziehungen zum Deutschen Bundestag aufzunehmen, weil es ganz wichtig ist, daß beide deutsche Parlamente das *staatliche Zusammenwachsen* aktiv gestalten - und nicht nur die Regierungen.
>
> [...]
>
> Uns ist bewußt, daß der *Einigungsprozeß Deutschlands* eingebettet sein muß in die europäische Einigung. [...] Berlin - eine noch geteilte Stadt, die Klammer zwischen Ost und West, sollte wieder zu einem politischen und kulturellen Zentrum Europas und zu einer gemeinsamen Hauptstadt in einem *vereinten Deutschland* werden. (VK 10/6 [Hervorhebungen vom Verf.]

Die DDR wurde zur "Noch-DDR".

Fast total ist daher von Anfang an die Orientierung an den politischen Verhältnissen der Bundesrepublik. Schon die Geschäftsordnung der Volkskammer der Deutschen Demokratischen Republik vom 12. Juli 1990, die ja - wie das Gremium, von dem und für das sie beschlossen wurde - nur wenige Monate Bestand hatte, ist eine Mischung der Geschäftsordnungen der alten Volkskammer und des Bundestages, angepaßt an die damals gegenwärtigen Verhältnisse. Überwiegend wurden Bestimmungen des Bonner Parlaments in leicht umformulierten Fassungen übernommen. Das zeigt z.B. die Gegenüberstellung der die Zwischenrufe betreffenden Paragraphen:

> *Geschäftsordnung des Deutschen Bundestages (§ 119.1):*
>
> Ein Zwischenruf, der in die Niederschrift aufgenommen worden ist, bleibt Bestandteil des Plenarprotokolls, es sei denn, daß er mit Zustimmung des Präsidenten und der Beteiligten gestrichen wird.

Geschäftsordnung der Volkskammer der DDR (§ 70):

> Ein Zwischenruf, der in die Niederschrift aufgenommen worden ist, wird Bestandteil des Tagungsprotokolls, es sei denn, daß er mit Zustimmung des amtierenden Präsidenten und der Beteiligten gestrichen wird.

"Plenarprotokoll" wurde also durch "Tagungsprotokoll" ersetzt, wobei "Tagung" DDR-spezifisches Synonym zum im bundesrepublikanischen Sprachgebrauch üblichen "Sitzung" ist. Außerdem wird der auch in der Bundestagsgeschäftsordnung gemeinte amtierende Präsident in deren Volkskammer-Pendant ausdrücklich als solcher bezeichnet.

Ganz ähnlich wurde bei vielen Geschäftsordnungsbestimmungen der Volkskammer verfahren, so z.B. bei § 1 "Konstituierung", § 7 "Tagungsvorstand", § 16 "Beratung", § 23 "Sach- und Ordnungsruf", § 24 "Wortentziehung", § 25 "Ausschluß von Mitgliedern der Volkskammer", § 27 "Unterbrechung der Tagung", § 28 "Weitere Ordnungsmaßnahmen", § 67 "Tagungsprotokolle", § 68 "Prüfung der Niederschrift durch den Redner".[22] In diesen in vollkommen unverkennbarer Weise auf die Bundestagsgeschäftsordnung zurückgehenden Paragraphen wurde gelegentlich die Reihenfolge der Absätze geändert, manchmal auch Absätze verschiedener Bestimmungen der Geschäftsordnung des Bonner Parlaments zu einem neuen Paragraphen derjenigen der Volkskammer kombiniert. Neben einigen stilistischen Umformulierungen wurden die Bezeichnungen des Bundestages, seiner Teilinstitutionen sowie anderer bundesrepublikanischer Stellen durch ihre Entsprechungen im politischen System der "Noch-DDR" übersetzt. So ist z.B. in § 4 naturgemäß von der "Wahl des Ministerpräsidenten" (und nicht des Bundeskanzlers) und in § 29 von der "Teilnahme eines Mitglieds des Ministerrates" (und nicht von der "Herbeirufung eines Mitglieds der Bundesregierung") die Rede.

In einem Punkt hebt sich die Geschäftsordnung der Volkskammer der Übergangszeit bezeichnenderweise deutlich vom derjenigen des Bundestages ab. In Paragraph 9 Abs. 1 heißt es nämlich:

> Jedes Mitglied der Volkskammer folgt bei Reden, Handlungen, Abstimmungen und Wahlen seiner Überzeugung und seinem Gewissen.

Eine solche Bestimmung kennt der Bundestag nicht. Allerdings ergibt sie sich aus Art. 38 (1) des Grundgesetzes.

---

22 Vgl. dazu die entsprechenden Bestimmungen der Geschäftsordnung des Bundestages: §§ 1; 8 bzw. 24; 27, 28 und 30; 40; 41; 42; 44; 45; 117; 118.

Die neue Volkskammer orientierte sich fast ausschließlich am Bonner Muster und wurde - zum Ende hin immer deutlicher - von den Bonner Parteien dominiert. Insofern war die Vereinigung politisch in gewissem Sinne bereits spätestens mit den Wahlen vom 18. März 1990 vollzogen und bedurfte nur noch der praktischen "Abwicklung". Einige DDR-typische Besonderheiten - auf die hier nur fragmentarisch eingegangen werden kann - waren der Volkskammer jedoch geblieben:

Z.B. wurde auch nach dem Oktober/November 1989 eine gewisse Kontinuität im volkammertypischen Anredeverhalten aufrechterhalten (teilweise jedoch auch durchbrochen). In der Provisorischen Volkskammer und der Volkskammer der 50er Jahre war das übliche Verfahren, daß der Präsident die Sitzungen ohne Anrede eröffnete, die jeweiligen Plenumsredner aber den Präsidenten mit "Sehr geehrter" oder "Sehr verehrter Herr Präsident!" anredeten und für die Abgeordneten die Anrede "Meine Damen und Herren!" benutzten. Von besonderer Höflichkeit war z.B. der damalige CDU-Abgeordnete und stellvertretende Volkskammer-Präsident Otto Nuschke, der die auch später gelegentlich anzutreffende Anrede "Meine sehr verehrten Damen und Herren!" wählte, als er Wilhelm Pieck für das Amt des Präsidenten der DDR vorschlug (PVK 12). Es hatte sich jedoch spätestens bis Anfang der 60er Jahre die Anrede "Verehrte Abgeordnete!" durchgesetzt, auch wenn die alte Form "Meine Damen und Herren!" durchaus noch akzeptabel blieb; nicht selten fanden sich auch Redeeröffnungen mit "Werte Abgeordnete!". Vor dem Präsidenten und den Abgeordneten war - falls anwesend - der Vorsitzende des Staatsrats anzureden, dessen Nennung sich gewöhnlich das Attribut "Verehrt" oder "hochverehrt" zugesellte. Ab und zu wurden der Vorsitzende des Staatsrats und der Volkskammer-Präsident auch mit "Genosse" angeredet. Auffällig ist, daß die Anrede "Verehrte" bzw. "Werte Abgeordnete!" in der Volkskammer auch nach der "Wende" - ja sogar auch nach den Wahlen vom März 1990 - die Standardanredeform blieb. Allerdings finden sich nun auch Formen wie "Liebe Abgeordnete!", "Werte Abgeordnete unserer obersten Volksvertretung!", "Verehrte Abgeordnete! Liebe Kolleginnen und Kollegen!", "Herr Präsident! Werte Volksvertreter!".

Verglichen mit den im deutschen Parlamentarismus seit der Weimarer Nationalversammlung üblichen Umgangsformen ging es in der Volkskammer vor und nach dem März im allgemeinen recht höflich zu, in mancher Hinsicht vielleicht auch ein bißchen unverkrampfter. Aber Höflichkeit ist in der Politik kein Wert an sich, sondern läßt sich auch als ein Zeichen mangelnder Bereitschaft zur offenen Kontroverse und fehlender Polarisierung deuten. Übertriebene Nonchalance kann letztlich auch als Symptom mangelnder Professionalität ausgelegt werden. Und wie sehr die parlamentarische Routine fehlte, läßt sich unzweifelhaft am Streit über die Geschäftsordnungsmäßigkeit von Abstimmungsverfahren ablesen, der zumindest die ersten beiden Tagungen dominierte. Aber auch daß eine Sequenz von "Zwischenfragen" im Protokoll erscheinen kann, obwohl diese in der damals gültigen Geschäftsordnung nicht vorgesehen waren, und ihre Zulässigkeit vom Plenum erst post festum mehrheitlich abgelehnt wird, spricht sicher nicht für einen souveränen Umgang mit den Spielregeln parlamentarischer Kommunikation (vgl. Holly 1982; Burkhardt 1993).

In der Volkskammer nach der Märzwahl werden erstmalig in der Geschichte des DDR-Parlamentarismus mehr als nur vereinzelte Zwischenrufe gemacht, wenngleich ihre Gesamtzahl nur ein Bruchteil von dem ausmacht, was im Deutschen Bundestag üblich ist. Bei vielen der Zwischenrufe, die z.T. recht ausführlich waren, handelt es sich eigentlich um verkappte Zwischenfragen. Vorwürfe und Abqualifikationen sind verhältnismäßig selten.[23] Im Protokoll finden sich darüber hinaus zuweilen in der Sprache der Bonner Parlamentsstenographen nicht übliche oder selten erscheinende Bezeichnungen für das, was ich "Zwischensymptome" nenne: "Unmutsäußerungen", "Gelächter", "Empörung", "Protestrufe", "Bewegung", "Tumult". Auffällig ist, daß die amtierenden Präsidenten relativ lange Moderationen machen, recht häufig Zwischenrufe erhalten, gelegentlich laut denken, Verfahrensfehler einräumen und auch persönliche Meinungen äußern. Dies galt besonders dann, wenn Dr. Höppner im Plenum die Amtsgeschäfte führte.

Auch in der neuen Volkskammer fehlte zumeist die Bereitschaft zur offenen Kontroverse. Insbesondere war das natürlich in der Zeit der Großen Koalition der Fall. Aber selbst als die SPD aus der Ostberliner Koalition ausgetreten ist, entspinnt sich in der Debatte um den Einigungsvertrag kein eigentlicher Streit, wenn der SPD-Vorsitzende Thierse provozierend vom von der DSU in schöner Regelmäßigkeit beantragten "Sturzbeitritt zur Bundesrepublik" und von der "Existenzform der DSU als ministerloser Wurmfortsatz der Regierung" spricht. Auch als Thierse sagt, es sei "skandalös, wie die Regierungskommission zur Überprüfung des Parteienvermögens gearbeitet und nicht gearbeitet hat" (VK 10/1645), als er dem Regierungsunterhändler Krause die "doppelte Aufgabe" zuschreibt, "Interessen von DDR-Bürgern zu vertreten und gleichzeitig für sich ein Ministeramt in Bonn herauszuholen", als er die Entlassung des SPD-Finanzministers Romberg als "stillos" und "verfassungsrechtlich höchst bedenklich" bezeichnet, als er von "politisch-moralischer Feigheit" und von der "skandalösen" Mißachtung von

---

[23] Zu den Zwischenrufen des deutschen Parlamentarismus, auch denjenigen der Volkskammer, vgl. demächst Burkhardt (1993).

Beschlüssen der Volkskammer spricht, wovon das Stasi-Gesetz "nur der unverschämteste Versuch in dieser Richtung" sei, nicht einmal da erfolgt eine nennenswerte Reaktion des politischen Gegners. Die Würfel waren schon längst gefallen.

6. Fazit

Wenn man ein Fazit ziehen will, dann vielleicht das folgende: Die Volkskammer des November/Dezember 1989 war eine als Akklamationsparlament gebildete Volksvertretung, gekennzeichnet von dem ehrlichen Bemühen, sich in ein Diskussionsparlament zu verwandeln. Nach der Märzwahl war die Volkskammer teils zum Arbeitsparlament, tendenziell aber zum Schauparlament nach Bonner Muster geworden, dessen herausragendes Thema die eigene Selbstauflösung darstellte.

Über 40 Jahre hatte das Parlament Volkskammer seine charakteristische Sprache; es war allerdings die des akklamierenden Pseudoparlamentarismus. Nach den Ereignissen vom Oktober/November 1989 entstand aus einer zunächst bekennerhaften Kommunikation, die phasenweise den Charakter eines öffentlichen Verhörs annahm, vorübergehend ein Diskussionsparlament, das - in Zusammenarbeit mit dem Zentralen Runden Tisch - die rechtlichen Voraussetzungen für die Wahlen im März 1990 schuf. Die Märzwahlen hätten dann eigentlich zur Konstitution eines echten Arbeitsparlaments führen sollen, das dann aber - nicht unbeeinflußt vom westdeutschen Schauparlamentarismus - doch nur als Abwicklungsinstanz für das von den DDR-Wählern in Auftrag gegebene Projekt "deutsche Einheit" fungierte. Eine eigene Sprache hat der DDR-Parlamentarismus nach der "Wende" nicht gefunden, wohl aber Elemente eines eigenen Stils: Möglichkeit zu relativ spontanen Redebeiträgen, Kurzdiskussionen mit dem Präsidium, längere Moderationen des amtierenden Präsidenten, höfliche Anreden, höflich-unverbindliche, nur gelegentlich negativ wertende Sprechweise, kein echter Schlagabtausch zwischen Regierung und Opposition, extrem wenig und kaum aggressive Zwischenrufe, nur wenige Showelemente. Indem sie die Vereinigung der beiden deutschen Staaten gleichsam als Motto über ihre Arbeit schrieb und sich die in ihr vertretenen Parteien in immer stärkere Abhängigkeit von ihren Bonner Schwesterorganisationen begaben, verspielte sie die Chance auf eine eigene Sprache und eine eigenständige Politik.

7. Literatur

Burkhardt, Armin (1986): *Soziale Akte, Sprechakte und Textillokutionen. A. Reinachs Rechtsphilosophie und die moderne Linguistik*. Tübingen (= Reihe Germanistische Linguistik 69).

Burkhardt, Armin (1988): "Sprache in der Politik. Linguistische Grundbegriffe und Methoden." In: *Englisch Amerikanische Studien* 10, S. 333-358.

Burkhardt, Armin (1990): "'Das ist eine Frage des Intellekts, Frau Kollegin!' Zur Behandlung weiblicher Redner in deutschen Parlamenten." In: *Sprache und Literatur in Wissenschaft und Unterricht,* Heft 65, S. 61-83.

Burkhardt, Armin (1991): "'Die Stenographie ist ja überhaupt eine unheimliche Sache!' (Konrad Adenauer) Zur Sprache des deutschen Parlamentarismus." Teil I. In: *Neue Stenographische Praxis* 40, Nr. 3-4, S. 41-77.

Burkhardt, Armin (1991a): "Von der (Un-)Wahrheit der Wörter. Verdrängen durch beschönigende Sprache." In: *Information für die Truppe. Zeitschrift für Innere Führung,* Heft 9, S. 24-34.

Burkhardt, Armin (1991b): "Können Wörter lügen? oder Sprache als Selbstbehinderung des Denkens." In: Ermert, Karl (Hrsg.): SURGERY STRIKE. *Über Zusammenhänge von Sprache, Krieg und Frieden.* Rehburg-Loccum, S. 36-62 (= *Loccumer Protokolle* 58/'91).

Burkhardt, Armin (1992): "'Die Stenographie ist ja überhaupt eine unheimliche Sache!' (Konrad Adenauer) Zur Sprache des deutschen Parlamentarismus." Teil II. In: *Neue Stenographische Praxis* 41, Nr. 1, S. 1-34.

Burkhardt, Armin (1992a): "'Die Stenographie ist ja überhaupt eine unheimliche Sache!' (Konrad Adenauer) Zur Sprache des deutschen Parlamentarismus." Teil III. In: *Neue Stenographische Praxis* 41, Nr. 3 (erscheint).

Burkhardt, Armin (1993): *Zwischen Monolog und Dialog. Das Parlament, seine Sprache und die Welt des Zwischenrufens.* Berlin-New York.

Dieckmann, Walther (1981): *Politische Sprache - Politische Kommunikation. Vorträge - Aufsätze - Entwürfe.* Heidelberg.

Grice, H. Paul (1975): “Logic and Conversation.” In: Cole, Peter /Morgan Jerry L. (eds.): *Speech Acts*. New-York-San Francisco-London (= Syntax and Semantics. Vol 3), S. 41-58.

Hellmann, Manfred W. (Hrsg.) (1973): *Zum öffentlichen Sprachgebrauch in der Bundesrepublik und in der DDR. Methoden und Probleme seiner Erforschung*. Düsseldorf.

Hellmann, Manfred W. (Hrsg.) (1984): *Zum sprachlichen Ost-West-Problem. Divergenzen im Sprachgebrauch der beiden deutschen Staaten*. Darmstadt.

Hellmann, Manfred W. (Hrsg.) (1984a): *Ost-West-Wortschatzvergleiche. Maschinell gestützte Untersuchungen zum Vokabular von Zeitungstexten aus der BRD und der DDR*. Tübingen.

Hellmann, Manfred W. (1992): *Wörter und Wortgebrauch in Ost und West. Ein rechnergestütztes Korpus-Wörterbuch zu Zeitungstexten aus den beiden deutschen Staaten*. 3 Bände. Tübingen.

Holly, Werner (1982): “Zur Geschichte parlamentarischen Sprachhandelns in Deutschland. Eine historisch-pragmatische Skizze an Beispielen aus ersten Sitzungen von verfassunggebenden Versammlungen.” In: *Zeitschrift für Literaturwissenschaft und Linguistik* 47, S. 10-48.

Jesse, Eckhard (1989): “Die Volkskammer der DDR: Befugnisse und Verfahren nach Verfassung und politischer Paraxis.” In: Schneider, Hans-Peter/Wolfgang Zeh (Hrsg.): *Parlamentsrecht und Parlamentspraxis in der Bundesrepublik Deutschland*. Berlin-New York, S. 1821-1844.

Klaus, Georg (1969): *Die Macht des Wortes. Ein erkenntnistheoretisch-pragmatisches Traktat*. Berlin, 4. Aufl.

Loewenberg, Gerhard (1969): *Parlamentarismus im politischen System der Bundesrepublik Deutschland mit einer Bibliographie des Schrifttums zum Deutschen Bundestag zusammengestellt von Heinz Matthes und Peter Schindler*. Ungekürzte Sonderausgabe. Tübingen.

PVK = *Provisorische Volkskammer der Deutschen Demokratischen Republik*. Berlin 1949/50.

Reich, Hans H. (1968): *Sprache und Politik. Untersuchungen zu Wortschatz und Wortwahl des offiziellen Sprachgebrauchs in der DDR*. München.

Roll, Hans-Achim (1989): "Organisation, Verfahren und Funktionen des Deutschen Bundestages." In: Süssmuth, Rita (Hrsg.) (1989): *Das Deutsche Parlament. Mit Beiträgen von Wolfgang Gaebler, Wolfgang Kessel und Hans-Achim Roll.* Stuttgart-Berlin-Köln, S. 180-287.

Schlosser, Horst Dieter (1990): *Die deutsche Sprache in der DDR zwischen Stalinismus und Demokratie. Historische, politische und kommunikative Bedingungen.* Köln.

VK = *Volkskammer der Deutschen Demokratischen Republik.* 1. - 10. Wahlperiode. Berlin 1950-1990.

Auf der Suche nach einer neuen Sprache
Schulbücher in der DDR

K. Peter Fritzsche (Braunschweig)

1. Das Ende der Sprachlosigkeit

Der Zusammenbruch der deutschen Variante des Staatssozialismus bewirkte auch eine Befreiung vom Kommunikationsmonopol und von der Sprachlenkung des Marxismus-Leninismus. Das neue Denken in der DDR begann sich in einer neuen Sprache auszudrücken.

Der Slogan "Wir sind das Volk" wurde der Satz des Jahres 1989. Die Optimisten unter den DDR-Funktionären wie die Pessimisten unter den westlichen Beobachtern hatten gleichermaßen unrecht behalten: Die Macht des Wortes reichte nicht aus, um mit Mitteln der Sprachlenkung (Dieckmann 1975) ein sozialistisches Bewußtsein im Sinne des Marxismus-Leninismus zu befördern. So überraschend auch Zeitpunkt und Verlauf der "deutschen Oktoberrevolution" für die gesamte Sozialwissenschaft (und alle anderen!) kamen, so bekannt war doch schon vor dem Wandel, daß die Kluft zwischen Regierenden und Regierten groß war. Die mentale Revolution der DDR-Bürger im Sinne des Marxismus-Leninismus war ausgeblieben (Rytlewski 1989), und auf die Überflutung mit Propaganda reagierten die Bürger mit dem Gefühl der Übersättigung (Picaper 1976) und mit dem Rückzug ins Private und in die Nischen der Gesellschaft. Es war seit längerem bekannt, daß sich unterhalb und gegen die offizielle politische Kultur sowohl ein Bereich unpolitischer Nischenkultur als auch ein Bereich informeller, alternativer politischer Kultur teils konserviert und teils erst herausgebildet hatte (für Literaturangaben vgl. Rytlewski 1989). Bis zum Umbruch war aber unklar geblieben, wie stark sich die alternative politische Kultur entwickelt hatte und wie sehr Bereiche der sog. unpolitischen Kultur unter bestimmten Bedingungen politisierbar sein würden. Bereits vor der Revolution war den meisten DDR-Bürgern aber schon die Kompetenz eigen, über ein Sprachrepertoir aus mindestens zwei Bereichen politischer Kultur zu verfügen und ein permanentes "code-switching" zu praktizieren (Schlosser 1989).

Mit dem deutschen revolutionären Herbst wurde auch eine Befreiung der Sprache erkämpft und das Ende von 40 Jahren öffentlicher Sprachlosigkeit der Bürger besiegelt. Im Herbst fand eine Explosion von Öffentlichkeit statt, und die Sprache von oben wurde durch die Sprache von unten ersetzt (Schlosser 1989). Es begann sich ein neues dominantes Wortfeld (Klein 1989) zu entwickeln: *Demonstration*, *Demokratie*, *Dialog*, *Toleranz*, *Individuum*, aber auch *demokratischer Sozialismus* zählten dazu.

2. *Auf der Suche nach einer neuen Sprache*

Bezeichnend und beeindruckend war, wie die öffentlich sich zu Wort meldenden Bürger um ihre Worte rangen, wie sie deutlich machten, daß sie auf der Suche nach ihrer Sprache waren. Ich sehe fünf Gründe für dieses suchende, unsichere Sprachverhalten:

1. Hinter der Suche nach Worten verbirgt sich die Suche nach einer neuen Identität. Aus der Ablehnung des Staatssozialismus ergab sich noch kein klares Zukunftsbild. Nach dem Wegfall des einigenden verordneten Feindbildes "BRD" und des einigenden Gegners "Staatssozialismus" zeigte sich die mögliche Pluralität von Lebensentwürfen und die Chance und Anstrengung der Wahl.

2. In der "Dauerschizophrenie" und Doppelzüngigkeit des alten Systems (Wolf 1990) hatten es viele nicht gelernt, zu artikulieren, was sie selber wollen.

3. Nach fast ununterbrochener politischer Sozialisation in zwei Diktaturen hatte sich bei vielen eine Mentalität der Passivität entwickelt, die auch durch den Umbruch einer Revolution nicht kurzfristig zu verändern war.

4. Trotz der Übersättigung mit Propaganda kann nicht ausgeschlossen werden, daß zumindest Teile dieser Propaganda auch eine gewisse Akzeptanz erfahren hatten. Ich vermute, daß der Typ paternalistischer Kommunikation und die paternalistischen Bilder vom Staat die Einstellungs- und Verhaltensmuster gegenüber dem Staat haben beeinflussen können (Meyer 1989). Letztlich hatte auch Gorbatschows Peristroika-Politik paternalistische Züge (gehabt), und ohne sie wäre der deutsche Oktober undenkbar gewesen.

5. Die kurzfristige Wirkung der Befreiung vom Kommunikationsmonopol und von der Ideologie- und Propagandasprache des Marxismus-Leninismus ist zu unterscheiden von der Befreiung von seinem semantischen Erbe. Viele Begriffe, vor allem ideologisch mehrdeutige Begriffe, sind auf lange Zeit vergiftet, und es wird lange brauchen, bis Begriffe wie *Sozialismus* und *Kollektiv* vom semantischen Erbe dieser Zeit entsorgt sein werden.

3. Vorher und nachher

Am Beispiel der Schulbücher für Staatsbürgerkunde möchte ich einige Facetten des Sprachwandels in der "Noch-DDR" beleuchten:

Der Lehrplan für Staatsbürgerkunde war noch 1988 von einer hochemotionalisierten Feinbildrhetorik getragen:

> Der Unterricht hat dazu beizutragen, Abscheu und Haß der Schüler gegenüber dem Imperialismus zu vertiefen. (Ebd., 42)
> Der Unterricht soll dazu beitragen, daß die unversöhnliche Haltung der Schüler gegenüber dem Imperialismus, insbesondere gegenüber dem BRD-Imperialismus, weiter ausgeprägt wird. (Ebd., 33)

Ausdrücklich wurden die Schüler in den Schulbüchern für Staatsbürgerkunde (SBK) auf den manipulativen Gebrauch von Sprache hingewiesen. Entsprechend dem marxistisch-leninistischen Feinbild kam aber allein beim Imperialismus der Mißbrauch der Definitionsmacht, die Strategie semantischer Besetzung oder der Gebrauch von Euphemismen vor:

> Die gesamte ideologisch-politische Tätigkeit des Imperialismus ist vom Antikommunismus und Antisowjetismus und mit falschen Begriffen durchsetzt. Der Imperialismus scheut sich, sein System beim richtigen Namen zu nennen. Statt dessen läßt er sich als "freie Welt", "Demokratie", "atlantische Gemeinschaft" bezeichnen.

> Auf diese Weise wird das Denk- und Urteilsvermögen von Millionen Menschen zerstört. (SBK Klasse 9, 66)

An anderer Stelle (ebd., 109) wurde die Manipulation auch als "psychologischer Krieg" bezeichnet, den der Monopolkapitalismus (und nur er!) gegen die Werktätigen führe. Diese Textstelle verdeutlicht sowohl die Benutzung militärischer Metaphern als auch die semantische Operationstechnik, die politische Terminologie zu spalten. Positiv aufgeladene Begriffe wurden zur Bezeichnung des eigenen Systems benutzt, negativ aufgeladene Begriffe dienten zur Abqualifizierung des gegnerischen Systems (Bergsdorf 1983).

Eine besondere semantische Bearbeitung von Begriffen, auf die man wegen ihrer positiven Konnotation nicht verzichten wollte oder von Begriffen, die man erst nach Abbau ihrer negativen Konnotation benutzen konnte, zeigte sich an den Begriffen *Demokratie* und *Diktatur*.

> Wir wissen bereits um die Versuche, das Wesen des bürgerlichen Staates durch alle möglichen Etiketten - unter anderem das der Demokratie - zu vertuschen [...]. Die unvermittelte Gegenüberstellung der Begriffe "Diktatur" und "Demokratie" dient dazu, den Klassencharakter sowohl der Diktatur wie den der Demokratie zu verwischen. In Wirklichkeit stehen sich nicht Diktatur und Demokratie gegenüber, sondern Diktatur der Bourgeoisie bzw. bürgerliche Demokratie auf der einen und Diktatur des Proletariats bzw. proletarische Demokratie auf der anderen Seite. (SBK Abitursklasse, 403)

> Klarheit über den Klasseninhalt der Demokratie und damit über den Charakter und die Aufgabe der Staatsmacht zu besitzen, ist die Voraussetzung, um das Lügengebäude der imperialistischen Propaganda zu durchschauen. Nur so ist der Klassencharakter der sogenannten freiheitlich-demokratischen Staatsordnung im Kapitalismus erkennbar. (SBK 10, 144)

Eine andere Textstelle zeigt, wie eines der Stigma-Wörter des Marxismus-Leninismus, der *Kapitalismus*, durch metaphorische Einbettung (Burkhardt 1988) besonders negativ aufgeladen wurde. Der Text zeigt außerdem, wie durch Wiederholung und adjektivische Unterstützung die suggestive Wirkung sichergestellt werden sollte:

> Wenn man vom faulenden und parasitären Kapitalismus spricht, dann ist damit gemeint, daß die Fäulnis und der Parasitismus Merkmale einer Gesellschaftsordnung sind, deren historische Frist abgelaufen ist. Eine Gesellschaft, die sich als unfähig erweist, dem raschen Wachstum der Produktivkräfte und des Reichtums im

> Interesse der gesamten Gesellschaft freie Bahn zu schaffen, erweist ihre historische Überlebtheit. (SBK 9, 78)

Viele dieser ehemaligen Texte zur Staatsbürgerkunde erhalten heute einen besonderen Reiz dadurch, daß sie durch den Austausch des Schlag- bzw. Schlüsselwortes *Kapitalismus* durch das Schlag- bzw. Schlüsselwort *Staatssozialismus* durchaus einen gewissen Informationswert erhalten würden.

Das Ende des Marxismus-Leninismus bedeutete auch das Ende für seinen "Staatsbürgerkundeunterricht" und seine Schulbücher. Um dieses Ende auch sprachlich zu dokumentieren, hat man dem neuen Fach, das die Schüler zu Bürgern einer Demokratie erziehen soll, auch einen neuen Namen gegeben: *Gesellschaftskunde*. Anfang 1990 "wird durchweg der radikale Bruch mit dem ehemaligen Staatskundebürgerunterricht gefordert" (Feige 1990). Die ehemaligen Schulbücher haben allenfalls noch Quellenwert zur Analyse des Staatssozialismus. Als Orientierungstext für das neue Fach und für neue Schulbücher diente zunächst ein Diskussionspapier der Pädagogischen Hochschule Clara Zetkin. Dort hieß es:

> Der Gesellschaftskundeunterricht soll einen Beitrag zur Heranbildung von mündigen Bürgern leisten, die sich durch humanistische Bildung, demokratische Gesinnung und durch die Fähigkeit und Bereitschaft auszeichnen, sich aktiv an Willensbildungs- und Entscheidungsprozessen in der Gesellschaft zu beteiligen [...].

Sie sollen befähigt werden,

> Konflikte kulturvoll auszutragen [...]. Toleranz gegenüber Personen mit unterschiedlichen politischen weltanschaulichen und konfessionellen Auffassung und Bindungen zu üben [...], politische Entscheidungen kritisch zu hinterfragen. (Feige 1990, 2 f.)

In den Rahmenplänen des Ministeriums für Bildung und Wissenschaft vom März 1990 hieß es wenig später:

> Das Fach Gesellschaftskunde leistet einen Beitrag, die Schüler in ihrer Entwicklung zu selbstbewußten und kritischen Bürgern zu unterstützen, die sich selbständig politische Standpunkte bilden und sich aktiv an gesellschaftlichen Willensbildungs- und Entscheidungsprozessen beteiligen. [...]
> Diesem Anspruch entsprechend kommt es auf die Herausbildung der Fähigkeit und Bereitschaft der Schüler an,

- die Chancen für die Selbstverwirklichung und für die aktive Einflußnahme auf Gesellschaft und Politik zu erkennen und zu nutzen sowie in sozialer Kooperation persönliche Verantwortung zu tragen;
- den Sinn und Zweck gesellschaftlicher und politischer Strukturen zu erfassen, sie kritisch anzueignen und zur Bewahrung von Freiheit und Menschenwürde beizutragen;
- Konflikte kulturvoll auszutragen, Toleranz und Achtung gegenüber anderen politischen, weltanschaulichen und konfessionellen Auffassungen und Bindungen zu üben und unduldsam zu sein gegenüber allen Äußerungen und Erscheinungsformen von Faschismus und Stalinismus sowie von Glaubens-, Fremden- und Völkerhaß [...]. (Ebd., 5)

Der Wandel war radikal. Der Text manifestiert nicht nur das Ende der alten Ideologie und ihrer Feindbilder, sondern auch die besonderen Probleme einer Gesellschaft bei der Einübung in die pluralistische Demokratie. Die besondere Betonung der Kompetenz der "kulturvollen Konfliktaustragung" und der Einstellung der Toleranz lassen diese Schwierigkeiten beim Lernen von "Demokratiefähigkeit" deutlich werden. Verschwiegen wurde allerdings, daß dies nicht allein die Probleme der Schüler des neuen Faches Gesellschaftskunde sind, sondern die Probleme aller Bürger der ehemaligen DDR.

In Ergänzung zum Fortfall der verordneten Feindbilder fielen auch die verordneten Freund- und Selbstbilder weg, wie z. B. der Internationalismus und die unverbrüchliche Solidarität mit den ausländischen Werktätigen. Gegen den öffentlich eskalierenden Fremdenhaß seit der Wende (Runge 1990) sollen die pädagogischen Anstrengungen des Gesellschaftskundeunterrichts gerichtet werden.

4. Die neue Sprache als Tarnung?

Der Wandel, der sich im Rahmenplan für den Gesellschaftskundeunterricht manifestierte, war zweifellos radikal. Aber es muß auch eine Frage radikal gestellt werden: War dieser Text - zumindest doch für einige - nicht nur eine sprachliche Kosmetik, eine Maskierung mit neuen Begriffen? Entsprach dem ideologischen und sprachlichen Wandel auch ein Bewußtseins- und Einstellungswandel, oder verdeckte und verdeckt die sprachliche Wende eine mentale und vielleicht auch ideologische Kontinuität? Die Benutzung einer demokratischen Sprache - das darf nicht übersehen werden - kann auch als Eintrittsbillet in die neue Gesellschaft benutzt werden. Eine neue Bezeichnung garantiert nicht schon einen neuen Inhalt. Zu schnell erfolgten in der DDR zuweilen Umbenennungen nach der Wende, als daß den neuen Namen immer auch eine neue Gesinnung entsprechen könnte. Der Verdacht, daß sich durch den Gebrauch einer gewandelten Sprache auch Opportunisten den Zugang zur neuen Gesellschaft verschaffen wollen, hatte sich in einer Wortschöpfung der Wende selbst kristallisiert: *Wendehälse*.

Die Gefahr und der Verdacht, daß die neue Sprache nicht nur neue Inhalte zum Ausdruck brachte, sondern auch alte Inhalte und Positionen verbergen konnte, waren um so größer, je undeutlicher die Vergangenheit thematisiert wurde. Der Text schweigt sich hier zwar nicht aus, aber er bleibt noch zu fragmentarisch: Er fordert die "Auseinandersetzung mit Denkweisen und politischen Strukturen, die 'Uniformierung', Verfügbarkeit über den einzelnen, Regulierung individuellen Entscheidens von außen hervorbringen oder begünstigen, z. B. Stalinismus und Faschismus" (ebd., 32).

Die Sprache des Textes stellte aber nicht nur einen radikalen Wandel im Verhältnis zum Marxismus-Leninismus dar, sondern sie unterschied sich auch bereits von der Sprache der Wende. Nirgendwo im Text tauchte noch der Begriff *Sozialismus* auf. Zur deutschen Oktoberrevolution hatte er allerdings noch dazugehört: der "Traum vom Sozialismus" und die Positionen des demokratischen Sozialismus. Nur über den Marxismus sollte der Schüler noch etwas lernen, allerdings vorrangig über den Marxismus als "geistige Bewegung der Gegenwart". Zu diesem Themenkomplex sollten weiterhin "Gemeinsames und Unterschiedenes im Marxismus und im Christentum in bezug auf Fragen gesellschaftlicher Entwicklung und Handlungsgrundsätze des Menschen" gelehrt werden (ebd., 32).

Innerhalb von nur wenigen Monaten hatte sich das politische Klima stark verändert, und aus der politischen Umbruchseuphorie war eine Wiedervereinigungshektik und eine D-Mark-Utopie geworden. In dieser "2. Wende" war der Begriff *Sozialismus* endgültig zu einem Stigmawort geworden, das man erfolgreich als semantische Keule im Streit um Worte und Wähler einsetzen konnte.

Ebenso radikal fiel der Wandel auf der Ebene ökonomischer Themen aus. Nirgendwo im Text findet man den Begriff *Kapitalismus*. Stattdessen hieß das neue Zauberwort: "soziale Marktwirtschaft". Die neuen Inhalte, die nun vermittelt werden sollten, waren die "Wechselbeziehungen zwischen Marktwirtschaft und volkswirtschaftlicher Leistungskraft" (ebd., 21). Auch hier drängt sich die Frage auf, inwieweit der Angleichung des Sprachgebrauchs auch eine Angleichung der Einstellungen entspricht. Bringt angepaßte Sprache das angepaßte Bewußtsein zum Ausdruck, oder verbirgt sie nicht auch ideologische Kontinuität und Unangepaßtheit? Der Gebrauch der vereinheitlichten und angepaßten Sprache kann durch sehr unterschiedliche Interessen motiviert sein: Während sie von den einen als Eintrittskarte in die neue Gesellschaft benutzt wird, wird sie von anderen als pädagogisch-politisches Kontrollinstrument eingesetzt, um das Bewußtsein in gewünschter Richtung zu beeinflussen.

Aber selbst dort, wo dem rasanten Sprachwandel auch ein rasanter Einstellungswandel entspricht, ist zu fragen, ob wir dort nicht Zeuge eines schlichten Austausches von Stereotypen und Vorurteilen sind. Das Feindbild des Kapitalismus wurde durch das Freundbild der Marktwirtschaft ersetzt. Ein negatives Vorurteil wurde durch ein positives ausgetauscht, statt durch ein rationales Urteil ersetzt zu werden.

5. Ausblick

In naher Zukunft werden wir auf unserem Arbeitsfeld mit zwei Problemen konfrontiert werden. Erstens: Wird es für Bürger und Experten der Ex-DDR möglich sein, eigene Schulbücher zu entwickeln? Werden sie die Chance erhalten, ihre Vergangenheit und Gegenwart aus ihrer Perspektive darzustellen und aufzuarbeiten? Zweitens: Inwieweit wird vom Prozeß der Vereinigung ein Sog der Vereinheitlichung ausgehen, der auch Auswirkungen auf die politische Kultur und Sprache der BRD haben wird? Dieser Sog könnte einen semantischen Kreuzzug auslösen, der gegen alles, was sich im semantischen Umfeld des Begriffs *Sozialismus* befindet, zu Felde ziehen würde. Die neue Schulbuchschelte, die seinerzeit vom SPIEGEL gegen eine nicht ausreichend antikommunistische Darstellung der DDR in einigen Schulbüchern der BRD gerichtet war (Gagel 1990), vermittelte einen ersten Einblick in diesen neuen Trend.

Die Zeit ist mittlerweile weitergegangen. Zur ehemaligen DDR sagt man kaum noch "ehemalige DDR", sondern meist "neue Bundesländer"[1]. War 1989 das Wort des Jahres "Wir sind das Volk", so heißt es 1991 "Besserwessi". Bestand 1990 die Gefahr eines semantischen Kreuzzuges, so mehren sich nun die Signale eines moralischen Kreuzzuges. Zur oft gefordeten Vergangenheitsaufarbeitung wird es deshalb auch gehören zu zeigen, daß sich

---

[1] Zwar benutzte Willy Brandt in seiner Rede vom 12. März 1992 im Deutschen Bundestag auch den Ausdruck "Ex-DDR", hervorzuheben ist in diesem Zusammenhang jedoch vor allem die Andeutung vorsichtiger Sprachkritik in seiner Formulierung: "unsere Landsleute in den alten deutschen Ländern, die man die neuen nennt" (*Deutscher Bundestag. Stenographischer Bericht.* Plenarprotokoll 12/82, 6715). Sprachkonservativ wird er dafür vom Bundeskanzler zurechtgewiesen: "Kolleginnen und Kollegen aus den neuen Bundesländern - das ist jetzt der Ausdruck, Herr Brandt" (ebd., 6718).

die ehemalige DDR-Gesellschaft nicht auf die Stigmata STASI und IM reduzieren läßt. Während der obige Artikel noch die Gefahr betont, daß sich hinter sprachlicher Anpassung mentale Kontinuitäten verstecken könnten, überwiegt ein Jahr später beim Verfasser die Sorge, daß in der neuen Sprache auch die letzten Keime des einstigen Aufbruchs verloren gehen könnten. Die ehemalige DDR hat zwar eine neue Sprache, aber ist es auch ihre eigene Sprache?

Die ehemaligen Erprobungslehrpläne sind längst schon überholt und in den neuen Richtlinien findet man noch weniger die Spuren der Wende. Die Sprache der Schulbücher in den neuen Bundesländern - oder sollte man vielleicht treffender sagen: für die FNL - ist neu, aber ist dies auch die Sprache, die die Bürger der Ex-DDR gesucht haben? Würden wir den Titel des Artikels heute zu wählen haben - absichtlich haben wir den alten unverändert belassen -, dann müßte man wohl schreiben: Auf der Suche nach einer eigenen Sprache!

Für ein abschließendes Urteil über die neuen Schulbücher ist es noch zu früh: Noch zu wenige neue Bücher sind bislang auf dem Markt. Nur ein Fall eines neuen (sächsischen) Geschichtsbuches ist mir bisher bekannt, das ausschließlich von ostdeutschen Autoren geschrieben wurde. Usus ist es wohl durchgängig, daß die westdeutschen Verlage - und nur noch solche gibt es im Fach Gesellschaftskunde - bei der Herstellung neuer Schulbücher für die Ex-DDR auch Autoren aus Ostdeutschland in ein West-Ostteam mit aufnehmen. Es wird abzuwarten sein, ob die Schüler und Lehrer in der ehemaligen DDR die Überzeugung gewinnen, daß in den neuen West-Ost-Teamprodukten wirklich ihre eigenen Belange und Erfahrungen zur Sprache kommen.

6. *Literatur*

Bergsdorf, Wolfgang (1983): *Herrschaft und Sprache*. Pfullingen.

Burkhardt, Armin (1988): "Sprache in der Politik. Linguistische Grundbegriffe und Methoden." In: *Englisch Amerikanische Studien* 3/4, S. 333-358.

Dieckmann, Walther (1975): *Sprache in der Politik. Einführung in die Pragmatik und Semantik der politischen Sprache*.Heidelberg, 2. Aufl.

Feige, Wolfgang (1990): "Standpunkte und Vorschläge zum Gesellschaftskundeunterricht." In: *Geschichte und Gesellschaftskunde* 4 (Sonderbeilage).

Gagel, Walter (1990): "Aufgewärmter Antikommunismus. Zu einer neuen Schulbuchschelte im SPIEGEL." In: *Internationale Schulbuchforschung* 3, S. 325-333.

Klein, Josef (Hrsg.) (1989): *Politische Semantik*. Opladen.

Meyer, Gerd (1989): "Sozialistischer Paternalismus." In: *Politik und Gesellschaft in sozialistischen Ländern*. PVS-Sonderheft 20, S. 426-448.

Picaper, Jean-Paul (1976): *Kommunikation und Propaganda in der DDR*. Stuttgart.

Rahmenpläne für den Gesellschaftskundeunterricht (Erprobungslehrplan) Ministerium für Bildung und Wissenschaft. Berlin 1990.

Runge, Irene (1990): *Ausland DDR - Fremdenhaß*. Berlin.

Rytlewski, Ralf (1989): "Führt die Perestrojka auch zur Umgestaltung der Sozialistische Länderforschung? Plädoyer für mehr politische Kulturforschung." In: ders. (Hrsg.): *Politik und Gesellschaft in sozialistischen Ländern. Ergebnisse und Probleme der Sozialistische Länder-Forschung*. Opladen, S. 15-36 (PVS-Sonderheft 20).

Schlosser, Dieter: "Vierzig Jahre waren wir sprachlos ..." In: *Frankfurter Allgemeine Zeitung* vom 22.12.89.

Wolf, Christa (1989): "Das haben wir nicht gelernt." In: *Wochenpost* 43. [Nachgedruckt in: *Angepaßt oder mündig? Briefe an Christa Wolf im Herbst 1989*. Herausgegeben von Paul-Hermann Gruner. Frankfurt/Main.]

3. Politische Sprache zwischen "Wende" und "Vereinigung"

Auf der Baustelle des gemeinsamen Hauses
Zur Struktur eines politischen Symbols

Dietmar Schirmer (Berlin)

1. Einleitung

Wer immer in der zweiten Hälfte der 80er Jahre sich bemüßigt fühlte, etwas zu sagen oder zu schreiben die künftige politische Gestaltung Europas betreffend, hatte ein wohlfeiles Bild zur Hand: Er griff zur Metapher vom "gemeinsamen Haus". Populär gemacht - wohlgemerkt: nicht erfunden - hat es Michail Gorbatschow; Politikerkollegen wie Journalisten adaptierten es gerne; das "gemeinsame Haus Europa" wurde rasch zur Chiffre einer Neuordnung des alten Kontinents unter anderen als den Vorzeichen der Blockkonfrontation.

Das "gemeinsame Haus Europa" ist nicht die einzige politische Metapher, der durch die politischen Veränderungen im Bereich des vormaligen Ostblocks eine günstige Konjunktur beschert wurde; Phasen beschleunigten Wandels und die ihnen eingeschriebenen Verunsicherungspotentiale wirken stets anregend auf die Produktion politischer Symbole. Zu nennen wären u.a. der "Runde Tisch" oder die Metapher vom "abgefahrenen Zug", mit der Willy Brandt die Frage nach dem Ob der Deutschen Einigung für beantwortet erklärte[1]; keines der zahlreichen politischen Symbole des Umbruchs in Mittel- und Osteuropa aber vermag an die Komplexität und an die publizistische Verwendungsintensität des "europäischen Hauses" heranzureichen.

Nun soll im folgenden darauf verzichtet werden, so etwas wie eine Verlaufsgeschichte der Karriere des "europäischen Hauses" zu erzählen; vielmehr wird die Tatsache, daß es eine erstaunliche Karriere gemacht hat, als gegeben hingenommen und vor diesem Hintergrund die weiterführende Frage aufgeworfen, wie es um die Macht dieses erfolgreichen politischen Symbols steht, den Diskurs über Europa vorab zu strukturieren und zu präformieren.

Dazu will ich zunächst versuchen, die Begriffe *Symbol* und *Metapher* genauer zu bestimmen, und dabei die zentrale Funktion symbolischer Verweisungen im Prozeß der Generierung politischer Bedeutung akzentuieren. Anschließend geht es in drei Schritten von der Struktur und Logik von Bau- und Gebäude-Symbolen im allgemeinen über die Symbolik des Staatshauses[2] zum europäischen Haus selber, um auf der Grundlage empirischen (Text-) Materials zu zeigen, wie die Struktur des Europahaus-Symbols jenen ganzen Diskurs, den es eben nicht bloß angestoßen hat, durchzieht und formt. Zum Schluß werde ich thesenhaft auf die eingebauten Borniertheiten dieses Diskurses hinweisen.

2. *Symbolisierung und politisches Deuten*

Mit dem *Symbol*begriff begibt man sich auf unsicheres Terrain. Die Definitionsversuche sind vielfältig; die Abgrenzung zu konkurrierenden Begriffen - *Zeichen, Ikon, Allegorie* - unscharf. Aber bei aller Heterogenität der ange-

---

[1] Bemerkenswert ist, daß die Metapher vom "abgefahrenen Zug" eine Entwicklung nur dann als unausweichlich beschreiben kann, wenn die Perspektive entweder eines Passagiers oder aber eines an der Bahnsteigkante Zurückgebliebenen eingenommen wird. Denn Zugführer und Bahnhofsvorsteher - deren Rolle die politisch Handlungsbevollmächtigten eigentlich einnehmen sollten - sollten durchaus über Mittel und Wege verfügen, den Zug im Bedarfsfalle umzuleiten oder anzuhalten.

[2] Man könnte sogar das Europahaus ein Metasymbol nennen: Die Projektion der Staatshaus-Symbolik auf europäische Dimensionen ist durchaus so interpretierbar, daß darin das Staatshaus als Signifikant fungiert.

botenen Definitionen läßt sich doch ein gewisses Einverständnis darüber ausmachen, daß ein Symbol

- erstens - und darin der semiologischen Basiseinheit "Zeichen" ähnlich - in einer Relation zwischen einem Symbolisierendem und einem Symbolisiertem besteht; und daß
- zweitens diese Relation - darin vom Zeichen unterschieden - mehr als nur ein bloßes Abbildungsverhältnis konstituiert.

Es bedarf der zweite Aspekt, die über das zeichenhafte, gewissermaßen tautologische Abbilden hinausweisenden Leistung des Symbols, einer näheren Erläuterung. Es sind dies zwei Eigenschaften, deren eine man im Anschluß an Roland Barthes die "Motiviertheit" symbolischer Verweisungen (Barthes 1983, 33), und deren andere man im Rekurs auf Berger/Luckmann ihre transzendierende Kraft nennen kann (vgl. 1980, 42).

"Motiviertheit" meint zunächst nichts weiter, als daß symbolische Verweisungen nicht Kraft Setzung, durch Konvention oder Vereinbarung zustande kommen, sondern auf einer wie immer gearteten interpretatorisch herzustellenden Beziehung zwischen Symbolisierendem und Symbolisiertem beruhen. So ist beispielsweise das Kreuz als repräsentativ-synekdochisches Symbol[3] mit dem Christentum durch den Tod Christi am Kreuz verknüpft; und eine metaphorische Symbolbeziehung wie die im "Europahaus" basiert etwa darauf, daß interpretatorisch eine Ähnlichkeitsbeziehung hergestellt wird zwischen den als einigermaßen auskömmlich bis freundschaftlich vorgestellten Nachbarschaftsbeziehungen innerhalb einer Hausgemeinschaft und der Möglichkeit eines besseren Arrangements der europäischen Staaten, als es die festgezurrten Strukturen des Kalten Krieges gewesen sind. Diesem Merkmal symbolischer Verweisungen tragen Begriffsbestimmungen, wie etwa die Dittmers, Rechnung, die von Symbolen als Metazeichen und von symbolischer Sprache als "metalanguage" sprechen.[4]

Das zweite Charakteristikum besteht in der transzendierenden Qualität der Symbole. Sie produzieren Bedeutungsüberschüsse, die es erst erlauben, Schemata von einer auf andere Sphären der Wirklichkeit zu übertragen - im vorliegenden Falle z.B.: das Abstraktum der politischen Neuordnung Europas anhand der Semantik des Bauhauptgewerbes oder der Hausverwaltertätigkeit zu vergegenständlichen. Gleichzeitig eröffnen diese Bedeutungsüberschüsse je unterschiedlich weite und vieldimensionale Räume für Konnota-

[3] Den Begriff des repräsentativ-synekdochischen Symbols hat Jürgen Link eingeführt (vgl. z.B. Link 1988, 288; Gerhard/Link 1991, 18).

[4] So z.B. Dittmer (1977, 568); vgl. auch Link, der Symbole definiert als "die Vereinigung des Signifikats einer Pictura (P) mit dem einer Subscriptio (S)" (1978, 19).

tionen: Ebenso zwanglos wie zuverlässig ergibt sich aus der grundlegenden Beziehung *Staatengruppe : Haus* durch die Einbeziehung von Etagen und Wohnungen, Fluren und Gärten, Ziegeln und Mörtel usf. eine hochkomplexe Symbolstruktur von nahezu unbeschränkter Deutungsreichweite.

Dabei werden strukturell verschiedene Weisen der Abbildung zwischen Symbolisierendem und Symbolisierten bzw. zwischen den Elementen eines Symbolkomplexes realisiert. Eine sehr brauchbare strukturell begründete Symboltypologie entfaltet Jürgen Link (1980, 30 ff.), indem er unterscheidet zwischen repräsentativen Symbolen, charakterisiert durch eine pars-pro-toto-Beziehung zwischen Symbolisierendem und Symbolisiertem, und metaphorischen Symbolen, die auf partielle Ähnlichkeiten zwischen Symbolisierendem und Symbolisiertem rekurrieren und zwischen beiden Bedeutungsübertragungen vornehmen - eben jenes "understanding and experiencing of one kind of thing in terms of another" ermöglichen, das Lakoff/Johnson "the essence of metaphor" nennen (1980, 5).[5]

Wie in den meisten komplexen Symbolen, sind auch im Europahaus beide Typen elementabbildender Relationen anzutreffen. In einem Text wie:

> Wir müssen erreichen, daß jede Wohnung im europäischen Haus einen sicheren Schutz vor Einbrechern, vor Dieben, vor Räubern hat, jedoch ihre Bewohner nicht im Stande sind, die Wohnung des Nachbarn zu zerstören. (Sagladin 1987, 406)

werden sowohl metaphorische als auch repräsentative Strukturen realisiert. Eine Aufschlüsselung der Symbolelemente führt zu folgenden Zuordnungen:

1. Haus	:	Europa
2. Wohnung	:	Nationalstaat
3. Bewohner	:	Nation/Volk
4. Einbrecher, Diebe, Räuber	:	potentielle Aggressoren
5. Schutz	:	militärische Abschreckung
6. Zerstörung der Nachbarwohnung	:	militärische Aggression

---

[5] Die Linksche Unterscheidung zwischen repräsentativen und metaphorischen elementabbildenden Relationen in der Symbolstruktur beruht auf dem gleichen Differenzkriterium wie die von Roman Jakobson ausgemachte Polarität von Metonymik und Metaphorik, deren eine auf einer "Kontiguitätsoperation", und deren andere auf einer "Similaritätsoperation" beruhe (vgl. Jakobson 1956, 167 ff.).

Dominant ist sicher die metaphorische Relation, die zwei homologe Reihen - die des im sozialen Feld situierten Hauses und die des Komplexes Staat/Verteidigung, die dem politisch-militärischen Feld zugehört - aufeinander bezieht:

Wohnung/Bewohner/Schutz : Diebe/Einbrecher/Räuber

::

Staat/Nation/Verteidigung : militärische Aggression.

Die gesamte Metaphorik ist entlang der Dichotomie "friedliche Bewohner vs. kriminelle Bedrohung" organisiert.

Gleichzeitig hat die Symbolstruktur eine ausgeprägte repräsentative Komponente: Der potentielle Einbrecher steht, vermittelt über die hierarchisch geordnete Konnotationsreihe "kriminell - Rechtsbruch - Völkerrechtsbruch", für und anstelle des potentiellen militärischen Aggressors, wie umgekehrt der Schutz der Wohnung über die Kette "Anspruch auf Sicherheit - Vorsichtsmaßnahme - Verteidigung" die wirksame militärische Abschreckung gleichzeitig repräsentiert und als "vorausschauend, vernünftig, notwendig" legitimiert. Gestützt wird die repräsentative Komponente des Europahauses dadurch, daß sie Abkömmling des älteren Staatshaus-Symbols ist, das seinerseits von staatlichen Repräsentationsbauten wie Regierungs- und Parlamentsgebäuden - der gleichsam steingewordenen Form der politischen Repräsentationsregel der Volksvertretung - pragmatisch abgesichert wird.

Dabei ist die Freiheit politischer Symbolproduktion, etwa nach Originalitäts- oder ästhetischen Prinzipien, durchaus begrenzt - was unmittelbar einleuchtet, weil ihre Hervorbringungen sonst nicht kommunizierbar wären. Jene symbolische "Konstruktion der Wirklichkeit" - um auf einen Titel anzuspielen, der die kognitive und kreative Funktion symbolischer Sinnstiftung akzentuiert (Berger/Luckmann 1980) - ist als gesellschaftliches Produkt gebunden an die objektiven Strukturen einer Kultur, in die die Bildreservoirs der Symbolproduktion ebenso eingeschrieben sind wie die Regeln der Repräsentationen und Übertragungen. Auf diese Weise folgen die Konnotationen in der Symbolbildung wie auch die Denotationen, aufgrund derer die Rezipienten den Sinn eines Symbols erschließen können, einer kulturell verbürgten Regelmäßigkeit. D.h. Symbolproduktion ist ebenso kulturell determiniert wie umgekehrt Symbole als produzierte und distribuierte das Denken und Handeln derer, die mit ihren hantieren, beeinflussen.

3. Gebäudesymbolik und "Staatshaus"

3.1. Architektur und Erkenntnis

Die Metaphorik des Bauens und der Gebäude kann geradezu als Paradigma der planvollen, vernunftgeleiteten und zielgerichteten menschlichen Tätigkeit und ihrer Hervorbringungen gelten: "Bauen" ist ein Akt der Naturbeherrschung par excellence. Insofern ist es nicht verwunderlich, daß gerade das ambitionierteste Projekt der Unterwerfung der Natur, die Wissenschaft, sich ihr Tun bevorzugt als "Bauen", ihre Resultate als - fertige oder unfertige - "Gebäude" vorzustellen pflegt.[6] Ich will ein Beispiel aus Castoriadis' Vorwort zu seinem Buch *Gesellschaft als imaginäre Institution* geben:

> Allen Regeln einer ordentlichen Gliederung zuwider werden [...] die Mauern eine nach der anderen hochgezogen, umgeben von übriggebliebenen Baugerüsten, Sand- und Steinhaufen, Balken und schmutzigen Maurerkellen. [...] Eigentlich sollte das eine Selbstverständlichkeit sein: Bei einer Arbeit der Reflexion ist es für den Leser keineswegs von Vorteil, das Baugerüst abzubrechen und die Zugangswege blankzufegen; man betrügt ihn damit sogar um etwas Wesentliches. Anders als bei einem Kunstwerk ist der Bau hier niemals fertig und kann es auch gar nicht sein [...]. (Castoriadis 1975, 9 f.)

Castoriadis verfolgt das Prinzip einer immerwährenden Baustelle; sein Gebäude ist - anders als im Falle jener Baustellen, wo tatsächlich Ziegel aufeinandergeschichtet werden - nicht dazu bestimmt, je fertig zu sein. Man sieht: Die Ähnlichkeitsbeziehungen zwischen Symbolisierendem und Symbolisiertem können offenkundig begrenzt sein, ohne daß dadurch die Symbolstruktur insgesamt destruiert würde; die Metapher bezieht ihre kognitive Funktion gerade aus der Kopräsenz von Similarität und Inkongruenz.[7] Umgekehrt: Ein konkretistisches Immer-Weiter-Treiben metaphorischer Beziehungen führte, weil darin das Wissen um den relationalen Charakter des Symbols verloren geht und eine falsche Unmittelbarkeit behauptet wird, zwangsläufig in irgendeine Art von Mythologie. Dem zu entgehen muß, wie Cassirer sagt,

---

6 Ich beziehe mich im folgenden auf Georg Schöffel, der unter dem Titel "Der Theoriearchitekt und das Wissenschaftsgebäude" eine illustrative Kompilation einschlägiger Beispiele anbietet (vgl. 1987, 63 ff.).

7 Zum Verhältnis von Metapher, Perspektive und Inkongruenz vgl. Burke (1954, 89 ff.).

der letzte Schein irgendeiner mittelbaren oder unmittelbaren Identität zwischen Wirklichkeit und Symbol getilgt - die Spannung zwischen beiden muß aufs äußerste gesteigert werden, damit eben in dieser Spannung die eigentümliche Leistung des symbolischen Ausdrucks und der Gehalt jeder einzelnen symbolischen Form sichtbar werden kann. (1974, 137)

Die eindeutig vorherrschende Relation in der Symbolstruktur *Wissenschaft : Architektur* ist metaphorischer Art: Behauptet wird eine Homologie - Ähnlichkeit in der Differenz - beider Bereiche und der in ihnen existierenden Beziehungen, nicht eine Identität. Gerade die Beobachtung, daß die Ähnlichkeitsbeziehungen in Castoriadis' wissenschaftlicher Ewigkeits-Baustelle in einer bestimmten, hier der zeitlichen Dimension offensichtlich abgebrochen und Symbolisierendes und Symbolisiertes in einen Gegensatz - zwischen einem auf ein Telos ausgerichteten, endlichen und einem offenen, unendlichen Prozeß - manövriert werden, verweist darauf zurück, daß der Autor über der begrenzten syntagmatischen Ähnlichkeit die systemische Differenz seiner Gegenstände nicht vergißt.

3.2. Staatsgebäude und Politiker-Bauherren

Wie der Wissenschaftsbereich verfügt auch die Politik über ihre Baumeister und Bauten; und wie die "Theoriearchitekten" greifen auch Politiker zur Konstruktionsmetaphorik, um politische Entwürfe und Planungen zu beschreiben. Allerdings treffen wir hier auf erweiterte Symbolbeziehungen: Während es bei Theoriegebäude-Symbolen stets und nur um Fragen der Architektur und der baulichen Konstruktion - Neubau, Umbau, Rekonstruktion, neuerdings auch (und dabei eher den Architekturkritiker als den Architekten zitierend) um Dekonstruktion - geht[8], werden bei Staatshaus-Symbolen außerdem Analogien hinsichtlich der Binnenverhältnisse unter den Bewohnern des fertigen Gebäudes sowie der externen Verhältnisse zu denen der Nachbarhäuser geltend gemacht. Diese Weiterung bedeutet nicht bloß quantitativ eine Erhöhung der Reichweite und der Anwendungsmöglichkeiten der Haus-Metapher, sondern bringt eine andere Klasse symbolischer Relationen ins Spiel: Während Gebäudesymbole als Konstruktions- und Architektursymbole metaphorisch auf Kategorien des Erkennens und des rationalen Gestaltens bezogen sind, selegieren die Symboliken der Binnen- und externen Ver-

[8] Es sei in diesem Zusammenhang auf die Vielzahl wissenschaftlicher Basiswerke verwiesen, die sich selbst im Titel als *Grundrisse* ausweisen.

hältnisse des fertigen Hauses Elemente der sozialen Gliederung und der politischen Repräsentation. Neben die theoretisch-abstrakten Konnotate der Architekturmetaphern treten die der herrschafts- und machtförmigen Gliederungen inner- wie außerhalb des Hauses; neben die metaphorische tritt eine repräsentative Symbolbeziehung, inklusive der Gefahr - oder, aus der Sicht der Symbolproduzenten: der Chance -, daß die Ähnlichkeit von Haus-Struktur und politischer Ordnungs-Struktur durch beispielsweise die Realisierung von Relationen wie

Wohnung : Familie : Familienvater

::

Nationalstaat : Nation : politische Repräsentanten

zum manipulativen Bestandteil eines Legitimations-Diskurses gemacht wird.

Staatshaus-Symbole gehören kraft ihrer breiten sozialen Distribution und ihrer starken pragmatischen Verankerung - "das 'Wohnen' bildet eine wichtige Funktion der elementaren Soziokultur" (Link 1978, 203) - zu den wirksamsten politischen Symbolen; Produktion und Perzeption sind, wie ein kursorischer Gang entlang einiger Stationen der Geschichte der Staatshaus-Symbolik in Deutschland verdeutlicht, durch eine lange Tradition politischer Bauherren und Gebäude abgesichert:

Nach der Reichsgründung von 1871 kommt eine ausgedehnte affirmative Staatshaus-Symbolik zum Tragen, der Bismarck als der Baumeister des "wie für die Ewigkeit gebauten deutschen Hauses" gilt.[9] Dieses Bild vom Staatshaus wird vor und während des 1. Weltkrieges wird in ein *Staat : Burg-* oder *Staat : Festung*-Symbol transformiert; es verschiebt sich also der Akzent auf den Aspekt des Schutzes und der Wehrhaftigkeit nach außen. Verschiedene Variationen der Relation *Staat : Haus* finden sich in der Publizistik der Weimarer Republik. Während republikanische Kräfte dazu auffordern, sich

[9] Es wäre von Interesse und zu prüfen, inwieweit darin jene in der sogenannten Hausväter-Literatur produzierte Ideologie des - meist adligen und stets ländlichen und autarken - "Ganzen Hauses" ihren Nachhall findet. Darin wird "das Ideal eines ländlichen Adelssitzes als geschlossener Einheit aus Herrschaftsverband, Agrarbetrieb und Hauswirtschaft, das Ideal eines wohlgeordneten, selbstgenügsam-autonomen Mikrokosmos" entfaltet (Wehler 1987, 81 f.; vgl. auch Brunner 1968, 103-128) - ein Ideal patriarchalischer Verhältnisse übrigens, dessen materielle Substrate sich im Gesinderecht bis 1918 erhalten konnten. Immerhin böte diese Ideologie des Hauses als einer rechtlich-wirtschaftlich-sozialen Totalität exzellente Ausgangsbedingungen für die Stiftung einer autoritär-apologetischen Staatshaus-Symbolik.

"im neuen Staate wohnlich einzurichten", gilt der weimarischen Rechten die Republik bloß als Fassade, als Notbau und Bude, deren Balken ächzen, weil die Statik nicht stimme, die stümperhaft errichtet worden sei auf den Trümmern des Bismarck-Reiches:

> Das Fundament ist schwankend, wie die republikanische Idee selbst [...]; und der Ausbau des übrigen Gebäudes ist dürftig und Flickwerk, weshalb denn auch sein leitender Architekt, Herr Hugo Preuss, sich einen französischen Lobredner dieses Werkes hat verschreiben müssen. (*Deutsche Tageszeitung*, 11.8.1921)

- so der Spott der großagrarisch-reaktionären *Deutschen Tageszeitung* zum 2. Jahrestag der Weimarer Verfassung.

Nach dem Zweiten Weltkrieg findet sich eine religiös-heilsgeschichtliche Variante der Staats-Gebäude-Symbolik in der von Johannes R. Becher betexteten DDR-Nationalhymne, deren Auftaktzeile "Auferstanden aus Ruinen" lautet. Und für die Bundesrepublik der endsechziger Jahre weist Jürgen Link in seiner Analyse journalistischer Symbole nach, daß

> im Zusammenhang mit der symbolischen Repräsentanz "Gebäude" ("Haus") r "Gesellschaft" die Binäropposition "konstruktiv" vs. "destruktiv" eine wichtige Rolle spielt: Gefährdung des Gesellschaftssystems kann als 'Zerstörung des Hauses' abgebildet werden. (Link 1978, 203)[10]

Dementsprechend finden sich oppositionelle Bewegungen (insbesondere die APO der Jahre 1967-69) in Karikaturen und journalistischen Symbolisierungen häufig als Brandstifter wieder, oder als Nagetiere, die des deutschen Michels Wohlstandsikone "Eigenheim" durch Zerstörung der Fundamente bedrohen.[11]

Diese hier nur angedeutete Tradition der Staatshaus-Symbolik bildet Hintergrund und Resonanzkörper für den späteren Erfolg der Europahaus-Metapher. Gleichzeitig verweisen die genannten Beispiele auf den Konnotationsraum, den die Haus-Metaphorik in ihrer politischen Anwendung auf den Staat eröffnet. Im wesentlichen sind es vier Vorstellungsfelder, die durch die Architektur- und Gebäudemetaphorik strukturiert werden: Es geht erstens - und wie immer, wenn symbolisch vom Bauen die Rede ist - um Entwurf und

---

[10] Link benutzt das Kürzel "r" für: elementabbildende Relation. Es entspricht also dem Doppelpunkt, wie er in der vorliegenden Arbeit zur Kennzeichnung von Abbildungsverhältnissen verwendet wird.

[11] Vgl. Links Analyse der Karikatur "Lieb Vaterland" aus der *Frankfurter Allgemeinen Zeitung* vom 19.4.1972 (Link 1978, 108 ff).

Planung; zweitens um das von Abschottungstendenzen geprägte Verhältnis von Geborgenheit im Inneren und Sicherheit nach Außen; drittens um die Hausordnung sowie um möglicherweise erforderliche Änderungen der inneren Einrichtung; viertens schließlich um Gefahren für die Stabilität des Gebäudes, sei es durch unsolide Bauweise, durch gezielte Destruktion oder durch nicht-personalisierte äußere Gefahren (z.B. Brand durch Blitzschlag, Sturm etc.). Als folgenreich wird sich erweisen, daß, anders als in der Metapher *Wissenschaft : Architektur*, die politische Gebäudesymbolik meist gemischt metaphorischen und repräsentativen Charakters ist, wobei häufig sogar die repräsentativen Symbolbeziehungen über die metaphorischen dominieren.

Es wird im weiteren zu sehen sein, daß der Konnotationsraum der Staatsgebäude-Symbolik im Europa-Haus komplett genutzt und die Reihe abgeleiteter Relationen getreulich durchdekliniert wird.

4. Das "gemeinsame Haus Europa"

> Das Fundament zu dem neuen Europahause ist gelegt. Ein unerläßliches Stück Arbeit ist geleistet worden. Ohne Fundament kein Haus. Aber was nützt das Fundament, wenn nicht weiter gebaut wird?

In den letzten Jahren sind zahlreiche Leitartikel und Kommentare erschienen, in die sich das Zitat unauffällig einfügen würde. Allein: Der Satz, der dem eben Zitierten vorausgeht, heißt: "Alle Welt ist sich darüber einig, daß Locarno nur ein Anfang war." Der Autor ist Hellmut von Gerlach, die Niederschrift erfolgt im Jahr 1925 (*Die Welt am Montag*, 7.12.1925).

In der Tat gab es in den außenpolitischen Stabilisierungszeiten der Weimarer Republik bereits eine - wenngleich in ihrer Reichweite sehr beschränkte - Europahaus-Symbolik[12], an die Gorbatschow gleichsam anknüpfen konnte, ohne von ihr wohl auch nur zu wissen: Politische Symbole sind eben keine nach ästhetischen Kriterien gestalteten Kunstwerke, sondern Verarbeitungen politischer Erfahrungen und daraus abgeleiteter Ängste und Hoffnungen. Das heißt, daß vergleichbare politische Erfahrungen vor einem in einem weiten Sinne vergleichbaren kulturellen Hintergrund zu ähnlichen symbolischen Formen verarbeitet werden können - das ist gemeint, wenn

---

[12] Allerdings dominierte im Sprachgebrauch der sich als "Europäer" verstehenden Publizisten der 20er Jahre die ebenfalls metaphorisch gebrauchte Formel von den "Vereinigten Staaten von Europa".

von einer kulturell verbürgten Regelmäßigkeit der Symbolproduktion gesprochen wird. Tatsächlich ist der politische Erfahrungshintergrund, der die Europahaus-Symbolik evoziert, für Gerlach und Gorbatschow strukturell so unähnlich nicht - wohlgemerkt, die Ähnlichkeitsunterstellung bezieht sich auf die Perzeption von Erfahrungen, wie sie sich im Kontext der *Europa : Haus*-Symbolik objektiviert, und ist keinesfalls als Resultat eines historischen Vergleichs zu verstehen:

1. Beide Male, in der Tauwetterphase der 20er wie in den 80er Jahren, wird die jeweilige Jetztzeit als das "Ende einer Nachkriegszeit" perzipiert: Für Deutschland zeichnet sich 1925 im Zusammenhang mit den Verhandlungen über den Völkerbund-Beitritt und durch den Vertrag von Locarno das Ende der außenpolitischen Isolation ab[13]; Gorbatschow ist kraft Amtes sogar selbst in der Lage, das Ende der Blockkonfrontation einzuläuten. Daß das Symbol vom europäischen Haus sich nicht nur in einen losen Assoziationszusammenhang mit der Vorstellung von einem nicht-konfrontativen Arrangement der europäischen Verhältnisse in einer Ära jenseits der - seien es heiße, seien es kalte - Kriege bringen läßt, sondern sich in ihr vielmehr exakt diese Vorstellung nach allen Regeln der Generierung von Symbolen objektiviert, zeigt die Gorbatschowsche Selbstauslegung:

   > Der Kontinent hat an Kriegen und Tränen mehr als genug gehabt. Als ich das Panorama dieser schwer geprüften Länder an mir vorüberziehen ließ und über die gemeinsamen Wurzeln dieser so vielgestaltigen, doch im wesentlichen gemeinsamen europäischen Kultur nachdachte, wurde ich mir in zunehmendem Maße der Künstlichkeit und Zeitweiligkeit der gegenwärtigen Konfrontation der Blöcke und der veralteten Vorstellung vom "Eisernen Vorhang" bewußt. Möglicherweise kam mir auf diesem Weg die Idee des gemeinsamen europäischen Hauses in den Sinn, und im geeigneten Moment sprach ich diese Worte dann spontan aus. (Gorbatschow 1989, 252)

2. Gleichzeitig haben beide, Gorbatschow wie Gerlach, ein lebhaftes Bewußtsein von der existenziellen Dringlichkeit supranationaler Probleme und der Möglichkeit eines katastrophischen Verlaufs der nächsten

---

[13] Der Zusammenhang von "europäischer Neuordnung" und Gebäude-Metaphorik stellte sich nicht nur in der Perspektive deutscher Pazifisten ein. Aristide Briand, damals französischer Ministerpräsident, resümierte am 26. Februar 1926 die Nach-Versailler Vertragswerke von Cannes über Genf und Genua in seiner Kammerrede zum Vertrag von Locarno folgendermaßen: "Es war demnach ein weites System von Friedenssicherungen, ein ganzes weitläufiges Gebäude zwischenstaatlicher Organisationen, das wir den Völkern Europas bringen wollten" (Briand 1928, 135).

Zukunft. So schreibt beispielsweise Gerlachs *Welt am Montag*, unermüdliche Werberin für die Völkerbundidee, im Jahre 1925 über die Gefahren militärischer Hochrüstung:

> Europa treibt dem Abgrunde zu. Seine letzten Kräfte, einen großen Teil seiner Mittel widmet es dem Wahnsinn, seine eigene Zerstörung vorzubereiten. Wie lange noch? (*Die Welt am Montag*, 25.5.1925)

Ganz ähnlich Gorbatschow in einer Rede vor Teilnehmern eines Forums "Für eine Welt ohne Kernwaffen, für das Überleben der Menschheit" 1987 in Moskau:

> Die Schaffung und dann die jedes vernünftige Maß übersteigende Anhäufung von Kernwaffen und den dazugehörigen Trägermitteln haben den Menschen technisch in die Lage versetzt, seiner eigenen Existenz ein Ende zu bereiten. Gleichzeitig machen die Anhäufung von sozialem Sprengstoff in der Welt und die Versuche, die Probleme einer grundlegend veränderten Welt nach wie vor mit Gewalt und steinzeitlichen Methoden zu lösen, eine Katastrophe auch politisch in höchstem Maße wahrscheinlich. Die Militarisierung des Denkens und der Lebensweise lockert die moralischen Bremsen auf dem Weg zum nuklearen Selbstmord bzw. beseitigt sie sogar völlig. (Gorbatschow 1990, 190)

In einer Rede in Paris entwirft Gorbatschow ein Szenario der Umweltzerstörung, das explizit apokalyptische Züge aufweist:

> In vielen ihrer [der europäischen Länder; D.S.] Regionen beginnt die Erde, bildlich gesprochen, uns unter den Füßen zu brennen, vom Himmel fällt, wenn nicht Feuerregen, so doch saurer Regen, und der Himmel selbst ist vor Rauch nicht zu sehen. Der Zustand der europäischen Flüsse und Meere wird immer trauriger. (Zit. nach: *Neues Deutschland*, 4.10.1985, B-Ausgabe)

1925 wie 1985 wird die Jetztzeit also als Wendezeit erfahren, ausgestattet mit den gegensätzlichen Optionen einer "Wende zum Guten" einerseits und der als realistisch eingeschätzten Chance der Selbstvernichtung durch Rüstung oder Zerstörung der natürlichen Lebensgrundlagen andererseits. Das Europahaus als das Symbol für Zusammenarbeit und gemeinsame Gefahrenabwehr fungiert beide Male auch als Symbol der Apokalypsevermeidung.

Aber während alle europäischen Bemühungen in den 20er Jahren blaß und hilflos blieben gegenüber der Hegemonie des Denkens in nationalstaatlichen Kategorien, scheint Gorbatschows "gemeinsames Haus Europa" Mitte der 80er Jahre auf fruchtbareren Boden zu fallen. Anders als in den 20ern wird es heute als die symbolische Verdichtung der realistischen Hoffnung auf eine Korrektur gegenwärtiger Defizienzerfahrungen akzeptiert; seine bemerkenswerteste Implikation ist wohl der Verzicht auf die früher übliche, ebenso ideologisch begründete wie den je eigenen "Block" negativ begründende und integrierende wechselweise Stilisierung des jeweiligen Gegenübers zum schlechthin und universell Anderen. Insbesondere in der Bundesrepublik entfaltet das Bild vom "gemeinsamen Haus" eine weitreichende Deutungsmacht für die Vorstellungen von der Gestaltung eines künftigen Europas: Es entsteht - wie ich im folgenden zeigen will - ein Europa-Diskurs, der durchgängig der Struktur der Bau- und Gebäudesymbolik folgt. Ein Beispiel aus einer Rede des vormaligen DDR-Außenministers Fischer:

> Sein Grundriß: vom Atlantik bis zum Ural. Seine Hausordnung: die KSZE-Schlußakte und ihre allseitige Verwirklichung. Seine Moral: Keiner fühlt sich im Besitz der alleinigen Wahrheit. Sein Recht: Kein Bewohner verfügt über das Haus allein, jeder verfügt über seine eigene Wohnung. Sein Geist: Gute Nachbarschaft und gegenseitige Hilfsbereitschaft. Seine Sicherheit: Sie ist Sache der Hausgemeinschaft gemeinsam - nach innen und nach außen. (Zit. nach: *Die Zeit*, 17.6.1988)

Das Fischer-Zitat ist ganz unspektakulär; ungewöhnlich ist nur, daß es in komprimiertester Weise sämtliche vier Vorstellungsfelder anspricht, die durch die Architektur- und Gebäudemetaphorik strukturiert werden. Entlang dieser vier Felder - Baugrundstück, Rohbau, Innenaufteilung, Hausordnung - will ich eine knappe Skizze dieses Raumes zeichnen.

4.1. Grundstücksfragen und Belegungsrechte

Gorbatschow konzipiert sein "gemeinsames Haus" - darin die Formel de Gaulles zitierend - stets "vom Atlantik bis zum Ural" und pflegt gleichzeitig zu betonen, daß darin auch für die USA und Kanada Platz sei. Zur Begründung dieses nordamerikanischen Gebäudetraktes führt Gorbatschow an, daß beide Staaten ihre kulturellen und historischen Wurzeln in Europa hätten. Tatsächlich trägt er damit vor allem den Umständen Rechnung, daß erstens die USA und Kanada durch den KSZE-Prozeß mit jeder weiteren Gestaltung der europäischen Verhältnisse verknüpft sind und daß zweitens der Verdacht, das "gemeinsame Haus" richte sich vorrangig gegen den Einfluß der USA in Europa, die Idee nachhaltig diskreditieren müßte.

Gleichwohl sind hinsichtlich der Ausdehnung des europäischen Hauses die verschiedensten Vorstellungen und Befürchtungen im Umlauf. Die Gorbatschow-de Gaullesche Formel "vom Atlantik bis zum Ural" hat prominente Konkurrenz:

Im Angebot sind als kleine Zuschnitte ein Europa "vom Atlantik bis zum Bug" (Henry Kissinger) oder, was auf dasselbe hinausläuft, "von Brest bis Brest-Litowsk" (Joseph Rohan), fernerhin ein ambitionierteres Projekt, das "vom Atlantik bis Wladiwostok" reicht (Horst Teltschik), sowie als große Lösung ein Europa von "Wladiwostok bis San Francisco" (Carl Friedrich von Weizsäcker) - dies eine Fassung, in der sich im Verzicht auf geographische Eingrenzung und politische Abschließung die Bereitschaft zum Verzicht auf die Symbolstruktur überhaupt andeutet.

Was die Zimmeraufteilung im künftigen Haus betrifft, stand in den Jahren 1987/88 jene sogenannte "deutsche Frage" im Zentrum, die inzwischen keine mehr ist. Es überwogen die Plädoyers für die Anerkennung einer Teilung, die im Prozeß der "Europäisierung" an Bedeutung verlieren werde. Eine beliebte Formel sprach von "zwei deutschen Zimmern", eines davon im Westeines "im Ostflügel des europäischen Doppelhauses" (Bloemer 1987, 729).

1989/90, als sich die Auflösungsprozesse zunächst in den ostmitteleuropäischen Staaten und schließlich in der Sowjetunion selbst beschleunigten, mußte die Raumaufteilung im "Europäischen Haus" neu überdacht werden: Auf Zimmersuche begaben sich die Ungarn sowie die baltischen Republiken. Die Bonner Zeitung *Die Welt* titelte:

> Drei Extra-Wohnungen im Europäischen Haus gesucht. Litauen, Lettland und Estland streben nach Unabhängigkeit. (11.1.1990)

4.2. Planung und Ausführung: Der Rohbau

Die Arbeit der politischen Architekten und Baumeister wird durch das etwas kapriziöse Verfahren, mit der Planung des Hauses und der Errichtung des Rohbaus zu beginnen, ohne daß die Bedingungen ihres Tuns hinsichtlich Größe, Grundriß und Bewohnerschaft geklärt wären, erheblich erschwert. So muß denn auch Oberarchitekt Gorbatschow vor dem Europarat zugestehen, nicht über "eine Blaupause für das gemeinsame europäische Haus" zu verfügen (zit. nach: *die tageszeitung*, 7.7.1989).

So vage auch die Entwürfe sind, um die verschiedene Europa-Architekten an ihren Reißbrettern ringen, so gibt es doch schon recht präzise und konsensuale Vorstellungen hinsichtlich der Statik des projektierten Baus. So spricht z.B. François Mitterrand im Dezember 1988 in Prag davon, daß seine

"Grundfesten die Menschenrechte und das demokratische Recht sein sollten." (*Frankfurter Allgemeine Zeitung*, 9.10.1989).

Was die Realisierung des Bauvorhabens selber anbetrifft, so dominiert jene Metaphorik der tragenden Teile, der auch im Gebäude der Wissenschaft die größte Aufmerksamkeit zuteil wurde: Es geht um Fundamente, Grundfesten, Pfeiler, Ecksteine; bei detailfreudigeren Betrachtungen kommen auch die Bausteine und der Mörtel, der sie zusammenhält, zu ihrem Recht. Die wichtigsten der Relationen, auf die die Symbolik der tragenden Gebäudeteile rekurriert, sind die folgenden:

- Als Fundament wird in aller Regel der KSZE-Prozeß betrachtet.
- Die Ecksteine bilden zumeist bestehende Institutionen auf einer niedrigeren als der gesamteuropäischen Ebene, aus westeuropäischer Perspektive etwa EG und Europarat.
- Als Eckpfeiler, die baustatisch eine ähnliche Funktion erfüllen wie die Ecksteine, aber doch von größerer Mächtigkeit sind, werden mitunter die beiden Militärbündnisse Nato und Warschauer Pakt angesprochen.
- Kleinere Baumaterialien, seien es die konstitutiven wie Beton oder Bausteine, seien es Bindestoffe wie Mörtel oder Zement, begegnen uns in Gestalt vielfältiger Vertrags- und Austauschbeziehungen zwischen Ost und West: Kulturabkommen, Jugendaustausch, Handelsbeziehungen etc.

Die Beispiele zeigen, daß unterhalb der dominanten Relation *Europa : Haus* eine Vielzahl von abgeleiteten Relationen gebildet werden. Bemerkenswert ist, daß auch die abgeleiteten Ähnlichkeitsbeziehungen zumeist in einem konsistenten Verhältnis zueinander stehen und homologe Reihen bilden. Es heißt dann:

Fundament : Eckpfeiler : Eckstein : Bausteine/Mörtel

::

KSZE : NATO/Warschauer Pakt : EG/Europarat : Einzelverträge.

Auch wenn es hie und da zu allerlei Merkwürdigkeiten im Prozeß der Planung und Gestaltung des Europahauses kommt: Insgesamt wird das mit der Relation *Haus : Europa* einmal eingeführte und akzeptierte Prinzip der Symbolproduktion nicht nur von je einzelnen Akteuren, sondern im gesamten Diskurs konsequent durchgehalten.

4.3. Das fertige Haus: Innenausbau und Hausordnung

Im fertigen Haus, wo es um die Regelung der nachbarschaftlichen Kontakte und Beziehungen geht, findet sich kein vergleichbar einheitliches Prinzip der Symbolproduktion. Vielmehr kommen mit den Komplexen "Innenausbau" und "Hausordnung" zwei Bildbereiche für die gleiche Problematik zur Anwendung. Allerdings läßt sich auch hier wieder eine gewisse Regelmäßigkeit der Entscheidung für einen der beiden Bildbereiche ausmachen: In Termini des Innenausbaus - Treppen, Flure, (nichttragende) Wände und Mauern, Türen - sprachen bevorzugt Akteure der politischen Rechten, deren Vertrauen in die Verläßlichkeit der Gorbatschowschen Öffnungspolitik gering war und die dem Gedanken vom europäischen Haus angesichts fortbestehender Mobilitätsschranken in den Ländern des vormaligen Ostblocks eher skeptisch gegenüberstanden; das System der Hausordnung - Nachbarschaft, Rücksichtnahme und Toleranz, Mietergemeinschaft - wurde dagegen von jenen privilegiert, die ein höheres Maß an Vertrauen in den Prozeß der Europäisierung auf dem Wege vertraglicher Bindungen und Verflechtungen signalisieren wollten. Die explikative Differenz der beiden Bildbereiche liegt auf der Hand: Während sich die Hausordnung als Regelungssystem nachbarschaftlicher Beziehungen auf einen prinzipiellen und dauerhaften Konsens hinsichtlich ihrer Verbindlichkeit verlassen können muß, behalten bauliche Maßnahmen im Innenbereich des Hauses auch im Falle der Aufkündigung des Konsenses ihre schützende und separierende Funktion.

5. Das "Haus" als europäisches Paradigma

Zwar ist eine vollständige Explikation der metaphorischen und repräsentativen Relationen im System des europäischen Hauses nicht möglich. Aber auch die exemplarische Darstellung vermag zu zeigen, wie ein erfolgreiches Symbol zum Grundmuster eines ganzen und umfänglichen Diskurses zu avancieren vermag: Wer sich auf das Europahaus einläßt, denkt ein künftiges Europa in den Kategorien des Bauens und der Gebäude - und es ist gar nicht so leicht, dieser Logik wieder zu entkommen. Aber so sehr, ganz offenkundig, die Haus-Symbolik Bornierungen des in der Blockkonfrontation gefangenen Denkens durchbrechen half und politische Phantasie angestoßen hat, so sehr wirkt sie selber bornierend, indem sie das Nachdenken über Europa auf diese eine Ähnlichkeitsbeziehung und ihre Ableitungen ebenso wie auf die darin geltenden Repräsentationsregeln fixiert. Diesen Ausschließungseffekt zu belegen sei auf den konkurrierenden, maßgeblich von

Schriftstellern und Intellektuellen etwas nostalgisch geführten Mitteleuropa-Diskurs hingewiesen. Als dessen zentrale Metapher fungieren die Kaffeehäuser Prags und Wiens, in der Vorstellung versehen mit der intellektuellen Atmosphäre und dem Intérieur der 20er und frühen 30er Jahre. Obwohl beide Diskurse sich demselben Impuls: der Konturierung eines sich erst vage abzeichnenden offenen Europas, verdanken und daher durchaus über gemeinsamen Stoff verfügen, bewegen sie sich tatsächlich in getrennten symbolischen Universen.[14]

So droht das metaphorische Konzept des Hauses als das eindeutig dominierende Europa-Symbol künftige europäische Gestaltungsmöglichkeiten schlechthin zu präformieren. Und diese Perspektive ist insofern unerfreulich, als sich darin, so meine These, erstens Abschließungstendenzen nach außen und zweitens, bezogen auf die Verhältnisse im Innern, ein altbacken konservatives Politikverständnis objektivieren:

1. Die Schließanlage am Portal des Europäischen Hauses fungiert als Schutz der darin untergebrachten sogenannten Ersten und Zweiten Welt vor den Nöten und Aspirationen der Dritten und Vierten. Dies ist keine böswillige Interpretation einer jedenfalls gutgemeinten Metapher, sondern - intendierter oder nicht-intendierter - Effekt enger Bindungen zwischen den Staaten, die sich vormals, zu Militärblöcken formiert, feindselig gegenüberstanden. Es kommen darin jene Repräsentationen zur Geltung, kraft derer - im Unterschied zu den metaphorischen Beziehungen etwa auf der Wissenschaftsbaustelle - einzelne Elemente des sozialen Systems "Haus" konkreten Akteuren des politischen Systems "Europa" zugeordnet werden, was heißt, daß im gleichen Zuge denjenigen, die im "Haus" symbolisch nicht als Mieter vorgesehen sind, im wirklichen Leben kein anderes Schicksal widerfährt.
2. In einer anderen Hinsicht wird der affirmative Zug der symbolischen Repräsentationen im Europahaus noch deutlicher: Die Bewohner des "gemeinsamen Hauses" werden durchgängig als Nationen, Völker, Ethnien vorgestellt. Es handelt sich also gewissermaßen um Kollektivsingulare, die nur insofern handlungsfähig zu sein scheinen, als ihre politischen Eliten an ihrer Stelle handeln. Dadurch bleibt das "europäische Haus"

[14] In den mir vorliegenden, umfänglichen Zeitungs- und Zeitschriftenmaterialien zu Mitteleuropa und zum europäischen Haus gibt es einen einzigen Satz, in dem sich die beiden Symbolkomplexe schneiden: Es handelt sich um die Überschrift eines Artikels von Bernhard-Henri Levy in *die tageszeitung*, die lautet: "Mitteleuropa - Eine große Baustelle" (1990). Ansonsten: keine Berührungspunkte; man bewegt sich entweder in der Sphäre des einen oder des anderen Symbols.

exklusiv ein Projekt jener politischen Klasse, deren Mitglieder als Repräsentanten dieser im Kollektivsingular eingesperrten "Hausbewohner" fungieren; es handelt sich nicht um ein Projekt, das europäische Bürger, plural und gleichberechtigt auftretende Individuen, betrieben. "Jede Familie", sagt Gorbatschow vom gemeinsamen Haus, "hat darin ihre eigene Wohnung" (Gorbatschow 1989, 253), und konserviert darin nicht nur die Eigensinnigkeit nationalstaatlicher Politik im europäischen Rahmen, sondern fällt, indem er die Relation *Staat : Wohnung* im Europa-Haus mit der organologischen Symbolik *Volk : Familie* zur Interaktion bringt und sich darin letztlich in die Tradition der reaktionären Ideologie von der Familie als der Keimzelle des Staates stellt, weit hinter jene Repräsentationsregel zurück, die es nach parlamentarisch-demokratischem Brauch der Instituierung den gewählten Politikern erlaubt, anstelle und im Namen ihres Wahlvolkes zu handeln. Denn während diese durch die prinzipiell zeitliche Befristung ihres politischen Mandats doch stets zurückgebunden bleiben an die, die sie repräsentieren, stiftet die Relation *Volk* : *Familie* in Verbindung mit der Regel politischer Repräsentation den dann als Familienvätern auftretenden Inhabern politischer Herrschaftspositionen eine in der Binnenlogik der Symbolisierung ganz und gar unwiderrufbare Handlungsvollmacht. So kommt neuerlich Väterchen Zar zu Mütterchen Rußland - freilich sind auch westliche Freunde eines nach familialen Kategorien gegliederten *Europahauses* gegen solche im Wortsinne patriarchalischen Neigungen nicht gefeit.[15]

6. Zum Schluß

Ein Projekt der umfassenden Demokratisierung in (auch: West-) Europa, ein Schritt zu einer europäischen civil society hätte seinen adäquaten symbolischen Ausdruck in den "Runden Tischen" gefunden - zumindest wenn man im Westen den Ruf des Neuen Forums und anderer Bürgerrechtsgruppen nach Demokratie nicht absichtsvoll als bloße Affirmation des dort bereits Gegebenen mißverstanden hätte. "Der Platz der Macht bleibt [...] symbolisch leer" - so heißt auf eine Instant-Formel gebracht die These, die Rödel, Frankenberg und Dubiel in ihrem Essay zur "Demokratischen Frage" aufstellen (vgl. 1989, 43 ff.). Und in der Tat böte der Runde Tisch, der keinen

[15] So denotiert etwa Bernd Rill, Referent der Akademie für Politik und Zeitgeschehen der Hanns-Seidel-Stiftung, das Europäische Haus als ein "die Atmosphäre von Zuhause, Familie und Intimität beschwörende(s) Schlagwort" (1988, 546).

Patriarchenplatz am Kopfende kennt, von dessen Mitte alle gleich weit entfernt sitzen, der eine runde Fläche markiert, die nicht betreten werden kann, auf die aber alles, was zu entscheiden ist, gelegt und damit gleichzeitig zur Diskussion gestellt und öffentlich gemacht wird, ein geeignetes Symbol dieses leeren Platzes der Macht.

Daß die kurzen Karrieren der "Runden Tische" - als öffentliche Orte des politischen Streits und der politischen Entscheidungsfindung ebenso wie als Symbolisierungen derselben - in dem Moment endeten, als sich die politischen Lagen in den osteuropäischen Ländern nach westlichem Muster zu restrukturieren begannen, erscheint als ebenso bedauerlich wie folgerichtig. Mehr Beharrungsvermögen zeigt dagegen das "Haus Europa", das, nachdem es in den Monaten bis zum Vollzug der deutschen Einheit an Aufmerksamkeit eingebüßt hatte, einen zweiten Schub bekommen hat.

Aber dieser Schub verdankt sich weniger den bisher beschriebenen und gut eingeführten Verwendungsweisen europäischer Gebäudemetaphorik, als einer neuen Variante, die neue Elemente der politischen Agenda aufgreift und dabei auf sehr ironische Weise mit den bisher aufgehäuften Bedeutungen bricht. Gemeint ist das Reden von der *Festung Europa*, dem metaphorischen Konzept der Kritik an jenen lauten Stimmen, die der in Westeuropa befürchteten Armutswanderung aus dem Osten und dem Süden mit repressiven migrationspolitischen Maßnahmen zu begegnen fordern.[16] Ironisch ist die Verwendung der Festungsmetapher insofern, als sie bewußt einerseits ans Konzept des Europahauses anschließt und andererseits dessen Bedeutungsgehalte einer radikalen Umkodierung unterzieht: Die Festungsmetapher konfrontiert die politische Lyrik eines grenzenlosen Gesamteuropa mit der heraufziehenden Realität eines eifersüchtig und egoistisch die eigenen Privilegien hütenden Westeuropa - grenzenlos zwar im Innern, nach außen aber abweisend und wehrhaft.

---

[16] Vgl. z.B.: "Festung Europa bis zum Ural" (Tagesthema in: *die tageszeitung*, 1.11. 1991); "Sie klopfen an unsere Tür, tausendfach, millionenfach" (Bildunterschrift im thematisch einschlägigen Magazin der *Süddeutschen Zeitung*, 31.5.1991); "Ansturm auf die Wohlstands-Festung" (Titel in: *Die Zeit*, 9.11.1991).

7. Literatur

Barthes, Roland (1983): *Elemente der Semiologie*. Frankfurt/Main.

Berger, Peter L./Luckmann, Thomas (1977): *Die gesellschaftliche Konstruktion der Wirklichkeit. Eine Theorie der Wissensoziologie*. Frankfurt/Main.

Bloemer, Klaus (1987): "Konturen eines europäischen Doppelhauses." In: *Die Neue Gesellschaft/Frankfurter Hefte* 34, S. 729.

Bourdieu, Pierre (1974): *Soziologie der symbolischen Formen*. Frankfurt/Main.

Bourdieu, Pierre (1977): "Symbolic power." In: Gleeson, Denis (Hrsg.): *Identity and Structure: Issues in the Sociology of Education*. Nafferton-Driffield, S. 112-119.

Bourdieu, Pierre (1985): *Sozialer Raum und 'Klassen'. Leçon sur la leçon. Zwei Vorlesungen*. Frankfurt/Main.

Brandt, Peter/Minnerup, Günter (1987): "Osteuropa und die deutsche Frage." In: *Die Neue Gesellschaft/ Frankfurter* Hefte 34, S. 722-734.

Briand, Aristide (1928): *Frankreich und Deutschland*. Mit einer Einleitung von Gustav Stresemann. Dresden.

Brunner, Otto (1968): *Neue Wege der Verfassungs- und Sozialgeschichte*. Göttingen, 2., vermehrte Auflage.

Burke, Kenneth (1954): *Permanence and Change. An Anatomy of Purpose*. Los Altos, 2. Aufl.

Cassirer, Ernst (1954/1974): *Philosophie der symbolischen Formen*. Band I. Darmstadt, 7. Aufl.

Castoriadis, Cornelius (1990): *Gesellschaft als imaginäre Institution. Entwurf einer politischen Philosophie*. Frankfurt/Main.

Cramer, Dettmar (1988): "Zwei deutsche Wohnungen im europäischen Haus? Viele Prämissen und noch mehr Unbekannte." In: *Deutschland-Archiv* 21, S. 166-171.

Dienstbier, Jiri (1988): "Mit den Augen eines Mitteleuropäers. Eine Strategie für Europa." In: Die Neue *Gesellschaft/Frankfurter Hefte* 35, S. 384-392.

Dittmer, Lowell (1977): "Political culture ans political symbolism. Towards a theoretical synthesis." In: *World Politics* 29, S. 552-583.

Eco, Umberto (1977): *Zeichen. Einführung in einen Begriff und seine Geschichte.* Frankfurt/Main.

Edelman, Murray (1977): *Political Language. Words That Succeed and Policies That Fail.* New York-San Francisco-London.

Edelman, Murray (1976): *Politik als Ritual. Die symbolische Funktion staatlicher Institutionen und politischen Handelns.* Frankfurt/Main.

Gerhard, Ute/Link, Jürgen (1991): "Zum Anteil der Kollektivsymbolik an den Nationalstereotypen." In: Link, Jürgen/Wülfing, Wulf (Hrsg.): *Nationale Mythen und Symbole in der zweiten Hälfte des 19. Jahrhunderts. Strukturen und Funktionen von Konzepten nationaler Identität.* Stuttgart, S. 16-52.

Gorbatschow, Michail (1989): *Perestroika. Die zweite russische Revolution. Eine neue Politik für Europa und die Welt.* (Erweiterte Taschenbuchausgabe). Frankfurt/Main-Berlin.

Gorbatschow, Michail (1990): *Glasnost. Das neue Denken.* Frankfurt/Main-Berlin.

Jakobson, Roman (1956): "Der Doppelcharakter der Sprache und die Polarität von Metaphorik und Metonymik." In: Haverkamp, Anselm (Hrsg.): *Theorie der Metapher.* Darmstadt 1983, S. 163-174.

Kiss, László J. (1988): "Europäische Sicherheit: Interpretationen, Perzeption und Außenpolitik Ungarns." In: *Europa-Archiv* 21, S. 95-104.

Lakoff, George/Johnson, Mark (1980): *Metaphors We Live By.* Chicago-London.

Levy, Bernhard-Henri (1990): "Mitteleuropa - Eine große Baustelle." In: *die tageszeitung* vom 7.8.1990.

Link, Jürgen (1978): *Die Struktur des Symbols in der Sprache des Journalismus. Zum Verhältnis literarischer und pragmatischer Symbole.* München.

Link, Jürgen (1988): "Literaturanalyse als Interdiskursanalyse. Am Beispiel des Ursprungs literarischer Symbolik in der Kollektivsymbolik." In: Fohrmann, Jürgen/Müller, Harro (Hrsg.): *Diskurstheorien und Literaturwissenschaft.* Frankfurt/Main, S. 284-307.

Mintschew, Emil G. (1988): "Das gesamteuropäische Haus aus bulgarischer Perspektive." In: *Europa-Archiv*, Folge 22, S. 659-668.

Papcke, Sven/Weidenfeld, Werner (Hrsg.) (1989): *Traumland Mitteleuropa - Beiträge zu einer aktuellen Kontroverse*. Darmstadt.

Rill, Bernd (1988): "Gemeinsames Haus Europa. Anmerkungen zu einem Schlagwort." In: *Politische Studien* 38, S. 546-554.

Rödel, Ulrich/Frankenberg, Günter/Dubiel, Helmut (1989): *Die demokratische Frage*. Frankfurt/Main.

Sagladin, Vadim (1987): "Die Sowjetunion und Westeuropa." In: Die *Neue Gesellschaft/Frankfurter* Hefte 34, S. 402-406.

Sarcinelli, Ulrich (1989): "Symbolische Politik und politische Kultur." In: *Politische Vierteljahresschrift* 30, S. 292-309.

Schmidt, Max/Schwarz, Wolfgang (1988): "Das gemeinsame Haus Europa - Realitäten, Herausforderungen, Perspektiven." Part I and II. In: *IPW-Berichte* (East-Berlin) 17, Heft 9 und 10.

Schöffel, Georg (1987): *Denken in Metaphern. Zur Logik sprachlicher Bilder*. Opladen.

Voigt, Karsten D. (1989): "Die Vereinigung Europas - Westeuropäische Integration und gesamteuropäische Kooperation." In: *Europa-Archiv*, Folge 13, S. 413-422.

Wehler, Hans-Ulrich (1987): *Deutsche Gesellschaftsgeschichte*. Erster Band. 1700-1815. München.

Die Deutschen und ihre Identität

Wolfgang Teubert (Mannheim)

1. Deutsch - eine Annäherung

Bald nach der Entmachtung des paraguayischen Diktators Alfredo Stroessner war Anfang 1989 in der Zeitung zu lesen, der Pensionär habe möglicherweise Anspruch auf einen deutschen Paß.[1] Es müsse zuvor geprüft werden, ob sein aus Bayern stammender Vater die deutsche Staatsangehörigkeit jemals verloren habe. Könnte es sein, daß jahrzehntelang an der Spitze Paraguays ein Deutscher stand?

Die Frage, wer Deutscher ist, läßt sich aufgrund äußerer und innerer Merkmale beantworten. Aus deutscher Binnensicht waren die charakterlichen Eigenschaften, die einen Deutschen auszeichnen, prototypisch etwa in einer Lichtgestalt wie Karl Mays Kara Ben Nemsi verkörpert. Ein typischer Deutscher ist in traditioneller Sicht vorzugsweise blond, großgewachsen, tapfer, treu, fleißig, zuverlässig, pflichterfüllt und Ausschweifungen abgeneigt. Nach modernen Kategorien sollte er beruflich erfolgreich, leistungsorientiert, solidarisch, familienbewußt, vorsorgend sein und von seiner Freizeit einen

---

[1] *Frankfurter Rundschau* vom 15.2.1989.

sinnvollen Gebrauch machen.[2] Aus der Außensicht überwiegt heute wohl das Bild vom "häßlichen Deutschen".[3] Eine solche ethnizistische Betrachtungsweise hat trotz ihrer engen Verknüpfung mit der nationalsozialistischen Rassenideologie nach dem Zweiten Weltkrieg nur bedingt an Attraktion verloren. Sie dient heute wieder als Argument, Ausländer als Verkörperung des Fremden auszugrenzen, und erfreut sich auch unter Gebildeten und Intellektuellen zunehmend an Akzeptanz. "Nirgendwo", schreibt Karl Heinz Bohrer im März 1990, "begegnen sich französische, englische, spanische oder holländische Mentalitäten unübersehbar unterschiedlicher als gerade im Kern ihrer jeweiligen psychologisch-intellektuellen Verfaßtheit."[4]

Dennoch werden, wenn es darum geht, festzustellen, ob jemand Deutscher ist, solche inneren Merkmale nur selten herangezogen. Wer zu den Deutschen gehört, muß nach gängiger Auffassung vor allem bestimmte äußere Bedingungen erfüllen. Zu ihnen gehört:

- ein deutscher Paß,
- ein ständiger Wohnsitz in Deutschland,
- deutsche Eltern und Großeltern,
- die Zugehörigkeit zum deutschen Sprachkreis
- und die Zugehörigkeit zum deutschen Kulturkreis.

Es hat heute den Anschein, daß die Frage der Religionszugehörigkeit eher den inneren Eigenschaften zugerechnet wird. Ein Deutscher ist typischerweise christlicher Abstammung, doch wie es auch brünette Deutsche gibt, sind auch Deutsche jüdischen Glaubens vorstellbar. Aber wie schon bei der Ausbildung des Begriffs der Nation die Einheitlichkeit des religiösen Bekenntnisses eine wesentliche Rolle spielte, werde ich zeigen, daß immer noch die Religionszugehörigkeit als Kriterium herangezogen wird, wenn es um die Entscheidung der Volkszugehörigkeit geht.[5]

Wie dem auch sei, über den Grad der Verbindlichkeit der genannten Bedingungen gibt es unterschiedliche Ansichten. Ein prototypischer Deutscher im extensionalen Sinn erfüllt alle diese Bedingungen. Uns interessieren hier vor allem die Grenzfälle, in denen nur einige der Bedingungen erfüllt sind.

---

[2] Vgl. dazu den Beitrag von Fritz Hermanns (in diesem Band, S. 253-266).

[3] Zur Tradition solcher Klischeevorstellungen vgl. beispielsweise Fink (1991); zur gegenwärtigen Außensicht auf die Deutschen verweise ich auf Trautmann (1991).

[4] Karl Heinz Bohrer: "Warum wir keine Nation sind. Warum wir eine werden sollten." In: *Frankfurter Allgemeine Zeitung*, 13. Januar 1990.

[5] Zum Zusammenhang von Religion und Nation vgl. etwa Hobsbawm (1990), S. 67-73.

In der Folge geht es mir darum zu untersuchen, für wie relevant die genannten Kriterien in unterschiedlichen Kontexten gehalten werden und ob wir für sie bestimmte Grade der Verbindlichkeit ermitteln können. Aufschluß finden wir weniger in einer Analyse des Kernbereichs als vielmehr in einer Betrachtung der Randzonen, wobei das durchaus auch geographisch zu verstehen ist. Die Aussiedlerwelle, der Vereinigungsprozeß und die seither zu beobachtende Beschäftigung deutscher Intellektueller mit der Frage nationaler Identität haben die Perspektiven auf diese Außenbezirke geöffnet.

Was wir dort sehen, hängt von unserem Weltbild ab. Je nachdem, wieviel Bedeutung wir einzelnen der oben genannten Bedingungen zumessen, kommen wir zu einer ganz unterschiedlichen Einschätzung, wenn es etwa um die Zahl der in Oberschlesien verbliebenen Deutschen geht. Es ist nicht Aufgabe der Sprachwissenschaft zu klären, welche Zahl letztendlich richtig ist. Wir können aber anhand ausgewählter Fälle unsere eigenen stereotypischen Vorstellungen hinterfragen und den einschlägigen Sprachgebrauch des öffentlichen Diskurses zu diesem Thema sprachkritisch analysieren.[6]

---

[6] Auf der Braunschweiger Tagung hat vor allem Hans Jürgen Heringer Kritik an der selbstverständlichen Art und Weise geübt, in der in mehreren Beiträgen das Wort *Diskurs* verwendet worden ist, und die weithinnige Beliebigkeit des Diskursbegriffs bemängelt. Ansätze zu einer Klärung finden sich in den theoretischen Explikationen zur Diskursanalyse, die Michel Foucault entwickelt hat. Leider ist, wie Dietrich Busse nachgewiesen hat, die Foucault'sche Theorie wenig konsistent und darüber hinaus kaum zu operationalisieren (vgl. Busse 1987, 222-250). Mit dem öffentlichen Diskurs zum Thema "Wer ist deutsch?" meine ich ein virtuelles Korpus all der (allgemein zugänglichen) Texte, die einschlägige Aussagen enthalten und explizit oder implizit aufeinander Bezug nehmen. Zum expliziten Bezug (über offene oder verdeckte Zitation) braucht nichts weiter gesagt zu werden. Die Annahme eines impliziten Bezugs geht davon aus, daß ein Verfasser einen Text A in Kenntnis eines einschlägigen Textes B geschrieben hat; dies muß in jedem Fall begründet und plausibel gemacht werden.

Ein typischer Fall eines solchen Diskurses wäre das Korpus der Texte, die zusammen den "Historikerstreit" ausmachen. Ein solches Korpus wird sicher nie vollständig sein. Derjenige, der es zusammenstellt, wird gut daran tun, Texte, die ihm irrelevant erscheinen, auszusondern. Irrelevant können sie einmal wegen ihrer thematischen Randlage sein, zum anderen, weil sie (als vorläufige Zusammenfassungen) argumentativ und inhaltlich nichts Neues zum Thema beitragen, wofür wiederum ein operationalisierbares Indiz wäre, daß in der Folge niemand auf sie Bezug nimmt. Andererseits kann die Tatsache, daß auf bestimmte Texte nicht Bezug genommen wird, auch darauf beruhen, daß sie durch die herrschenden Machtstrukturen marginalisiert werden, denn: "Der Diskurs [...] ist dasjenige, worum und womit man kämpft; er ist die Macht, deren man sich zu bemächtigen versucht." (Foucault 1991, 11).

Das inzwischen vereinte Deutschland hält man gemeinhin für einen homogenen Nationalstaat. Wer in Deutschland wohnt, ist Deutscher, oder aber er ist Gastarbeiter oder sogenannter Asylant. Bei einer Überschrift "Warschau hilft deutschen Polen" denken wir deshalb zuerst an Oberschlesien. Wir sind überrascht, daß es in dieser Zeitungsmeldung um die Rechte einer auf 1,5 Millionen geschätzten polnischen Minderheit vor allem im Ruhrgebiet geht.[7] Denn diese Sichtweise widerspricht unserem Vorurteil vom homogenen Nationalstaat.

Durch den Beitritt der DDR zur Bundesrepublik hat sich die Lage, oberflächlich betrachtet, kaum geändert. Zwar gehörte in unserer Vorstellungswelt auch Ostdeutschland in den Bereich des Fremden. Mit stillem Schmunzeln hatten wir uns an Meldungen gewöhnt wie diese in der *Bild*-Zeitung: "In der 'DDR' wurden seit Kriegsende 14 Wölfe erlegt. In Deutschland sind sie seit Ende des vergangenen Jahrhunderts ausgerottet."[8] Inzwischen hat sich im Westen herumgesprochen, daß auch Ostdeutsche Deutsche sind. Erst jetzt, nach der Angliederung, muß sich erweisen, wie stark das Identitätsgefühl der Ostdeutschen wirklich ist. Aber dieses Gefühl wird sich darauf gründen, Bürger zweiter Klasse zu sein. Was das Deutschsein angeht, gibt es keine Unterschiede zwischen einem Frankfurter am Main und an der Oder. Die neue Lage manifestiert sich subtiler. Hatten wir Westdeutsche uns lange daran gewöhnt, unsere Stellung im Weltgeschehen von der Bundesrepublik aus vor allem unter verfassungsrechtlichen und bündnispolitischen Aspekten und im Lichte der Vergangenheitsbewältigung zu betrachten, so sehen wir

---

Zwingender Schluß aus einem solchen Diskurskonzept ist, daß ein Diskurs nur retrospektiv aufgefunden werden kann. Man muß mit den jüngsten Texten beginnen und sie auf ihre impliziten und expliziten Bezüge hin untersuchen. Im weiteren heißt das aber auch, daß es nicht eine vordergründige thematische Homogenität der Texte ist, die den Diskurs ausmacht. Vielmehr ist es der Wissenschaftler, der den Diskursgegenstand vorgibt und definiert. Daraus ist schließlich abzuleiten, daß nur die für den Diskursgegenstand relevanten Bezüge weiterverfolgt werden, denn die Diskurstexte mögen von mancherlei handeln, wovon das interessierende Thema nur eines unter vielen ist. In der Regel dürfte es ausreichen, lediglich ein Korpus exemplarischer Texte der nachfolgenden Bearbeitung zugrunde zu legen. Wenn ich etwa weiß, daß aus einem bestimmten Anlaß in den meisten überregionalen Zeitungen Artikel erschienen sind, die inhaltlich eine Agenturmeldung variieren, und wenn ich unterstellen kann, daß der Autor eines späteren Textes, der sich mit diesem Anlaß beschäftigt, Zeitungsleser ist, kann ich von diesem Text einen Bezug auf einen dieser Zeitungsartikel herleiten, mag der Autor im konkreten Fall auch einen anderen gelesen haben.

[7] *Frankfurter Rundschau* vom 26.9.1989

[8] *Der Spiegel* Rubrik "Hohlspiegel" vom 25.6.1989.

uns künftig wieder in einem scheinbar normalen Nationalstaat Deutschland verortet. Der Habermassche Verfassungspatriotismus, vielleicht nur die falsche Bezeichnung für eine wirklich vorhandene Einstellung, wird stante pede vom Gefühl nationaler Identität abgelöst.

2. *Nationale Identität*

Die *nationale Identität* ist ein recht junger Begriff. Wenn es darum ging, das deutsche Nationalbewußtsein zu bestimmen, wurde in den 80er Jahren bis etwa 1988 überwiegend das Schlagwort *Patriotismus* diskutiert, konservativ und affirmativ bei Alfred Dregger, inhaltlich umgewertet bei Jürgen Habermas und anderen Intellektuellen, traditionell negativ bei der Linken. Möglicherweise durch den Historikerstreit ausgelöst ist mittlerweile an die Stelle des Patriotismus die Rede von der *nationalen Identität* getreten.[9] Was diese Begriffsprägung so erfolgreich macht, ist ihre scheinbare Neutralität, die einen Konsens zwischen Konservativen und sich liberal verstehenden Intellektuellen ermöglicht. Auch Habermas hält angesichts des Vereinigungsprozesses nicht mehr am Verfassungspatriotismus fest, sondern wünscht sich für die Bundesbürger den "westlichen Normaltypus nationaler Identität", um der Gefahr eines neuen Nationalismus zu entgehen. (Vgl. Habermas 1990, 209)[10] Was er damit meint, läßt er offen. Betrachtet man die Verhältnisse in Nordirland, in Belgien oder Korsika, können Zweifel kommen, ob der hier hypostasierte tolerante, weltoffene Staatsbürger in westlichen Ländern wirklich der Regelfall ist.

Nationale Identität beschreibt nicht einfach einen Zustand, sondern erfordert ein Bekenntnis. Wenn Ralf Dahrendorf in seinem Artikel "Eine deutsche Identität" schreibt: "Europa ist kein Ersatz für den Nationalstaat" und "Staat heißt nun einmal nach wie vor Nationalstaat", formuliert er damit, denkt man etwa an Jugoslawien oder auch nur die Schweiz, eine unrealistische Forderung (vgl. Dahrendorf 1990, 234). In Parenthese sei angemerkt, daß es häufig gerade die betont supranationalen Europäer wie Ralf Dahrendorf, der in Antwerpen ansässige Herbert Kremp, Golo Mann oder Otto Habsburg sind, die sich um die nationale Identität des gemeinen Volkes besorgen (vgl. Teubert 1989, 3).

Gern wird bei diesen Argumentationen unterschlagen, daß auch in Europa der homogene Nationalstaat nicht die Regel, sondern die Ausnahme ist. "Die

---

[9] Diese Vermutung findet sich bei Christoph Türcke (1989), 90 ff.

[10] Habermas beruft sich hier auf H. Honolka.

Nation ist im Menschenmaß das mächtigste geschichtliche Vorkommen", behauptet etwa Martin Walser, obwohl ihm ein Blick über den Bodensee zeigen könnte, daß Nationen keineswegs naturnotwendig sind, sondern auch erfunden werden können (vgl. Walser 1989, 99). Auffällig ist auch, wie unreflektiert der Begriff der *Identität* verwendet wird. Klaus Harpprecht merkt als einer von wenigen dazu kritisch an: "Nichts, so scheint es, läßt sich leichter schaffen als die sogenannten Identitäten. Je artifizieller sie sind, so der Verdacht: umso leichter, Fanatismen hochzupeitschen, für die im Zweifelsfall das Verlegenheitswort 'Nationalismus' herhalten muß."[11] Daß sich der Begriff der Identität heute so selbstverständlich anbietet, ist sicher eine Folge der Psychologisierung unserer Selbstwahrnehmung. Im Anschluß an Sigmund Freud bedeutet Identifikation "eine Angleichung des Ichs an ein fremdes" (Freud 1969, 501).

So notwendig solche Mechanismen für die Zeit des Erwachsenwerdens sind, wird erwachsen nur, wer sich von solcher Fremdbestimmung schließlich frei machen kann. Eine Verpflichtung auf das Prinzip nationaler Identität und die Selbstbestimmung des autonomen Subjekts stehen zueinander in einer antinomischen Beziehung.[12]

Wie in anderen Lebensbereichen auch wird mit der Formel von der nationalen Identität eine ethisch begründete Deontik, wie sie im Patriotismus steckt, durch eine psychologisch-emotional begründete Deontik abgelöst.[13] In einer weltanschaulich neutralen Gesellschaft kann man sich dem moralischen Appell des Patriotismus ohne weiteres entziehen. Wer sich aber dem Drang nach dem Gefühl nationaler Identität nicht beugt, ist oder macht sich, wie manche glauben, seelisch krank. So führt Karl Heinz Bohrer, indem er den "liberalen jüdischen Soziologen" Norbert Elias zu Unrecht als Gewährsmann anführt, Anfang 1990 in seiner Zeitschrift *Merkur* "die barbarischen, unmenschlichen Akte der westdeutschen Terroristen" seit "Baader-Meinhof

---

[11] Klaus Harpprecht: "Sind wir eine Nation? Sollen wir eine sein?" Vortrag gehalten am 25.4.1990 an der Gesamthochschule Kassel. Vortragsmanuskript, 6.

[12] So auch Türcke (1987), 43.

[13] Mit dem Begriff *Deontik* bezeichnet Fritz Hermanns den in manchen, vor allem wertenden Wörtern enthaltenen Appell, sich in einer bestimmten Art und Weise zu verhalten. So enthält die Rede von *nationaler Identität* oft implizit den Aufruf, sich zu seiner Volkszugehörigkeit zu bekennen und Folgehandlungen auszuführen, etwa Opfer zu bringen. Die Ablösung einer ethischen durch eine psychisch-emotionale Deontik läßt sich in vielen Lebensbereichen beobachten. Was das öffentliche Leben angeht, vgl. vor allem Sennett (1983).

[...] unmittelbar zurück auf das Defizit eines sublimierend wirkenden selbstverständlichen Nationalgefühls" (Bohrer (1990, 185).[14]

Die scheinbar harmlose Hypostasierung einer nationalen Identität birgt mehr Gefahr als der alte Patriotismus. Denn wer die Rede von nationaler Identität in Frage stellt, ließe, wenn wir Bohrer folgen, Zweifel an seiner geistigen Zurechnungsfähigkeit zu.

3. Deutsche in den Randgebieten

Zurück zur Hauptfrage. Wer ist deutsch außerhalb Deutschlands? Beginnen wir im Norden mit der sogenannten deutschen Minderheit in Nordschleswig. Dazu gehören, je nach Schätzung, 15000 bis 25000 Personen, die aufgrund der "Bonn-Kopenhagener Erklärungen" von 1955 ebenso wie die dänische Minderheit in Südschleswig weitgehende Autonomierechte einschließlich finanzieller Förderung des Schulwesens und der Medien genießen.[15] Aber während in den meisten Sprachkontaktgebieten die Minoritätensprache Familien- und Haussprache ist, die Majoritätensprache dagegen bei offiziellen Anlässen bevorzugt wird, ist es hier umgekehrt. Selbst unter den besonders aktiven Mitgliedern des "Bundes der deutschen Nordschleswiger" verwenden in der Familie nur ein Drittel Deutsch; die andern sprechen zu Hause Dänisch bzw. den lokalen Dialekt Sønderjysk. Das Deutsche wird in Schulen und im ausgeprägten Vereinsleben gepflegt. Man spricht daher auch von Gesinnungs- und Kulturdeutschen. Da das Bekenntnis frei ist und nicht überprüft werden darf, regelt sich die Zugehörigkeit zum Deutschtum nach dem Prinzip der Opportunität, nicht nach der Abstammungsgeschichte, wie sonst bei deutschen Minderheiten üblich. Soll man die Angehörigen dieser Minder-

---

[14] Bohrer stützt sich hier (mit fragwürdiger Zitierpraxis) auf Norbert Elias (1989) und zwar auf den Abschnitt: Der bundesdeutsche Terrorismus - Ausdruck eines sozialen Generationskonflikts. Der Text hat folgenden Wortlaut: "Es ist nicht unwahrscheinlich, daß die völlig uneingeschränkte Verurteilung der Bundesrepublik durch Mitglieder der außerparlamentarischen Opposition, und besonders auch der terroristischen Gruppen, unter anderem mit diesem Ausfall eines positiven nationalen Wir-Bildes zusammenhing." (368 f.) Aus vielen Stellen dieses Buches läßt sich indessen nachweisen, daß es Elias weniger um die Nation als Abstammungsgemeinschaft (wie sie Bohrer vorschwebt) geht, sondern vielmehr um die Nation im Sinne der französischen Aufklärung, d.h. im Sinne des Territorialprinzips.

[15] Zur deutschen Minderheit in Nordschleswig und generell zu dem Thema vgl. Born/Dickgießer (1989).

heit als Deutsche bezeichnen? Im übrigen finden sich die gleichen Verhältnisse bei der dänischen Minderheit in Südschleswig.

Ein Sprung versetzt uns nach Südtirol. Der Südtiroler ist deutsch nach der Sprache, italienisch nach der Staatsangehörigkeit. Als Tiroler studiert er bevorzugt in Innsbruck. Ist er, was seine Volkszugehörigkeit angeht, Deutscher? Sind denn die Österreicher Deutsche? Wenn man davon ausgeht, daß sich eine eigene österreichische Nationalität spätestens seit dem Zweiten Weltkrieg ausgebildet hat und heute allenfalls noch von rechtsstehenden Politikern wie Jörg Haider bestritten wird, gehören die Südtiroler, sofern sie nicht zur italienischen Nation gerechnet werden wollen, allenfalls zur österreichischen Nation, und so sehen es wohl auch die Österreicher. (Warum aber bezeichnen sich dann die Liechtensteiner in ihrer Verfassung immer noch als Angehörige der deutschen Nation?)

Werfen wir unseren Blick auf die Sudetendeutschen. Kaum einer weiß heute, daß die Sudeten ein Gebirgszug sind und daß sich die Bezeichnung *Sudetendeutsche* erst seit dem Ende des Ersten Weltkriegs eingeführt hat. Nach dem verlorenen Krieg betrachtete sich die Mehrheit der Österreicher als Deutsche (und strebte deshalb auch eine Vereinigung mit Deutschland an). Auch wenn sich also die deutschsprachige Minderheit in der Tschechei mit der Bezeichnung *Sudetendeutsche* zu identifizieren begann, orientierte sie sich in erster Linie nach Österreich. Sie hätte sich wohl auch eher eine Angliederung ihres Siedlungsgebiets an Österreich als an Deutschland gewünscht.

An der deutschsprachigen Kolonisation Böhmens und Mährens, die im 11. Jahrhundert begann und Anfang des 14. Jahrhunderts im wesentlichen abgeschlossen war, nahmen zwar zunächst Siedler aus Nordbayern und Ostfranken, später aber vorwiegend aus österreichischem Gebiet teil. Kultureller Bezugspunkt war seit dem 16. Jahrhundert die Habsburger Monarchie und vor allem Wien als Reichshauptstadt. Rainer Maria Rilke, in Prag geboren und aufgewachsen, gilt uns als österreichischer Dichter. Heute wäre er Sudetendeutscher. Sind die in Deutschland ansässigen Sudetendeutschen heute also eine österreichische Minderheit in Deutschland, oder hat es die nationalsozialistische Annexionspolitik tatsächlich vermocht, aus ihnen Deutsche zu machen?

4. Territorialprinzip und Abstammungsprinzip

Versuchen wir einen anderen Zugang. Deutscher ist, wer Angehöriger des deutschen Volkes ist. Wer aber ist das Volk? Die Frage wurde letzthin vor allem auch in Zusammenhang mit dem kommunalen Ausländerwahlrecht diskutiert. (Vgl. dazu Teubert 1989) Die Progressiven bevorzugen den Standpunkt, daß das Territorialprinzip vorrangig ist. So wurde es in der französischen Aufklärung gesehen, und so gilt es in Frankreich seit der Revolution bis heute. Das in einem Territorium lebende Volk konstituiert sich als Souverän, es gibt sich seine Verfassung und seine Institutionen. Wer in Frankreich geboren ist, ist Franzose, unabhängig davon, wer seine Eltern sind, welcher Religion oder Kultur er angehört, unabhängig auch davon, was seine Muttersprache ist.

Diesem Territorialprinzip verdankt sich das Volk der Belgier, das 1830 durch die Erfindung des Königreichs Belgien ins Leben gerufen wurde. Es gilt für die klassischen Einwanderungsländer wie U.S.A., Australien und für die weiße Gesellschaft Südafrikas. Es ist das Prinzip, dem die postkolonialen Nationen Schwarzafrikas verpflichtet sind. Für die Traditionalisten ist dagegen das Territorialprinzip sekundär. Nach ihnen bestimmt sich das Volk zuvörderst aus gemeinsamer Abstammung, Kultur und Sprache. Die Inanspruchnahme eines Rechts auf nationale Selbstbestimmung ist prinzipiell traditionalistisch und bedeutet, daß nach Abstammung definierte Völker einen Anspruch haben, sich staatlich und damit territorial zu konstituieren.[16]

Die Traditionalisten haben bei der Anhörung vor dem Bundesverfassungsgericht das deutsche Volk denn auch nach dem Kriterium der Abstammung als "unentrinnbare Schicksalsgemeinschaft" definiert.[17] Wenn ich mich nicht täusche, wurden mit diesem Ausdruck ursprünglich die Juden angesichts des Holocaust bezeichnet. Wessen Großeltern und Urgroßeltern der jüdischen Religion angehörten, galt als Mitglied der jüdischen Rasse; und er konnte dieser Zuschreibung durch eigenes Handeln nicht entrinnen, mochte er auch längst zum Christentum konvertiert und nach Paß und Selbstverständnis Franzose, Ungar oder Deutscher sein. Wenn Traditionalisten wie Edmund Stoiber unter Berufung auf den Begriff der unentrinnbaren Schicksalsgemeinschaft fordern, nur Angehörige des deutschen Volkes dürften in Deutschland wählen, dient diese Argumentation vor allem der Abwehr des

[16] Ausführlich diskutiert werden Territorial- und Abstammungsprinzip in der Anhörung zu dem Gesetzentwurf der Fraktion der GRÜNEN für ein Gesetz zur Einführung des Kommunalen Wahlrechts für Ausländer (Ausländerwahlgesetz) und zu dem Beitrag der Fraktion der SPD betreffend Stärkung der Beteiligung der ausländischen Einwohner Hessens an der politischen Willensbildung im Hessischen Landtag (Stenographischer Bericht der 23. (öffentlichen) Sitzung des Innenausschusses vom 16. Februar 1989).

[17] *Süddeutsche Zeitung* vom 27.6.1990.

Ausländerwahlrechts und bedeutet nicht, daß man nicht, wo es die eigenen Interessen nahelegen, auch territorial zu argumentieren verstünde.

5. Das Volk der Sorben

Daß etwa den Sorben im vereinten Deutschland das nationale Selbstbestimmungsrecht vorenthalten wird, obwohl sie nach Abstammung, Kultur und Sprache ein recht einheitliches Volk bilden, ist dadurch möglich, daß man sie zu Deutschen erklärt. Seit urvordenklichen Zeiten sind sie auf deutschem Territorium ansässig und gehören deshalb zur deutschen Nation, so wie auch der Begriff der *nation française* rein territorial definiert ist.

Immerhin waren die Sorben den Verfassern des Grundlagenvertrages eine Protokollnotiz wert.[18] Dort heißt es:

> Das Bekenntnis zum sorbischen Volkstum und zur sorbischen Kultur ist frei. Die Freiheit zur Bewahrung und Fortentwicklung der sorbischen Kultur und der sorbischen Traditionen wird gewährleistet. Angehörige des sorbischen Volkes und ihre Organisationen haben die Freiheit zur Pflege und zur Bewahrung der sorbischen Sprache im öffentlichen Leben.

Einmal das Adjektiv *frei* und zweimal das Substantiv *Freiheit* in nur drei Sätzen sind gewiß Ausweis nachsichtiger Liberalität. Aber es ist ein mehr als gradueller Unterschied, ob man sich zum sorbischen Volk oder nur zum sorbischen Volkstum bekennen kann.

Denn wenn die Freiheit zur Bewahrung und Fortentwicklung sorbischer Kultur und Tradition gewährleistet wird, bedeutet das, daß allein die Sorben dafür zur sorgen haben, daß also der Staat nicht dafür in Anspruch genommen werden kann. Zwar wird im dritten Satz konzediert, daß es ein sorbisches Volk gibt. Aber gleichzeitig wird der Anspruch auf eine verfaßte Körperschaft des sorbischen Volkes, also auf autonome Selbstverwaltung, implizit zurückgewiesen. Nicht das sorbische Volk, sondern nur seine Angehörigen und ihre (nicht etwa seine) Organisationen haben die Freiheit zur Pflege und Bewahrung der sorbischen Sprache. Ganz harmlos ist dieser feine Unterschied nicht. Ein sorbisches Gymnasium ist danach Privatsache und nicht

[18] Der zitierte Text ist der *Süddeutschen Zeitung* vom 29.8.1990 entnommen.

Angelegenheit des staatlichen Schulwesens. Schon deshalb sind die Sorben in Deutschland keine gleichberechtigten Staatsbürger.[19]

6. Der Volksbegriff des Verfassungsgerichts

Was bedeutet der Satz "Wir sind das Volk" auf den Plakaten im Herbst 1989 in Ostdeutschland? Was bedeutet der Satz "Alle Staatsgewalt geht vom Volke aus." im Grundgesetz? Lassen wir einmal die hier nicht relevante Bedeutung von *Volk* als 'Pöbel' weg, so können wir unsere Frage konkretisieren: Hat das Wort *Volk* eine oder zwei Bedeutungen? Zum einen ist es die Gemeinschaft aller gleichberechtigten Bürger, die sich in einer Demokratie selbst regieren oder anderswo regiert werden. Das Volk des preußischen Königs waren seine Untertanen, gleich welcher Nationalität. *British subjects* sind alle Inhaber eines britischen Passes, seien es Waliser, Iren, Inder oder Engländer. Es gibt keine kanadische Nationalität, nur eine *citizenship* bzw. *citoyentée*. Das ist der eine, der territoriale Volksbegriff. Der andere beruht, wie gesagt, auf gemeinsamer Abstammung, Geschichte, Sprache und Kultur. Er liegt dem Slogan "Wir sind ein Volk" zugrunde. Wie interpretiert die Rechtsprechung den Volksbegriff? Inzwischen liegt die Urteilsbegründung des Bundesverfassungsgerichts zum kommunalen Ausländerwahlrecht vor. Ist das Volk dort der Souverän, der sich das Wahlrecht selbst verleiht, oder ist es die Abstammungsgemeinschaft, der man nicht entrinnen, der man aber auch nicht einfach durch Wohnortsverlegung beitreten kann? Oder ist das Volk immer beides zugleich: Abstammungsgemeinschaft und sich territorial organisierende autonome Gruppe gleichberechtigter Menschen?[20]

---

19 Wenn es nicht gerade um deutsche Minderheiten im Ausland geht, hält die Bundesregierung Schutzrechte für Minoritäten für entbehrlich. Ich zitiere eine Meldung der *Frankfurter Rundschau* vom 8.11.1990 mit der Überschrift "Sorben bleiben ungeschützt": "Die Bundesregierung lehnt die Aufnahme einer besonderen Garantie zum Schutz von Minderheiten und Volksgruppen im Grundgesetz ab. Eine solche Regelung sei zur Wahrung der kulturellen Eigenständigkeit der Sorben auch nicht nötig, sagte die Bundesministerin für innerdeutsche Beziehungen am Mittwoch in einem Gespräch mit einer Sorben-Delegation. Sie unterstrich aber die Zusage der Bundesregierung, dem sorbischen Volk bei der Wahrung seiner Eigenständigkeit zu helfen. In der ehemaligen DDR verfügten die Sorben, die als ethnische Minderheit in der Lausitz leben, über ein eigenes Parlament, die 'Domowina' in Bautzen, und über besondere, in der Verfassung garantierte Minderheitenrechte."

20 In der heutigen Auseinandersetzung um den Begriff der Nation bzw. des Volkes wird gern übersehen, daß es seinerzeit, nämlich um die Wende des 18. zum 19. Jahrhun-

dert, sehr viel weniger um die Dichotomie Territorialprinzip oder Abstammungsprinzip, also um die Abgrenzung nach außen, sondern vielmehr um die Regelung von inneren, sozialen Antagonismen gegangen ist, die aus der als inadäquat empfundenen ständischen Gliederung der Gesellschaft herrührten. Der *citoyen* oder *Staatsbürger* wurde erfunden, um ansatzweise eine rechtliche Gleichstellung der Bewohner eines Staates herzustellen, wie sie in der französischen Revolution vom dritten Stand gefordert wurde und wie sie in Preußen im Interesse eines zentralisierten Absolutismus lag. Territorialprinzip und Abstammungsprinzip dienten nur als alternative Begründungsmuster zur Durchsetzung diesen Ziels.

So beschloß der Magistrat der französisch okkupierten Stadt Köln am 12. Brumaire des 6. Jahres (2.11.1797): "In getreuer Beachtung der unumstößlichen Grundsätze des gesellschaftlichen Vertrages, nach welchem jedes Glied der Gesellschaft, so bald es die Pflichten gegen dieselbe, ohne alle Ausnahme erfüllet, nothwendigerweise alle Rechte, die Ihm diese dafür zugesichert, bestenfalls ohne einige Ausnahme zu geniessen hat, und folglich Bürgerpflichten von Bürgerrechten unzertrennbar sind, [...] beschließt der Magistrat:

Art. I

Daß von nun an jeder Unterschied, der den Eingesessenen vom Bürger trennte, aufgehoben ist; daß

Art. II

Jeder hiesige Einwohner, sobald er die Pflichten des Bürgers erfüllt, auch alle Rechte desselben zu geniessen hat. [...]."

Hans-Ulrich Wehler macht darauf aufmerksam, daß die Gleichstellung der Einwohner, die sich in Preußen wie in den anderen deutschen Staaten in einer kaum zu überschauenden Vielfalt von Rechtsverhältnissen befanden, als einheitlich definierte Staatsbürger durchaus auch im Interesse der zentralen Staatsmacht lag: "Die Herrschaftsbefugnisse der intermediären Gewalten, der adligen Grundherren wie der städtischen Magistrate, sollten endlich durchbrochen, möglichst aufgelöst werden. Als Steuerzahler, als Rekrut, auch als Schüler sollte der Untertan von der Zentralgewalt direkt erreichbar sein. Endlich wollten Fürst und Bürokratie den ungehinderten Zugriff bis zu je dem "Landeskind" hinab durchsetzen." (Wehler 1989, 209).

So nahe Immanuel Kant den Gedanken der französischen Aufklärung stand, so sehr widerstrebte ihm andererseits die Vorstellung eines egalitären Staatsbürgertums. Ihm ging es um die Durchsetzung der Interessen der jungen bürgerlichen Eliten, nicht um das gemeine Volk. Deshalb ist es ihm wichtiger, den Staatsbürgerbegriff nach innen abzugrenzen, während er nach außen Territorial- und Abstammungsprinzip vermengt: "Unter dem Volk (populus) versteht man die in einem Landstrich vereinigte Menge Menschen, sofern sie ein Ganzes ausmacht. Diejenige Menge oder auch der Theil derselben, welcher sich durch gemeinschaftliche Abstammung für vereinigt zu einem bürgerlichen Ganzen erkennt, heißt Nation (gens); der Theil, der sich von diesen

Leider ist das Urteil die Antwort schuldig geblieben.[21] Mit *Volk* sei das "Staatsvolk der Bundesrepublik Deutschland" gemeint, heißt es dort, und diese "Personengesamtheit" sei der "Träger" der Staatsgewalt. Also nur die, die die Staatsgewalt ausüben, seien das Staatsvolk, und nur von diesen her habe sich die Staatsgewalt zu legitimieren, nicht aber von jenen, die von ihr betroffen sind. Das ist eine sonderbare Definition. Denn das Volk übt seine Staatsgewalt durch den Wahlakt aus, und was hier gesagt wird, bedeutet schlicht, daß, wer nicht wählen darf, auch nicht zum Staatsvolk gehört. Das wären einmal natürlich die Ausländer, zum anderen jedoch auch die deutschen Kinder und Jugendlichen. Weil die Richter anscheinend selbst gemerkt haben, daß es so nicht geht, schieben sie nach: "[...] die Staatsgewalt muß

Gesetzen ausnimmt (die wilde Menge in diesem Volk), heißt Pöbel (vulgus), dessen gesetzwidrige Vereinigung das Rottiren (agere per turbas) ist; ein Verhalten, welches ihn von der Qualität eines Staatsbürgers ausschließt." (Kant 1798, 311)

[21] Der hier zugrundegelegte Ausschnitt der Urteilsbegründung ist in der *Frankfurter Rundschau* vom 13.11.1990 abgedruckt. Die entscheidende Passage findet sich gleich am Anfang. Um die Argumentation nachvollziehbar zu machen, ist hier der vollständige Wortlaut wiedergegeben:

1. Der Verfassungssatz "Alle Staatsgewalt geht vom Volke aus" (Art 20 Abs. 2 Satz 1 GG) enthält - wie auch seine Stellung und der Normzusammenhang belegen - nicht allein den Grundsatz der Volkssouveränität. Vielmehr bestimmt diese Vorschrift selbst, wer das Volk ist, das in Wahlen, Abstimmungen und durch besondere Organe der Gesetzgebung, der vollziehenden Gewalt und der Rechtsprechung (Art. 20 Abs. 2 Satz 2 GG) Staatsgewalt ausübt: Es ist das Staatsvolk der Bundesrepublik Deutschland. Sie wird in Art. 20 Abs. 1 bis 3 GG als demokratischer und sozialer Bundesstaat mit rechtsstaatlich-gewaltengliedernder Struktur konstituiert; als demokratischer Staat kann sie nicht ohne Personengesamtheit gedacht werden, die Träger und Subjekt der in ihr und durch ihre Organe ausgeübten Staatsgewalt ist. Diese Personengesamtheit bildet das Staatsvolk, von dem alle Staatsgewalt ausgeht. Art. 20 Abs. 2 Satz 1 GG hat daher nicht zum Inhalt, daß sich die Entscheidungen der Staatsgewalt von den jeweils Betroffenen her zu legitimieren haben; vielmehr muß die Staatsgewalt das Volk als eine zur Einheit verbundene Gruppe von Menschen zu ihrem Subjekt haben.

2. Das Volk, von dem die Staatsgewalt in der Bundesrepublik Deutschland ausgeht, wird nach dem Grundsatz von den deutschen Staatsangehörigen und den ihnen nach Art. 116 Abs. 1 gleichgestellten Personen gebildet. Die Zugehörigkeit zum Staatsvolk der Bundesrepublik wird also grundsätzlich durch die Staatsangehörigkeit vermittelt (vgl. BVerfGE 37, 217, 239, 253). Die Staatsangehörigkeit ist die rechtliche Voraussetzung für den gleichen staatsbürgerlichen Status, der einerseits gleiche Pflichten, zum anderen und insbesondere aber auch die Rechte begründet, durch deren Ausübung die Staatsgewalt in der Demokratie ihre Legitimation erfährt.

das Volk als eine zur Einheit verbundene Gruppe von Menschen zu ihrem Subjekt haben". Das Volk, genauer will oder kann man es wohl nicht sagen, sei also eine zur Einheit verbundene Gruppe von Menschen.

Jetzt ist die Frage noch offen, wer wählen darf. Dazu beziehen sich die Richter wieder auf den Satz "Alle Staatsgewalt geht vom Volke aus", den sie als Grundsatz bezeichnen: "Das Volk, von dem die Staatsgewalt in der Bundesrepublik Deutschland ausgeht, wird nach dem Grundsatz von den deutschen Staatsangehörigen und den ihnen nach § 116 Absatz 1 Grundgesetz gleichgestellten Personen gebildet." Das sind die deutschen Flüchtlinge und Vertriebenen, die aufgrund von § 116 bei Erreichen des Bundesgebiets die deutsche Staatsangehörigkeit automatisch erhalten. Doch von Staatsangehörigkeit steht in dem genannten Grundsatz nichts, und auch das Wort *deutsch* kommt nicht vor. Trotzdem wird diese Behauptung wiederholt: "Die Zugehörigkeit zum Staatsvolk wird also grundsätzlich durch die Staatsangehörigkeit vermittelt [...]." Damit sind nun glücklicherweise auch die deutschen Kinder und Jugendlichen wieder mit inbegriffen. Dabei bleibt es. Wählen darf, wer deutscher Staatsangehöriger ist. Auf den ersten Blick ist es ein geschickter Ausweg, durch die Bindung die Volksbegriffs an den der Staatsangehörigkeit eine Entscheidung zwischen *citizenship* und *nationality* zu vermeiden, aber diese Koppelung ist zirkulär. Denn bis zu dem Zeitpunkt, wo das Volk sich eine Verfassung gibt, ist es ja noch der unverfaßte Träger des *pouvoir constituant*, und für den ist weder die Staatsangehörigkeit noch das Wahlrecht gesetzlich geregelt.[22]

(Die Richter verschweigen nicht, daß es auch schon einmal anders ging, als nämlich zwischen 1808 und 1842 nach der vom Steinschen Städteordnung in Preußen jeder Bürger wählen konnte, ganz gleich, welcher Nationalität er angehörte - aber das halten sie für unerheblich.)[23]

---

[22] So auch der Staatsrechtler Brun-Otto Bryde in der Anhörung vor dem Hessischen Landtag (s. Anm. 21): "Das Grundgesetz, wenn es sagt: 'Die Staatsgewalt geht vom Volk aus', meint damit zunächst einmal den unverfaßten Träger des pouvoir constituant. Ich kann mir ohnehin nicht vorstellen, wie man diesen unverfaßten Träger des pouvoir constituant, der sich im Verfassungsstaat im wesentlichen nur noch revolutionär äußern kann, in das Korsett des Staatsangehörigkeitsrechts zwängen kann."

[23] Diese Passage des Urteilstexts lautet: "Zwar ist richtig, daß die mit dem Namen des Freiherrn vom Stein verbundene preußische Städteordnung vom 19. November 1808 (GS 1806 bis 1810, 324), mit der die moderne Entwicklung der kommunalen Selbstverwaltung in Preußen ihren Anfang nahm, allen Bürgern, ohne Rücksicht auf ihre Nationalität, das Wahlrecht gewährte (vgl. § 24). Indessen darf nicht übersehen werden, daß es im Jahre 1808 weder ein einheitliches preußisches Staatsgebiet noch eine preußische Staatsangehörigkeit gab. Insoweit veränderte sich allerdings die bis dahin

7. Sprache, Kultur und Abstammung

Unsere Frage, wer Deutscher ist, läßt sich nicht vom Staatsangehörigkeitsrecht beantworten. Nach dem Territorialprinzip wären alle, die sich mit der Absicht, in Deutschland zu bleiben, wenigstens jedoch ihre hier geborenen Kinder, Deutsche. Aber nach dem Prinzip einer auf Sprache, Kultur und Abstammung beruhenden Gemeinschaft könnten Außenstehende nur im Ausnahmefall Deutsche werden. Sprache, Kultur und Abstammung sind indessen sehr vage Begriffe. Die Probleme seien in Stichworten angedeutet.

Zur Sprache. Auch Österreicher, viele Schweizer und Luxemburger und nicht wenige Elsässer sprechen deutsch. Deshalb sind sie noch lange keine Deutschen. Frau von Stein schrieb ihre ersten deutschen Briefe unter Goethes Einfluß. Das Französische war bis Anfang des 19. Jahrhunderts übliche Verkehrssprache unter den Gebildeten. Wie schwach das Sprachprinzip ist, zeigt sich auch daran, daß für den Sprachunterricht deutscher Aussiedler im Jahr 1990 3,2 Milliarden Mark ausgegeben wurden.[24] Das bedeutet, daß als Deutscher auch anerkannt wird, wer die deutsche Sprache nicht spricht, und zwar nicht als Ausnahme, sondern als Regelfall. Andererseits hätten nach heutiger Gesetzeslage weder Franz Kafka noch Egon Erwin Kisch einen Anspruch auf die deutsche Staatsangehörigkeit, weil sie nicht deutscher, sondern jüdischer Abstammung sind.

Zur Kultur. Aussiedler müssen ihre Zugehörigkeit zum deutschen Kulturkreis dadurch glaubhaft machen, daß sie nachweisen, sich stets zum deutschen Volkstum bekannt zu haben. Das war allerdings den deutschen Juden in den Jahren von 1933 bis 1945 kaum zuzumuten. Mit dem Rentenreformgesetz 1992 sollen nun aber auch Angehörige des Judentums, die aus den sogenannten Vertreibungsgebieten stammen und jetzt in Deutschland leben, unter bestimmten Bedingungen Ansprüche nach dem Fremdrentengesetz geltend machen können. Zu den Bedingungen gehört, daß sie bis zu dem Zeitpunkt, wo der nationalsozialistische Einflußbereich sich auf ihr jeweiliges Heimatgebiet erstreckte, dem deutschen Sprach- und Kulturkreis angehörten, das 16. Lebensjahr bereits vollendet und sich unter den Nazis wegen ihrer Zugehörigkeit zum Judentum nicht mehr zum deutschen Volkstum bekannt hatten.

Daß hier der Begriff des "deutschen Sprach- und Kulturkreises" offensichtlich subsidiär zum höherwertigen Begriff der Deutschstämmigkeit zu

---

bestehende Rechtslage durch das Gesetz über die Erwerbung und den Verlust der Eigenschaft als preußischer Unterthan vom 31. Dezember 1842 (GS 1843, 15)."

24 Mitteilung von Johannes Gerster MdB (Brief vom 14.10.1990).

interpretieren ist, ergibt sich aus dem Bundestagsausschußbericht, in dem als Ziel angegeben wird, "die rentenrechtliche Gleichstellung der aus osteuropäischen Vertreibungsgebieten stammenden deutschen Juden mit den deutschstämmigen Aussiedlern zu erreichen".[25] Ferner heißt es: "Die Zugehörigkeit zum deutschen Sprach- und Kulturkreis bedeutet, daß Deutsch wie eine Muttersprache im persönlichen Bereich überwiegend benutzt worden sein müsse und dadurch ein Zugang zur deutschen Kultur möglich gewesen sein müsse." Die Formulierung *wie eine Muttersprache* statt des üblichen *als Muttersprache* läßt sich so interpretieren, daß für diese deutschen Juden Deutsch im eigentlichen Sinn nicht Muttersprache sein kann. Eine rechtliche Gleichstellung mit deutschen Aussiedlern in Fragen der Staatsangehörigkeit ist hingegen nicht vorgesehen, und zwar offensichtlich deshalb, weil das Abstammungskriterium nicht erfüllt ist. Sprache und Kultur allein reichen nicht aus. Die Deutschen sind, wie es scheint, zuvörderst eine Abstammungsgemeinschaft.

Zur Abstammung. Formal problematisch an diesem Kriterium ist der Zeitfaktor. Beim Ariernachweis ging es um die Urgroßeltern, und zwar um deren Religionszugehörigkeit. Vielleicht wegen dieser anrüchigen Nähe findet sich heute nirgends eine klare administrative Präzisierung des Abstammungsbegriffs. Daneben bleibt bestehen, daß, ganz gleich wo man den Schnitt legt, für die Einordnung der damaligen Generation allenfalls Sprache und Kultur, nicht aber Abstammung herangezogen werden können, ohne in den infiniten Regreß zu geraten. Im übrigen gilt das Abstammungsprinzip nicht uneingeschränkt. Hinzukommen muß das Bekenntnis zum deutschen Volkstum, und es muß auch glaubhaft gemacht werden, daß man wegen dieses Bekenntnisses Benachteiligungen ausgesetzt war. Die etwa 60 Millionen US-Bürger deutscher Abstammung können deshalb keinen deutschen Paß beanspruchen.

Wie untrennbar verwoben heute die Bedingungen Sprache, Kultur und Abstammung gesehen werden, sei an einem letzten Fall verdeutlicht. Im April 1990 wurde in der Presse darüber berichtet, daß die Staatsanwaltschaft auf Initiative des Auswärtigen Amtes gegen jüdische Aussiedler wegen Verdachts auf Betrug im Zusammenhang mit ihrer Anerkennung als Deutsche ermittelt.[26] Bei dieser Gruppe handelt es sich um Nachfahren von Familien aus dem südwestdeutschen Sprachgebiet, die in der zweiten Hälfte des 18.

---

[25] Die hier aufgeführten Zitate finden sich im Bericht des Ausschusses für Arbeit und Sozialordnung (II. Ausschuß), Drucksache II/5530 vom 3.11.1989, der mir freundlicherweise im Auszug von Johannes Gerster überlassen wurde.

[26] *Frankfurter Rundschau* vom 20.4.1989, ferner *Frankfurter Rundschau* vom 30.8. 1990.

Jahrhunderts zur Zeit von Katharina II. gemeinsam mit Angehörigen christlicher Glaubensgemeinschaften in das Zarenreich ausgewandert waren. Sie lebten dort zwar in deutschen Dörfern und sprachen deutsch, nicht jiddisch, sind aber, anders als ihre christlichen Nachbarn, amtlicherseits stets als Juden und nicht als Deutsche registriert worden. Bei seiner Initiative beruft sich das Außenministerium auf Paragraph 6 des Vertriebenengesetzes, nach dem nur Deutscher sei, wer zeitlebens als Deutscher in Erscheinung getreten ist, was in der Tat, sei es aus eigenem Willen, sei es, weil sie von ihren christlichen Mitbürgern ausgegrenzt wurden, sei es durch behördliche Willkür, bei dieser Gruppe nicht zutrifft. Es waren damals, wie die Namen der Siedlungen belegen, auch deutschsprachige Familien aus der Schweiz und dem damals wie heute französischen Elsaß nach Rußland gekommen.[27] Für die russische Administration waren alle Deutschsprachigen gleichermaßen Deutsche, sofern sie keine Juden waren. Und auch in der BRD werden sie, solange sie Christen sind, alle großzügig als Deutsche anerkannt.

8. Schlußfolgerungen

Die erörterten Fälle zeigen, daß die Bedingungen, die erfüllt sein müssen, damit jemand als Deutscher gelten kann, oft unterschiedlich gewertet werden. Bei den Deutschen in Nordschleswig genügt offenbar die Zugehörigkeit zum deutschen Kulturkreis. Die Österreicher sind heute anscheinend deshalb eine eigene Nation, weil sie in einem eigenen Staat wohnen. Bei den Sudetendeutschen ist es eher die Sprache, weniger der Kulturkreis und die Abstammung, bei den deutschsprachigen Ungarn und Rumänen eher die Abstammung und, soweit noch vorhanden, die Sprache. Das Bekenntnis der Ungarn- und Rumäniendeutschen zum deutschen Volkstum differenziert nicht zwischen Deutschland und Österreich. Deutsche Juden, soweit sie nicht seit jeher auf deutschem Territorium ansässig waren, werden den Deutschen entweder deshalb nicht gleichgestellt, weil sie nicht deutscher Abstammung sind, oder, wenn sie deutscher Abstammung sind, weil sie nicht amtlicherseits als Deutsche registriert waren. Sorben sind Deutsche, weil sie immer schon auf deutschem Territorium siedelten, während in Deutschland geborene Gastarbeiterkinder deshalb keine Deutschen sind, weil sie nicht die deutsche Staatsangehörigkeit haben. Otto Habsburg wurde deutscher Staatsangehöriger, weil er sonst nicht hätte Europaabgeordneter werden können.

---

[27] Vgl. dazu Wiesinger (1983, 901 ff., hier besonders 926), ferner Mettke (1989, 182 ff.).

(Das hinderte ihn indessen nicht, sich als Präsidentschaftskandidat in Ungarn nominieren zu lassen.)

Sieht man einmal von den prototypischen Deutschen ab, die alle Bedingungen erfüllen, scheint es sich nach dem Prinzip der Opportunität zu regeln, wer zum deutschen Volk oder zur deutschen Nation gehört. In der Geschichte begründete Einstellungen und Vorurteile können fortwirken, weil der vage Begriffskomplex von Sprache, Kultur und Abstammung einerseits und der territoriale Volksbegriff andererseits einen beliebigen Rechtfertigungsspielraum für jede Entscheidung ermöglichen.

Im Historikerstreit hat Michael Stürmer ausgesprochen, warum die nationale Identität - er spricht lieber von der "höheren Sinnstiftung durch die Nation" - aus seiner Sicht so wichtig ist. Ohne sie, glaubt er, treibe der Pluralismus der Interessen, "wenn er keinen gemeinsamen Boden mehr findet [...] früher oder später zum sozialen Bürgerkrieg".[28] Damit ist gewiß eine der Funktionen angesprochen, die dem neuen Diskurs über die nationale Identität zukommt. Er dient auch dazu, soziale Antagonismen dadurch zu deeskalieren, daß der Gegensatz zwischen den Deutschen und den Fremden in der deutschen Gesellschaft zu einem die öffentliche Meinung beherrschenden Thema gemacht wird. Ziel dieses Beitrags war es, zu zeigen, daß das Konzept der Nation, wie es hierzulande verwendet wird, rational nur schwer konsistent zu begründen ist.

9. Literatur

Bohrer, Karl Heinz (1990): "Und die Erinnerung der beiden Halbnationen?" In: *Merkur* 3, 1990, S. 183-188.

Born, Joachim/Dickgießer, Sylvia (1989): *Deutschsprachige Minderheiten. Ein Überblick über den Stand der Forschung für 27 Länder.* Institut für deutsche Sprache im Auftrag des Auswärtigen Amts. Mannheim.

Busse, Dietrich (1987): *Historische Semantik. Analyse eines Programms.* Stuttgart.

Dahrendorf, Ralf (1990): "Eine deutsche Identität." In: *Merkur* 3, 1990, S. 231-235.

Elias, Norbert (1989): *Studien über die Deutschen.* Herausgegeben von Michael Schröter. Frankfurt/Main.

[28] Das Zitat findet sich bei Habermas (1987, 63).

Fink, Gouthier-Louis (1991): "Das Bild des Nachbarvolkes im Spiegel der deutschen und französischen Hochaufklärung." In: Giesen, Bernhard (Hrsg.): *Nationale und kulturelle Identität. Studien zur Entwicklung des kollektiven Bewußtseins in der Neuzeit.* Frankfurt/Main.

Foucault, Michel (1991): *Die Ordnung des Diskurses.* Mit einem Essay von Ralf Konersmann. Frankfurt/Main.

Freud, Sigmund (1969): "Neue Folge der Vorlesungen zur Einführung in die Psychoanalyse." In: *Freud-Studienausgabe.* Hrsg. von Alexander Mitscherlich, Angela Richards, James Strachey. Band 1. Frankfurt/Main.

Habermas, Jürgen (1987): "Eine Art Schadensabwicklung". In: *"Historikerstreit". Die Dokumentation der Kontroverse um die Einzigartigkeit der nationalsozialistischen Judenvernichtung.* München, S. 62-76.

Habermas, Jürgen (1990): "Nochmals zur Identität der Deutschen." In: ders.: *Die nachholende Revolution.* Frankfurt/Main, S. 205-244.

Hobsbawm, Eric J. (1990): *Nations and Nationalism since 1780.* Cambridge.

Kant, Immanuel (1798): "Anthropologie in pragmatischer Hinsicht. Zweiter Theil: Anthropologische Charakteristik. C. Der Charakter des Volks." In: ders.: *Kant's Werke.* Hrsg. von der Königlich Preußischen Akademie der Wissenschaften. Band VII. Berlin 1917, S. 311-319.

Mettke, Jörg R.: "Verlorenes Paradies an der Wolga." In: *Der Spiegel* 37 (1989), S. 182 ff.

Sennett, Richard (1983): *Verfall und Ende des öffentlichen Lebens. Die Tyrannei der Intimität.* Frankfurt/Main.

Teubert, Wolfgang (1989): "Das Volk und die Ausländer." In: *Sprachreport* 2, 1989, S. 1-3.

Trautmann, Günter (1991): *Die häßlichen Deutschen? Deutschland im Spiegel der westlichen und östlichen Nachbarn.* Darmstadt.

Türcke, Christoph (1987): "Darüber schweigen sie alle. Tabu und Antinomie in der neuen Debatte über das Dritte Reich." In: ders.: *Gewalt und Tabu. Philosophische Grenzgänge.* Lüneburg.

Türcke, Christoph (1989): "Identitätsverlust und Identitätskult." In: ders.: *Die neue Geschäftigkeit. Zum Ethik- und Geistesbetrieb*. Lüneburg.

Walser, Martin (1989): *Über Deutschland reden*. Frankfurt/Main.

Wehler, Hans-Ulrich (1989): *Deutsche Gesellschaftsgeschichte*. Erster Band. Vom Faschismus des alten Reiches bis zur Defensiven Modernisierung der Reformära 1700-1815. München, Zweite Auflage.

Wiesinger, Peter (1983): "Deutsche Dialektgebiete außerhalb des deutschen Sprachgebiets: Mittel-, Südost- und Osteuropa." In: *Dialektologie. Ein Handbuch zur deutschen und allgemeinen Dialektforschung*. Zweiter Halbband. Berlin, S. 900-929.

Ein Wort im Wandel: *Deutsch* - was ist das?
Semiotisch-semantische Anmerkungen zu einem Wahl-Plakat der CDU (1990)

Fritz Hermanns (Heidelberg)

Deutsch - was ist das? Und: Hat sich das im deutschen Sprachgebrauch geändert seit der Mitte vorigen Jahres (1989)? Gab es da insbesondere bei der Verwandlung der *DDR* in die *neuen Bundesländer* einen Umbruch?

1. Deutsch und Deutschland in den neuen Bundesländern

Was diese neuen Bundesländer und deren öffentlichen Sprachgebrauch betrifft, besteht der Umbruch diesbezüglich darin, daß hier überhaupt die Wörter *deutsch* und *Deutschland* wieder zu möglichen und damit auch gebräuchlichen Vokabeln des politischen Diskurses wurden. Das waren sie hier nicht mehr gewesen, denn es galt seit den siebziger Jahren in der offiziellen DDR eine Sprachregelung des Sinnes: *deutsch*, das gibt es gar nicht mehr.

So erklärt das *Handwörterbuch der deutschen Gegenwartssprache* (Berlin/DDR 1984) das Adjektiv in seiner ersten, wichtigsten Bedeutung mit einer Paraphrase, die dies klar besagt. Es schreibt (s.v.) nämlich: "*deutsch* [...] das ehemalige Deutschland [...] betreffend" und erklärt (s.v.) analog den Namen *Deutschland*, wiederum an erster Stelle, mit der Formulierung: "Ländername für das Territorium der deutschen Nation, bes. des ehemaligen deutschen Staates, bis zur Herausbildung der DDR und der BRD"; den Vergangenheitscharakter von *Deutschland* betonen u.a. auch zwei Beispielsätze im Präteritum: "er lebte in D.", "sie waren Vertreter eines anderen D." wie auch der Phraseologismus "das Wilhelminische D.", der das Antiquierte von *Deutschland* hervorhebt. Zur Datierung vgl. Hellmann (1992, s.v. *deutsch*): "seit Anfang der siebziger Jahre - außer in Namen - selten und fast nur noch in gesamtdeutschen, vor allem in historischen Bezügen gebraucht".

Daß die beiden Wörter auf dem Territorium der Ex-DDR jetzt wieder offiziell und öffentlich verwendet wurden, das vor allem war also das Neue, das sich aber noch zu Lebzeiten der DDR angebahnt und durchgesetzt hat. Ein Vorbote davon war der so subtile wie auch radikale Wechsel von *W i r sind das Volk* zu *Wir sind e i n Volk*, wo im Cluster der Bedeutungskomponenten des Wortes *Volk* auf einmal etwas anderes hervorgekehrt war. Aus *Volk* als Staatsvolk wurde unversehens *Volk* im Sinne der Nation. *E i n Volk*, das hieß: *das d e u t s c h e Volk*. Wie denn bei diesem Wechsel auch das Wörtchen *wir* unversehens etwas anderes bedeutete als vorher. In der Parole *W i r sind das Volk* bedeutete es nämlich positiv etwa: 'wir Demonstrierenden hier in Leipzig und überhaupt die große Mehrheit aller Menschen in der DDR'; und negativ: '... und nicht etwa ihr, die SED und ihre Funktionäre'. Dagegen in der Formel *Wir sind e i n Volk* besagte die mitgemeinte Negation: '... und nicht etwa zwei verschiedene Völker', und dementsprechend stand darin das *wir* für: 'wir Deutschen in der DDR u n d in der BRD'. So war in dieser Formel also *deutsch* gemeint und *deutsch* auch deutlich ausgedrückt.

Allerdings hatte der Slogan offenbar zuallererst noch eine gänzlich andere Bedeutung. Zuerst belegt finde ich nämlich *Wir sind e i n Volk* in dem gemeinsamen Appell der Leipziger Gruppen "Arbeitskreis Gerechtigkeit, Arbeitskreis Menschenrechte, Arbeitsgruppe Umweltschutz" vom 9.10.1989, wo es heißt: "An die Einsatzkräfte appellieren wir: Enthaltet Euch der Gewalt, reagiert auf Friedfertigkeit nicht mit Gewalt. Wir sind ein Volk" (zit. nach Wimmer u. a. 1990, 68). Hier also war mit *Wir sind e i n Volk* der Appell an die "Einsatzkräfte" gemeint: "Nicht schießen!", und mit den Wörtern *wir* und *ein* wurde hier also an eine noch ganz andere Solidarität appelliert als an die deutsch-deutsche. Der dann im Sprechchor dekontextualisierte Slogan ist aber bald - oder sogar sofort - miß- bzw. neuverstanden worden. (Zur Ambiguität bzw. Polysemie von *Volk* vgl. Teubert 1989).

Wobei dies aber noch sehr diskret geschah und beide Wörter - *deutsch* und *Deutschland* - dabei noch vermieden wurden als in hohem Maß brisante Wörter, die man mit Emphase damals - wie zu vermuten ist - ohne hohes Risiko öffentlich noch nicht gebrauchen konnte, unter Stasi-Augen jedenfalls noch nicht gebrauchte, auch nicht in der Dunkelheit der Straßen Leipzigs abends im Oktober.

Bald erschien jedoch auf Transparenten *Deutschland einig Vaterland* aus der dann bald auch amtlich reverbalisierten Hymne "Auferstanden aus Ruinen", eine Formel, die den Staat der SED rhetorisch sozusagen mit den eigenen verbalen Waffen schlug.

Schließlich erfolgte, z.T. schon vor dem 3.10.1990, die Aktion, daß in der DDR die Nationalitätenschilder an den Autos ausgewechselt wurden, genauer: überklebt, ein schönes Sinnbild dafür, wie man überhaupt Vergangenheit, da man sie sonst nicht zum Verschwinden bringen kann, fürs erste einmal überklebt, wie hier das Zeichen *DDR* mit *D*. So wurde eine frühere Identität gegen eine neue eingetauscht. Wobei dieser Vorgang darin delikat war, daß die neu erworbene Identität nicht einfach irgendeine, sondern ausgerechnet diejenige Identität war, die vor kurzem noch die Gegen-Identität gewesen war. Ein bisher negatives, abgelehntes deutsches Selbstverständnis wurde so mit einem Schlag zu einem positiven Selbstverständnis - dies ein Vorgang, der im zwanzigsten Jahrhundert sich in Deutschland nicht zum ersten Mal ereignet hat mit allen seinen, wie man auch für diesmal fürchten muß, desaströsen Folgen für das Selbst- und Weltverständnis wie das Selbstbewußtsein der Betroffenen.

Jedenfalls waren nun die bis dato häßlich so benannten *DDR-Bürger* - wie die nicht minder häßlich so benannten *Bundesbürger* und die *Bundesbürgerinnen* - auf einen Schlag einfach nur noch *Deutsche*; nunmehr auch im öffentlichen Sprachgebrauch.

2. Deutsche *in der DDR als marginale Deutsche*

Zwar schon immer irgendwie a u c h Deutsche - wenn auch DDR-intern seit etwa zwanzig Jahren nur in der Nischensprache der Privatheit - waren doch bis dahin Deutsche aus der DDR im Selbstverständnis wie auch im Fremdverständnis überwiegend *Deutsche* sozusagen zweiter Klasse. In der BRD ging die Tendenz dahin, unter *Deutschland* einfach mehr und mehr die Bundesrepublik zu verstehen.[1]

Und dementsprechend waren auch die - um es linguistisch auszudrücken - prototypisch Deutschen die Bundesbürger, denen gegenüber jene anderen *Deutschen* aus der DDR nichts waren als nur ihre *parents pauvres*: arme An-

[1] Dies konstatieren Berschin (1979, 86 ff.) und, mit genauen Zahlen, Hellmann (1989, 110 ff.).

verwandte, denen man zu Weihnachten ein Päckchen schickte; und die am Katzentisch des Wohlstands wie der Weltgeschichte saßen. Als der "Brüder und Schwestern in der Zone" hatte man ihrer in den fünfziger und sechziger Jahren gern gedacht. Doch nicht so sehr *Brüder* oder *Schwestern* waren wohl in Wirklichkeit die Deutschen in der DDR, sondern wohl eher nur die armen Neffen oder Nichten ihrer reichen bundesdeutschen Onkels wie auch Tanten.

> So ist auch *onkelhaft* vielleicht kein schlechtes Wort, um eine - möglicherweise als typisch erlebte - Attitüde von Bundesdeutschen zu beschreiben in bezug auf diese Armen Vettern oder Nichten aus der DDR mit ihrer kaufkraftmäßig schwachen "Mark der DDR" und ihren, als die kamen, rührend-kümmerlichen Trabis.

Prototypsemantisch formuliert, waren diese armen Deutschen aus der DDR nur periphere Exemplare der Kategorie *deutsch*, oder, wie man es linguistisch gleichfalls nennen kann, sie waren schlechte Beispiele für das, was *deutsch* ist. Im Vorgriff auf das Folgende wäre dem noch hinzufügen: Gerade deshalb, weil sie keine reichen Deutschen waren, waren sie prototypisch keine guten Deutschen. Denn ein guter Deutscher ist ein reicher Deutscher, wie man prototypsemantisch sagen könnte. Und ein guter Deutscher ist prototypsemantisch außerdem ein freier Deutscher, wobei *frei* zu definieren wäre als gerade das, was Bundesdeutsche sind und waren.[2]

Also war einerseits im nicht-öffentlichen Sprachgebrauch der DDR wie auch der BRD das prototypisch *Deutsche* in der BRD zu Hause. Und andererseits gab es, so haben wir gesehen, im öffentlichen Sprachgebrauch der DDR ein Vakuum, was den Gebrauch von *deutsch* und *Deutschland* angeht.

3. Deutschland *als Fahnenwort der CDU*

Vor dem so dargestellten Hintergrund ist es wahrscheinlich, daß sowohl Deutschland-Bild und Deutschen-Bild wie auch das Schlagwort *deutsch* ebenso wie das Schlagwort *Deutschland* im öffentlichen Sprachgebrauch derzeit auch im Osten Deutschlands dominant bestimmt sind von Parteien aus dem Westen Deutschlands. Insbesondere von der CDU, die heute (Oktober 1990) sozusagen überstrahlt ist von dem hellen Glanz des Glücks der deutschen Einheit und die auch als die sozusagen deutscheste Partei sich nicht nur

[2] Zur Frage der Brauchbarkeit der Prototypensemantik bei der Analyse politischer Sprache verweise ich auf den Sammelband von Schäffner (1990) und besonders die darin enthaltenen von Christina Schäffner selbst verfaßten Beiträge.

selber darstellt, sondern sicherlich auch gilt bei ihren Wählern wie vermutlich auch bei vielen ihrer Gegner. So daß zur Zeit auch *deutsch* und *Deutschland* bei weitem mehr i h r e Fahnenwörter sind als die der anderen Parteien. Wenn diese anderen Parteien *Deutschland* sagen, dann wedeln sie gewissermaßen hilflos nur mit einem schwarz-rot-goldenen Kinderfähnchen. Sagt dagegen dies die CDU, dann entfaltet sich vor unseren Augen jenes sozusagen überlebensgroße Tuch vom 3.10.1990 vor dem Reichstag, das damit gleichermaßen ein Symbol für Deutschland wie die CDU geworden ist.

Doch nicht nur ist es so, daß *deutsch* und *Deutschland* Fahnenwörter par exellence der CDU und damit symptomfunktional jetzt vor allem ihre Wörter sind. Sondern die CDU dominiert bei diesen Wörtern außerdem symbolfunktional und appellfunktional, indem vor allem sie mit ihrem Sprachgebrauch bestimmt, was diese Wörter deskriptiv und präskriptiv bedeuten. Wenn überhaupt die Sprache einer Gruppe, dann ist zur Zeit diejenige der CDU die repräsentative Sprache in der Bundesrepublik, was den Gebrauch von *deutsch* und *Deutschland* anbetrifft. Sie hat, so könnte man es nennen, derzeit die s e m a n t i s c h e H e g e m o n i e, was *deutsch* und *Deutschland* angeht.

Dies zeigt sich u.a. schon darin, daß im Wahlkampf 1990 nur die CDU mit *Deutschland* ohne jeden Zusatz operierte. Die anderen Parteien mußten oder wollten zwar von *Deutschland* gleichfalls reden, konnten dies aber offenbar sinnvoll nur mit einem Zusatz tun, der anzeigte, daß sie sich dabei implizit auf das *Deutschland*-Bild und den *Deutschland*-Begriff der CDU bezogen. So die FDP, die ihren Slogan "FDP. Die Liberalen" in diesem Wahlkampf erweitert hat zu: "FDP. Die Liberalen - Das liberale Deutschland." Oder die SPD, deren Wahlprogramm "Das moderne Deutschland" forderte, in lebhaftem Gegensatz zu Zeiten, wo sie - als Regierungspartei - im Wahlkampf ohne Zusatz mit dem Slogan werben konnte "Modell Deutschland", womit allerdings seinerzeit allein die BRD gemeint war. Und auch die Partei der GRÜNEN fand es sinnvoll, auf den *Deutschland*-Wahlkampf der CDU zu reagieren, wenn auch nur in der Weise, daß sie ihr Schweigen in Sachen *Deutschland* explizit machte in einem Slogan mit mittlerweile langer Vorgeschichte: "Alle reden von Deutschland. Wir reden vom Wetter."

Weshalb im folgenden Inhaltselemente dessen vorgeführt werden sollen, wofür im Sprachgebrauch der CDU der Name *Deutschland* steht. Dabei ist die Vermutung, daß sich wohl generell der U m b r u c h in der Sprache des Gebiets der DDR oft beschreiben läßt als E i n b r u c h einer bundesdeutschen Sprache - besonders dann, wenn, wie bei *deutsch* und *Deutschland*, diese Sprache zugleich ein Vakuum im Sprachgebrauch auffüllt. Ob dieser Umbruch dann von Dauer sein wird, wird sich zeigen. Auf alle Fälle ist der

Deutschland-Begriff der CDU derjenige *Deutschland*-Begriff, mit dem man in den neuen Bundesländern jetzt zunächst einmal am massivsten konfrontiert war und den sich viele offenbar auch gern - dafür spricht jedenfalls das Wahlergebnis - zu eigen machen wollten.

Wofür im einzelnen im Sprachgebrauch der CDU der Name *Deutschland* steht, das zeigt uns in nuce ihr Wahlplakat.

4. Ja zu Deutschland

“Ja zu Deutschland / Ja zur Zukunft / Gemeinsam / schaffen / wir's” - dies alles graphisch angeordnet auf dem Hintergrund der windbewegten Fahne in den deutschen Farben: etwas Schwarz, ein recht gedecktes Rot, und sehr viel Gold. Schwarz auf Weiß mit einem hellem Rot darunter dann das Wahlkampf-Logo: “Freiheit - Wohlstand - Sicherheit - CDU”, das *D* von *CDU* unterstrichen nochmals mit den Bundesfarben Schwarz-Rot-Gold, als würde dieses *D* nicht stehen für das Beiwort *demokratisch*, sondern für das deutsche *D*, für *Deutschland.* Viermal *Deutschland* also auf dem Wahlplakat der CDU, einmal explizit als *Deutschland*, einmal als *D*, zweimal als Schwarz-Rot-Gold: ein non-plus-ultra. Außerdem, wenn man so will, sogar ein fünftes Mal als Schwarz-Weiß-Rot.

> Die CDU liegt damit im Trend einer Konjunktur des Namens *Deutschland* und der ihn vertretenden Symbole besonders seit, wie Glück (1991) belegt und ausführt, der Fußball-Weltmeisterschaft im Sommer 1990.

Insgesamt erscheint hier *Deutschland* als Heilsbegriff, d.h. als Inbegriff des Heils für alle Deutschen. Wie es ja immer der Name der Nation ist, der als Inbegriff des Heils fungiert, für jeden Nationalismus. Denn so läßt sich vielleicht der Nationalismus definieren: als eine allgemeine Heilserwartung, wo der Name der jeweiligen Nation als Inbegriff des Heils fungiert, d.h. als Inbegriff des Endes aller Not und Sorgen; als das globale, große Glücksversprechen. Und das scheint hier, auf diesem Wahlplakat, der Fall zu sein.

Folgendermaßen ist nämlich dieses Wahlplakat vielleicht zu deuten. “Gemeinsam schaffen wir's”. Wer ist hier *wir*? Nun, alle *Deutschen*. Was schaffen wir? Was immer wir am meisten wollen. Insbesondere aber: *Freiheit*, *Wohlstand*, *Sicherheit*.

Ja zu Deutschland
Ja zur Zukunft
Gemeinsam schaffen wir's
CDU
Freiheit
Wohlstand
Sicherheit

Man fühlt bei solchen Slogans sich erinnert an die Gute Fee im Märchen, die erscheint und sagt: Dreimal darfst du wünschen. Da kommt es darauf an, daß man die Sache gründlich überlegt und wirklich gute und möglichst umfassende Wünsche tut. Genauso ist es, wenn im Wahlkampf lange diskutiert und durch Meinungsforschunginstitute gründlich überprüft wird, welche drei von vielen potentiellen Wünschen man den Wählern sozusagen in den Mund legt auf dem eigenen Wahlplakat, so daß man damit vielen aus der Seele redet, wenn man ihnen die Erfüllung eben dieser Wünsche durch die eigene Partei verheißt: drei repräsentative große Wünsche, stellvertretend für die tausend kleinen Wünsche, die konkret die vielen Wähler wirklich haben.

“Einigkeit und Recht und Freiheit / Sind des Glückes Unterpfand”, heißt es im Deutschlandlied. Ganz ebenso ist hier des Glückes Unterpfand die Trinität von *Freiheit, Wohlstand, Sicherheit.* Und diese Trinität trägt hier den Namen *Deutschland.* Denn wie im Deutschlandlied der Wunsch nach *Einigkeit und Recht und Freiheit,* so ist hier der Wunsch nach *Freiheit, Wohlstand, Sicherheit* im Namen *Deutschland* sozusagen konzentriert, so daß man diesen Namen *Deutschland* als stellvertretend verstehen kann für diese Trias von Begriffen und von Wünschen; so daß der Name *Deutschland* tendenziell zum Synonym wird für die Trias *Freiheit, Wohlstand, Sicherheit.* Und daß umgekehrt diese Trias den Namen *Deutschland* evozieren, ja bedeuten kann. Dergestalt, daß jemand etwa sagen könnte: “Was wir wollen, das ist Freiheit, Wohlstand, Sicherheit; kurz: Deutschland”.

Ja zu Deutschland und *Ja zur Zukunft* sagen, das ist offenbar identisch in der Logik des Plakats, und beides impliziert nach dieser Logik, daß die Zukunft namens *Deutschland* auch bedeutet: *Freiheit, Wohlstand, Sicherheit.* Und umgekehrt bedeutet offenbar, für *Freiheit, Wohlstand, Sicherheit* zu sein, daß man zur *Zukunft* und damit zu *Deutschland* ja sagt.

Genauso also, wie im Vormärz *Deutschland* Inbegriff von *Einigkeit und Recht und Freiheit* wurde oder werden sollte, so ist hier der Name *Deutschland* Inbegriff von *Freiheit, Wohlstand, Sicherheit.*

Zwar hier speziell zu Wahlkampfzwecken und bezogen auf den aktuellen Augenblick des Wahlkampfs, hat damit aber doch die CDU aus dem komplizierten und komplexen Cluster vieler Inhaltselemente des Begriffes *Deutschland* drei Elemente herausgegriffen und herausgehoben, die in der Tat für das (bislang) bundesdeutsche Selbstverständnis seit der Ära Adenauer-Erhardt prägend waren und, wie man hier sieht, noch immer sind.

Erstens *Freiheit,* bundesdeutsch besonders wichtig als Leitbegriff des Antikommunismus in der Zeit des Kalten Krieges. *Freiheit* überhaupt ist ein

Negationsbegriff und kann als solcher höchst Verschiedenes bedeuten, je nachdem, an welches Übel man gerade denkt, von dem man *frei* sein möchte. In der Mentalitätsgeschichte Westdeutschlands und in der Sprache Adenauers und der Sprache seiner Erben nach dem zweiten Weltkrieg bedeutet *Freiheit* vor allem: a) nicht unter der sowjetischen, d.h. russischen Fremdherrschaft zu leben, und b) nicht in einer kommunistischen Diktatur zu leben; in summa: c) nicht so leben zu müssen wie die Leute in der DDR. So etwa dürfte sich die jüngere Semantik von *Freiheit* zusammenfassen lassen.[3]

Was immer aber *Freiheit* in der jüngeren westdeutschen Geschichte heißt, davon ist unberührt, daß seit viel längerer Zeit jedenfalls *Deutsch-Sein* mitbedeutet: *frei* sein wollen; wie natürlich auch Französisch-Sein und Englisch-Sein den Freiheitswillen implizieren, denn daher haben es historisch ja die Deutschen. Der prototypisch *Deutsche* ist ein freier Deutscher oder will wenigstens ein freier Deutscher sein, und *Deutschland* muß ein freies Land sein - dies beides ist ein Teil der Kernbedeutung der Worte *deutsch* und *Deutschland* seit der Zeit der Revolution in Frankreich und der deutschen Freiheitskriege gegen Frankreich und Napoleon als Usurpator. Was immer auch man seitdem unter *Freiheit* jeweils an höchst Verschiedenem verstanden hat, die Forderung nach Freiheit ist jedenfalls ein konstanter Bestandteil der deontischen Bedeutung von *deutsch* und *Deutschland*.[4]

Dagegen ist *Wohlstand* ein im Zusammenhang mit *deutsch* und *Deutschland* noch junges Schlagwort, das aber nach dem zweiten Weltkrieg doch schon früh zum Markenzeichen nicht allein der CDU geworden ist, sondern überhaupt der Deutschen in der BRD. *Deutschland* bedeutet *Wohlstand*, und - so wurde schon gesagt - die prototypisch Deutschen sind die Deutschen mit dem dicken Portemonnaie, das gilt für Selbst- wie Fremdverständnis seit den Zeiten Erhards.

> Dafür stand schon der Begriff des *deutschen Wirtschaftswunders*. Dafür stand mit Wohlstandsbauch und mit Zigarre als dem Emblem des erfolgreichen Unternehmers (der sich solche teueren Zigarren eben leisten kann) die Person von Ludwig Erhard als Verkörperung dieses deutschen Wirtschaftswunders. *Deutsch* par excellence, das waren und das sind noch heute jene Deutschen, die es, wie man sagt, "zu etwas gebracht haben", und sie sind im deutschen dominanten Selbstverständnis die idealtypisch Deutschen nicht nur, sondern auch die idealen Deutschen. Auch galt und gilt noch heute offensichtlich weltweit, also auch im Heterostereotyp, daß

---

3 Einen Überblick über Fahnenwörter und Leitbegriffe der westdeutschen Nachkriegsgeschichte gibt Klein (1989, 33 ff.). Zu *Freiheit* als Negationsbegriff allgemein und Leitbegriff speziell der SPD des Jahres 1958 vgl. Hermanns (1989, 95 ff.).

4 Zum Begriff der deontischen Bedeutung vgl. Hermanns (1989, 74 ff.).

prototypisch Deutsche jene Deutschen sind und waren, die Geld haben und dies übrigens auch gerne zeigen; international bedeutet damit *deutsch* nicht einfach nur *reich*, sondern speziell auch *neureich* (zum "Deutschenbild" vgl. Koch-Hillebrecht [1977]; das dort Ausgeführte läßt sich heute lesen als Beitrag zu einer Prototypsemantik des Begriffes *deutsch* bzw. seiner Äquivalente in verschiedenen Kulturen und Zeiten).

Drittens ist auch *Sicherheit* ein Fahnenwort der CDU seit Adenauers Zeiten. Bei *Sicherheit*, ebenfalls einem Negationswort, war damals gedacht vor allem an die militärische Bedrohung des *Freien Westens* durch den *Osten*. Doch ist ja *Sicherheit* auch ganz allgemein zu verstehen als Inbegriff des Schutzes gegen jederlei Bedrohung, ob es sich dabei nun um eine militärische oder ökonomische Bedrohung handelt. Das Wort ist daher sehr dazu geeignet, in sozusagen zusammenfassender Funktion am Ende einer Aufzählung zu stehen.

Kann man dem Vorigen entsprechend sagen, *Deutschland* bedeute neben *Freiheit* und *Wohlstand* außerdem auch *Sicherheit*? Und *Deutschland* garantiere sozusagen *Sicherheit*? Das Gegenteil scheint doch der Fall zu sein im 20. Jahrhundert, gerade die Unsicherheit ist für die deutschen Dinge und für Deutschland typisch. Nun, in den vier Jahrzehnten seit der Nachkriegszeit war es vielleicht doch anders und hat sich in Westdeutschland die Meinung durchgesetzt, daß man im schon zitierten *Freien Westen* dank des Schutzes durch die USA und NATO wirklich sicher sei, insbesondere gegen die Bedrohung par excellence, den *Bolschewismus*, der Unfreiheit, Unrecht und Armut mit sich bringen würde. So daß also *Deutschland* vielleicht im Denken vieler Deutscher wirklich ein Inbegriff von *Sicherheit* geworden ist. Wie dem auch sei, auf alle Fälle wird man sagen können, daß mit dem Namen *Deutschland* die F r a g e nach der *Sicherheit* verknüpft ist, ob positiv (*Deutschland* als Garantie für Sicherheit) oder negativ (*Deutschland* als Land, das *Sicherheit* in hohem Maße braucht).

Der Gebrauch von *Sicherheit* im Zusammenhang mit *Deutschland* bringt uns zum Bewußtsein, daß die - etwa in einem Wahlkampf - explizit formulierten Wünsche immer auch Ausdruck sind von Ängsten, in denen diese Wünsche ihren Ursprung haben. Der Wunsch nach *Freiheit* also in Angst vor *Unfreiheit*, der Wunsch nach *Wohlstand* in Angst vor *Not* und *Armut*, und der Wunsch nach *Sicherheit* in Angst schlechthin. Indem die CDU mit ihrem Wahlkampfslogan ihrer potentiellen Wählerschaft die Wünsche nach *Freiheit*, *Wohlstand*, *Sicherheit* gewissermaßen von den Lippen abliest, gibt sie eo ipso eine Diagnose von deren kollektiven Ängsten. Es dürfte übrigens nicht schwer sein, zu den hier indirekt bezeichneten Ängsten historische Erfahrungen als deutsche Traumata zu nennen, in denen wiederum die Ängste ihren Ursprung haben, die sich für Deutsche an den Namen *Deutschland* knüpfen.

5. *Einig - einig - einig*

"Wohl Euch, daß Ihr den reinen Sieg / Mit Blute nicht geschändet!", sagt Walther Fürst (5. Aufzug, 1. Auftritt) im *Wilhelm Tell* von Schiller (1804) und spricht damit aus, wodurch sich eine ideale deutsche Revolution von der französischen realen unterscheidet. Die deutsche Revolution ist friedlich.[5]

Eine *Revolution* ist nach Wörterbuchdefinition ein *gewaltsamer Umsturz*, so daß also eine friedliche, gewaltfreie Revolution ein Paradox ist. Der Traum von einer solchen paradoxen, sozusagen wirklich deutschen Revolution ist im November 1989 Wirklichkeit geworden.

Diese friedliche Revolution war möglich, weil eine Gunst der Stunde sie gestattete, die 1989 die Signatur des Ersten Sekretärs der KPdSU trug, der außerdem im Oktober dieses Jahres bei dem Jubiläum "40 Jahre DDR" zur Wahrnehmung dieser Gunst der Stunde ausdrücklich aufgefordert hatte mit dem Hinweis: "Wer zu spät kommt, den bestraft das Leben." So daß also die deutsche friedliche Revolution auch noch außerdem insofern paradox ist, als sie sozusagen zugleich g e h o r s a m war. Gehorsam nämlich gegenüber der eigentlichen Herrschaftsmacht in der DDR, und ungehorsam nur gegenüber der hierarchisch subalternen SED, die ihrerseits durch Ungehorsam gegen die gewünschte Politik der Perestroika quasi illegitim geworden war. Daß sie insoweit eine Revolution im Geiste des Gehorsams war - auch dies macht diese jüngste deutsche Revolution zu einer sozusagen idealen deutschen Revolution, die sich zu deutschen Gehorsamstraditionen nur partiell in Widerspruch befindet.

Und auch sonst erfüllt die deutsche Revolution von Leipzig und Berlin das Vermächtnis deutscher Überlieferungen.

> Wir wollen seyn ein e i n z i g Volk von B r ü d e r n,
> In keiner Noth uns trennen und Gefahr. [...]
> Wir wollen f r e y seyn, wie die Väter waren, [...].
> Wir wollen trauen auf den höchsten G o t t
> Und uns nicht fürchten vor der Macht der Menschen.

---

[5] Vgl. schon im 2. Aufzug, 2. Auftritt: "Die Vögte wollen wir mit ihren Knechten / Verjagen und die festen Schlösser brechen, / Doch, wenn es seyn mag, ohne Blut."

heißt es in Schillers *Tell* an anderer Stelle (2. Aufzug, 2. Auftritt). Und (ebd.):

> Wenn der Gedrückte nirgends R e c h t kann finden,
> Wenn unerträglich wird die Last - greift er
> Hinauf getrosten Muthes in den Himmel
> Und hohlt herunter seine ewgen R e c h t e , [...].

Man findet hier wesentliche Leitmotive und Begriffe, die seitdem deutsches Denken, Fühlen und auch Handeln in bezug auf *Deutschland* prägen, und speziell erkennt man, wie auch die deutsche Formel "Einigkeit und Recht und Freiheit" schon bei Schiller vorbereitet ist. Wie aber außerdem auch die Berufung auf "den höchsten Gott", in dessen Namen und im Schutz von dessen Kirchen dann fast genau zweihundert Jahre nach der Revolution in Frankreich sich die Revolution in der DDR vorbereitet und ereignet hat. Im Gegensatz zur antiklerikal-antikirchlichen, gewissermaßen frevlerischen französischen Revolution erfolgte diese deutsche mit dem Segen Gottes.

"Es hebt die Freiheit siegend ihre Fahne", sagt bei Schiller Attinghausen sterbend (4. Aufzug, 2. Auftritt), "Drum haltet fest z u s a m m e n - fest und ewig / Kein Ort der Freiheit sei dem andern fremd / [...] Seid e i n i g - e i n i g - e i n i g - ".

> Attinghausen stirbt mit diesen Worten, alle sind ergriffen, und, so heißt es wörtlich weiter: "[...] während dieser stummen Scene wird die Burgglocke geläutet", was Schiller vollends zum Propheten des Vollzugs der deutschen Einheit macht.

Auch dies Vermächtnis wird Teil einer deutschen Tradition und Teil der deontischen Semantik von *deutsch* und *Deutschland*: Deutsche sollen einig sein.[6] So will es dann nicht nur das *Lied der Deutschen* mit seinem Ruf nach "Einigkeit und Recht und Freiheit", so will es 1990 auch die CDU mit ihrem Aufruf zur Gemeinsamkeit: "Gemeinsam schaffen wir's" und dem damit gegebenen Versprechen, daß unter ihrer Führung die Gemeinsamkeit obwalten werde. Ob im Sprachgebrauch der neuen Bundesländer *Deutschland* auf Dauer Einigkeit und Gemeinsamkeit zu Bedeutungskomponenten haben wird, das, wie gesagt, steht noch dahin.

---

6 Zur Problematik der Begriffe *Einigkeit* und *Einheit* mit ihren wechselnden und oft verwechselten Bedeutungen von 'unitas' und 'concordia' vgl. die Beobachtungen von Burkhardt (1990, 77 ff.).

6. Literatur

Berschin, Helmut (1979): *Deutschland - ein Name im Wandel. Die deutsche Frage im Spiegel der Sprache*. München-Wien.

Burkhardt, Armin (1990): "Einigkeit und Ent-Rüstung." In: *Wörter und Wendungen - Von der Sprache der Konfrontation zur Sprache der Kooperation. Informationen des DDR-Komitees für wissenschaftliche Fragen der Sicherung des Friedens und der Abrüstung bei der Akademie der Wissenschaften der DDR*, Heft 1, S. 68-81.

Glück, Helmut (1992): "Aktuelle Beobachtungen zum Namen deutsch." In: Glück, Helmut/Sauer, Wolfgang/Welke, Klaus (Hrsg.): *Die deutsche Sprache nach der "Wende" in der DDR*. Hildesheim (erscheint).

Handwörterbuch der deutschen Gegenwartssprache (1984). Von einem Autorenkollektiv unter der Leitung von Günter Kempcke. Bd. 1. Berlin.

Hellmann, Manfred W. (1989): "Zwei Gesellschaften - Zwei Sprachkulturen? Acht Thesen zur öffentlichen Sprache in der Bundesrepublik Deutschland und in der Deutschen Demokratischen Republik." In: Goppel, Thomas/Lojewski, Günther von/Eroms, Hans-Werner (Hrsg.): *Wirkung und Wandlung der Sprache in der Politik*. Passau, S. 89-114.

Hellmann, Manfred W. (1992): *Wörter und Wortgebrauch in Ost und West. Ein rechnergestütztes Korpus-Wörterbuch zu Zeitungstexten aus den beiden deutschen Staaten. DIE WELT und NEUES DEUTSCHLAND 1949 - 1974*. 3 Bände. Tübingen.

Hermanns, Fritz (1989): "Deontische Tautologien. Ein linguistischer Beitrag zur Interpretation des Godesberger Programms (1959) der Sozialdemokratischen Partei Deutschlands." In: Klein, Josef (Hrsg.): *Politische Semantik. Beiträge zur politischen Sprachverwendung*. Opladen, S. 69-149.

Klein, Josef (1989): "Wortschatz, Wortkampf, Wortfelder in der Politik." In: ders. (Hrsg.): *Politische Semantik. Beiträge zur politischen Sprachverwendung*. Opladen, S. 3-50.

Koch-Hillebrecht, Manfred (1977): *Das Deutschenbild. Gegenwart, Geschichte, Psychologie*. München.

Schäffner, Christina (Hrsg.) (1990): *Gibt es eine prototypische Wortschatzbeschreibung? Eine Problemdiskussion*. Berlin (=.Linguistische Studien Reihe A 202).

Teubert, Wolfgang (1989): "Das Volk und die Ausländer." In: *Sprachreport* 2/89, S. 1-3.

Wimmer, Micha/Proske, Christine/Braun, Sabine/Michalowski, Bernhard (1990): *"Wir sind das Volk". Die DDR im Aufbruch. Eine Chronik in Dokumenten und Bildern.* München.

Kontinuität oder Innovation?
Zur Frage konstanter formaler und inhaltlicher Prägung des Sprachkampfes anläßlich der ersten gesamtdeutschen Bundestagswahl vom 2.12.1990

Paul-Hermann Gruner (Darmstadt)

1. Einleitung

Die Frage, ob und inwieweit sich einzelne Sprachformen oder politisch-inhaltliche Problemstellungen der ehemaligen DDR in der wahlkampfsprachlichen Auseinandersetzung der neuen Bundesrepublik wiederfinden, ist eingebettet in einen recht komplexen Kontext. Mit der Entmachtung der Staatspartei SED durch die revolutionären Wandlungen nach dem November 1989 ist ja nicht gleichzeitig der codierte Rahmen des politischen Sprechens zwischen Elbe und Oder ausgemustert worden. Die Konfektion des politischen Sprechens, adressiert an die Öffentlichkeit, steht zur Debatte.

Für das Gebiet und die Bevölkerung der ehemaligen DDR gilt zunächst die Grundannahme einer Latenz der Normen und Formen der 'Sprache der SED-Herrschaft'. Die Latenz dieser statuarisch-formalisierten, oft gleichermaßen verschränkten wie schwülstigen Verlautbarungssprache der ehemaligen DDR ist keinesfalls leicht abzuschütteln oder wie ein Parteibuch abzugeben. Der

Fingerzeig auf Übeltat (die 'Sprache der SED-Herrschaft') und Übeltäter (die sie mit Verve und Redundanz Reproduzierenden) fällt ebenfalls nicht leicht. Vierzig Jahre hierarchischer Normung der öffentlichen Sprache, des politischen Sprechens in der DDR, entwickeln weit über die eigentliche Existenz des totalitären Systems hinaus eine erhebliche, imperativische Schwerkraft. Vor allem: Der monotone, Alternativen entbehrende, appellativ hämmernde Sprachusus im öffentlichen Sprechen der DDR strukturierte ja nicht nur Wortverwendung, Satzbau, Zweck und Ziel von langue und parole, sondern auch die vorherrschenden Mentalitätszüge und das Denken an sich.

Weitere Schattierung des angesprochenen, komplexen Kontextes: Wenn schon politisch, gesellschaftlich, juristisch und ökonomisch von den Standards des 'real existierenden Sozialismus' im SED-Staat kaum etwas überlebt und übrigbleibt - warum sollten oder: wie weit können dann gerade Elemente der Sprach(-un)kultur zäheren Widerstand leisten?

Die Überführung der DDR in das demokratisch-pluralistische Regelwerk des föderativen Staates und den Geltungsbereich des Grundgesetzes - mit den Daten vom 1. Juli und dem 3. Oktober 1990 symbolisiert - verlief nicht nur auffallend schnell, sondern auch auffallend widerhakenfrei, geradezu flüssig. Ob die Bürger sowie die diversen Eliten des ehemaligen 'Arbeiter- und Bauernstaates' ihr Wirtschaftssystem, ihre Währung, ihr gesellschaftliches Ordnungskonstrukt ebenso schnell aufgegeben haben (und aufgeben) wie das mit den alten Werten und Normen korrespondierende Denken, sei einer anderen, womöglich statistisch untermauerten Sozialstudie vorbehalten. Hier, für diesen Beitrag, ist von Belang, ob die Bürger und Repräsentanten der "neuen Bundesländer"[1] in der für sie völlig neuen politischen Umwelt tatsächlich konkurrierender Parteien und tatsächlichen Wahl*kampfes* zumindest einige Sprachsignale oder inhaltliche Schwerpunkte mit in das wahlkämpferische Für und Wider einbringen konnten bzw. dort wiederfanden. "Kontinuität oder Innovation?" ist also eine Frage an die Wahlkampfkultur, an die politische Kultur des westlichen Teils der Bundesrepublik, der 'alten' BRD.

---

[1] Noch vor dem Vereinigungstag war in der Zeitschrift *Der Sprachdienst* (Heft 5/1990) die Preisaufgabe gestellt worden, eine passende Bezeichnung für die damalige "Noch-DDR" zu finden. Eine Jury der Gesellschaft für deutsche Sprache in Wiesbaden (GfdS) entschied sich für *die neuen Bundesländer* (vgl. *Der Sprachdienst*, Heft 1/1991, 29-31). Dieser Begriff wurde von der Gesellschaft auch zum "Wort des Jahres 1990" gewählt (vgl. Förster 1991, 34 f.).

2. *Vorgehensweise und Materialauswahl*

Die Betrachtung der ersten gesamtdeutschen Bundestagswahl ist vor allem eine synchronische Darstellung, d.h. die Darstellung der Sprachpraxis politischer langue innerhalb eines abgegrenzten, kürzeren Zeitraumes. Einige diachronische Weiterungen - den Vergleich mit Wahlkampfformeln der Vergangenheit betreffend - seien erlaubt.

Zum zweiten ist die Studie hermeneutisch-pragmatisch orientiert, d.h. sie untersucht primär das Verhältnis zwischen sprachlichen Zeichen und den Menschen und Institutionen, die diese Zeichen verwenden und interpretieren. Angestrebt sind induktive Ableitungen, die ein Aufzeigen von Tendenzen erst ermöglichen.

Die Materialsichtung wurde an der Repräsentanz der politisch relevanten Gruppen und Parteien, wie sie sich seit Oktober 1990 im Deutschen Bundestag darstellte, orientiert. Demzufolge wurden Werbematerialien der Parteizentralen von CDU/CSU, SPD, F.D.P., DIE GRÜNEN/Bündnis 90 (alle Bonn) und von der "Partei des demokratischen Sozialismus", der PDS (Berlin) herangezogen. Bei der Analyse wurde die starke Berücksichtigung der bundesweit geklebten Hauptslogans der Parteien ergänzt und präzisiert durch korrespondierende Aussagen aus regionalen Schwerpunktplakatierungen, aus Wahlprogrammen, Broschüren, Wahlkampfzeitungen und anderen Begleitmaterialien im Bundestagswahlkampf.

3. *Struktur der Studie*

Vier Problem- und Themenfelder werden in der Studie empirisch untersucht:

A. Zur Sprache kommt der Wahlkampf der Personalisierung. Helmut Kohl versus Oskar Lafontaine hieß die zugespitzte personelle Alternative zum 2.12.1990.

B. Zur Sprache kommt das größer gewordene, das geeinte Deutschland und wie es in den zentralen Aussagen des Wahlkampfes echot. Augenmerk gilt der Frage, ob und wie auf die ehemalige DDR, 'ihr' Staatsgebiet, 'ihre' Probleme Rücksicht genommen wird.

C. Als rhetorisch hart umkämpftes Feld erwies sich, gerade vor dem Hintergrund des unerwartet schnellen Vollzugs der deutschen Einheit, die Finanz-, Währungs- und Wirtschaftspolitik des neuen Deutschlands. Der Umsetzung dieses Streits gilt spezifisches Interesse.

D. Einziges politisches Feld, auf dem die ehemalige DDR Ansehen auch in der ehemaligen BRD erwarb, war die gesellschaftlich organisierte Vereinbarkeit von Familie und Beruf für die Frauen, überhaupt eine als 'frauenfreundlich' deklarierte Familien- und Sozialpolitik. Fragen waren hier: Wurde, angesichts der positiven Vorgaben des alten SED-Staates, speziell um die weibliche Wählerschaft geworben? Für wie wichtig wurde das Thema erachtet? Unter welchen Prämissen - wenn überhaupt - wurde es aufgegriffen?

3. Die Studie

3.1. Kanzler und Kandidat

Mit dem Slogan "Kanzler für Deutschland - CDU" über dem Profilbild von Helmut Kohl setzte die Union explizit auf den amtierenden Bundeskanzler als Zugpferd für die Partei. Dies war ein Novum. In den Wahlkämpfen 1982/83 und 1986/87 blieb die Person Helmut Kohls jeweils deutlich im Hintergrund, ja im Schatten der Politik der Koalitionsregierung. Noch 1987 hieß es "Weiter so, Deutschland" und eben nicht "Weiter so, Helmut Kohl". Der erste Mann im Kabinett wurde innerparteilich wie im Stimmungsbild aller Wähler eher als das Gegenteil einer sog. 'Wahllokomotive' angesehen, oft überfordert wirkend und zögerlich Entscheidungen 'aussitzend'.

1990 nun ein ganz anderes Kanzler-Bild in der Wahlwerbung. Im Männer-machen-Geschichte-Paradigma erscheint Helmut Kohl am Ende des revolutionären Jahres 1989/90 nicht nur als "Kanzler für Deutschland", sondern als Inkarnation allen politischen Strebens hin zur deutschen Einheit. Kohl verkörpert geradezu die Einheit. Das Nachrichtenmagazin *Time* stellte ihn seiner internationalen Leserschaft auf dem Titelblatt als "Mr. Unity" vor (Nr. 31, 30.7.1990). Der Stimmungswechsel in der Wertung Kohls ist dennoch erstaunlich. Vom Frühsommer 1989 bis Frühsommer 1990 war derselbe Helmut Kohl noch Zielscheibe der heftigsten Rücktrittsempfehlungen gewesen. Auch und gerade konservative Publizisten wie etwa Rüdiger Altmann (1989) sprachen vom Kanzler als der "Null vor dem Komma", die jede politische Führung vermissen lasse. Im Zusammenhang mit der ersten gesamtdeutschen Bundestagswahl nun spricht die Union in ihren Wahlbroschüren nurmehr von "unserem Kanzler". Eine sprachliche Umarmungsgeste weit über die CDU hinaus, die eben nur mit Erfolg angewandt werden kann, wenn als Basis Zustimmung von seiten einer breiten Mehrheit der Deutschen vorauszusetzen ist. "Kanzler für Deutschland" ist insoweit weniger Angebot als Assertion.

Zuspitzende Personalisierung auch bei den Sozialdemokraten. Neben Oskar Lafontaine bleibt kein Platz für andere Namen oder Köpfe der Partei. Sicher werden mit der Person eines Kandidaten zwingend auch Inhalte und Positionen verbunden. Personalisierung ist insofern nicht vollkommen inhaltsleer. Die kontroversen Debatten, die der Kanzlerkandidat in den letzten Jahren auslöste, das kantige Meinungsprofil, die zwiespältige Popularität, die sich der "begnadete Politikdarsteller" (Filmer/Schwan 1990, Vorwort) erwarb, stehen durchaus für eine politische Inhaltsangabe mit dem Namen Lafontaine.

In ihrer Kampagne geht die SPD jedoch so gut wie gar nicht auf die querdenkerischen Impulse ihres Kandidaten ein. Sie sind - auch im Gegensatz zur Erwartung der eigenen Anhängerschaft - klar unterrepräsentiert. Die Sozialdemokraten verfolgen eine vornehmlich stilisierende Strategie, die den streitbaren Saarländer als zwar vergleichsweise jungen, aber stets staatsmännisch-seriösen Herausforderer darstellt. Ausnahme ist das Sloganplakat "Wir wollen Oskar - SPD". Vor dem optischen Hintergrund vieler bunter Oskar-Schriftzüge in Kinderhandschrift offeriert es aber eher ein ausgrenzendes, parteiliches "Wir", kein parteiübergreifend integrierendes "Wir' als emotiven Appell an alle. Das Porträtplakat mit Lafontaine, untertitelt mit "Der neue Weg", deutet eine programmatische Alternative zur Union an, läßt sie substanziell aber nicht zu Worte kommen. "Oskar - find' ich Kanzler" ist eine anbiedernd-leutselige sprachliche Rempelei, distinktiv gezielt auf Jungwähler-Gruppen. Auch als umgangssprachliche Marotte jedoch ist sie kaum vermittelbar, befremdet sie mehr, als sie wirbt, wirkt sie nicht - wie beabsichtigt - sympathisch unkonventionell, sondern schlicht irritierend. Die versuchte syntaktische Kopie eines bekannten Warenhaus-Werbeslogans ("Otto[Versand] - find ich gut") kommt beim Adressaten als augenzwinkernd humorvolle Anspielung nicht an.

Die F.D.P. personalisiert die positive außenpolitische Entwicklung der BRD, vor allem hinsichtlich der bündnispolitisch und europapolitisch einvernehmlich erwirkten Integration der DDR in eine größere BRD. Unter dem Porträt von Hans-Dietrich Genscher ist der Slogan "Das Deutschland, dem die Welt vertraut" zu verstehen als vereinnahmende Projektion aller Moralität des 'guten Deutschen' (des vergangenheitsbewußten, ausgleichenden, friedliebenden, leisen und zurückhaltenden Deutschen) auf die Person des Bundesaußenministers. Die F.D.P. bringt die nimbusübertragende Synonymisierung von Person und Partei auch unverschlüsselt auf den Punkt: "Genscher wählen - F.D.P. wählen".

Selten unernst skizziert die F.D.P. ihre Rolle als Mehrheitsbeschaffer oder Mehrheitsverhinderer. Voraussetzung für diese Schlüsselrolle im bestehenden Verhältniswahlrecht ist das Unterbinden absoluter Mehrheiten für eine der beiden großen Parteien - einer Situation also, die die Existenz der F.D.P. berühren würde. Statt kakophemistisch solches Unheil zu beschwören, geht die Partei mit der Warnung vor dem "absoluten Kohl" und der Abneigung gegen den "relativen Lafontaine" sprachlich eher lockere und ungewöhnliche Wege in der Vermittlung ihrer Ideologie - die der eigenen Unersetzlichkeit.

Die PDS sucht vor allem zwei Politiker aus ihren Reihen mit positivem Persönlichkeitsprofil zu versehen. Mit den Porträtplakaten des Partei-Ehrenvorsitzenden Hans Modrow und des Parteivorsitzenden Gregor Gysi wurde jedoch ausschließlich auf dem Gebiet der ehemaligen DDR geworben. Modrow wird mit dem Satz "Mit Würde und aufrechtem Gang - PDS" für seine lange Zeit mit Vorbehalten versehene, kritische Distanz zum alten Politbüro der SED belohnt. Auch für seine Arbeit als Ministerpräsident des Übergangs zwischen Egon Krenz (SED) und Lothar de Maizière (CDU). Das ansonsten im wahlkampfsprachlichen Kontext strikt gemiedene Fahnenwort "Würde", desgleichen der "aufrechte Gang", sollen für eine reingewaschene, 'neue', strukturell und personell reformierte Linke werben. Die Tatsache, daß Hans Modrow, zuletzt Bezirksleiter der SED in Dresden, viele Jahre gewichtige Mitverantwortung für die Ausprägung der SED-Diktatur getragen hat, tritt so rasch in den Hintergrund und wird verwischt.

Das Porträtplakat von Gregor Gysi nimmt die vierfarbige, in Din A 0 vermittelte Personalisierung mit zwei kleiner gedruckten Sätzen behutsam wieder zurück, auch zur Illustration eines Unterschiedes zu den etablierten Parteien des 'Westens': "Es geht nicht um mich. Es geht um Alle, die ein anderes Deutschland wollen - PDS"[2].

4.2. Deutschland

Die Etymologie der Wörter *deutsch* und *Deutschland* verrät, daß *deutsch*, ahd. *diutisk,* noch bis ins 9. Jahrhundert nicht als geographische Angabe verstanden wurde, sondern ausschließlich die Volkssprache in einem bestimmten Gebiet bezeichnete. Erst mehr als zwei Jahrhunderte später deckte der Begriff *deutsch* dann auch mehr und mehr die Bedeutungen 'Volk', 'Nation' und 'Kultur' mit ab. *Deutschland* ist erst im 15. Jahrhundert belegt. (Vgl.

[2] Schreibweise ("Alle") wie auf dem Plakat selbst.

Paul 1992, 171 f.) Dieser kurze Abstecher in die Sprachhistorie sei erlaubt, weil festzuhalten ist, daß es - trotz aller Deutschland-Seligkeit in der parteipolitischen Werbung - ein "Deutschland", d.h. ein Land oder einen Staat dieses Namens nie gegeben hat.

Wer nun etwa davon ausginge, daß *Deutschland* im Bundestagswahlkampf 1990 überproportional häufig Erwähnung gefunden hätte, sähe sich getäuscht. *Deutschland* ist das Thema, das Reiz- und Schlüsselwort aller Bundestagswahlkämpfe seit 1949. 1990 ist in diesem Punkt eher als durchschnittlich zu bewerten. Das heißt, die erste Feststellung im Hinblick auf die Verwendung des *Deutschland*-Begriffes im vergangenen Bundestagswahlkampf besteht darin, daß im "Jahr der Deutschen" die Wiedererlangung einer staatlichen Einheit eben nicht zu einer Inflation pathetisch-patriotischer Symbole und daher auch nicht zu einer rhetorischen "Deutschtümelei" (Lafontaine) führte. Wohlgemerkt: nicht über das wohlbekannte Maß hinaus.

Die Union insistiert mit dem Slogan "Wir freuen uns auf Deutschland" auf den positiven Erwartungen, die sich an die deutsche Einheit knüpfen. "Wir" steht hier für CDU/CSU und zugleich gegen alle Vorbehalte in bezug auf ein vereinigtes Deutschland. Charakteristisch die heimliche Verabsolutierung eines *Deutschland*-Begriffes, der sowohl die möglichen Entwicklungswege hin zur Einheit als auch deren substanzielle und strukturelle Organisation als unumstritten darstellt. Die Einheit ist für die Union die Einheit, die sie selbst mit herbeigeführt hat - auf beiden Seiten der fallenden Mauer. So gesehen applaudiert die Union mit einem einfachen, positiv getönten Bekenntnissatz ausdrücklich auch der eigenen Deutschland-Politik und der ihr unterlegten konnotativen Gehalte.

Dem Vorwurf einer Gegnerschaft zur Einheit, einer wankenden Position zu Deutschland, begegnet die SPD mit "Bei uns ist Deutschland in guten Händen". Die Behäbigkeit der Aussage spiegelt aber eher die lange Zeit ambivalente Position der Sozialdemokraten in Ost und West zu Form und Tempo der deutschen Einheit. Nimmt man den gesamten politisch-gesellschaftlichen Kontext im Diskurs zur Deutschland-Frage und nicht nur den Textkontext des Bundestagswahlkampfes, so liegt in der Beteuerung, daß "Deutschland" bei der SPD "in guten Händen" sei, auch ein Stück Verteidigungsanstrengung. Die - wie gesagt - im Aussagesatz selbst nicht erkennbare sprachliche Defensive entspricht der bewußt antieuphorischen Position der Sozialdemokraten in der Vereinigungsfrage. Die SPD ist übrigens auch die einzige der Parteien, die ihren Zentralslogan ("Der neue Weg") für den Wahlkampf in der ehemaligen DDR und der ehemaligen BRD mit jeweils spezifischen Untertiteln ausstattet. Es ist dies tatsächlich der einzige Hinweis auf eine selektive Adressierung. Während der "neue Weg" im Westen adjektivisch präzisiert wurde durch den Dreiklang "ökologisch, sozial, wirtschaftlich stark", geschah dies in den fünf neuen Ländern auch substantivisch, zudem in veränderter Reihenfolge und veränderter Priorität: "Sichere Arbeitsplätze, saubere Luft, eine starke Wirtschaft".

Gegenüber den großen Volksparteien inszeniert die F.D.P. weiterhin ihre inzwischen quasi tradierte Ausnahme von der wahlkämpferischen Regel. Auf *Deutschland* wird nicht verzichtet. Aber die F.D.P. gibt auch 1990 an, als Anwalt, ja als Inkarnation der 'Vernunft', des 'Ausgleichs' und der 'Ideologieferne' zu fungieren, und vertritt damit trefflich ihre ureigene ideologische Linie. Distinguiert, zurückhaltend, die behauptete Sonderstellung im Wahlkampf der Schlammschlachten kultivierend, beläßt sie es bei "Das liberale Deutschland - F.D.P." - ein Monopolisierungsversuch - und bei "Erfolg für Deutschland - F.D.P." - einseitiger Hinweis auf die "Erfolge" der marktwirtschaftlichen Philosophie, die im Kabinett durch den freidemokratischen Bundeswirtschaftsminister repräsentiert wird.

Die GRÜNEN lassen das Wort *Deutschland* ganz beiseite. Sie folgen damit stimmig ihrer internationalistisch-global angelegten Verantwortungsehtik, die den pathetisch-patriotischen Jargon ausspart. Die Ablehnung der nationalen politischen Kategorie, de facto und im sprachlichen Kleid, fällt recht ungeschminkt aus. Die GRÜNEN sprechen von einer Vereinigung "im Schweinsgalopp" und von anhaltendem "Deutschland-Rummel" im nun "real existierenden Gesamtdeutschland"[3]. "Ohne uns wird alles schwarz-rot-gold" erklären die GRÜNEN auf einem Themenplakat und geben zu bedenken, daß der "Geschmack von Freiheit und Abenteuer" auch erhebliche Risiken birgt, sofern er einen 'falschen' Appetit anregt. Interessant die Bezugnahme auf einen lange schon populären Standardsatz aus der Produktwerbung mit entsprechendem Bekanntheitsgrad ("Marlboro - Der Geschmack von Freiheit und Abenteuer"), die hier - als klassische Vetustas - zur humorvollen und trotzdem inhaltlich ernsten Persiflage gerät. Die optische Verstärkung des Slogans zeigt übrigens Gartenzwerge mit schwarz-rot-goldenen Zipfelmützen. Kein Einzelfall: Mit fast allen Themenplakaten vertrauen die GRÜNEN sprachlich wie bildnerisch auf kleinere und größere Dosen von Ironie und Sarkasmus. Mit solch indirekten, eher intellektuellen Mitteln riskiert die Partei zwar Mißverständnis und Irritation, gleichzeitig ist sie damit aber exakt

[3] Alle Zitate aus: "Grüne Zeiten", Wahlkampfzeitung, November 1990.

das, was sie sein möchte: konkurrenzlos und - in Maßen - ein Gegenbild zu den sogenannten etablierten Parteien.

Zuletzt ein Blick auf den SED-Rechtsnachfolger, die "Partei des demokratischen Sozialismus" (PDS). Die Verwendung des *Deutschland*-Begriffes zeigt sich hier - semantisch wie werbestrategisch - schillernd. Jahrzehntelang hat die offizielle Sprachregelung der DDR daran gearbeitet, den *Deutschland*-Begriff in der Quantität seiner Verwendung systematisch einzuengen, ihn qualitativ zu verdecken, zu relativieren, zu ersetzen. Beispiel hierfür ist der Text der ehemaligen DDR-Nationalhymne, der durch konkrete Deutschland-Bezüge den Intentionen der Staatsführung so sehr zuwiderlief, daß er letztlich verboten wurde. Die Hymne wurde auf die Musik reduziert. Ein anderes Beispiel ist die kalkuliert betriebene Kürzelsprache der DDR, die sowohl eine Konfektionierung der Form als auch die Verwischung und Derealisierung der Inhalte bewirkte. Während im Kürzel *SED Deutschland* zwar versteckt wurde (ebenso im Kürzel *DDR*), aber noch vorhanden war, ist die PDS insoweit nun "deutschlandfrei".

Auf den bundesweit vertriebenen Hauptplakaten der PDS wird *Deutschland* nicht vermieden. Erster Slogan: "Links ist lebendig - PDS ... das andere Deutschland". "Links ist lebendig" - angesichts der totalen Diskreditierung der sozialistischen Idee durch den "real existierenden" Sozialismus der SED-Monokratie ist diese Behauptung eventuell auch als mutmachender Imperativ an die eigene Adresse, an die eigene, größtenteils tief verunsicherte Anhängerschaft einzuordnen. Für ehedem westdeutsche Wahlkampfverhältnisse allemal überraschend ist die offensive Positionsbekundung des "links", zu finden auch auf den in den fünf neuen Ländern vertriebenen Kandidatenplakaten der PDS mit der Titelzeile "Linke in den Bundestag", ebenso in dem dreisilbig bekräftigenden Slogan "Links tut gut - PDS".

Überraschend ist das Links-Bekenntnis allerdings auch vor einem Wahlvolk, das die so plastische Erfahrung einer mühsamst gestürzten 'sozialistischen' Diktatur gerade eben erst hinter sich gebracht hatte. Die PDS war offenbar der unerschütterlichen Ansicht, mit "links" ein werbetüchtiges Adjektiv anzubieten. Offensiv und offen tat sie dies auch in der 'alten' BRD. Dabei hatten in vierzig Jahren bundesdeutscher Wahlkampflexik die Einordnungsraster von "rechts" oder "links" in der werbesprachlichen langue keine Chance. Vierzig Jahre der Inthronisation des Fetischs von der "Mitte" erlaubten es den sich mit ihm schmückenden Parteien zwar, dem jeweiligen Gegner Extreme zu unterstellen, ihn als 'Extremisten' zu verleumden. Seine eigene Position jedoch etwa mit "links" oder "rechts" auch nur anzudeuten, war vollkommen obsolet. Wenn nun die PDS mit Verve "Links ist lebendig" verkündet, so ist dies

(a) mit der formalistisch sozialisierten Sprachregelung innerhalb der ehemaligen DDR zu erklären. "Links", dies war als politischer Standort eo ipso positiv und richtig, "rechts" dagegen waren der Klassenfeind im allgemeinen und die 'imperialistischen und revanchistischen Kreise' in der Bundesrepublik im besonderen. "Links" und "rechts" entsprachen der Dichotomie von Gut und Böse und damit einem nicht mehr hinterfragten, schlagend einfachen Weltbild.

(b) entspringt der Mut zur Etikettierung auch dem bewußten Contra, dem selbst vor der eigenen (Partei-)Geschichte nicht zurückzuckenden Affront gegen die bürgerlichen West-Parteien, gegen die man sich damit trefflich abzuheben vermag.

(c) ist das Vertrauen auf die Stimmigkeit, Konkretheit und Abbildkraft des Links-Rechts-Paradigmas in den Reihen der ehemaligen Kommunisten, vielleicht sogar grundsätzlich in den fünf neuen Ländern, offensichtlich nach wie vor groß.

Das, was in der alten Bundesrepublik die sozialen Protestbewegungen, die sogenannten "68er", die Alternativen-, die Umwelt- und Frauenbewegung leisteten, war ja auch, jedem politisch Aufgeschlossenen vorzuführen, daß sich etwa Probleme wie Atomrüstung, Nutzung der Kernenergie, Schwangerschaftsabbruch oder das Ozonloch dem traditionellen Modell- und Formeldenken von "links" und "rechts" vollkommen entziehen. Hier wurde in der ehemaligen DDR eine lange Denkpause eingelegt - gemeint: eine Pause v o m Denken -, die sich nun als große qualitative Lücke im Fortschritts-Diskurs bemerkbar macht - ein Resultat eines nicht gewährten Pluralismus gerade in der geistigen Auseinandersetzung.

"Links braucht kein Vaterland - PDS ... das andere Deutschland" lautet ein zweiter bundesweit vertriebener Slogan der Partei. Betont seien hier nur die wesentlichen Präsuppositionen: "Links" steht erneut stellvertretend für die PDS, "Vaterland" als diskreditierter, mit aggressivem Nationalismus und Militarismus assoziierter Begriff steht für die politische 'Rechte' in toto, für all das, was per se abzulehnen ist. Das umfangreiche, negative Konnotat von "Vaterland" erst macht diesen Begriff zum Stigmawort. Die PDS wendet es gar zum Kampfbegriff. Der syllogistische Ansatz der Gesamtaussage ist zumindest nicht irritationsfrei: "Das andere Deutschland" (das übrigens Erinnerungen weckt an den Titel des alten Zentralorgans der SED, die Tageszeitung *Neues Deutschland*), ist dem verachteten "Vaterland" ja nicht im Sinne einer negativen Schlußfolgerung diametral entgegengesetzt.

"Links ist respektlos - PDS" erklärt die Partei konnotativ zum jungen und frechen, autoritätskritischen, unangepaßten, quer zu den Zeitströmungen und bürgernah handelnden Agens. Gemeint ist selbstverständlich nicht der vierzig Jahre lang unterentwickelte Respekt der autoritär und machtbesessen gängelnden und alles kontrollierenden Einheitspartei gegenüber den Bürgern der DDR. An solchen Stellen treibt die Selbstetikettierung der Partei endgültig ins Fahrwasser einer reinwaschenden Geschichtsvergessenheit. "Respektlos" wirkt eher die Spekulation auf dieses schnelle, gnädige Vergessen. Gegenüber einer Bürgerschaft aber, die eben diese Historie lebhaft erinnert, ist die werbesprachlich lustig-unbeschwert vorgeführte Wandlung der Partei vom Oppressionsinstrument zum engagierten Bürgeranwalt eher kontraproduktiv, erscheint sie unglaubwürdig, irreal.

4.3. Wirtschaft und Finanzen

Kürzer präzisiert werden kann die Sprachkonkurrenz um die Politikbereiche von Wirtschaft und Finanzen. Ohnehin findet in diesem Bereich primär eine Auseinandersetzung zwischen Union und SPD statt. 1990 zeigen sich zum Teil neue, erstaunliche Frontstellungen. Die Union muß auf ihrem traditionellen Kompetenzfeld sichtliche Vertrauenseinbußen hinnehmen und ist sprachtaktisch erstmals seit 1969 wieder in der Defensive. Die Sozialdemokraten, voran ihr Kandidat Lafontaine, vollziehen mit der Union im Wahlkampf fast einen Rollentausch. Staunenswert verkehrte Fronten: CDU/CSU als Partei(en) der Schuldenrekorde der öffentlichen Kassen, die SPD als zähneknirschender Kassenwart. Zwar kämpft die Union weiter um die Durchsetzung ihrer Wirklichkeitsdeutung, aber das Standardrepertoire der gebetsmühlengleich gegen die SPD gerichteten Invektiven wirkt stumpf. So ist die SPD zum wiederholten Male die "Steuer- und Abgabenerhöhungspartei" (dies mitten in einer CDU-innerparteilichen Abgaben-Diskussion), sie versteht immer noch "nichts von der Wirtschaft und kann nicht mit Geld umgehen". "Weil es soziale Sicherheit nur dort gibt, wo auch die Wirtschaft läuft, hinterließ uns die SPD 1982 auch die schwerste Sozialkrise" (?). Sie, die SPD, hat also "schon einmal unser Land an den Rand des Ruins gebracht", "und sie würde es wieder tun". In Sachen "Investitionen in unsere Zukunft" zeigt die SPD, die "nur von Kosten redet", "daß sie nichts, aber auch gar nichts begriffen hat"[4]. Den Zitaten ließen sich viele weitere hinzufügen. Die Union steht dennoch in der Defensive.

Der statuarisch wirkenden Schimpfkanonade der Unionsparteien ist der Bezug zu den tatsächlichen Gegebenheiten entglitten. Sowohl die in den Bundeshaushalten 1990 und 1991 (letzterer damals projektiert) ausgewiesenen Verschuldungsrekorde als auch die allgemeine Erwartungshaltung der Bürger - gerade in Sachen Abgaben- und Steuererhöhungen zur Finanzierung der deutschen Einheit - werfen kein die Argumentation bestätigendes Licht auf die unter Stoltenberg noch so gefeierte Politik der finanzpolitischen Stabilität.

Die SPD schlüpft in Wahlkampfzeitungen und anderen Materialien in den Anzug eines Vertreters des Kapitals, der, erschrocken ob der Zustände, allen Sachverstand der marktwirtschaftlichen Philosophie außer Kraft gesetzt sieht. Die SPD präsentiert sich als kompetente Wirtschaftspartei und nutzt auch das dazugehörige Vokabular. Einmal in der gewählten Rolle, möchte sie mit dem Typus des anderen, 'besseren' marktwirtschaftlichen Impulsgebers das Vertrauen auch breiter Kreise bürgerlicher Wählergruppen gewinnen. Folglich steckt ihre Beschreibung der Wirtschaftslage voller Kakophemismen. "Kohls Marsch in den Schuldenstaat" türmt den "Schuldenberg" weiter und weiter auf, und zwar "in gigantischer Höhe". "Die Staatsverschuldung" ist "uferlos", die "Schuldenpolitik" ist "hemmungslos", "wirtschaftspolitisch" sind die Aussichten "verheerend". Über allem steht "Kohls Steuerlüge". Gerade jene letzte Invektive illustriert den von Björn Engholm (1990, 47) so benannten Tatbestand der "kollektiven sprachlichen Verletzungen", die in Wahlkampfzeiten den Aufbau einer vorbildlichen politischen Streitkultur so sehr beeinträchtigen, wenn nicht unterbinden.

Die Sozialdemokratie wirbt in Stil und Jargon oft etatistisch, ja ökonomistisch: "Für die Bewältigung der Zukunftsaufgaben brauchen die Menschen ein politisches Management, das von Wirtschaft etwas versteht". Ein Deutschland, "wirtschaftlich stark", benötige eine "solide und gerechte Finanzpolitik". Das eher biedere "solide" wird für die SPD zur unscheinbaren, aber treffenden Kampfvokabel aufgebaut - in Erinnerung an die einstigen Aufrufe zur unbedingten Haushaltsdisziplin von seiten der Union ein Versuch, den Gegner mit dessen Waffen zu schlagen.[5]

---

4 Alle Zitate aus: "Die Minuspunkte der SPD - Unsere Argumente", CDU-Bundesgeschäftsstelle, Oktober 1990.

5 Alle Zitate aus: "Offensive für ein modernes Deutschland", Flugblatt der SPD mit Auszügen aus dem Regierungsprogramm.

4.4. Frauen, Männer, Familie

Wenn es im Bereich des gesellschaftlichen Lebens der DDR überhaupt etwas gab, das allgemeine Anerkennung erfuhr, dann das dortige soziale Versorgungssystem für die Familie, konkret: für die Kinder der Familie. Der Versorgungsgrad an Betreuungs- und Bildungseinrichtungen wie Kinderkrippen, Krabbelstuben, Kindergärten und Ganztagsschulen ließ - und läßt bis heute - die BRD als stark defizitäres Gemeinwesen erscheinen. Mit der gesamten DDR stand nun auch dieses Versorgungssystem zur Disposition. Es war daher von empirischem Interesse zu prüfen, wie im ersten gesamtdeutschen Wahlkampf dieser Themenkreis, der ja auch die Option einer (bezahlten!) Berufstätigkeit für Frauen und Mütter einschließt, ein Echo finden würde. Gerade in einem solch exemplarischen Bereich, in dem das Sozialwesen DDR zumindest vom Grundsatz her Wesentliches in die Deutsche Ein-heit einbringen konnte oder hätte einbringen können, stellt sich in besonderer Weise die Frage nach Kontinuität oder Erneuerung des Wahlkämpferischen.

Die Einsicht Dolf Sternbergers, daß mit "der Sprache" immer auch "die Verhältnisse zur Debatte" stehen (1963, 413) und damit zugleich weltanschauliche Prämissen und Schlagseiten, soll auch den folgenden, kritischen Einordnungen voranstehen. Ein Fazit vorweg: Familien- und frauenpolitische Thesen, Worthülsen und Leerformeln blieben quantitativ - zumindest gegenüber den Wahlkämpfen von 1983 und 1987 - so gut wie unverändert. Das 1990 erstmals beteiligte, spezifische Kenntnisse und durchaus positive Erfahrungen mit dem alten DDR-Sozialsystem aufweisende Reservoire an Wählerinnen und Wählern wurde offensichtlich - wie das Thema in Gänze - als minder relevant eingestuft.

Im einzelnen :

"Wir unterstützen den Wunsch der Frauen nach gleichberechtigter Teilhabe und Mitgestaltung in allen Lebensbereichen", so die CDU in ihrem Wahlprogramm, Absatz 9. "Kern unserer Frauenpolitik ist die Entscheidungsfreiheit. Jede Frau soll sich frei entscheiden können - für die Familie, für den Beruf oder beides"[6]. Bereits mit diesen beiden Zitaten läßt sich das frauenpolitische Bild der Unionsparteien in seinen Grundzügen darstellen:

(a) geht es weiter vom Interpretationsschema der 'defizitären Frau' aus, der - von männlicher, also 'nicht-defizitärer' Seite aus - geholfen werden müsse.

---

[6] Dieses sowie die folgenden Zitate aus dem CDU-Wahlprospekt "Gemeinsam schaffen wir's".

(b) beläßt es die Zustände so, wie sie sind
- dem vielbeschworenen Jammer um die "Doppelbelastung", ja "Dreifachbelastung" der Frau (Beruf, Haushalt, Familie) ist mit der äußerst relativen, aber trügerischen "Entscheidungsfreiheit" nicht abzuhelfen. An diesem hochsensiblen Punkt von "Freiheit" zu sprechen, klingt zwar gut - und soll auch so klingen -, aber damit hat sich der eingeschränkte Sinn dieser Botschaft auch bereits erschöpft. Im logischen Schluß aus der Argumentation der Union darf sich die Frau nämlich "frei" entscheiden zwischen Doppel- und Dreifachbelastung. Dies unter "Mehr Chancen für die Frauen" zu deklamieren, entspricht der sprachmanipulativen Kosmetik der CDU-Familienpolitik. Sie zeigt sich einmal mehr als einer modellhaften, einer theoretischen Gleichstellung verhaftet, setzt auch die implizite Botschaft von der Durchsetzungsfähigkeit des Individuums gegen objektiv ungleich verteilte Chancen. Das Bild vom 'defizitären Mann' - mit der bloßen 'Einfachbelastung' - bleibt außen vor. Der Mann mit Familie wird nicht problematisiert. Er steht neben, er steht außerhalb der "Familienpolitik". Die wesentlichen Fragen der Familie betreffen stets Mutter und Kind(er). Selten einmal neutral bezeichnete, sogenannte "elterngerechte Betreuungsangebote" dekuvrieren sich, tiefer nachgelesen, stets aufs neue als geschlechtsspezifische, nämlich 'müttergerechte' Fördermaßnahmen für die berufstätige Frau. Durchweg verraten die mit reformerischem Wohlklang gespickten Formeln unter der Überschrift "Für ein kinderfreundliches Deutschland" das latent bevorzugte, traditionelle, verbal jedoch zeitgemäß modernisiert vermittelte Familienbild.

Die F.D.P. vertritt mit anderen Worten identische politische Ansätze. "Frauen [...] brauchen konkrete Hilfen, um im Konflikt zwischen Beruf und Familie ihren individuellen Weg gehen zu können". Ein Plädoyer für eine "Flexibilisierung von Arbeitszeiten und Tarifverträgen" wird wie folgt begründet: "Damit Frauen, die ihren Weg im Beruf machen wollen, alle Chancen haben. Auch die Chance für die Familie"[7]. Das gesellschaftsabgewandte Phantasma der Willens- und Entscheidungsfreiheit des Individuums auch hier: "Frauen brauchen keine Paragraphen, um im Beruf Erfolg zu haben" (die Ablehnung der sogenannten "Quoten-Frau"). Hinter den Nebeln einer wiederum theoretisch gewährleisteten Gleichstellung und dem urliberalen Ideologiepart von der Durchsetzungsbefähigung des Einzelnen (hier: d e r Einzelnen) läßt sich der scheinreformerische Impetus kaum verbergen. Ginge man - auch hier - logisch rigoros vor, anhand des Grundgesetzes, Artikel 3, Absatz 2 und 3, so wäre zu behaupten, die F.D.P. verweigere den

[7] Dieses und das folgende Zitat aus dem Faltblatt "Erfolg für Deutschland - F.D.P.".

Männern und Vätern das Recht auf Gleichstellung und Gleichbehandlung bei der Kinder- und Familienarbeit.

Die Sozialdemokratie spricht von "Gleichstellungs- und Familienpolitik"[8] und präzisiert mit diesem Begriffspaar, daß "Familienpolitik", so sie diesen Namen verdient, immer die Arbeits- und Lebensverhältnisse beider Geschlechter berühren muß. Unter Absatz 55 und 56 im Regierungsprogramm der SPD findet sich unter dem Stichwort "Vereinbarkeit von Familie und Beruf" durchweg eine Adressierung der familienpolitischen Vorstellungen an "Mütter und Väter". Das Angesprochensein des Mannes, die Strategie der offensiven Integration des Mannes in die familienpolitische Problematik erfolgt dabei nicht ostentativ, sondern vorwegnehmend selbstverständlich. In anderen Fällen ist konsequent von "den Eltern" die Rede - damit keine der beiden Seiten aus der Pflicht nehmend, keine der beiden Seiten sprachlich hintanstellend. Beispiel: "Bei allen sozialen Leistungen für Mutterschaft und Kindererziehung sind solche Finanzierungsformen zu nutzen, die die Arbeitsmarktchancen d e r E l t e r n nicht beeinträchtigen".

Die GRÜNEN fallen auch bei der inhaltlichen wie sprachlichen Aufbereitung dieses Themas aus dem Rahmen. Eines der vierzehn bundesweit vertriebenen Plakatmotive zeigt einen Mann von der Hüfte abwärts, also kopflos, mit traditioneller Küchenschürze um die Hüfte, in der Linken den Besen, zur Rechten einen ca. vierjährigen Jungen. Der Slogan dazu lautet: "Drei Dinge braucht der Mann - Mit uns für Chancengleichheit bei Haus- und Erwerbsarbeit". Elliptische Auslassung und die rhetorische Figur der Vetustas verbinden hier eine bildkonkretisierte Anspielung mit einem klassisch als 'männlich' besetzten Klischee aus der Produktwerbung: "Drei Dinge braucht der Mann: Feuer, Pfeife, Stanwell" ist ein nach wie vor lebhaft erinnerter Werbeslogan der Tabakwirtschaft. Während Tabak und Pfeife klar männlich codiert sind, sieht es mit dem Kochen (Symbol Schürze), dem Putzen (Symbol Besen) und der Kinderbetreuung (das dargestellte Kind) ganz anders aus. Die drei Dinge für die Frau, traditionell eingängig gebündelt mit den drei Ks (**K**üche, **K**irche, **K**inder), werden mit dem Slogan ebenfalls assoziativ erschlossen. Daß die Darstellung sicher mehrheitlich als lustig-sarkastisch empfunden wird, daß sie als Konfrontation mit dem Undenkbaren, dem schwer Vorstellbaren, ja als Verkehrung der Welten empfunden wird, dies

---

[8] Alle Zitate aus dem Regierungsprogramm der SPD "Der neue Weg", 16 und 17. Hervorhebung im letzten Zitat vom Autor.

alles zeigt auf, daß ein Begriff wie der der “Gleichstellung” vom Alltagshandeln und -denken eben noch nicht fundamental erfaßt wird.

Die GRÜNEN korrespondieren mit vielen ihrer programmatischen Äußerungen am ehesten dem aktuellen Forschungs- und Bewußtseinsstand zum Thema “Auflösung der Geschlechterrollen-Identität”[9]. Die GRÜNEN sprechen provokativ und direkt aus, was die anderen Parteien mit mehr oder minder deutlichen Periphrasen umkreisen. Die GRÜNEN sind demnach weniger revolutionär als ehrlich und unmißverständlich. Im Wahlprogramm ist von der “Männergesellschaft” die Rede und folgerichtig vom Streben nach “Überwindung der patriarchalen Arbeitsteilung nach Geschlecht”. Mit der Aufnahme etwa des “Patriarchats” in den werbesprachlichen Korpus verscherzen sich die GRÜNEN keine Sympathien. Als Partei des breit verkündeten Nonkonformismus werden sie durch die Handhabung solcher Begriffe - *Patriarchat* ist bei allen anderen Parteien nicht auffindbar - eher ihrem Ruf des Tabuverletzers gerecht.

Das Thema abrundend sei noch ein Satz aus dem GRÜNEN-Wahlprogramm zitiert. Er bezeichnet exakt den Unterschied zwischen dem konservativ-kosmetischen Euphemismus “Familienpolitik” und einer radikal denkenden ‘Gleichstellungspolitik’ (die bei den GRÜNEN klotzig als “feministische Politik” daherkommt): “Wir wollen Männer-Förderpläne zur Ausgliederung aus Karrierealltag und Vollerwerbsarbeit mit dem Ziel, Männern die gleichberechtigte Teilnahme an Haus- und Betreuungsarbeit zu ermöglichen”.

5. Fazit : Innovation oder Kontinuität?

Ein Resümee kann wie folgt gezogen werden :

1. Die diachronische Betrachtung der Schlüsselwörter des Wahlkampfes enthüllt: Bei den angelsächsisch so benannten ‘Sound-bites’ herrscht fast durchgängig Kontinuität. Erwähnt seien die aufrechterhaltene Prominenz der Worte “Deutschland”, “Fortschritt” und die Wiederkehr des vorübergehend gemiedenen, weil konnotativ diskreditierten “modern”.

   Zwei Wörter seien deutlicher herausgehoben: Die “Zukunft”, bereits 1987 zum ergänzenden Parteisignet avanciert, besetzt die Union 1990 erneut mit Bedeutungsgehalten und Präsuppositionen aus ihrem weltanschaulichen Hintergrund. 1990 bietet sie sich zusätzlich als Synonym zur

---

[9] Dieses und die folgenden Zitate aus dem “Programm der GRÜNEN zur 1. gesamtdeutschen Bundestagswahl 1990”, 29, 30, 31.

Perspektive der "Zukunft" eines 'neuen' Deutschlands an. Die Union eignet sich die ehedem wertfreie Zukunft regelrecht an, vereinnahmt die als 'positiv' erkannten, wortanhängigen Assoziationen und projiziert sie monopolisierend auf die eigene Partei. "Ja zu Deutschland - Ja zur Zukunft"[10] gilt es dabei logisch zu hinterfragen. Ein Nein zu "Deutschland" - gemeint ist konkret die deutsche Einheit - wäre durchaus möglich, ein Nein zur "Zukunft" als der Zeiteinheit des Kommenden nicht. Die Zukunft, ob gewünscht, ersehnt oder gefürchtet, ist nicht aufzuhalten.

Distinktive Ansprache der Jungwähler kleidet die Union in Englisch, die Zukunft dabei keinesfalls aus dem Auge verlierend. Die in der Werbeindustrie weit verbreitete Andeutung von 'Modernität' und Jugendlichkeit durch die Verwendung von Anglizismen gebiert für die CDU den zweisprachigen Slogan "Touch the future - Die Jungen in der Union".

Das zweite Wort: "Schaffen". "Schaffen" aus dem Slogan "Gemeinsam schaffen wir's" ist ein neutrales Verb aus dem Wort-Wahlkampf der Union 1982/83 und wird 1990 nur erneut aufgegriffen. Damals hieß es "Den Aufschwung schaffen" und - zum Verwechseln ähnlich mit 1990 - "Miteinander schaffen wir's". "Schaffen" ist eingängig, unverkrampft, direkt; Klangbild, Semantik und historisch aufgebaute Assoziation harmonieren. *Arbeit* und *schaffen* sind in Deutschland zudem soziokulturell relevant und mit einem breiten, positiven Nebensinn ausgestattet. Dieser Nebensinn deckt unter anderem die 'deutschen' Tugenden Fleiß, Disziplin, Pflichterfüllung ab und rekapituliert auch deren Zusammenspiel bei der Erarbeitung des sogenannten 'Wirtschaftswunders' nach der Währungsreform 1948. 1990 ist dieses Moment für die C-Parteien zusätzlich verknüpfbar mit der großen wirtschaftlichen Aufbauaufgabe im östlichen Teil der Bundesrepublik Deutschland.

2. Ein Kontinuum besonderer Art bildet das polarisierende Element eines behaupteten, tiefen ideologischen Grabens zwischen den beiden Volksparteien. Die Strategie der Legitimation qua Polarisierung geht aber 1990 nurmehr fast ausschließlich von der Union aus. Die eindringliche Warnung von CDU/CSU, die Entscheidung vom 2.12.1990 doch als "Schicksalswahl" (Wählerbrief des Bundeskanzlers) zu betrachten, greift erneut dramatisierend zu hoch. Wie die "Jahrhundertwahl" von 1976 ("Freiheit statt Sozialismus") diskreditiert die suggerierte "Schicksalswahl" indirekt den politischen Wettbewerb zwischen grundsätzlich konsens- und kompromißfähigen Parteien als solchen. Beispiele:

---

[10] Vgl. dazu auch den Beitrag von Fritz Hermanns (in diesem Band, S. 153-166).

Der Kalte Krieg gilt als beendet, die UdSSR gehört zu den neuen 'Partnern' des vereinigten Deutschlands, das Führungspersonal der alten SED wird strafrechtlich verfolgt, die C-Parteien aber kämpfen weiter ihren antikommunistischen Kampf, als wäre nichts geschehen. Wortreich, mit eigener, 26-seitiger Broschüre, arbeiten sie etwa am Bild der "Verstrickung der SPD in die SED-Diktatur"[11]. Die Union muß dabei keineswegs alte antikommunistische Muster aufwärmen, weil sie diesen innenpolitisch opportunen Ersatz-Antikommunismus gegen die Sozialdemokratie im Grunde nie hat 'kalt' werden lassen. Die Verkehrung des Bedeutungsgehaltes eines Wortes wie *Sozialismus*, geleistet durch exakt vierzig Jahre stalinistische Einparteienherrschaft zwischen Elbe und Oder, nutzt die Union, um nicht nur 'drüben', sondern auch 'hüben' diesen 'Sozialismus' wieder zu "einem ganz gewöhnlichen Gummiknüppel"[12] im Wahlkampf zu machen. Gewollt unpräzise und unterstellend etwa der Satz: "Mit dem 'demokratischen Sozialismus' haben wir in Westdeutschland schlechte Erfahrungen gemacht. Auch unsere Landsleute in den neuen Bundesländern haben von jeder Art des Sozialismus die Nase voll"[13].

Mit ihren 'linken' Ansichten wirkt die SPD, so die Union, insgesamt "wohlstands- und beschäftigungsfeindlich"[14]. "Überall in der Welt hat der Sozialismus versagt" ist noch verhalten formuliert im Vergleich zum postulierten totalen "Scheitern der SPD in der Außen- und Deutschlandpolitik" mit der folgenden Präzisierung: "Die SPD hat sich an die Seite der kommunistischen Unterdrücker gestellt und nicht an die Seite der Freiheit". Argumentationsziel bleibt für die Union auch 1990 die Synonymisierung von *Kommunismus, Sozialismus* und *Sozialdemokratismus.*

3. Mißt man dies an der "Idee" einer "kommunikativen Moral" (Heringer 1990, 100) oder an der "Option emanzipatorisch-aufklärerischer Instrumentierung der Sprache" (Gruner 1990, 169) gerade in Wahlkampfzeiten, so tun sich zwischen Möglichkeit und Wirklichkeit große Defizite auf. Konzediert ist, daß mit Vokabeln wie 'Wahrhaftigkeit' und "Glaubwürdigkeit" (Heringer 1990, 189) der Boden idealistischer Kategorien betreten

---

[11] Broschüre der CDU/CSU-Bundestagsfraktion zur Wahl: "Argumente. SPD und SED. Die politischen Verstrickungen der SPD in die SED-Diktatur".

[12] So Vaclav Havel über die Verwendung des Wortes *Sozialismus* in der CSSR; aus seiner Dankesrede anläßlich der Verleihung des Friedenspreises des deutschen Buchhandels am 15. Oktober 1989; zit. nach *Darmstädter Echo*, 16.10.1989, 3.

[13] Aus: "Die Minuspunkte der SPD", a.a.O., 7.

[14] Die folgenden Zitate aus dem Faltblatt der CDU "Warum es mit der SPD nicht geht".

wird. Als Meßlatten für eine Soll-Kultur der politischen Auseinandersetzung sind sie nichtsdestotrotz tauglich.

Klargestellt sei auch: Die Anfertigung von Deutungsmustern und die werbetüchtige Darstellung der eigenen, bevorzugten Interpretation der politischen Zustände ist erwünscht, ist geradezu wahlkampfsprachliche Pflicht. Zu kritisieren ist aber der Aufbau von Deutungs monopolen mit unbedingtem Wahrheitsanspruch. Wahlkampfsprache ermöglicht Streit. Den Unterschied zwischen Streitmonologen und Streitdialogen gilt es aber nicht zu verwischen - er definiert mit den pluralistischen Ansatz einer Demokratie.

4. Die Degradierung der Öffentlichkeit zum Akklamationsorgan, die Sicht vom Wähler als dem "Zuschauer-Demokraten" (Engholm 1990, 37) stellt vor ein nicht neues Problem: Wahlkampf ist zum Wettbewerb der Erscheinungsbilder geworden, der weniger Inhalte oder Kompetenzen als vielmehr ein Bild von den Inhalten, ein Bild von den Kompetenzen offeriert. Augen und Ohren der Betrachter werden gefüttert mit einer Fülle polternd dargebotener Schein-Alternativen. Es handelt sich also nicht um das Poltern, das einer nützlichen und abbildenden Polarisierung entspricht, sondern um das einer herbeigeredeten, synthetischen Polarisierung.

   Das, was Enzensberger mit der politischen "Nullmeldung" anspricht (1988, 233), macht der moderne Slogan. Die häufiger zutage tretenden, entweder bewußt gelenkten oder sich schlicht ergebenden Ähnlichkeiten der Partei-Slogans mit Werbetexten aus der Konsumindustrie, mit Produktslogans, untermauern diesen Eindruck. Die "Nullmeldung" ist ohne Frage legitim, oft auch nachhaltig persuasiv. Kommt das Wort *Slogan* doch aus dem Gälischen mit der ursprünglichen Bedeutung 'Heergeschrei' (Sahihi 1988, 21). Die Frage ist nur, ob man es für die Kultur der sprachlichen Auseinandersetzung im Wahlkampf dabei bewenden lassen muß.

5. Auch gesamtdeutsch bleibt der Wahlkampf in seinen wesentlichen Prägungen 'deutsch', d.h. quasi durchgängig eine Kopie des ehedem westdeutschen Wahlkampfes. In den Hauptslogans treten weder die zweistaatliche Vergangenheit noch spezifisch ostdeutsche Probleme und Interessen auf. Auch in den programmatisch ausführlicheren Darlegungen ist weder den Problemen und Interessen noch den möglichen substanziellen Beiträgen der ehemaligen DDR eine Sonderstellung eingeräumt. Sie, die ehemalige DDR, zeigt sich nicht nur in den Wahlkampf, sondern flugs auch in den wahlkampfsprachlichen Alltag der ehemaligen BRD voll integriert. Da die Beiträge der ehemaligen DDR für die politische Kultur einer wirklichen Konkurrenz um den Wähler als gering zu erachten sind, nimmt

dies nicht wunder. Über einzelne wahlkampfsprachliche Muster und Wortverwendungen (etwa seitens der PDS) hinaus bereichert sie diese Konkurrenz um den Wähler nicht.

Wahlkampf als soziokulturell verfestigtes Ritual einschließlich seines sprachlich und sprachtaktisch hohen Grades an Konfektionierung hält im Wahljahr 1990 weniger Überraschungen parat als vielleicht erwartbar. Viel Kontinuität, kaum Innovation, in der Phraseologie beispielsweise, lassen die deutsche Einheit auch in dieser Facette als vollzogen erscheinen.

6. Literatur

Altmann, Rüdiger (1989): "Die Null vor dem Komma - Weshalb Helmut Kohl einem Nachfolger Platz machen sollte." In: *Die Zeit*, Nr. 14, 31.03.1989.

Engholm, Björn (1990): *Vom öffentlichen Gebrauch der Vernunft*. Düsseldorf.

Enzensberger, Hans-Magnus (1988): *Mittelmaß und Wahn*. Frankfurt/Main.

Filmer, Werner/Schwan, Heribert (1990): *Oskar Lafontaine*. Düsseldorf.

Förster, Uwe (1991): "Deutsch 1990." In: *Der Sprachdienst* 35, Heft 1, 33-48.

Gruner, Paul-Hermann (1990): *Die inszenierte Polarisierung. Die Wahlkampfsprache der Parteien in den Bundestagswahlkämpfen 1957 und 1987*. Frankfurt/Main.

Heringer, Hans-Jürgen (1990): *"Ich gebe Ihnen mein Ehrenwort." Politik, Sprache, Moral*. München.

Paul, Hermann (1992): *Deutsches Wörterbuch*. 9., vollständig neu bearbeite Aufl. von Helmut Henne und Georg Objartel unter Mitarbeit von Heidrun Kämper-Jensen. Tübingen.

Sahihi, Arman/Baumann, Hans D. (1987): *Kauf mich! Werbewirkung durch Sprache und Schrift*. Weinheim.

Sternberger, Dolf (1963): "Gute Sprache und böse Sprache. Zehn Thesen." In: *Neue Rundschau*, Nr. 74.

The Language of Unification
Specification of a Coding Process as a Basis for Observation

Christ'l De Landtsheer (Amsterdam)

1. Introduction

"Het gaat er niet alleen om twee steden samen te voegen", says a West-German officer of the City of Berlin, in an interview in a Dutch magazine *HP-De Tijd*, "we moeten twee maatschappelijke systemen en twee soorten economie en twee culturen op een noemer zien te krijgen. En dat in een noodtempo [...]". (*HP-De Tijd*, 14/9/1990, 53-54).

The integration of two social systems, two kinds of economic systems and two cultures, which offers scholars in the field of political language the opportunity to analyse their research topic in an almost experimental clinical situation is an extraordinary process. Methodological relevance of this situation for the analysis of a key question concerning the relationship between political (economic) and linguistic variables must be expected. How should we investigate "the language of unification" and how do we use this language as a source of information?

This article discusses an approach to the language of politics with regard to the unification process in Germany. It focusses on how to study political-linguistic changes in what was known as East Germany, as language informs us about the degree of integration in particular as to political, economic, social and cultural changes. In an attempt at contributing to a solution, I would like to introduce 'Political Semantics'. The final goal is the detection of linguistic systems of social change. A method of approach is presented in which the equivalence between linguistic and political aspects is the focus and as a result of former empirical research, some operationalising and prospects about the integration process in Germany are formulated.

I consider "the language of unification" from a semantic point of view in which language is seen as a metalinguistic instrument and as my source of information. I shall give a brief review of current research trends by way of an introduction to my political-semantic approach.

2. Some trends in the field

While "political linguistics" is not considered to be a science, "language and politics as well as language of politics" are favored research topics for scientists in different disciplines. A remarkable characteristic of current studies is the extraordinary variety both for what concerns scientific origin and method. Disciplines vary from anthropology, economics, history, legal sciences (both comparative and international), linguistics and mass communications to philosophy (both political philosophy and the philosophy of language), political psychology, political science, public administration and even sociology. Research methods vary from analytical, descriptive, empirical, functional-structuralistic and heuristic to qualitative and quantitative and a combination of both.

Although starting from a semiotic point of view, I prefer to limit myself to the verbal notion of language in an attempt to present a review of some basic approaches within the field. Interdisciplinarity could offer some justification for its lack of completion. Similarly, I will not go into details as much work in this area still needs to be done.

What are the scientific approaches to communication in a political context, and what are the disciplines they originate from? Do they stress "language" or "politics"? In which way and to what degree do they inform us about politics and society? As the status quaestionis needed to answer these questions cannot be discussed in this article, I will quote from some basic forms of research.

2.1. Basic approaches

2.1.1. Origins

There has been a lively concern with the persuasiveness of language since antiquity. It is clear that our subject goes back to "early rhetorics", in which its means were analysed stylistically and rhetorically. Applications form some elementary notions within what we call the oldest school of approach, the intuitive approach (Cicero, Sophism ...) as well as the formal and pragmatic approaches of Aristotle, Macchiavelli ... The speaker's intention to persuade the audience, which could be characterized as the traditional scope of rhetorics, has increased since the 19th century. These first steps in the analysis of the language of politics, made by such scholars as Radike and Lewis, were considered by Walther Dieckmann, the German expert in the study of the language of politics, as being the origins of the "School of General Semantics", which emerged in the 1930s (Dieckmann 1975). What Dieckmann infers is that the School of General Semantics was following the pragmatic concern of the authors of *Remarks on the Use and Abuse of Some Political Terms* (Lewis 1832) and *Lehrbuch der Demagogie* (Radike 1849). Thus, I believe that the merit of the School, of which Korzybski's publication *Science and Sanity: An Introduction to Non-Aristotelian Systems and General Semantics* (1933) lies at the beginning, is drawing attention to the possibilities of linguistic operations. Nevertheless it cannot be denied that the

Schools' conception of "language as a dominant power in a positive and in a negative sense, in causing neurosis, and in preventing from war", is exaggerated and old-fashioned.

Orwell's thesis, that "political language can covertly influence political thought", which was formulated in 1948, reminds us of the School's intentions, but only when taking it in its most extreme form. There is left "a weak form of interpretation", as Geis remarked (1987). Furthermore, although psychological aspects were integrated in linguistic considerations, one cannot speak of real empirical research or empirical results. These linguistic philosophers cannot compete with structuralist linguistics for sophistication of analysis and of rhetoric. Nevertheless, as we will see, these linguistic studies are not solely concerned with the pragmatic aspects of the language of politics.

Linguistic contributions to the study of the language of politics include several works analysing "the vocabulary of politics", and the "compilation of glossaria with political terms" which were published at the turn of the 20th century, inspired by the language of the French Revolution (Ranft 1908; Frey 1925, et alia).

2.2.2. Social-scientific approaches

In addition to the approaches of "rhetorics", "linguistics" and "the philosophy of language" we observe another type of approach which was present before World War II. In this approach psychological and rhetorical aspects were analysed as well as political vocabulary. Just as General Semantics, "propaganda research" shows signs of pragmatic interest, examplified by the work of Doris Graber (1976). Most of this research was done in the United States, by Harold D. Lasswell and his disciples, under the rubric of "quantitative semantics", in which several techniques of content analyses were developed and applied (Lasswell/Leites et al. 1949). Quantitative semantics originally examined war propaganda and quality-papers, but the already sophisticated research methods in which qualitative and quantitative elements are integrated, were further refined in several countries, especially in the field of communication science.

Although language plays some role in this research, one cannot deny that attention to content dominates. Even less attention has been paid to language in "communication science", which shows in general an overwhelming interest in "the media-society relation", while the (verbal) communication phenomenon is neglected. Insights into the process of "political communication" can be gathered by the study of language. Nonetheless, it was only in the early 1980s that the subject of "language" occasionally appeared in reflections on the future of "political communication". Despite the brilliant "pioneering" of Harold Lasswell, Nathan Leites, Ithiel De Sola Pool and others, the new direction of political communication research stagnated. Ten years later, Meadow's appraisal still makes sense, especially his conclusion that "researchers have chosen to consider the essence of political communication largely as a result or an end product [...], in an effort toward immediate empirical research gratification" (1980, 22) rather than as what he considers to be "the essence of political communication, namely a process involving interchange among political actors, taking place within a political context, and involving the exchange of symbols to some political end" (1980, 22).

Not much seems to have changed since Meadow observed that "despite the exciting potential [...], political scientists and others have not developed a full notion of political communication" (1980, 22), while Fitchen suggested the main reason for this to be "a lack of general concerns about what political communication research encompasses" (1981). The overlooking of language in communication science, I speculate, is a consequence of what James Beniger, as a result of his investigations on humanities' citations and sources, named "the isolation of (American) communications".

Fiske's emphasis on the importance of metaphors in his recent *Introduction to Communication Studies* sounds hopeful and stimulating for any attempt at enhancing communication science with concepts originating in the philosophy of language (1989, 96-97). Likewise, this view of mass communications has been considered a promising one by a number of linguistic scientists such as Dieckmann (1975, 11) and Eco (1968). Up to the present, content analysis techniques are most often chosen by communication scientists to handle their mass media message "meaning" problem. However, while some authors complain about the focus on media content, media structure, and election campaigns, others do the same about the neglect of language in communication science (Meadow 1980; Fitchen 1981; Van Cuilenburg 1984, et al.).

In this area of research, Meadow (1980), Edelman (1964) and Shapiro (1984) contrary to the general tendency of social communication scientists, focus on linguistic behaviour. While Meadow analyses symbols, Edelman compares the language of the helping professions in psychiatry with political processing. The work of Shapiro on 'political discourse' was influenced by Foucault and Derrida, and can be considered as merely philosophical, and concerned with *Language and Politics*, which is the title of his reader

(Shapiro 1984). The work of the "Glasgow Media Group" with a most interesting linguistic analysis of how the media treated different subjects (1983) must be quoted in the recent literature on journalistic bias.

The Dutch communication scientist Van Cuilenburg also advocates the relevance of linguistic concepts for mass communications. "Although it is the most often used communication code between human beings, language forms a forgotten subject within communication science" (1984, 89). He occasionally mentions the term "political semantics", mainly illustrating the concept by referring to Edelman's writings, and describing it as "a promising but obviously risky new research trend". Unfortunately, neither he, nor Marten Brouwer, who used the word as a classification item in his reader on *Dutch Political Psychology* (Brouwer et al. 1986), chose to define the term. No doubt it is possible to call the "semantical analysis" conceptualized in this article a contribution to the attempt within the mass communication field to reformulate an answer to criticisms conventionally made of "uses and gratifications."

2.2.3. German research: A Unique Position

From World War II until the 1970s, the German research labeled as "political language study in its purest form", because of a similar attention to linguistic and political components emphasizes Nazism and the division of Germany. In relating the political message to the political system in terms of content, vocabulary, stylistic aspects and speech rhythms, the concepts of language and ideology are connected. In *Wie Hitler sprach und schrieb*, the ergotrophic rhythm of Hitler's speech was described as a function of his nervous system. It appealed to aggressive feelings in the audience, contrary to the so-called trophotrophic rhythm, which appealed to constructive feelings (Schnauber 1972). Terms such as *Mädel*, *durchführen* and *charakterlich* were historically explained, in combination with their Nazi-application, *Aus dem Wörterbuch des Unmenschen* (Sternberger et al. 1957).

My examination exhibits a clear pattern of descriptive studies of Nazi-vocabulary. Thus, I fear that the lack of interest in the subject since the 1970s results from the fact that new theoretical perspectives in this field were not forthcoming, and not because of what Dieckmann (1975) calls the fact that there is not much to say anymore about the subject. Although Dieckmann also noted a decreasing belief in linguistic persuasion and the power of language in the 1970s, we can observe an increase of general interest in the language of politics since the 1980s.

Unfortunately, this development is scattered and of minor methodological importance. The second topic of German research after World War II, the division of Germany, in terms of publications, speech and the subject of rhetorical and content analysis, more precisely the "Wortforschung", we discover, was influenced by East-West policy-making. Initially, the language of the other Germans was compared with political language in their particular section of Germany in a subjective way, but after some time, in the late 1960s, a more scientific approach can be identified.

In West Germany, the "Wortforschung" pays attention to political, social and philosophical conceptualization in Germany, mostly studied through word-use in politics. Hans Werner Eroms (1988) described the political language in West Germany from World War II until now and concluded that politicians in Western Germany who had been suffering from political-linguistic complexes since World War II, had difficulties in constructing their own political vocabulary. In West Germany, substantial research has been done by political scientists on the subject of elections (see Gruner 1990).

Historical subjects form an important topic in the "Wortforschung", but subjects such as the Pelopponesian War and the Aufklärung are studied. In the 1960s, we find works labelled as political language research in both countries. They are merely concerned with orations (BRD), or with considerations about the usefulness of language in society (DDR) in a theoretical way. In West Germany, Grünert (1974) and Pelster (1966) made comparative analysis of parliamentary speeches, Grünert constructing models of argumentation with political-historical applications, Pelster studying the cold-war oriented research of Nazi- and East German orations. For East Germany, political-ideological aspects of linguistics are studied by Klaus (1971), Ludz (1980) and Schmidt (1969). While Klaus formulated an explanatory model for East German society, Ludz analysed political philosophy in East Germany. In both countries, a fruitful insight was formulated, in conceiving a bridge between linguistics and social sciences, by means of interdisciplinary approach through communication science. Both Dieckmann and Schmidt made this proposal in focussing on the 'meaning' of the message. Walther Dieckmann's *Sprache in der Politik* (1975) seems to be a masterpiece of information not only in the history of German research, but also theoretically. In East Germany, Schmidt (1969) conceptualized functionalistic-linguistic theory with the same intentions as Dieckmann. This point of view has not lead to satisfactory results as far as empirical research is concerned.

The unification of Germany in 1990 inspired a new tendency in German political language research. In particular Hans-Gerd Schumann, Manfred

Opp de Hipt, Ralf Rytlewski and K. Peter Fritzsche have been active in bringing together linguists and political scientists from East and West Germany around this theme (see e.g. Schumann 1988).

2.2.4. Linguistic approaches

The compilation of glossaria, which formed the basis for the German Wortforschung, gave birth in France to "sémantique historique" and to "lexicologie politique". Since the late 1960s, the findings of these French Schools were merely in the publication *Cahiers de lexicologie*. As the purpose of "historical semantics" is enriching history with linguistical data, attention has been paid to fictional and philosophical literature. Variations in the use of political, economic and social terms (as for instance the word *revolution* in Stendhal's work) are analysed in an attempt to break through the limits of linguistics. As the item of linguistic interest is "l'énonciation", the "utterance" or the "discourse", syntactic and semantic elements are integrated with emphasis on the sender of the message while persuasiveness of the message is not taken into consideration (see for instance Robin 1971). The sufficiency of the partial references to historical events remains debatable, and because of the historical-semantical theory, the break through attempt has immediately been modified by questioning of the possibilities of interdisciplinary studies. Although these linguistic scientists initially formulated the intention to relate language to history, the utterance in itself seems to form their only source of information.

Closely related to historical semantics, "political lexicology", practiced at the "Ecole Normale Supérieure de St. Cloud", is more focussed on actuality by means of quantitative descriptions of newspapers and oratory (for instance frequency of assertions and rhythms in de Gaulle's and Mitterand's speeches, cf. Bonnafous et al. 1981). Similar research has been completed in several other countries (Belgium, Sweden, Israel ...). The purpose of scientists in emerging countries like Zaïre is to identify colonial influences in political, economic and legal language.

Most of the work in "political lexicology" shows analogies to the applications of content analysis techniques which were developed in the United States. Whereas the linguistic research mentioned above is oriented towards syntactic and semantic aspects, pragmatism is neglected in contradiction to the research mentioned above. This is also the case for the "political discourse analysis" which forms a new topic, studied at linguistic faculties since the 1980s, in the U.S. and in Europe. In Holland, we note the work of Teun A. van Dijk, who described the development and application of discourse analysis to the structure of news. In Belgium we see Annemarie Vandenbergen-Simon, with her profound linguistic analysis of the headlines in *The Times* (Van Dijk 1983; Vandenbergen-Simon 1981). Some analyses of the function of style and style figures (metaphors, euphemisms, ...) also form interesting contributions to political language study (see Köller 1975; Leinfellner 1981), although not directly applied to the language of politics. On the other hand, two more types of research can be distinguished in which language is related to politics in a broader sense.

"Sociolinguistics" provides us with correlational research between linguistic variables, mostly common language and social structure, which is conceived as a natural and static system. Bauthier and Padioleau form some methodological exceptions to the general tendency to avoid the language of politics for the relation of language to culture, by preference with applications for exotic cultures (Bauthier 1984; Padioleau 1976; Bloch 1975; O'Barr/O'Barr 1976). Further, we can cite the research on language used in justice, diplomacy, and government, the so-called "official language", which has been present since about the beginning of this century, but which takes a special place, not in the least because it is often directed by the government with terminological uniformity as a goal.

2.2.5 Conclusion

We can conclude that the key question for an approach to the subject of "language of politics" concerns the relation of language to politics. To deal with the subject of language (as does linguistics) and the subject of politics (as do the social sciences) a bridge has to be built between the two concepts. A final conclusion could be that we should blow up the "communication walls" which form an obstacle for an insightful inquiry into political communication.

3. Political Semantics

How is the language we analyze a real means of communication, and as Sapir says, "rather than content analysis an objective source of information, because of its unconscious character" (1952, 432-433)? As I want to submit this question in terms of "Political Semantics", I suggest defining it as the study of the meaning of communication in a political context. In the next paragraphs, I will offer a few starting points and methodological proposals!

3.1. General principles

3.1.1. "Use" mass media

The more we study the verbal sign choice which is predestined to reach a mass audience, such as political messages given by the mass media, the greater the chance of getting the correct information about the social context of its users. Linguistic systems of social change should be fixed in which investigations on broad and long-period samples would provide us information with the central purpose of detecting "the hidden text"[1] of the "everyday life of the masses".

The assumption that politicians and political journalists, the main producers of the language of politics are professionals implies that they know how to adapt the language to reach their public in the most effective way; and the concept of the presence of the public in the message allows us to tie the political message to the social context in which it was voiced and consumed. Only a broad-conceived and long-term mass media sample comparing East and West provides us with correct information about "the language of unification". I will content myself with conclusions based on a former case-study including a 150 years of political discourse in the Dutch linguistic community of Belgium (Flanders).

3.1.2. Leave the Saussurean tradition

I can conclude from this case-study that the comparison of the use of 'political metaphors' in relation to meaningful contextual factors for East and West Germany can give insight into the integration process in Germany. A statement of a citizen from East-Berlin quoted in the Dutch magazine *HP-De Tijd* illustrates the relevance of unemployment for the interpretation of political metaphors:

> De DDR gaat het Verenigd Duitsland binnen als een neger die al aardig Duits spreekt, als de nieuwe Turk. En omdat we concurrenten zijn op de arbeidsmarkt, wachten sommigen ons op met het mes in de hand" (Matt Drings, "Berlijn, Irrland. Een stad met twee levens aan de vooravond van de wiedervereinigung", *HP-De Tijd*, 28/9/1990, 52).

---

[1] This expression was used by Michael Shapiro as he wrote "[...] Marx's reading of society was, in effect, an attempt to divulge a hidden text" (1984, 226).

As the French specialist in rhetoric and style figures, Henri Suhamy writes, "the interpretation of metaphors is so much related to the context that it is preferable one studies them in a synchronical field instead of just in a diachronical way".

By studying language with reference to social context, we leave the Saussurean tradition of linguistics; the introduction of the notion "context" involves the impossibility of analysing the language of politics without estimating the outer-linguistic context and thus the impossibility of practising de Saussure's structuralistic vision with his dualistic system "langue-parole" and "signifiant-signifié" (see Barthes 1982). Philosophical Semantics (this term is used by Schaff) is complemented by a useful suggestion in John Fiske's *Introduction to Communication Studies* that underlines the importance of metaphors (1989, 95-96).

3.1.3. Be "useful"

One has to be familiar with the German context or situation to understand the meaning of the statement of the East Berliner, that "East Germany enters the unified Germany as a black or a Turkish man who has already learned to speak German". In a general way, the concept of "meaning" forms a key word and a solution to the problem of approach on the condition that it combines semantic, syntactic and pragmatic points of view; such a theory of meaning is for instance to be found in the work of Ullmann (1957, 303), Schaff (1960, 238) and Wittgenstein (1961, 52), and is sometimes called "Operationalism". Content and form both point in the same (mental) direction, in the statement that "some will welcome us with a knife in their hand, because we are competitors on the labour market." A metaphor is used expressing the thought of unwelcomeness.

Another "utilitarian concept" consists in the conception of content and form of the linguistic signs (such as metaphors) as constituting one identity from a utilitarian point of view along which both are forms of abstraction, carried out during the process of thought (Schaff 1960, 27).

3.2. Empirical ways

3.2.1. The choice of "functional" linguistic variables

We can measure those linguistic signs (sentences, words, word groups ...) that are assumed to fulfill functions for users (senders, audience, readers), so that the analysis of their use give insight into our knowledge of their users' context. Style figures and rhetoric means such as metaphors, euphemisms and modal verbs are examples of linguistic signs with a special function (see Köller 1975; Leinfellner 1971). Several linguists suppose metaphors to be a "more proper object for semantic analysis than the meaning of individual words" because of the fact that "we have not metaphorical words but metaphorical usages" (Lepschy 1976, 64), while these "lexical ensembles" are giving us more information than the use of words, regarding the subjective choice aspect which is playing in everyday speech (Dubois 1964, 7).

Also Fraser supports the hypothesis that "the interpretation of metaphor is based within a theory of language use, not a theory of grammar" (Fraser 1984, 184). A subsequent step in these theoretical considerations was made by Helmut Gaus (1979), who advocated a perspective for all the social sciences in which "a non-conservative functionalism, in which one does not have to emphasize social structures, but on significance for their users of all kinds of social phenomena, such as for instance newspapers". The examination of linguistic elements such as metaphors in connection with other (social) factors could be found in the theoretical reference frame created by this author: a functionalism of needs, whose application implies the prospect of relating sign choice to social and economic circumstances (ibd., 32).

3.2.2. Correlations with economic variables

Gaus posits that "socio-economic factors are so fundamental that they always influence, in a direct or an indirect way, the development of other needs, by which process they logically affect in a certain sense all social factors, without necessarily causing them." This means that socio-economic factors also influence in a certain way linguistic performances. Consequently, variations in socio-economic factors could influence the formation of needs, thereby influencing in a certain way the formation of needs determining somehow linguistic performances. New needs, created by changes in socio-economic factors, must be articulated in political communication and political language. Especially when one supposes politicians and political journalists to successfully communicate with the masses, the hypothesis could be formulated that it must be possible to gain information about bad economic circumstances in the political discourse.

The political discourse of the editor-in-chief of *Die Weltbühne*, Helmut Reinhardt, as it was quoted by a Dutch journalist says: "Hier in Oost verkeert het volk in een totale depressie. Werkloosheid valt als een guillotine over huishoudens heen" (*HP-De Tijd*, 28/9/1990, 52). Unpleasant thoughts of depression and unemployment are repeated in a violent metaphor of a guillotine.

3.2.3. The metalinguistics of cultural variables

I will refer to certain categories of metaphors in certain countries to demonstrate the influence of cultural variables on language. The notion of "linguistic community" formulated by Martinet (see Hoyer 1964, 109) can be illustrated in the existence of metaphors referring to navigation and magic. The navigation metaphor was frequently used in the low countries during the golden age because of the importance of navigation systems to trade, war and everyday life. Metaphors representing the magic were common in the middle ages in France, because of the impact of this cultural element on French medieval society (Michielsen 1989, 8, 56). Cultural, political and economic factors have differed from each other for several decades in East and West Germany, so we can speak of two different linguistic communities.

Ithiel De Sola Pool portrays as follows the impact of time and culture on language in respect to linguistic frequencies:

> The effects of time on the language should be held constant along with sample size. Lacking satisfactory techniques as yet, the best we can do here is to estimate the rough order of magnitude of the effect of passage of time on our results (1956, 222, 227).

Political factors can help in determining linguistic periods. This can be concluded from the same author as he demonstrated that variety of political symbols in quality papers diminished during periods of war and in totalitarian systems (1956, 217-231). "Political language periods" in East (and in West) Germany can be linked with political events ("natural" periods).

3.2.4. Linguistic variables and political factors

Participation of the press is regarded as an important factor in the success of the Belgian revolution, carried out against Dutch rule in 1830. Reading the *Courier des Pays-Bas* and the *Courier de la Meuse*, two of the opposition newspapers, one is struck by the provocative writing of the bright young journalists' use of words, especially in the three years prior to the revolution.

The same holds for the language of the French Revolution, for which Barthes concludes that the bombastic style was adapted to the shedding of blood (1982, 24). It thus appears reasonable to deduce from theoretical considerations one important question, namely the possibility of measuring something like a "degree of instigativeness" or even a degree of unification or integration in the language used by newspapers and thus of getting information about future occurrences and or processes. As was shown in these examples, "the conception of language as an objective product of reality, consisting of involuntary utterances of the mind, is thus preferable to content analysis" (Sapir 1952, 432-433) and can provide new perspectives for empirical research. What is the "meaning" of the statement of the East German editor-in-chief in the Dutch magazine *HP-De Tijd*, that "[...] de twee stadsdelen geen kans krijgen aaneen te groeien, maar op elkaar storten" (*HP-De Tijd*, 28/9/1990, 52)? As Wright Mills remarks, the problem consists in "indicating the mechanisms of the linkage of the vocabularies of motive to systems of action" (1940, 14). The perception of a relationship between linguistic and political factors gets easier as the importance of these political variables for the users of the social phenomenon increases.

When their impact on everyday life is considerable because their effects are deeply connected to economic circumstances, as in the case of most wars and revolutions and the "East-German revolution", analysis of these political factors can also be useful. I will demonstrate that research into relations with political respectively economic factors can be more appropriate for respectively "pre- and post-unification political language" in East Germany. I believe it is more reasonable to concentrate on the relationship between linguistic and political instead of economic variables in contemporary quality-papers and 19th century-samples and during the pre-unification period in East Germany, because of the "restricted" or "elitarian" character of politics and newspapers. The highly standardized political language in the former DDR newspapers can tell us less about everyday life of people and their mental states than of East-German political "elite-talk".

Until the end of the 19th century, factors such as restrictions on voting and election criteria, high prices for newspapers, and the absence of radio and television, limited the consumption and production of the language of politics. Since the "political elite" is likely to be more affected by (international) political conflicts than by agricultural disasters, this "political" factor must bias their way of talking and writing. Ever since the scope of the language of politics was enlarged, as the importance of democratic principles grew and as "democratic audiovisual media" originated and reached millions of people, convergent with the written mass media, this elitism diminished. Traces of economic influence were to show up in this later political discourse because mass audiences are more concerned with everyday economic circumstances than with (international) political events. "The post-unification period" forms a "natural" politically marked period in East and in and West Germany for long-term investigations on correlations between economic and linguistic variables.

3.2.5. The happy marriage of Quality and Quantity

The investigation into the meaning of political communication which will be formulated in terms of research in the function of language in society, could be practised by means of a combination of qualitative and quantitative analyses. In a synchronical trend-study, qualitative research on the psychological function of certain style-characteristics could form the bridge for long-term (cor)relation research in linguistic and social variables. The question which variables to chose on the social and the linguistic side, is of a qualitative nature, while the conceptualising of quantifiable symbols and formulas is of a mixed nature. The results have to be relativized and interpreted with great carefulness, but the final measuring and counting which are primarily quantitative can be relevant.

It was Irving Janis who described the purpose more clearly, when he told us that

> [...] whenever there is a substantial correlation between two variables, one variable may be regarded as an indicator of the other, because it is possible to predict within known limits of error, the value of the second variable from the first" (1949, 66).

Variables to relate according to time scale

Linguistic variables	**Function**	**Social variables**
Style characteristics	psychological function	political cultural
(medium, message) receivers	for senders	economical variables

4. The language of unification

"Het heet dat nu samengroeit wat bij elkaar hoort", wrote the Dutch HP-journalist as he quoted a citizen of East Berlin, in his article "Berlijn, Irrland. Een stad met twee levens aan de vooravond van de Wiedervereinigung" (*HP-De Tijd*, 28/9/1990). "Das Land der zwei Geschwindigkeiten" (*Die Zeit*, 3/10/1991) or "land with two lives" is growing together, but how fast? Had the "language of unification" already existed on 3 October 1990, how did it evolve and what will happen in future? I suggest analysing "the language of unification" by analogy to my research into "the language of prosperity and crisis".

By explaining my research model I will demonstrate how "the language of unification" can be seen as a function of the coincidence of the use of "crisis language" or the use of "prosperity language" in both parts of Germany. The key question that I asked in a former case study was formulated as "the detection of the language of prosperity and crisis." Scientific theory, such as the general social-scientific model which Helmut Gaus (1981) constructed for human behavior in periods of long-lasting economic recession, support my hypothesis that it is plausible to expect a larger need for metaphors and for the specific metaphorical working during periods in which economic circumstances are relatively bad. The behavioral characteristics attributed by Gaus to people living in unfavourable economic circumstances seem to correspond with those that can be assumed to evoke the need for the metaphorical functioning. My hypothesis was operationalized and empirically tested by correlating metaphorical variables with economic indicators.

My results showed high correlation rates for the 20th century samples between metaphorical variables and rates of unemployment and for the 19th century less high negative correlation rates between metaphorical variables and wholesale trade prices. This demonstrated that the more economic indicators point to economic recession and crisis, the more metaphorical variables grow. The calculation of metaphorical variables for the political discourse of a certain period might be a first step in finding out more about the need of the population for specific metaphorical functions during this period, and thus reveal more information concerning their mental state. This quantification effort which indeed needs further elaboration, can be considered as a hypothesis for measuring concepts difficult to operationalize, such as "insecurity among the population" and "the impulse to flee from reality", mental states that could justify the need for the metaphorical functioning. "De onzekerheid is huizenhoog. We zijn met onbekende bestemming in een donkere tunnel gerede", writes Matt Drings as he quotes Helmut

Reinhardt of *Die Weltbühne* (*HP-De Tijd*, 28/9/1990, 52). In line with the theory of Helmut Gaus (1981), bad economic circumstances would provide, among other things, insecurity among the population and the impulse to flee from reality. "In den nächsten Jahren wird der Abstand zwischen dem armen Osten und dem reichen Westen eher noch Größer", says Peter Christ in *Die Zeit* (3/10/1991). Will economic crisis cause more insecurity for East Germans and thus a growing amount of political metaphors and different kind of metaphors? What will be the results of a long-term comparison of political metaphors in East and West Germany after the unification?

4.1. A metaphorical uses and gratifications model

The psychological functions that metaphors should fulfil as is supposed in literature make it plausible to expect a larger need for the use of metaphors and for the specific metaphorical working during times of recession. From this point of view, I conceptualised in "the language of prosperity and crisis" a correlation between economic and linguistic variables which has been hypothesized, operationalized and empirically tested by way of a "functional linguistic uses and gratifications model". More especially, a "metaphorical uses and gratifications model" has been elaborated for four samples covering the period 1831-1981 (De Landtsheer 1987). "My assumption of the necessity of an extensive sample had been influenced by the hypothesis of the economist Kondratieff which describes long-term economic ups and downs lasting each for about twenty-five years (Weinstock 1964). The 439.582 word-sample, covering the period 1831-1981, was obtained from material selected from a broad spectrum of Flemish newspapers, consisting of parliamentary reporting, political comments and editorials. While two parts concerned the period 1831-1914, a third part was focussed on the inter-bellum (1919-1939) and a last one on a more recent period (1965-1981).

4.1.1. Metaphorical scheme

Based on literature (De Landtsheer 1988) four variables were isolated: frequency (F), intensity (I), content (D), and their product (CM, metaphorical coefficient), forming a metaphorical scheme.

4.1.1.1. Frequency

As far as it is possible to separate the emotive component of language from the cognitive, as Ullmann speaks of "siamese indivisibility" (1957, 97), metaphors could be classified in the first category, fulfilling several emotive functions such as "self-reassurance in simplifying complex situations" and "relaxation through evasion from reality" and "exhausting of repressed feelings" (Köller 1975, 226; Mooy 1976,16; Edelman 1977, 35). The criterion chosen to identify metaphorical expressions was a useful one, suggested by Mooy, consisting of "the strangeness or surprisingness of a metaphorical expression in its context" (Mooy 1976, 17; see also De Landtsheer 1985, 174-179).

Listings of metaphors selected on the base of this criterion make it possible to calculate an average rate of metaphors for a chosen context unit, what can result in a frequency variable F, which I expect to grow as the economy gets worse. Metaphors are universal phenomena and for a native speaker it is easy to identify them: nobody supposes that the term *Kuhhandel* used in a political article has anything to do with cows. As the East German mass media language becomes less standardized by lack of censorship, there will automatically occur a more varied discourse, with different metaphors.

In this complex linguistic situation, I want to learn more about the relative frequency of metaphors during the following years. I expect relatively more metaphors to appear in East Germany than in West Germany. As long as the West German economy continues to do well, metaphorical frequency can be expected to stay relatively poor.

4.1.1.2. Intensity

Depending upon their content and potential to surprise, metaphors would more or less compensate the need for these emotions. Mooy describes and quantifies three dimensions one of which is "strength of reference to the literary meaning" (1976, 121), while Köller distinguishes between "conventional" and "original" metaphors (1975, 233-241). In an attempt to express characteristics such as "the potential to surprise" and "the degree of innovation" I conceptualised the variable "referential intensity", symbolized by I (see Mooy 1976; De Landtsheer 1985, 191-196). Depending upon the strength of the reference to the literary meaning of the metaphors, values can be given ranging from (1) for "weak" metaphors to (2) for "normal ones" to (3) for "original" or rather new ones. The application of this scale to our listed metaphors placed in their context units gives I, consisting of the sum of the frequency of weak metaphors (w) multiplied by one, the normal metaphors (n) multiplied by two, the strong metaphors (s) multiplied by three, divided by the total frequency of metaphors (t), or:

$$I = \frac{1w + 2n + 3s}{t}$$

I is estimated to increase with F, according to "the principle of diversity of meanings" formulated by Zipf, which says that: "there will be a direct relationship between the frequency of a tool's usage and the diversity of its usage" (Zipf 1945, 144). In East Germany relatively more innovative and less ordinary or standardized metaphors can be expected in bad economic conditions. I hereby give some examples drawn out of *Neues Deutschland* of 28-29/7/1990, but I think that only a native speaker of German is capable of doing research on "the language of unification".

- "Ansonsten brachte man vieles auf den Tisch": weak metaphor.
- "Es geht darum, wie mittels Wahlsystems die Parteienstruktur der BRD im neuen Parlament erhalten werden und wie jede der etablierten Parteien sich das grobe Kuchenstück im voraus sichern kann": normal metaphor.
- "Politisches Sommertheater - erster Akt": strong metaphor.

4.1.1.3. Content

Because metaphors contain descriptions referring to several spheres of life, one can put them in different content categories. A review of the material and relevant literature would provide an appropriate classification of content categories. The more formal and the less differentiated, the greater the chance that this classification can be used for long-term investigations.

These considerations, together with looking for latent rather than for manifest content, formed the basis for my construction of a content variable D, expresses the degree of crisis, especially the degree to which mental needs corresponding to crisis could be fulfilled. I don't deny that my point of view, linking content to people's mental states is highly speculative, but no less can be said of the traditional mirror- or reflection hypothesis which supposes a causal relationship between media content and events. As a justification for my choice of categories and the resulting variable, I hereby offer a few lines of analysis (De Landtsheer 1987), mainly influenced by Claude Lévy-Strauss's interpretation of the "Pleasure Principle" (1958, 41, 95). His idea was, in brief, that individuals should dream their wishes, but that because satisfaction was not forthcoming, the process of hallucination was blocked, and thus also negative things are represented, inspired my scale with six weighed content categories of metaphors. Summarizing, I hypothesize metaphors referring to illness at one extremity of the scale and popular material concepts at the other, respectively awarding them the scores of 6 and 1.

"Metaphors referring to death and illness" can be compared with the utterance and the induction of anxiety; by using them, processes in society are explained analogically to biological processes. These medical images seem to function especially to manipulate, as Köller and Koenigsberg wrote because the suggestion is induced that problems could be solved by medical treatments instead of by discussion, and that there is a need for a doctor or an authoritarian leader (Köller 1975, 289, 298; Koenigsberg 1975, 15-29). Other authors, such as Edelman (1977, 130-132) also underline the importance of the medical concept of politics in their analyses. Under the heading "popular" I want to categorize the rather optimistic metaphors referring to everyday life and often to material aspects, which makes them inappropriate for "escape".

"Popular metaphors" in *Neues Deutschland*:
- "[...] der groberen Bundesdeutschen Partnerparteien" (31/7/1990).
- "[...] Kuhhandel" (28-29/7/1990).
- "[...] gezahlt wird für die 1. Klasse, gefahren aber in der 2., auf harten Bänken" (31/7/1990).

Medical metaphors in *Neues Deutschland* of 31/7/1990:
- "Aus Kreisen der DDR-Regierung verlautet, daß wenigstens ein Drittel der Unternehmen nicht überlebensfähig ist."
- "[...] daß Unternehmen wieder auf die Beine kommen, bleibt fraglich"

- "Unterdessen dementierte das DDR-Ministerium der Finanzen und Löhne [...]"

In between the extremities we place the categories "sports and theatre", "disaster", "political & intellectual" and "nature", which get respectively the scores 5, 4, 3 and 2. While the highly manipulative and evasive "sports and theatre metaphors" also provoke aggressiveness, "disaster" images form utterances of despair, depression and agression, and are often used in an apocalyptic sense (Köller 1975; Shapiro 1989).

"Sports and theatre metaphors" in *Neues Deutschland* of 31/7/1990:
- "[...] Kraftprobe" (30/7/1990).
- "[...] liege das Schwergewicht" (26/7/1990).
- "[...] Politisches Sommertheater - erster Akt" (30/7/1990).
- "Vor dem Hintergrund des auf allem Seiten mit hohem Pokereinsatz geführten Koalitionsstreits der Regierung de Maizière [...]" (25/7/1990).

"Disaster images" in *Neues Deutschland* of 31/7/1990:
- "[...] die Katastrophe der DDR-Landwirtschaft"
- "[...] Ganzen Wirtschaftsregionen droht das Aus."
- "[...] Das amerikanische Volk besaß jedoch die Kraft, den Erstickungsversuch abzuwehren" (26/7/1990).

Complex metaphors and those directly mentioning political terms are labeled "political and intellectual"; they seem to evade reality because they do not refer to everyday life (Jaeger 1971; Leinfellner 1971).

"Political and intellectual metaphors" in *Neues Deutschland*:
- "[...] Baut die West-SPD für de Maizière eine Brücke?" (26/7/1990).

- "[...] Eine Parteieninflation [...]" (31/7/1990).
- "Politisches Naturschutzgebiet [...] (26/7/1990).

Nature metaphors are ascribed an ambivalent character, which does not benefit their metaphorical functions, while their interpretation does not provoke self-reassurance (Jaeger, 1971: 116; Köller, 1975: 287-288).

As a result, I have delineated the following categories:
popular metaphors (p),
- metaphors referring to nature (na),
- political and intellectual metaphors (po),
- metaphors referring to disaster (d),
- metaphors referring to sports and theatre (sp),
- metaphors referring to illness (m).

Thus the formula to find the hypothetical content variable D can be given:

$$D = 1p + 2n + 3po + 4d + 5sp + 6m$$

D is supposed to follow the "principle of diversity of meanings" (Zipf 1945) and to increase in correlation with F and I.

I expect that the content of political metaphors in East Germany will give insight into mental developments in the short term. Contrary to frequency and intensity, first impressions are not as difficult to formulate here. Metaphors belonging to content categories with high values are expected to appear more frequently than those from low-valued categories when people are insecure and economy is bad.

4.1.1.4. Metaphorical coefficient

Now the construction of a fourth and general metaphorical variable can be conceived as a "degree of the presence of the metaphorical working factors". Both a logical and a practical solution to find this "metaphorical standard" or "metaphorical coefficient" can be the multiplication of the other variables:

$$CM = F \, . \, I \, . \, D$$

4.1.2. Economic indicators

My hypothesis on "the language of prosperity and crisis" was tested by correlating the metaphorical variables with economic indicators such as the rate of unemployment for the samples covering the 20th century[2] and wholesale trade prices for the 19th century samples (Mitchell 1980). Unemployment forms a psychological stress factor for the individual, it soon becomes one for society, as its impact on the every-day environment of an increasing number of individuals grows. This measurable stress factor, to be symbolized by G, can be supposed to increase as the economy gets worse (Meade 1982, 3). Unfortunately I had to content myself with another variable for the 19th century, due to a lack of data. Thus my choice fell on wholesale trade prices, symbolized by H, which for that age can be seen as a measure for purchasing power, and which Meade estimates to decrease as the economy gets worse (ibd., 3).

The rate of unemployment can be an appropriate economic variable to measure "the language of unification" through "the language of prosperity and crisis" for the reasons stated above.

---

[2] Data concerning unemployment rates are originating from two sources (Baudhuin 1944 and Rijksdienst voor Arbeidsvoorziening 1982).

4.1.3. Prospects

In my former research into "the language of prosperity and crisis" in Flanders, I did find an increased use of metaphors, coupled with an increase in the number of innovative metaphors during times of growing unemployment. I concluded that there were gradual differences between several ideologies, but that this trend was present in ideologically different sources (for the function of ideology on the language of politics, see De Landtsheer 1985, 1986).

The application of my "metaphorical uses and gratifications model" on political mass media language samples in East and West Germany for a period of, for instance, two post-unification decades could be informative about the formation of a linguistic community and thus about the German integration.

The complexity of this "linguistic integration" makes it difficult to make forecasts and the role of factors influencing quantitative results is still unclear. Analogical to my former case-study I can expect that a similar quantitative trend study into "the language of unification" will demonstrate that frequencies, intensities and the content of metaphors will change in line with economic ups and downs. I concluded there was a tendency to move from optimism, realism, and materialism, to pessimism, spiritualism and irrationalism as economic conditions grow worse. I expect a confirmation of my former results about the content of metaphors which gradually changes from "popular materiality" and "nature" to "death" and "illness" as unemployment rates increase. It is possible to investigate this trend by way of a descriptive pilot study.

5. Bibliography

Barthes, R. (1982): *De nulgraad van het schrijven, gevolgd door inleiding in de semiologie*. Amsterdam.

Baudhuin, F. (1944): *Histoire économique de la Belgique (1914-1939). Grandeurs et misères d'un quart de siècle*. Bruxelles

Bauthier, R. (1984): "La reception des discours d'autorité: le cas de la communication politique." In: *Communication & Cognition*, Vol. 17, nr. 4, pp. 361-375.

Berning, C. (1964): *Vom 'Abstammungsweis' zum 'Zuchtwart'. Vokabular des Nationalsozialismus*. Berlin. [In: Van Den Toorn, M.C. (1975): *Dietsch en Volks*. Groningen].

Bloch, M. (1975): *Political Language and Oratory in Traditional Society*. London.

Bonnafous, S./Willems, D. (1981) "État présent des études sur le discours gaulliste." In: Mots, pp. 171-180.

Brouwer, M./van Ginneke, J./Hagendoorn, L./Meloen, J. (eds.) (1986): "Political Psychology in The Netherlands." In: *The Nijmegen Papers. Proceedings of the first conference on Political Psychology in The Netherlands*. Amsterdam.

Comparato, V. (1976): "Retoria forence e ideologia el Giovane d'Andrea del Centro di Studie Vichioni." In: *Bolletino ... Perugia*, pp. 41-75.

De Sola Pool, I. (1956): "Variety and repetition in political language." In: Eulau, H. et al. (eds.): *Political Behavior. A Reader in Theory and Research*. Library of The Congress, U.S.A., pp. 217-231.

Dieckmann, W. (1975): *Sprache in der Politik*. Heidelberg, 2. Aufl.

Dierickx, G. (1978): "Besluitvorming en metamorfosen van de ideologie." In: *Res Publica*, Vol. XX, nr. 4, pp. 535-560.

Dijk, T. A. van (1983): "Discourse analysis: Its development and application to the structure of news." In: *Journal of Communication* 2, Spring.

Dubois, J. (1964): "Distribution, ensemble et marque dans le lexique." In: *Cahiers de Lexicologie* 4, pp. 5-16.

Eco, U. (1968): *Einführung in die Semiotik*. München.

Edelman, M. (1974): *The Symbolic Uses of Politics*. Urbana, Illinois.

Eroms, H. W. (1988): "Die Entwicklung der politischen Sprache in der Bundesrepublik Deutschland." Unpublished Guestcollege, Higher Translators Institute, Ghent (Belgium), February.

Fagen, R. (1966): *Politics as Communication*. Boston.

Fiske, J. (1989): *Introduction to Communication Studies*. London-New York.

Fitchen, R. (1981): "European Research." In: Nimmo/Sanders (eds.): *Handbook of Political Communication*. New York.

Fraser, B. (1984): "The interpretation of novel metaphors." In Ortony, A. (ed.): *Metaphor and Thought*. New York, pp. 172-185.

Frey, M. (1925): *Les transformations du vocabulaire français à l'époque de la Révolution (1789-1800)*. Paris.

Gaus, H. (1979): *The Function of Fiction. The Usefulness of Functional Analysis for the Study of Cultural Phenomena*. Gent.

Gaus, H. (1981): *Menselijk gedrag tijdens langdurige economische recessies (een schets)*. Malle.

Geis, M. (1987): *The Language of Politics*. New York.

Graber, D. (1976): *Verbal Behaviour and Politics*. University of Illinois Press.

Grieswelle, D. (1972): *Propaganda der Friedlosigkeit. Eine Studie zu Hitlers Rhetorik (1920-1933)*. Stuttgart.

Grünert, H. (1974): *Sprache und Politik. Untersuchungen zum Sprachgebrauch der Paulskirche*. Berlin-New York.

Gruner, P. H. (1990): *Die inszenierte Polariserung. Die Wahlkampfsprache der Parteien in den Bundestagswahlkämpfen 1957 und 1987*. Bern.

Jaeger, H. (1971): *Politische Metaphorik in Jakobinismus und im Vormärz*. Stuttgart.

Janis, I. (1949): "The problem of validating content analysis." In: Lasswell, H. D. et al.: *The Language of Politics. Studies in Quantitative Semantics*. Cambridge, Mass., sec. print 1965, pp. 55-82.

Klaus, G. (1971): *Sprache in der Politik*. Berlin-Ost.

Köller, W. (1975): *Semiotik und Metapher. Untersuchungen zur grammatischen Struktur und kommunikativen Funktion von Metaphern*. Stuttgart.

Koenigsberg, R. (1976): *Hitler's Ideology. A Study in Psychoanalytic Sociology*. New York.

Korzybski, A. (1933): *Science and Sanity. An Introduction to Non-Aristotelian Systems and General Semantics*. International Non-Aristotelian Library. [4th ed., 1958].

Landtsheer, Chr. De (1985): *Theoretische en empirische studie van de politieke taal. Toepassing: de politieke taal in de Vlaamse media (1831-1981)*. Rijksuniversiteit Gent, doct.diss.

Landtsheer, Chr. De (1986): "Language and ideology: a representation of the function of ideology in the political use of language." In: Brouwer, M. et al. (eds.): *Political Psychology in the Netherlands*. The Nijmegen Papers. Amsterdam, pp. 91-97.

Landtsheer, Chr. De (1987): *De politieke taal in de Vlaamse media. Vertellen politici dan altijd leugens?* Antwerpen.

Landtsheer, Chr. De (1988): "Kanttekeningen. Een theoretische bijdrage tot de studie van taalgebruik in de politiek, met toepassing." In: *Tijdschrift voor Sociale Wetenschappen*. Rijksuniversiteit Gent, 2, April, pp. 1-18.

Lasswell, H. D./Leites, N. et al. (1949): *Language of Politics. Studies in Quantitative Semantics*. Cambridge, Mass.

Leinfellner, E. (1971): *Der Euphemismus in der politischen Sprache*. Berlin.

Lévy-Strauss, C. (1958): *Antropologie structurale*. Paris.

Lewis, G. (1832): *Remarks on the Use and Abuse of Some Political Terms*. London.

Ludz, P. Chr. (1980): *Mechanismen der Herrschaftssicherung. Eine sprachpolitische Analyse gesellschaftlichen Wandels in der DDR*. München-Wien.

Mannheim, K. (1984): *Konservatismus. Ein Beitrag zur Soziologie des Wissens*. Herausgegeben von David Kettler, Volker Meja und Nico Stehr. Frankfurt/Main.

Meade, J. (1982): *Wage-fixing. Stagflation*. Vol. 1. London-Boston-Sydney.

Michielsen, B. (1989): *Politieke journalistiek door een metaforische bril bekeken: metaforiek in journalistieke teksten over de Franse Presidentsverkiezingen van 1988*. Catholic Flemish Translaters Institute, Antwerpen.

Mitchell, B. (1980): *European Historical Statistics* (1750-1975). Mac Millan.

Malinowski, B. (1944): *A Scientific Theory of Culture*. New York.

Meadow, R. (1980): *Politics as Communication*. Norwood, New Jersey.

Mooy, J. (1976): *A Study of Metaphor. On the Nature of Metaphorical Expressions, with Special Reference to Their Reference*. Amsterdam.

O'Barr, W./O'Barr, J. (1976): *Language and Politics*. The Hague.

Orwell, G. (1950): "Politics and the English language." In: Orwell, George: *Shooting an Elephant and Other Essays*. London.

Padioleau, J. (1976): "La formation de la pensée politique." In: *Revue Française de Sociologie*.

Pelster, Th. (1966): *Die politische Rede im Westen und Osten Deutschlands; vergleichende Stiluntersuchung mit beigefügten Texten*. Düsseldorf.

Pocock, J. G. A. (1973): *Verbalizing a Political Act*. New York.

Prakke, H. (1968): *Kommunikation der Gesellschaft*. Münster.

Prost, A. (1969): "Vocabulaire et typologie der familles politiques." In: *Cahiers de Lexicologie* 16, 1, pp. 115-117.

Radike (1849): *Lehrbuch der Demagogie*. Leipzig.

Ranft, Th. (1908): *Der Einflusz der französischen Revolution auf die französische Sprache*. Darmstadt.

Robin, R. (1971): "Histoire et linguistique. Premier Jalons." In: *Langue française* 9, février, pp. 47-57.

Rijksdienst voor Arbeidsvoorziening (1982). "Werkloosheidsgraad per 10 voor het Rijk". Brüssel.

Sapir, E. (1962): *Selected Writings in Language, Culture and Personality*. Ed. Mandelbaum. Berkeley.

Schaff, A. (1960): *Introduction à la sémantique*. Paris.

Schmidt, W. (1969): "Zur Ideologiegebundenkeit der politischen Lexik." In: *Wissenschaftliche Zeitschrift der Pädagogischen Hochschule Potsdam* 13, H. 2., pp. 431-437.

Schmidt, W. (1977): "Zur Bildlichkeit ideologiegebundener Wörter und Wendungen." In: *Zeitschrift für Phonetik, Sprachwissenschaft und Kommunikationsforschung* 30, nr. 1, pp. 40-47.

Schnauber, C. (1972): *Wie Hitler sprach und schrieb. Zur Psychologie und Prosodik der faschistischen Rhetorik*. Frankfurt/Main.

Schumann, H. G. (1988): "Literatur und Politik." In: *Politicum*, Sondernnummer 380, Graz, Juni 72-76.

Shapiro, M. (1984): *Language and Politics*. New York.

Shapiro, M. (1984a): "Literary production as politicizing practice." In: ders. (ed.): *Language and Politics*. Oxford, pp. 215-253.

Shapiro, M. (1989); "Representing world politics: the sport/war intertext." In: Shapiro, M./Derian, J. (eds.): *International/Intertextual Relations*. Lexington, Mass.-Toronto.

Ullmann, St. (1960): *The Principles of Semantics*. Glasgow-Oxford.

Van Cuilenburg, J./Noomen, G. (1984): *Communicatiewetenschap*. Muiderberg.

Vandenbergen-Simon A. (1981): "The grammar of headlines in The Times (1870-1970)." In: *Verhandelingen van de Koninklijke Academie voor Wetenschappen, Letteren en Schone Kunsten van België*, Klasse der Letteren, nr. 95, pp. 362.

Weinstock, U. (1964): *Das Problem der Kondratieff Zyklen: Ein Beitrag zur Entwicklung einer Theorie der "langen Wellen" und ihrer Bedeutung*. IFO Institut für Wirtschaftsforschung. München.

Wittgenstein, L. (1963): *Tractatus logico-philosophicus*. (1921). Frankfurt/Main.

Wright Mills, C. (1940): "Situated actions and vocabularies of motive." In: *American Sociological Review* 5, S. 904-913.

Zipf, G. (1945): "The repetition of words, time-perspective and semantic balance." In: *The Journal of General Psychology*, XXXII.